# 新疆收入分配制度改革研究

李俊英 贾亚男 张 斌 著

经济科学出版社

**图书在版编目（CIP）数据**

新疆收入分配制度改革研究/李俊英等著. —北京：
经济科学出版社，2016.2

ISBN 978 - 7 - 5141 - 6558 - 6

Ⅰ.①新… Ⅱ.①李… Ⅲ.①收入分配 - 经济体制改
革 - 研究 - 新疆 Ⅳ.①F127.45

中国版本图书馆 CIP 数据核字（2016）第 016065 号

责任编辑：袁　澍
责任校对：杨晓莹
版式设计：齐　杰
责任印制：邱　天

**新疆收入分配制度改革研究**

李俊英　贾亚男　张　斌　著

经济科学出版社出版、发行　新华书店经销

社址：北京市海淀区阜成路甲 28 号　邮编：100142

总编部电话：010 - 88191217　发行部电话：010 - 88191522

网址：www. esp. com. cn

电子邮件：esp@ esp. com. cn

天猫网店：经济科学出版社旗舰店

网址：http：//jjkxcbs. tmall. com

北京季蜂印刷有限公司印装

787 × 1092　16 开　18 印张　330000 字

2016 年 2 月第 1 版　2016 年 2 月第 1 次印刷

ISBN 978 - 7 - 5141 - 6558 - 6　定价：68.00 元

（图书出现印装问题，本社负责调换。电话：010 - 88191502）

（版权所有　侵权必究　举报电话：010 - 88191586

电子邮箱：dbts@ esp. com. cn）

# 前　言

　　本书的研究目标是：研究新疆的收入分配结构与制度安排，以从根本上扩大内需，进而促进新疆的社会和谐、经济发展。这是一项复杂的、系统的项目，本书将从一些侧面或角度加以研究。

　　本书是在李俊英主持的 2010 年度教育部人文社科一般项目——青年基金项目（10YJC790136）结项成果的基础上发展而来。该项目的研究过程历时 3 年，研究成果凝聚了研究者的巨大心血与付出。本研究采取社会问卷调查研究和专题研究相结合的研究方法，从资料的收集整理到文献的归纳阅读，从研究思路与大纲的确定到分工协作再到研究成果的最终成型，从社会调查问卷的设计到实地发放问卷，从问卷的回收整理到问卷数据的处理，从数据分析到撰写调查研究报告，等等，整个过程均耗费了大量的时间成本和科研经费，从中可见研究者严谨的学术态度和科研精神。就社会问卷调查而言，本研究于 2012 年 8 月底正式开始发放问卷，于 2013 年年初结束，共计对新疆乌鲁木齐、塔城地区、喀什地区 8 市县 16 周岁以上的 1534 名城镇和农村常住居民运用多阶段分层随机抽样方法进行了社会问卷调查，其中有效问卷为 1394 份，有效率达到 90.87%。随后的问卷整理、数据录入与处理、数据分析耗时数月，这是由于问卷数量大，还涉及维文问卷的整理难度，故耗时较长，而全部研究工作结束于 2014 年 6 月。

　　本书的撰写与成型过程中，分工如下：李俊英负责全书的总体设计、社会问卷调查的设计与实施，负责总纂总报告、撰写社会问卷调查报告和专题研究六。贾亚男负责撰写专题一、专题二、专题三和专题四，张斌负责撰写专题研究五。当然各位作者文责自负。

　　在此，李俊英携各位作者衷心感谢参与社会问卷调查发放与数据处理的各位老师和同学们，谢谢罗红云老师、古丽帕斯旦·买买提老师、殷琼老师等，谢谢各位同学！尤其感谢吾甫尔·吾守尔老师，是他带领学生完成了喀什地区的社会问卷调查；感谢已毕业的研究生钟小蔺、余飘萍，是她们协助完成了数据录入与数据分析工作。

　　本书的出版不仅是作者们努力的成果，也是出版社编辑与全体参与人员共同努力的结果。因此，李俊英代表全体作者由衷感谢经济科学出版社编辑及参与本书出版的工作人员对于本书及时出版所做的努力！

李俊英

于乌鲁木齐

2016 年 2 月

# 目　录

总报告 ……………………………………………………………………… 1

社会问卷调查报告 ……………………………………………………… 33

专题研究一　新疆居民收入分配差异的实证研究……………………… 209

专题研究二　新疆劳动收入份额影响因素的实证分析………………… 221

专题研究三　新疆财政教育投入对劳动收入份额的影响研究………… 230

专题研究四　税收对新疆居民收入分配影响的效应分析……………… 241

专题研究五　财税政策对新疆居民消费影响的动态效应
　　　　　　——基于可变参数模型分析……………………………… 251

专题研究六　破解新疆就业难题的思考与路径………………………… 260

附录一　新疆收入分配结构调整与扩大内需问卷调查（城镇居民）………… 271
附录二　新疆收入分配结构调整与扩大内需问卷调查（农村居民）………… 276
主要参考文献……………………………………………………………… 281

# 总 报 告

在外需萎靡和经济发展方式面临转变的背景下，扩大内需已成为中国乃至新疆的最佳选择。在启动内需方面，有关投资启动、消费启动，还是投资和消费双启动的讨论很多，政府也煞费苦心地频出新"招"，虽取得了一定成就，可仍不能让人满意。扩大内需需要投资增长及投资结构的调整，但是更加需要有效扩大消费需求及消费结构的升级。由于当前社会保障体系不健全，加之收入分配制度不合理，新疆等边疆少数民族地区同其他地区以及本区域内部的收入差距过大，同一区域内不同行业劳动者的收入差距也过大等收入分配不公的问题比较突出，这不仅限制了扩大内需特别是以增加居民消费需求为重点的政策效应的发挥，更为要紧的是，事关新疆等边疆少数民族地区的长远的社会稳定和经济发展。在尽快健全社会保障体系的同时加快新疆等边疆少数民族地区收入分配制度的改革与结构调整，对于该地区扩大内需推动经济发展进而维持社会的长治久安最终实现"和谐社会"意义深远。本书将采用社会问卷调查研究和专题研究相结合的方法进行。收入分配结构是复杂、系统的，既包括初次分配，也包括再分配，初次分配包括政府、企业、居民系统的分配，再分配中涉及收入在城乡之间、地区之间、行业之间等的分配。因此本书既会对新疆的初次分配结构加以分析，也会分析再分配结构。鉴于居民收入分配差距大是社会和政府极为关注的社会问题，以及收入分配结构的城乡差距、地区差距、行业差距等主要指居民收入分配的结构差距，以及本书篇幅所限难以面面俱到，因而本书对居民收入分配结构的研究更多着墨，扩大内需也主要是扩大新疆城乡居民的消费需求。本书的研究目标是：研究新疆的收入分配结构与制度安排，以从根本上扩大内需，进而促进新疆的社会和谐、经济发展。这是一项复杂的、系统的项目，本书将从一些侧面或角度加以研究。

本书在进行社会问卷调查研究和专题研究相结合的基础上，整理得到此总报告。

## 一、收入分配结构调整与扩大内需的理论基础与研究方法

### (一) 理论基础

收入分配结构不合理进而导致投资与消费比例失调是我国（包括边疆少数民族地区）长期存在的一个主要的深层次矛盾，如果不能得到及时有效的解决，将影响经济持续健康发展，甚至严重影响边疆少数民族地区的社会稳定，不利于"社会主义和谐社会"的构建。由于当前社会保障体系不健全，加之收入分配制度不合理，新疆等边疆少数民族地区同其他地区以及本区域内部的收入差距过大，同一区域内城乡居民之间、不同行业劳动者的收入差距也过大等收入分配不公的问题比较突出。

在国际金融危机和新疆乌鲁木齐暴力犯罪事件的双重影响下，新疆的社会、经济面临严峻考验。调整收入分配结构、扩大内需成为以新疆为代表的边疆少数民族地区亟待解决的重大课题。马克思认为，需求结构影响社会劳动分配比例，而社会需求结构取决于分配结构。投资结构决定产业结构，产业结构又反过来影响投资结构。因而，产业结构的优化和升级需要通过调整和改善投资结构加以实现，而投资结构的调整和改善必须遵循消费需求结构升级这一主线。

本书通过投资结构与产业结构、产业结构与需求结构以及需求结构同外部需求与内部需求之间的关系，将扩大内需同投资需求及其结构的调整、消费需求及其结构的升级连接起来，而有效扩大消费需求又是至为重要的。研究消费需求的扩大不能仅局限于消费需求本身，必须联系社会总供求，将之置于国民经济的总体框架之中。因而，产业结构的优化和升级需要通过调整和改善投资结构加以实现，而投资结构的调整和改善必须遵循消费需求结构升级这一主线。鉴于消费需求结构与收入分配制度和格局之间的逻辑关系，因此投资结构—产业结构—消费需求结构—收入分配制度改革构成了本课题的研究主线。另外，在研究投资结构与需求结构关系的同时，也涉及调整供给结构，重视制度—行为—绩效之间的逻辑关系。

边疆少数民族地区与其他地区的需求结构、消费需求结构差异较大，扩大内需、调整和改善包括新疆在内的边疆少数民族地区居民的消费需求结构，必须首先调整区域间的收入分配格局实现相对的社会公平，并以此促进新疆地区消费需求结构升级，缩小消费需求结构差异，最终实现区域社会经济的协调发展。

扩大内需重点在于有效扩大居民的消费需求和促进消费需求结构的升级，尤其是农村居民的消费需求。扩大内需需要调整投资结构，提高投资效率，积极引导和支持民间投资，而从根本上而言，投资结构是由消费需求结构决定的，投资结构的

调整和改善必须遵循消费需求结构升级这一主线。消费需求结构升级的关键在于收入分配制度改革和公平的收入分配结构。

需求的扩大和消费结构的调整问题最终落脚于以收入分配制度改革为核心的制度分析层面。对于收入分配制度改革，党的十七大报告从理论高度为解决这一问题指明了方向，即"逐步提高居民收入在国民收入分配中的比重"。调整国民收入分配结构，逐步提高居民收入在国民收入分配中的比重和劳动报酬在初次分配中的比重，逐步缩小居民收入分配差距，建议确立和实施"藏富于民"的基本国策。此外，健全社会保障体系，加快主动城镇化进程和农村剩余劳动力转移，扩大就业机会（尤其是少数民族大学生），促进城乡基本公共服务的均等化，正视房地产市场发展与百姓居住需求，优化产业结构等对于新疆扩大内需、社会稳定意义非凡。

本书将扩大内需的落脚点放在调整新疆的收入分配结构上，将扩大内需的重点放在新疆居民消费需求方面，相对于城镇居民而言，有效扩大农村居民的消费需求，实现其消费需求结构的升级又具有极其重要的意义。

## （二）研究方法

本书在研究方法上注重理论与实践相结合，规范分析与实证分析相结合，归纳分析法与演绎分析法相结合，一般分析与典型分析相结合，横向比较与纵向比较相结合，并运用统计分析、对比分析、制度分析等研究方法。通过多学科、多视角的交融来解答问题，诸如，宏观经济学、消费经济学、投资经济学、税收学、财政学、新制度经济学、社会学、计量经济学等多学科知识的综合运用。本项目主要采用社会问卷调查和专题研究相结合的研究思路。运用社会调查的研究方法，设计标准化问卷，遵循抽样调查的科学原则加以发放并回收问卷，数据处理过程和方法严谨、科学，运用SPSS社会统计软件进行数据统计、分析，包括描述性统计分析、交互式统计分析和相关性假设检验，在此基础上，结合相关理论形成详细的调研报告。

## 二、新疆居民收入分配结构现状及影响因素

在收入分配结构层次中，本书主要探讨新疆居民收入分配结构的现状、影响因素，由此提出相应的收入分配结构调整的政策建议。本书通过社会问卷调查和专题研究探讨了新疆居民收入分配的现实状况。

### （一）新疆居民收入分配结构现状的社会问卷调查分析

本书社会问卷调查收入分配有关问题的主要结论如下：

### 1. 收入来源结构

由城乡居民受访者对比可知，两者的主要收入来源不同。城镇居民受访者主要是：（1）工资性收入；（2）经营性收入；等等。农村居民受访者主要是：（1）从事农产品种植或畜牧业、林业、渔业等获取的收入；（2）打工收入；等等。农村居民受访者经营性收入、财产性收入、转移性收入的个案百分比均低于城镇居民。拓宽城乡居民收入来源渠道（尤其是农村居民）是增加居民收入的重要途径。

### 2. 相对收入水平

从城乡居民受访者相对收入水平的分布来看基本相似，超过六成的城乡居民均认为个人或家庭的收入在当地属于一般水平，两成左右的城乡居民均认为属于较低水平。城镇居民受访者认为属于很低水平的比例略高于农村居民；农村居民受访者认为属于一般、较低和很低水平的累积百分比为超过九成，略高于城镇居民；城镇居民受访者认为属于较高水平的比例略高于农村居民受访者；城乡居民受访者认为属于很高水平的比例均极低。

受访者的相对收入水平是存在一定的地区差异的。其中，喀什地区城镇受访者的相对收入水平认知相对最高，塔城地区次之，乌鲁木齐最低；乌鲁木齐农村受访者的相对收入水平认知相对最高，塔城地区次之，喀什地区最低。

男性和女性受访者的相对收入水平是存在一定的性别差异的。收入分配结构调整应当关注女性就业者的平等权益，尽可能缩小居民收入分配的性别差异。

总体而言，各民族受访者认为个人（或家庭）收入在当地属于一般水平的占比均为最高；认为属于较低和很低水平的占比均有相当比例；认为属于较高和很高水平的占比均很低。尽管各民族有一定差异，但对其相对收入水平的评价均不高。

因此，扩大消费需求除了提高城乡居民绝对收水平之外，还需要提高居民的相对收入水平。

### 3. 收入满意度

从城乡居民受访者收入状况满意度的分布来看相似，按照频次由高到低排序的前三位相同。城乡居民感到一般的频次均最高；城镇居民受访者感到不太满意和很不满意的累积百分比高于农村居民近两成；城镇居民受访者很不满意的有效百分比高于农村居民；城镇居民受访者感到比较满意和满意的累积百分比低于农村居民近一成。总体而言，城镇居民受访者对收入状况的满意度低于农村居民。

总体而言，城镇受访者对个人（或家庭）目前收入状况的满意程度存在着较为明显的地区差异，乌鲁木齐城镇受访者的满意程度相对最低，塔城地区居中，喀什地区相对最高。农村受访者对个人（或家庭）目前收入状况的满意程度也存在着较为明显的地区差异，乌鲁木齐农村受访者的满意程度相对最低，塔城地区居中，喀什地区相对最高。

总体而言，女性受访者对个人目前收入状况的满意程度低于男性，这从另一个侧面反映出居民收入分配存在着性别差异。

总体而言，各民族受访者对个人（或家庭）目前收入状况满意程度存在差异。各民族受访者对目前收入状况满意程度总体相对较低，而不满意程度总体相对较高。

### 4. 城镇居民个人总收入分布结构

个人总收入的分布非常集中：五成的受访者 2011 年的个人总收入在 1 万 ~ 4 万元之间；近两成的受访者在 4 万 ~ 8 万元之间；其他收入档次的占比均较低。根据各地区受访者个人收入的分布和集中度，总体而言乌鲁木齐城镇受访者的个人收入水平相对最好，喀什地区次之，塔城地区最差。总体而言，女性受访者个人 2011 年全年总收入水平低于男性，存在着性别差异。

### 5. 城乡居民家庭总收入（纯收入）分布结构

对比城乡居民受访者家庭收入的分布发现，农村居民家庭收入主要集中在 1 万 ~ 3 万元和 3 万 ~ 5 万元，城镇居民家庭收入主要集中在 5 万 ~ 10 万元、2 万 ~ 5 万元、10 万 ~ 20 万元。总体而言，城乡居民受访者家庭收入存在城乡差异，城镇居民家庭收入高于农村居民，农村居民家庭收入相对总体偏低；而且城镇居民受访者和农村居民受访者家庭收入均存在内部差异。根据各地区受访者家庭收入的分布和集中度，总体而言乌鲁木齐城镇受访者家庭收入相对最好，喀什地区次之，塔城地区最差。根据各地区受访者家庭收入的分布和集中度，以及家庭成员平均数量因素，总体而言乌鲁木齐农村受访者家庭收入相对最好，塔城地区次之，喀什地区最差。

### 6. 收入差距认知

城镇居民和农村居民受访者对目前所生活地区居民收入差距认知的差异很大。城镇居民受访者认为收入差距"较大"的占比最高，农村居民受访者认为收入差距"正常"的占比最高。

三地区城镇受访者对所生活地区收入差距的认知存在着较为明显的地区差异，其中乌鲁木齐和塔城地区受访者大多数认为本地区收入差距"较大"或"非常大"，喀什地区受访者认为"正常"的占比最高。乌鲁木齐城镇受访者认为"非常大"的占比远远高于塔城地区和喀什地区；认为"较大"和"非常大"的合计占比高于塔城地区，远远高于喀什地区。三地区农村受访者对所生活地区收入差距的认知存在着较为明显的地区差异，其中乌鲁木齐和塔城地区受访者大多数认为本地区收入差距"较大"或"非常大"，喀什地区大多数受访者认为"正常"的占比最高。乌鲁木齐农村受访者认为"非常大"的占比高于塔城地区并远远高于喀什地区。塔城地区认为"较大"和"非常大"的合计占比略高于乌鲁木齐，远远高于喀什地区。总之，本调查发现各地区城乡内部均存在着收入差距，但是各地区收入差距的程度不尽相同。

总体而言，有关所生活地区收入差距认知的分布是存在着族别差异的。其他民族受访者中认为所生活地区收入差距"非常大"的占比（五成）远远高于其余民族。除维吾尔族中认为收入差距"正常"的频次（占比超过四成）最高以外，各民族均认为收入差距"较大"的频次最高。

### 7. 居民收入差距主要原因的认知

城镇居民受访者认为导致目前居民收入差距的三项主要原因依次为：

（1）市场竞争加剧。

（2）下岗、失业人员大量增加。

（3）受教育与个人能力的差异。

农村居民受访者认为导致目前居民收入差距的三项主要原因依次为：

（1）人均耕地面积、草场面积等不同。

（2）农村贫困人口脱贫难。

（3）自然地理资源条件的差异；以及农村生产、生活基础设施的差异。

三地区城镇受访者认为导致目前居民收入差距状况的三项主要原因各不相同。乌鲁木齐和塔城地区有一个共同的认知是：受教育与个人能力的差异（分别位列第三位和第一位）；塔城地区和喀什地区有一个共同的认知是：市场竞争加剧（分别位列第二位和第三位）。因此，在制定相关制度、政策、措施时应当考虑到这些主要原因并且考虑地区差异和实际情况做到有的放矢。

三地区农村受访者认为导致目前农村居民之间收入差距的三项主要原因各不相同。乌鲁木齐和塔城地区有一个共同的认知是：受教育与个人能力的差异（分别位列第一位和第二位）；塔城地区和喀什地区有一个共同的认知是：人均耕地面积、草场面积等不同（均列第一位）。因此，在制定收入分配结构调整等相关制度、政策、措施时，应当考虑到这些主要原因并且考虑各地区农村的实际情况、地区差异和城乡差异。

总体而言，除认为不清楚的以外，男性和女性受访者对目前其所生活地区居民收入的差距的认知存在着性别差异，女性相对认为收入差距更大一些。

总体而言，有关所生活地区收入差距认知的分布是存在着族别差异的。

### 8. 城乡居民最大不平等的认知

总而言之，城镇和农村居民受访者均认为农村居民与城镇居民相比最大的不平等是"教育"和"社会保障"。三地区城镇受访者均认为"教育"是农村居民和城镇居民相比最大的不平等，其次为社会保障或个人发展机会，排列第二位的选项三地区有差异。三地区农村受访者均认为"教育"和"社会保障"是农村居民和城镇居民相比两个最大的不平等，乌鲁木齐和塔城地区农村受访者选择"教育"的频次均最高，喀什地区选择"社会保障"的频次最高。因此，缩小城乡发展差距，促进城乡居民的平等发展，应当针对各地区实际有针对性、有侧重地出台相应的政策措施，重点在于教育、社会保障和个人发展机会方面。

### 9. 居民收入分配制度改革愿望

城镇居民受访者认为今后政府收入分配制度改革最重要的三项内容按照占比由高到低依次为：

（1）完善包括养老保险、医疗保险、失业保险、住房、社会福利、社会救济等社会保障制度。

（2）严厉惩治腐败，打击非法经营和非法收入、灰色收入。

（3）实施积极的就业政策，营造良好的就业、创业环境。

农村居民受访者认为如果可能目前最希望得到改善的三个方面按照占比由高到低依次为：

（1）增加农民收入。

（2）帮扶农村贫困人口脱贫。

（3）发展农村教育事业，让城乡的孩子受到同等的教育。

三地区城镇受访者认为今后政府收入分配制度改革最重要的三项内容有着很高的一致性。三地区位列第一的选择均是：完善包括养老保险、医疗保险、失业保险、住房、社会福利、社会救济等社会保障制度，而且响应百分比均很高。塔城地区和喀什地区的选择完全相同，只是二三位排序不同。乌鲁木齐除第三位选择与另外两地不同以外，其他选择相同。

三地区农村受访者如果可能目前最希望得到改善的三个方面高度趋同。第一位均为增加农民收入。乌鲁木齐和塔城地区第二位均为：发展农村教育事业让城乡的孩子受到同等的教育。帮扶农村贫困人口脱贫以及缩小农村居民之间城乡居民之间的收入差距，成为喀什地区和塔城地区另两项共同选择。

（二）新疆居民收入分配结构现状的实证分析：初次分配和再分配

本书从初次分配和再分配两个层面对新疆居民收入分配的差异进行了实证分析。结果表明，和全国相比，新疆劳动收入份额的下降并不明显，新疆劳动收入份额的演变受到了产业结构调整的影响。新疆居民收入再分配无论是从基尼系数还是行业比较方面差异均较为显著，再分配环节对于收入分配的调节功能没有充分发挥。

**1. 新疆居民收入初次分配的差异**

（1）新疆劳动收入份额的演变趋势。

国民经济核算的收入法是从国民收入分配的角度，以各个生产要素在生产过程中应该得到的份额以及应该向政府支付的份额为出发点计算出国民的最总产出。新疆劳动者报酬的总规模从 1995 年的 461.35 亿元增长到 2010 年的 2829.07 亿元，16 年间增长了 5.13 倍，同期新疆 GDP 的规模由 834.57 亿元增长到 5437.47 亿元，增长了 5.51 倍，说明新疆劳动者报酬增长的规模低于经济增长的规模，但是基本保持同步。1995～2010 年新疆劳动收入份额总体上有所下降，呈现出先上升、再下降后又回升的变动趋势，在 0.446～0.584 之间波动。

（2）新疆劳动收入份额与其他省份的比较。

从数据上看，新疆的劳动收入份额高于全国平均水平，在全国排名靠前，而新疆显然属于落后地区。这并不说明欠发达地区的初次分配较发达地区更加公平，而是由于市场经济发展的阶段性特征决定的。考虑到经济发达省份比新疆这样的落后地区拥有更好更完善的基本公共服务，如教育、卫生医疗、社会保障等构成社会公平的重要因素，那么，新疆这样的欠发达地区相对较高的劳动收入份额与其落后的基公共服务水平之间的差异，正反映出机会公平本身比劳动收入份额更能衡量初次分配的公平性。

（3）新疆各产业间劳动收入份额比较。

产业间的劳动收入份额可以更好地判断新疆劳动收入份额的构成。新疆第一产业劳动收入份额最高，第三产业居中，第二产业最低；第二、第三产业的劳动收入份额的变动趋势方向基本一致。产业间的劳动收入份额变化体现了新疆产业结构调整过程中对劳动收入份额的影响。对新疆初次分配分析的结果表明，由于地区经济发展的阶段性特征和产业结构的演变，劳动收入份额确实在全国范围内呈下降趋势，这是一定时期经济发展规律决定的。随着经济增长与产业结构的进一步调整，我国各地区的劳动收入份额在未来可能还会有一段时期的下降，但是由于市场开放程度和人力资本积累所带来的收益已经开始在发达地区显现，特别是随着东部地区向中西部地区的产业转移，发达地区劳动收入份额未来下降的幅度较欠发达地区小，即发达地区和落后地区的劳动收入份额的差异会逐步缩小。因此，较高的劳动收入份额反映出新疆初次分配中明显的阶段性特征。一是新疆产业结构还处在较低的水平，农业在国民经济中的比重过高，第三产业发育程度低；二是较高的国有企业比重在一定程度上拉升了新疆劳动收入份额，而这并不利于非国有企业的竞争力的提升和市场化率的提升；三是经济转型期，落后的产业结构使得新疆人力资本的积累对经济发展和劳动收入份额的提高的促进作用并不明显。

**2. 新疆居民收入再分配的差异**

（1）新疆城镇与农村居民的规模收入。

20 世纪 80 年代中期至 80 年代末，新疆农民纯收入接近全国平均水平，全国排名在 14、15 名。进入 90 年代，新疆农民人均纯收入与全国水平开始逐渐拉大，进入 21 世纪，新疆农民纯收入与全国的差距开始快速拉大，特别是在 2008 年以后，2010 年差异扩大到了 1230 元。城镇居民收入对比情况看，2002 年以后，新疆城镇居民收入与全国的差异更为显著，也呈现逐步拉大的趋势，2010 年达到 5464 元。

（2）新疆居民收入差异的行业比较。

新疆不同的行业间的平均工资水平差距明显。垄断行业和高新技术行业的从业者多为高收入阶层；低收入阶层大都集中在居民服务和商务服务等传统行业中。新疆的石油、天然气等能源采掘业、金融业、交通运输业等行业快速发展的同时，也扩大了新疆城镇内部的收入差距。新疆各行业间的差距无论是绝对量还是相对量都是很大的，显然这一差异已经超过了合理的限度。

（3）新疆不同所有制间的收入差异。

总体上，新疆和发达地区相比，公有制经济的比重较高，表现在收入差距上也十分明显。改革开放以后，新疆非公有制经济有了长足的发展，员工的工资也有了大幅度提高。但是，受到非公有制经济所处的行业性质、经济规模、融资环境、规模以及发育程度的限制，新疆非公有制经济的发展还是不够充分。新疆非公有制单位的工资总额与公有制单位相比差距也在逐步扩大。

（4）新疆居民收入基尼系数与全国的比较。

收入差距最重要的衡量指标是基尼系数。新疆城镇居民收入的基尼系数虽然是持续上升，但在 2003 年之后一直小于全国水平。而新疆农村居民基尼系数不仅始终高于新疆城镇居民也远高于全国水平。这一趋势表明，如果不采取相应的措施，新疆城乡之间的收入差距会继续拉大，新疆农村居民收入和全国的差异也会更大。新疆居民混合基尼系数整体上也一直处于一个增长状态，与全国水平接近。

实证分析表明，新疆在初次分配中劳动收入份额的演变以及收入分配的结果均存在不合理的变化趋势。但是相对于再分配环节，新疆初次分配基本和新疆经济处于落后阶段的现状基本吻合，新疆居民收入差距的扩大主要表现在再分配环节，从分配的结果上看，无论是农村还是城镇的基尼系数都在逐步扩大，和全国相比，新疆农村居民的基尼系数远高于全国平均水平，反映出未来新疆解决居民收入分配中的难点和关键点在于缩小农村居民的收入差异。新疆再分配环节的差异程度较高，这和理论上再分配主要是矫正市场经济中初次分配的不足，调节收入分配使其更加公平的结论相违背。导致这一结果的原因，有其深刻的制度因素以及长期以来新疆经济社会发展的内在缺陷。

### （三）新疆居民收入分配结构影响因素的实证分析

我国收入分配制度在初次分配和再分配两个层次上都存在制约分配公平的缺陷，导致收入分配格局存在严重失衡。对新疆劳动收入份额影响因素的实证分析表明，现阶段，城市化水平、产业结构、投资率对劳动收入份额产生了正向的影响，而生产税、民族人口的比例、平均受教育年限等因素对其产生了负向的影响，反映出新疆劳动收入份额的演变具有其特殊性，也存在一定的不合理性，需要通过优化调整产业结构、提高城镇化水平以及增加教育投资等予以改善。

#### 1. 新疆劳动收入份额的影响因素——初次分配

在理论上，居民劳动收入份额受到了诸多因素的影响，而这些因素是导致一个地区在一定时期初次分配格局的主要变量。

（1）新疆劳动收入份额影响因素的实证分析。

对新疆初次分配影响因素的实证分析表明，在初次分配中，对新疆劳动收入份额影响因素从大到小可以依次排列为：平均受教育年限、城市化水平、投资率、生产税比例、少数民族比例和产业结构。其中，城市化水平、投资率、产业结构对劳动收入份额起到了积极的促进作用，呈现正相关性。而平均受育年限、民族人口的比例、生产税对劳动收入份额的影响呈现负相关性。这说明新疆劳动收入份额的合理与否，一方面主要和区域的经济发展水平有直接的关系；另一方面也受到了新疆自身区域特点的影响。同时也反映出新疆劳动收入份额还存在一些内在的不合理的因素。根据劳动收入份额演变的理论，只有在实现工业化以及高度的市场化程度后，劳动和资本要素在国民收入分配中的比例才能保持稳定，从而实现劳动者与资本所有者之间的社会和谐。

（2）新疆财政教育投入对劳动收入份额的影响研究。

教育投资促进经济发展主要是通过教育向人力资本的转化来实现。教育是提高人力资本、提高劳动生产效率和技术水平的重要手段，进而影响劳动收入份额。人力资本能够借助物质资本实现利益最大化，促进经济可持续循环发展，提高劳动者收入。因此，教育对劳动者收入有着重要的影响。近年来，全国劳动收入份额呈下降趋势，这一方面会制约人们的消费能力，导致有效需求不足；另一方面会拉大与资本所有者的收入差距，引起社会不公平。理论上，教育投入应能提高劳动者素质从而增加劳动收入份额。通过对新疆财政教育投入与劳动收入份额的数据进行实证分析，结果表明新疆劳动收入份额与教育投入水平之间呈"U"形关系，且目前还处于下行区域，即随着财政教育投入增加，劳动收入份额减小，反映出目前新疆教育投入和劳动收入份额之间的变动尚未进入理想区域。

通过对新疆财政教育投入与劳动收入份额的描述性分析和实证分析，结论如下：

第一，随着新疆经济的不断发展，财政教育投入水平的不断提高。在2007年财政教育支出占GDP比重就达到了国家所要达到的目标4%，表明新疆教育投入力度不断加大。但是由于新疆地区的特殊性，教育成本较大，新疆教育投资的效果和质量仍需要进一步的提高。

第二，劳动收入份额呈整体下降的态势。原因可能是：新疆农业人口所占比重较大，劳动收入较少；城镇居民的工资水平较低；教育投入不足，高质量娴熟的技术人员较少，所能留住的高级知识分子较少；经济迅速发展，资本收入份额增加等综合因素都使得劳动收入份额下降。

第三，新疆财政教育投入水平与劳动收入份额的实证分析可知：新疆财政教育投入水平与劳动收入份额呈"U"形关系，且目前还处于下行区域。说明新疆财政教育投入水平对劳动收入份额的负向影响是逐渐减小的。城市化水平与劳动收入份额之间呈正向关系。格兰杰因果检验表明目前财政教育投入不是劳动收入份额变化原因，但劳动收入份额却是教育投入水平的原因，与回归分析结果相似。

### 2. 新疆居民收入分配差距的影响因素——再分配

本书以新疆主要的流转税和所得税为例，运用格兰杰因果检验模型，对1994年分税制改革以来新疆税收与居民收入分配的相关数据进行实证分析，探讨税收对新疆居民收入分配影响的效应分析。实证分析表明：作为流转税的营业税，虽是新疆第一大税种，但其比重的变化与新疆居民收入分配差距的变化不存在因果关系，说明营业税对居民收入分配的调节功能并未体现，呈现中性特征；作为流转税的增值税，其比重的变化是导致新疆居民收入分配差距变化的原因，并且其比重越高，居民收入分配差距越大，出现逆向调节，这是因为，从公平原则的角度考量，由于增值税的征税范围较宽，就不可避免地涉及一般生活必需品，使其税负呈现累退性，可能会加大居民收入分配的差距。作为直接税的个人所得税，其比重的变化是引起新疆居民收入分配差距变化的原因，但其比重越高，居民收入分配差距越大，说明增值税和个人所得税对居民收入分配都出现了逆向调节。这是因为个人所得税作为直接税，受到信息不完善和征管水平的影响，在高收入居民收入来源多样化、隐蔽化的状况下，不但难以发挥其累进作用，反而对居民收入分配差距的变化起到了逆向调节作用。总体上，税收结构对新疆居民收入分配的影响效应呈现弱化的现象。

## 三、新疆内需的现实分析

内需包括国内（地区内）政府、企业、居民等各主体的消费需求和投资需求，本书主要分析新疆城乡居民的消费需求和投资需求的现实、意愿、制约因素等。

### （一）新疆居民消费需求的现实分析

本书通过社会问卷调查和专题研究探讨了新疆居民消费需求的现实状况。

**1. 新疆居民消费需求的社会问卷调查分析**

本书社会问卷调查有关新疆居民消费需求问题的主要结论如下：

（1）消费水平。

从城乡全体样本的统计结果看，似乎新疆城乡居民大多数受访者家庭以恩格尔系数所反映的消费水平属于富裕型或小康型，若加上在30%以下的极富裕型，三者合计的有效百分比超过六成，但是进行城乡居民问卷的对比分析时发现事实并非像全体样本问卷那样。城乡居民的消费水平是有结构性差异的，新疆城乡居民生活水平和消费水平的差异很大，农村居民的消费水平总体相对较低。

总体而言，塔城地区和乌鲁木齐城镇受访者居民生活消费水平相对较高；喀什地区城镇受访者居民生活消费水平相对很低，与塔城地区和乌鲁木齐城镇的差距很大，其富裕型和极富裕型的合计占比分别低出约三成，而温饱型和绝对贫困型的合计占比分别高出约三成。

乌鲁木齐农村受访者生活消费水平相对最高，塔城地区农村次之，喀什地区农村受访者居民生活消费水平相对很低，与乌鲁木齐和塔城地区农村的差距很大，其富裕型和极富裕型的合计占比分别低出三成、二成多，而温饱型和绝对贫困型的合计占比分别高出近四成、三成半。因此，提高喀什地区城镇和农村居民生活消费水平应当置于重点考虑之中。

总体而言，按照恩格尔系数这一指标所反映的当前新疆各民族受访者家庭的消费水平总体较高，似乎各族居民大多数受访者家庭的消费水平属于富裕型或小康型，但是各族受访者家庭的消费水平的分布是存在族别差异的，而且族内消费水平也存在着较大差异。这是在一定收入水平之下的恩格尔系数，当各族居民收入水平提升到新的层次时，居民的消费水平和消费结构也会提升和变迁，也会影响到总需求和需求结构，并引发总供给和供给结构的变动。因此，新疆各族居民消费水平和消费结构的提升与变化还有很大空间。

（2）消费结构。

新疆城乡居民消费结构总体仍然是以"生存型消费"为主要特点的消费结构，这一低层次消费结构正在开始向以"享受型消费"或"发展型消费"为主要特点的这一高层次消费结构逐步过渡。因此，随着经济发展和人们收入水平的提高，在满足"生存消费需求"之后，会逐渐向"享受型消费"和"发展型消费"的方向发展。从而使消费结构中"生存型消费"所占比重呈现下降趋势，而"享受型消费"和"发展型消费"所占比重会呈现上升趋势。根据一般的发展规律，随着新疆城乡居民收入水平的提高，满足其基本生活需要的"生存型消费"（如"吃"、"穿"、"用"、"住"等消费资料中满足人们生存需要的部分）在消费支出中的比重将有下降的趋势，而满足人们享受和发展需要的消费（如娱乐教育文化服务、交通通讯、医疗保健以及"吃"、"穿"、"用"、"住"中用于满足人们享受和发展需要的部分）支出在总消费支出中的比重会呈现上升态势。尤其是"发展型消费"在居民消费支出中的比重日益加大，如居民对于子女教育和自身教育的高投入，购买电脑和钢琴等发展型消费资料和服务的家庭迅速增加。

总体而言，各地区城镇、农村受访者的消费结构各不相同，存在着地区差异，但是共同点是食品均列首位，而且响应百分比非常高。反映出总体来说消费结构层次不高，但正在升级变迁之中。

消费结构存在族别差异与各民族风俗传统、生活方式有很大关系。食品和衣着支出位居前列也说明各民族消费结构仍然处于相对较低的层次，但半数或以上民族受访者医疗保健和教育文化娱乐用品及服务支出排位靠前也说明居民消费结构出现升级迹象，消费结构处于变迁之中。扩大内需的政策应当考虑到消费结构的族别差异、现状和趋势。

因而，把握住新疆消费结构升级机遇，有效扩大内需，对于新疆经济社会的长远、可持续、和谐发展意义重大。

（3）平均消费倾向。

目前新疆各地城乡居民的平均消费倾向总体不高，随着收入分配结构调整和居民收入水平的提升，平均消费倾向仍有提升空间。恩格尔定律表明：随着家庭收入的增加，恩格尔系数趋于下降。在不考虑消费信贷的情况下，居民收入水平的高低直接制约其消费水平，并与消费水平成正相关。凯恩斯的消费函数理论告诉我们：居民消费需求是其收入的函数，消费支出会随着居民收入的增加而增加，但消费的增量会小于收入的增量。随着居民收入水平和消费水平的提高，平均消费倾向（居民消费支出在收入中所占的比例）会递减。实际上，只有居民收入增加到一定程度，居民消费水平达到温饱阶段以后，平均消费倾向才会递减，此前它呈递增趋势。

总体而言，乌鲁木齐、塔城地区、喀什地区城镇受访者家庭的平均消费倾向均主要集中于40%～60%和60%～80%，其频次分列第一位和第二位。三地区城镇受访者家庭的平均消费倾向不高。三地农村受访者家庭的平均消费倾向均主要集中于60%～80%，其频次为第一。三地区农村受访者家庭总体的平均消费倾向相对较高，其中乌鲁木齐低于塔城地区和喀什地区。

总体而言，受访者的平均消费倾向存在着族别差异。维吾尔族的消费倾向比汉族高，或者说其储蓄倾向比汉族低，这与我们在调研访谈和生活中的体会是一致的。哈萨克族、回族、蒙古族和其他民族的消费倾向相比汉族和维吾尔族又高出相当比例，相应的储蓄倾向和能力也低出相当比例。

扩大内需意味着进一步提升城乡居民的消费倾向，尤其是边际消费倾向。当居民收入水平提升后，消费意愿和消费能力会增强，平均消费倾向也会变化，存在新的提升空间。

（4）消费意愿。

当前新疆城乡居民总体的消费意愿不高，即消费需求十分不振，而农村居民相对城镇居民的消费需求更低，但是城乡居民潜在的消费需求是巨大的。各地区无论城乡受访者消费意愿均较弱，频次最高的都是"不愿意"；而且"不愿意"和"愿意"的占比差距相对较大；选择"不确定"的占比排位靠前（第二位或第三位），说明消费意愿的不确定性较高。就城镇受访者而言，喀什地区受访者的消费意愿最弱，选择"不愿意"的占比近六成，远远高出乌鲁木齐和塔城地区。就农村受访者而言，塔城地区受访者的消费意愿最弱，选择"不愿意"的占比高达五成，喀什地区受访者的消费意愿也非常弱，选择"不愿意"的占比接近五成。因此，务必提升各地区城乡居民的消费意愿，降低其消费意愿的不确定性，并且根据地区实际有所侧重，最终扩大其消费需求，当然一个重要前提是提高居民收入水平，优化收入分配结构。

（5）消费方式。

尽管目前新疆城乡居民的消费方式呈现出多元化特点，但仍然有相当比例居民（20%左右）的消费方式十分单一，没有采用过任何新型消费方式，农村居民的消费方式相对更加单一。消费方式除了存在着城乡差异之外，还存在着地区差异。消费方式虽然属于个人偏好，但是收入水平的提升、消费环境的改善、健康消费文化的引导对于居民消费方式的变迁乃至消费结构的升级将产生重要影响。

（6）城乡居民消费需求扩张的主要制约因素。

制约城乡受访者家庭消费需求扩张的因素很多，其中最主要的三项因素根据频次由高到低依次为：

①物价上涨严重。

②收入水平偏低或收入不稳定。

③住房、子女教育等压力大。

其余的制约因素按照频次由高到低依次为：

④养老、医疗、失业、救助等社会保障体系不健全。

⑤收入分配不合理，收入差距大。

⑥消费观念的原因。

⑦未来收入预期不好。

⑧就业压力较大。

⑨为子女积攒婚嫁费用。

⑩资金被投资占压或用于经营周转。

⑪消费环境欠佳。

⑫供给结构不合理，与居民需求结构不尽匹配。

由于维吾尔族等少数民族储蓄意识不强，因此不少少数民族受访者选择其他因素，或选项少于三项。在进一步访谈后得知，他们认为没有什么制约其家庭消费的因素，只要有钱就花，没有什么可顾虑的。

制约城乡受访者家庭消费需求扩张的最主要的三项因素，内容上无差异，但排序上城乡有所差异。

不同地区最主要的三项制约因素高度趋同，略有差异。

扩大消费需求应当针对城乡以及不同地区上述制约因素，并考虑到少数民族特点，提出对策和出台政策措施。


**2. 财税政策对新疆居民消费影响的动态效应实证分析**

本书运用可变参数模型，从总量和结构两个方面分别检验了1998年以来财税政策变动对新疆居民总体消费和城乡居民消费影响的动态效应。实证检验结果如下：

第一，从总量角度来说，财政支出总量变动对新疆居民消费特别是城镇居民消费增长的拉动效果显著；而税收总量的变动带动新疆居民消费增长的能力不大，而且减税政策仅对新疆城镇居民消费增长有作用，却不利于农村居民消费的增长。

第二，从结构角度来说，财政支出结构中，农业类支出对新疆居民总体消费增长具有拉动作用，但对农村居民消费的增长不显著甚至是抑制作用；科教类支出对新疆居民消费增长既有拉动效应，也存在抑制作用，但近年来其拉动效应呈现增长趋势；医疗卫生类支出对新疆居民消费增长也产生了一定的积极效应，特别是对新疆农村居民消费的增长作用更加明显；社会保障类支出对新疆居民消费的增长也有显著推动作用，但是这种积极推动作用的能力呈现出减弱势头。税制结构中，直接税对新疆居民消费特别是近些年对城镇居民消费增长的作用效果显著，而间接税虽然能够拉动居民消费增长，但作用效果有限。

第三，相比较财政政策和税收政策的贡献度来说，财政政策对新疆居民消费增长的贡献度更高、更显著，而税收政策的贡献度相对比较低。

## （二）新疆居民投资需求的现实分析（详见社会问卷调查报告）

本书通过社会问卷调查探讨了新疆居民投资需求的现实状况，主要结论如下：

### 1. 投资意愿

当前新疆城乡居民总体的投资意愿不高，即投资需求十分不振，而农村居民相对城镇居民的投资需求更低，但是城乡居民潜在的投资需求是巨大的。本调查显示：在乌鲁木齐、塔城地区、喀什地区的城镇居民受访者中，如果现在有多余的钱，首先会做的一件事情中频次最高的都是买房或建房；三地农村居民受访者首先会做的一件事情中频次最高的是改善生活条件（用于吃穿等）或者是买房或建房或者是增加自己或孩子教育和培训投入。

三地区比较而言，塔城地区城乡受访者的投资意愿最弱，乌鲁木齐城乡次之，喀什地区城乡受访者的投资意愿较强。因此，务必合理引导各地区城乡居民的投资需求，降低其投资意愿的不确定性，并且根据地区实际有所侧重，最终扩大其投资需求并转化为现实投资。

### 2. 城乡居民投资需求扩张的主要制约因素

制约城镇和农村居民受访者家庭投资需求扩张的因素不尽相同。

制约城镇居民受访者家庭投资需求扩张最主要的三项制约因素依次为：

（1）缺乏可用于投资的资金。

（2）缺乏投资所需的知识、技能和经验。

（3）投资风险大。

其余的制约因素排序为：

（4）可以投资的领域狭窄，投资机会少。

（5）未来经济前景和收入的预期不好。

（6）当前投资环境欠佳。

（7）居民投资风险的承受能力低。

（8）投资者权益保护机制薄弱（尤其是中小投资者）。

制约农村居民受访者家庭投资需求扩张最主要的三项因素依次为：

（1）缺乏可用于投资的资金。

（2）缺乏投资所需的知识、技能和经验。

（3）农村居民风险的承受能力低。

其余的制约因素排序为：

（4）农村基础设施落后制约了农业投入和规模扩张。

（5）其他可以投资的领域狭窄，投资机会少。

（6）农民收入渠道增多，传统农业投入需求可能下降。

（7）未来经济前景和收入的预期不好。

（8）投资风险大。

（9）当前投资环境欠佳。

另外，各地区城乡居民最主要的三项制约因素高度趋同，略有差异。

## 四、新疆收入分配结构调整与扩大内需的政策建议

边疆少数民族地区与其他地区的需求结构、消费需求结构差异较大，扩大内需、调整和改善包括新疆在内的边疆少数民族地区居民的消费需求结构，必须首先调整区域间的收入分配格局实现相对的社会公平，并以此促进新疆地区消费需求结构升级，缩小消费需求结构差异，最终实现区域社会经济的协调发展。必须把扩大内需放到民生的战略高度，才能提高居民收入，促进居民消费，实现内需的扩大。新疆居民的最高教育学历、工作状态、消费结构、消费水平、平均消费倾向、消费意愿、投资意愿、消费方式、消费和投资制约因素认知、收入水平（绝对和相对）、收入满意程度、生活幸福感、收入差距认知、收入分配制度改革愿望等方面存在着程度不同的城乡差异、地区差异、性别差异和族别差异。因此，在收入分配结构调整和扩大内需相关制度、政策、措施和实施机制的设计中，务必考虑到这些差异，做到有目的、有针对性、有侧重，进而提高制度和政策的有效性。

### （一）新疆收入分配结构调整的相关政策建议

消费需求结构升级和扩大内需（消费需求和投资需求）的关键在于收入分配制度改革和公平的收入分配结构。缩小收入分配差距，提高居民收入是扩大内需的

前提。通过政府主导二次分配，缩小居民的地区收入、行业收入以及城乡收入差距，完善社会保障制度、破解就业问题等。鉴于上述收入与其生活幸福感之间存在的正相关关系，因此城乡居民整体收入水平尚未达到一定高度之前，个人总收入、家庭总（纯）收入与生活幸福感之间呈现正相关关系，若想提升城镇居民的生活幸福感就需要增加其个人总收入、家庭总（纯）收入。而城乡居民生活幸福感的高低与社会和谐、稳定之间关系极其密切，因而提升城乡居民收入水平、调整收入分配结构，促进收入分配公平势在必行，且意味深远。新疆收入分配结构调整的相关政策建议如下：

**1. 收入分配结构调整和改革的基本思路与原则**

本书认为新疆收入分配结构调整和改革的基本思路与原则是：

（1）调整国民收入分配结构，有效增加城乡居民收入（绝对收入和相对收入水平）。尤其要增加农村居民总体收入水平，增加以喀什地区为代表的贫困地区居民的总体收入水平。

（2）拓宽城乡居民收入来源渠道（尤其是农村居民），包括增加居民财产性收入等。

（3）增加收入的相对稳定性和稳定预期。

（4）逐步缩小居民收入分配差距（包括内部、城乡、地区、行业、性别、族别差距等）。

（5）缓解城乡中低收入居民巨大的住房、子女教育等压力，尤其是合理调控房地产市场发展与正视百姓居住需求。

（6）建议确立和实施"藏富于民"的基本国策。

**2. 调整收入分配结构，增加城乡居民收入的同时切实缩小收入差距**

具体建议为：

（1）完善包括养老保险、医疗保险、失业保险、住房、社会福利、社会救济等社会保障制度。

（2）严厉惩治腐败，打击非法经营和非法收入、灰色收入。

（3）实施积极的就业政策，营造良好的就业、创业环境。

（4）在国民收入的初次分配中，提高劳动报酬所占的比重，进而逐步提高居民收入在国民收入分配中的比重，使城乡居民收入普遍较快增加。

（5）加大国民收入再分配力度，运用税收和转移支付等财税工具，重视解决贫困问题，调节高收入者的收入，缩小收入差距，帮扶城乡贫困人口脱贫。

第一，就缩小收入分配的城乡差距而言，重点提升农村居民整体收入水平。

第二，就缩小收入分配的地区差距而言，在乌鲁木齐、塔城地区、喀什地区中，根据各地区城镇居民受访者个人收入和家庭收入的分布和集中度，总体而言乌鲁木齐城镇受访者的个人收入和家庭收入水平相对均最好，喀什地区均次之，塔城地区均最差。因此，应重点增加塔城地区城镇居民个人和家庭的收入水平，喀什地区城镇居民次之。根据各地区农村居民受访者家庭收入的分布和集中度，以及家庭成员平均数量因素，总体而言乌鲁木齐农村受访者家庭收入相对最好，塔城地区次之，喀什地区最差。因此，应重点增加喀什地区农村居民家庭的纯收入水平，塔城地区农村居民次之。

第三，就缩小三地区城镇和农村居民内部收入差距而言，重点关注乌鲁木齐城镇和农村居民内部的收入差距，其次是塔城地区城镇和农村居民内部的收入差距。

第四，就缩小收入分配的性别差距而言，收入分配结构调整应当重点关注女性就业者的平等权益，尽可能缩小居民收入分配的性别差异。

（6）调整不同部门与产业间不合理的劳动者报酬。

（7）控制并缩小因垄断原因而造成的收入差距。

（8）促进城乡基本公共服务均等化，营造个人发展的均等机会。

（9）建立平等参与市场竞争的收入分配秩序。

### 3. 农村收入分配结构调整和改革的相关政策建议

基于城乡发展差异，因此农村收入分配和缩小城乡差距的相关改革建议为：

（1）增加农民收入。

（2）帮扶农村贫困人口脱贫。

（3）发展农村教育事业，让城乡的孩子受到同等的教育。

（4）缩小农村居民之间、城乡居民之间的收入差距。

（5）健全农村养老、医疗等社会保障制度。

（6）加大农村交通、通信等公共设施的建设力度，极大改善乡村面貌。

（7）在不损害农民根本利益的情况下，让农村土地承包经营权可以有效流转起来。

（8）使农村居民更方便获得金融机构贷款和各项金融服务。

（9）改革城乡分割的户籍制度，让人口可以自由流动。

### 4. 健全城乡社会保障制度

完善城乡包括养老保险、医疗保险、失业保险、住房、社会福利、社会救济等社会保障制度。健全、均等化的社会保障制度有助于缓解城乡居民的后顾之忧，降低不安全感，降低"预防性储蓄倾向"，使消费倾向趋于正常，提高边际消费倾向，进而有助于缩小收入差距和扩大内需。鉴于城镇和农村居民受访者均认为"社会保障"是除"教育"之外另一项农村居民与城镇居民相比最大的不平等，因此缩小城乡差异，务必在"社会保障"方面缩小差距，需要尽快健全新疆农村各项社会保障制度，提高农村居民社会保障水平。继续扩大对新疆居民特别是农村居民的社会保障范围，提高居民社会保障水平，提高整体居民的社会保障质量。另外，应当重点解决低收入群体、弱势群体的社会保障问题。

**5. 实施积极的就业政策，营造良好的就业、创业环境**

经济结构失衡的代价相当部分最终可能转嫁给失业群体，不少人甚至沦落为弱势群体，社会地位发生沉降或被边缘化。因此，解决新疆的失业问题，扩大就业，实现充分就业，也必须从纠偏失衡的经济结构入手，其中产业结构的调整和优化、升级无疑是重中之重。城乡居民受访者的工作状态存在一定的差异，关注城乡居民的工作状态，扩大就业机会，尤其关注农村剩余劳动力的有效转移，提高就业质量，对于收入分配结构调整和扩大内需意义重大。实施积极的就业政策的具体建议为：

（1）收入分配结构调整和扩大内需务必首先关注、改善各地区城乡居民工作状态的分布情况，扩大就业机会，提高就业质量。就社会调查的三地区而言（乌鲁木齐、塔城地区、喀什地区），其中应重点关注喀什地区城镇居民和塔城地区农村居民的就业状况。尤其关注农村剩余劳动力的有效转移，尤其关注少数民族大学生的就业难题。劳动力素质低是制约新疆农村剩余劳动力转移的一个重要因素，因此，需要政府和相关部门加大人力资本投资，正确引导农民学习科学文化知识和实用技能，并且引导农民重视子女的教育投资。

（2）制度保障与政策协调。破解就业难题是一项系统工程，需要健全的制度保障后盾，包括完善的制度设计、配套的政策体系和有效的制度实施机制，追求政策之间的协调互补非常必要。包括：第一，完善就业立法的制度安排；第二，健全社会保障制度；第三，寻求制度、政策间的协调与配合。就改革而言，务必加大就业制度、社会保障制度、户籍制度、教育制度、人口制度等方面的改革力度，构建高效公平、竞争有序、开放的劳动力市场体系。协调就业政策与产业政策、财税政策、金融政策、投资政策、消费政策、人口政策等宏观经济政策的关系。制定积极的就业政策，通过促进就业的政策体系、组织体系、资金支持体系、社会保障体系以及统筹城乡就业的公共服务五大体系的建设，追求新疆就业需求与供给总量与结构的均衡，形成劳动者自主就业、市场调节就业、政府促进就业的良性机制，促进经济社会的协调、健康、可持续发展。

（3）促进就业结构与产业结构的协调发展。就业结构必须顺应产业结构的变迁，同时，资源的优化配置应当使产业结构符合新疆要素禀赋结构所决定的比较优势，扩大就业需求应当成为新疆产业结构调整、优化的一个重要目标，在追求充分就业的同时也推动了新疆经济发展。

新疆产业结构调整和优化，推进新型工业化进程、加快现代农牧产业发展、培育战略性新兴产业、突出发展现代服务性和新兴服务业等无不对劳动供给提出了更高的要求，使得新疆就业需求和供给的结构性矛盾更为突出。一方面非熟练、低技能人员基数过大、比例过高、供给过多；另一方面熟练、高技能和新兴技术劳动力非常短缺，就业困难群体在扩大。对应于加快推进新型工业化的目标，新疆初、中级技术人才紧缺的问题更为凸显。随着新疆跨越式发展和产业结构调整步伐的加快，对技术人才的需求只会继续上升。

因此，新疆未来的就业结构必须与产业结构调整和优化相协调，二者之间是相辅相成、互相制约，相互影响的。就业结构的调整不再简单的主要是劳动和社会保障部门的事情，而是一项关系政府决策部门、劳动和社会保障部门、宏观经济管理部门、劳动需求部门、各级各类教育部门、培训机构、劳动者等各方面协同的系统工程。此外还包括：提升第三产业，扩大就业需求；充分发挥中小企业、非公有制经济的主渠道地位；注意产业间的协调发展。

（4）关注女性公民的就业权利和机会，关注女性就业者的平等权益，尽可能缩小居民就业机会和收入分配等方面的性别差异。

（5）新疆城乡居民工作或就业状态的分布是存在民族差异的，在制定就业政策和收入分配改革中需要考虑到这种差异。着重关注少数民族居民的工作或就业状态，扩大其就业机会。

（6）营造鼓励创业的文化氛围，宽容失败，鼓励、扶持小微企业的发展。

（7）解决好下岗、失业人员的生活保障和再就业问题。

（8）解决好弱势群体、低收入群体的就业问题。

破解新疆就业难题更为详尽的政策建议见专题研究六。

### 6. 切实控制通货膨胀

收入分配结构调整和有效提高城乡居民收入（在有效控制通胀的前提下）将会激发出巨大的内需能量。鉴于"物价上涨严重"是制约新疆城乡受访者家庭消费需求扩张第一位的因素，因此扩大城乡居民消费需求务必先切实控制通货膨胀。增加居民收入不仅仅是名义收入的增加，而应是剔除物价上涨因素后的实际收入水平的提升。否则，当前严重的通货膨胀只会侵蚀居民的实际收入水平和购买力，消费需求低迷，并且使得贫困人口增加或贫困程度加剧，收入差距加剧；或者形成伴随着居民名义收入增加，物价乘机上涨，居民实际收入水平并未提高甚至倒退从而民众不满情绪加深的被动局面。

### 7. 促进城乡基本公共服务均等化，营造个人发展的均等机会

促进城乡基本公共服务均等化，营造个人发展的均等机会，促进城乡居民的平等发展，缩小城乡发展差距。应当针对各地区实际有针对性、有侧重地出台相应的政策措施，重点在于教育、社会保障和个人发展机会方面，缩小城乡居民生产、生活基础设施和公共服务的差异以及各地农村生产、生活基础设施和公共服务的差异。在促进劳动者报酬增长的过程中，新疆地方政府应进一步完善公共财政体系，促进基本公共服务均等化。要围绕推进基本公共服务均等化和民生建设，调整优化财政支出结构，加大对义务教育、社会保障、公共卫生、环境保护、住房保障等方面的投入。

### 8. 完善税收调节功能，发挥其收入再分配作用

具体建议为：

（1）税制结构优化。

税制结构作为税收制度的重要内容和政府税收政策的重要工具，政府可以通过税制结构的调整和优化，影响税种的选择和税制要素的安排，从而达到调节收入分配的政策目标。税制结构对收入分配的调节是通过税种的设置和调整体现的。应完善我国的税制结构，建立起具有组织收入和调节收入分配双重职能并重的双主体税制结构，以此增强我国整体税制的累进性，是我国税制改革的当务之急。优化税制结构，一方面要通过完善个人所得税、适时开征社会保障税，提高所得税的收入比重；逐步实施个人所得税分类征收改革以及建立以所得税为主的税收制度。另一方面，通过货物与劳务税的改革，特别是增值税的改革，适度降低货物与劳务税在税制结构中的地位和作用。

（2）在结构性减税的背景下推进居民收入分配改革。

2011年首先在上海试点的"营改增"改革是落实结构性减税的重要政策之一，为完善公平收入分配的税收体系提供了契机，也为降低税收增长率，提高居民收入增长提供了条件和可能。"营改增"通过减轻试点企业间接税税负，并通过价格传导机制，使减税部分反映在消费价格上，从而使中低收入者受益，特别是对于试点行业的中小企业减税效果明显。"营改增"在2013年8月在新疆推行，为此，新疆应积极关注"营改增"过程中存在的各种问题，总结实施的经验，从而更好地解决营业税的重复征税问题，为中小微企业特别是容纳就业能力强的第三产业的企业提供良好的税收发展环境。

（3）中央应当赋予民族自治地区适当的税收优惠处置权。

新疆作为我国向西开放的门户以及进口能源的国际大通道，在我国整体战略布

局中具有重要作用。新疆的经济社会发展一方面需要中央大量"输血"，给予一定的财政转移支付，另一方面，也需要靠适合于本地的税收政策来"造血"，以实现新疆经济的持续、快速、健康发展，推动居民收入分配差距的缩小。中央应考虑在适当时机，根据民族自治法的要求，赋予新疆这样的民族自治地区一定的税收优惠处置权，使新疆可以在执行中央的税收优惠政策时更具灵活性和针对性。给地方政府一定的税收立法权，使地方政府能够根据本地经济发展的需要合理调整地方税税率。

（4）加强对个人所得税的征管。

鉴于最具调节功能的个人所得税对新疆居民收入分配的逆向调节，应在全国建立严密的个人所得税税源监控体系，可以考虑将居民个人的身份证号作为个人所得税的纳税识别号，并与银行、保险、证券等金融机构以及工商、公安、海关、税务等行政机构建立信息共享机制，定期、重点稽查那些高收入者，充分挖掘其隐蔽性收入，并对其逃税行为进行严厉处罚，以使个人所得税真正地起到正向调节作用。

### 9. 发挥财政转移支付的收入再分配功能

未来中央政府应进一步理顺中央和地方政府的财权事权的匹配，在加大对新疆这样的民族地区的转移支付力度的同时应进一步优化转移支付的结构，加大对贫困落后地区、贫困人口和弱势群体的财政转移支付力度；加大对农村、农业、农民的财政转移支付力度。积极引导援疆省份，优化公共财政支出结构。如加大农业类支出规模，有效改善农村居民收入水平；提高科教类支出规模的同时，更加注重支出的效率和效果；巩固对农村医疗卫生规模投入的同时，关注城镇医疗卫生投入的领域以及产生的效果。

### 10. 新疆产业结构优化的战略选择

新疆今后的产业结构调整和优化，应当坚持科学发展观，调优第一产业，调强第二产业，调大第三产业。根据新型工业化①的要求，继续实施优势资源转换战略，围绕提升产业层次，加快运用高新技术和先进技术设备改造传统产业的步伐。做大做强现有优势产业和支柱产业，延伸产业链、提高附加值。加快发展现代农牧产业和特色农牧产品精深加工。培育战略性新兴产业，突出抓好现代服务业和新兴服务业发展。优化产业布局，引导产业集群发展。大力发展循环经济，促进产业结

---

① 我国是在党的十六大上提出新型工业化道路的。所谓新型工业化，就是坚持以信息化带动工业化，以工业化促进信息化，就是科技含量高、经济效益好、资源消耗低、环境污染少、人力资源优势得到充分发挥的工业化。

构优化升级。加快推进新型工业化进程，通过培育和引进大企业大集团，带动中小企业、非公有制经济发展，壮大地方工业实力。

新疆初次分配中的不合理性进一步加剧了新疆居民收入在再分配环节的非公平性。劳动收入份额的演变规律表明，只有在实现工业化以及高度的市场化程度后，劳动和资本要素在国民收入分配中的比例才能保持稳定，从而实现劳动者与资本所有者之间的社会和谐。就业增加和工资增加是调整收入分配结构和提高劳动收入比重的关键。产业结构内部的不合理对新疆城镇居民收入的分配也会产生了较大的影响，新疆长期以来形成的以资源密集型、技术密集型和资本密集型的重工业吸纳就业能力有限。未来应进一步发展新疆特色农牧产品加工业，提高农产品的加工转化能力，从而增加农产品的附加值；调整第二产业内部结构，降低重工业的比重；特别是提升第三产业的层次，加快向现代服务业的转型。政府在确保经济稳定增长的同时，应促进新疆第三产业发展，提高经济增长的就业含量，创造更多的就业机会。

### 11. 理性推进新疆城镇化进程

新疆城镇化水平严重滞后于全国，城市化进程的推进，有助于南疆少数民族集聚区的农业富余劳动力有序合理地向其他城市分流和转移，对于减轻乌鲁木齐中心城市的压力，提高吸纳农村劳动力就业能力，优化居民收入的分配结构，促进劳动报酬的提高，促进新疆劳动收入份额的提高，确保新疆长治久安都具有重要的现实意义。但是城镇化进程不能依靠行政手段推进，而应当在促进产业发展、创造就业机会、人员自发向城镇流动的基础上政府顺势利导实现。

### 12. 逐步减弱行业的垄断效应，促进中小企业发展

新疆垄断行业的快速发展与中小企业发展滞后的矛盾，拉大了行业和所有制之间的收入分配差异。作为吸纳就业主力军的地方中小企业和中央垄断行业的工资水平越来越大的差距，应通过公共政策的制定予以纠正，未来应在财税政策、金融政策、市场准入等方面进一步向中小企业倾斜，逐步减弱行业的垄断效应。

### (二) 新疆居民消费需求扩张的政策建议

研究消费需求的扩张不能仅局限于消费需求本身，必须联系社会总供求，将之置于国民经济的总体框架之中。扩大内需重点在于有效扩大居民的消费需求和促进消费需求结构的升级，尤其是农村居民的消费需求。鉴于上述收入与平均消费倾向之间存在的负相关关系，因此扩大内需意味着进一步提升城乡居民的消费倾向，尤其是边际消费倾向。当居民收入水平提升后，消费意愿和消费能力会增强，平均消费倾向也会变化，存在新的提升空间。增加城乡居民收入、调整收入分配结构是消

费需求扩张的必然前提，其相关政策建议此处不再一一赘述。

### 1. 着力消除或弱化城乡居民消费需求扩张的制约因素

根据本项目社会问卷调查的分析结果，针对制约城乡受访者家庭消费需求扩张最主要因素的排序，应当着力消除或弱化这些制约因素，其中最重要的三条政策建议依次为：

（1）有效控制通货膨胀，削弱因为物价上涨严重对城乡居民消费能力的严重伤害。相对于农村居民而言，这是扩张当前新疆城镇居民消费需求最首要的对策。

（2）努力改变城乡居民收入水平偏低或收入不稳定的现状，提高城乡居民的绝对收入水平和相对收入水平，提高其收入的相对稳定性。相对于城镇居民而言，这是扩张当前新疆农村居民消费需求最首要的对策。

（3）有效缓解城乡居民巨大的住房和子女教育等压力。

其他政策建议依次为：

（4）健全城乡养老、医疗、失业、救助等社会保障体系，尤其是农村社会保障体系。

（5）调整收入分配结构，缩小各类收入差距。

（6）引导城乡居民形成科学、合理的消费观念。

（7）坚决维护国家统一，保持新疆安定团结的社会政治局面，改善经济环境，促进经济健康、可持续发展，使城乡居民形成对未来收入的良好预期。

（8）缓解社会就业压力，扩大就业。

（9）优化消费环境。

（10）优化供给结构，使之与居民需求结构相匹配。

### 2. 根据结构差异有侧重地扩张居民的消费需求

根据本项目社会问卷调查的分析结果，新疆居民的消费需求是存在着结构性差异的，因此，政策建议和实施应当有所侧重，具体为：

（1）就居民消费需求的城乡差异而言，扩大消费需求政策的重点在于提高农村居民的消费能力、消费水平和消费需求，引导其消费结构升级。重点提升农村居民的消费意愿，并降低其消费意愿的不确定性。三地城镇和农村居民受访者如果有多余的钱首先会做的一件事情中消费需求项目中频次最高的均是改善生活条件（用于吃穿等），这说明城乡居民潜在的消费需求的巨大的，消费结构升级的空间也是很大的，因此需要着力引导其向现实消费需求转化。相对城镇居民而言，农村居民的消费方式相对更加单一，因此应当侧重于引导农村居民采用多元、现代、新型、合理的消费方式。

（2）就居民消费需求的地区差异而言，扩大消费需求政策的重点在于提高以喀什地区为代表的贫困地区（尤其是南疆）城镇和农村居民的消费能力、消费水平和消费需求，引导其消费结构升级。就乌鲁木齐、塔城地区和喀什地区而言，三地区居民消费意愿均很弱都需提高，城镇中重点提升喀什地区城镇居民的消费意愿；农村中重点提升塔城地区农村居民的消费意愿，喀什地区农村居民的消费意愿也需要多加关注；并降低其消费意愿的不确定性。着重引导喀什地区和塔城地区城乡居民接受现代、新型、多元、合理的消费方式。

### 3. 分层次促进城乡居民消费需求

虽然城乡高、中、低收入阶层都要实现消费结构的升级，但由于收入分布不均，使得不同阶层实现购买力的程度不同，突出表现化为高收入群体的消费倾向低，低收入阶层的消费倾向高。扩大内需、启动消费应根据不同消费群体的特点制定相应的消费政策和税收政策，调节收入分配关系，以达到预期的目标。分层次促进城乡居民消费需求的具体建议为：

（1）高收入群体：应进行科学引导，创造好的投资和消费环境，促进其大额消费。

（2）中等收入阶层：改善其预期，增加其即期消费。

（3）低收入群体：增加其收入，提高其购买力。

### 4. 优化消费环境，引导消费文化，鼓励现代消费方式

具体建议为：

（1）政府应当通过消费政策来影响消费环境，清理各种抑制消费的政策，调节消费市场，进而通过消费市场来引导生产者的生产和居民的消费。

（2）维护市场秩序与公平，坚决打击假冒伪劣产品的生产和销售，坚决保障居民食品、药品安全，坚决维护消费者合法权益。

（3）积极培育新的消费热点。消费热点的出现，决不能以牺牲环境、浪费资源为代价。必须坚持可持续发展的战略，坚持可持续发展的生产方式和消费方式。

（4）引导全新、优良的消费文化。扩大城乡居民消费需求并非鼓励盲目消费，而是在一定收入水平之下的"适度消费"和"可持续消费"。

（5）创造条件，鼓励现代消费方式的迅速、健康发展。

### 5. 调整供给结构

具体建议为：

（1）研究城乡居民消费需求的发展趋势，明确居民消费结构转换与升级的方

向，相应调整供给结构，使之适应这种变化了的消费需求。这是因为：在既定供给方式和供给条件不变的情况下，刺激消费需求增长的政策干预空间已十分有限，应从供给方面寻求新的出路，向消费者提供新的消费品和消费方式的示范。

（2）居民消费结构的变化是确定产业和产品结构调整、升级方向的重要依据，政府应当引导生产经营者以发展的眼光来看待市场，根据消费的趋势进行产品开发，对居民的消费行为起到引导作用，切忌不顾市场规模、不顾产品质量、只考虑眼前利益的盲目建设和重复建设。引导企业既要满足市场的现实需求，也要满足消费者的潜在需求，还应通过创新开发出新的消费需求。

（3）在调整供给结构时还应坚持可持续发展战略，治理环境污染，发展生态产业、绿色产业和可持续产业，为消费者进行可持续消费创造条件。

**6. 发挥税收对消费的促进作用**

目前宏观税负较高，抑制了居民消费需求。因此，宏观层面应真正落实结构性减税政策，降低税负和税收增长速度。从消费结构上看，新疆农牧民的消费层次还处在较低的水平，因此，提高收入是关键。要调整新疆国民收入分配制度和分配政策，使税收与政府、企业和居民三者的收入增长速度大体相当或基本一致，其中使农民的人均纯收入水平一段时期内要有较快增长，从而提高农牧民的消费能力。积极落实国家有关就业、创业的税收优惠力度，扩大就业是提高收入、扩大消费、改善民生的重要前提。

**7. 充分利用对口援疆政策**

以对口援疆为契机，充分利用对口援疆政策，加大财政支出规模的投入的同时，应关注城乡之间在投入方面的结构性差异，全面提升新疆基本公共服务水平，特别是加强南疆三地州在义务教育、医疗服务、基础设施等方面的援助，减少农村居民在教育、医疗等基本公共服务领域的支出，从而启动新疆消费需求，尤其是农村居民消费需求。根据新疆城乡居民已开始消费升级的特点，应加大产业援疆的力度，以就业为导向，使得新疆的特色产业更多实现就地的生产加工，以降低产品价格、减少物流成本，扩大新疆城乡居民的消费能力。

**（三）新疆投资需求扩张的政策建议**

产业结构的优化和升级需要通过调整和改善投资结构加以实现，扩大内需需要调整投资结构，提高投资效率，积极引导和支持民间投资，而从根本上而言，投资结构是由消费需求结构决定的，投资结构的调整和改善必须遵循消费需求结构升级这一主线。出台扩张投资需求的政策措施要有针对性和差异化，营造良好的投资环境，最关键因素还是提高城乡居民收入水平，使其拥有可用于投资的资金，提高其投资意愿。增加城乡居民收入、调整收入分配结构是投资需求扩张的重要前提，其相关建议此处不再一一赘述。

**1. 着力消除或弱化城乡居民投资需求扩张的制约因素**

根据本项目社会问卷调查的分析结果，针对制约城乡受访者家庭投资需求扩张最主要因素的排序，应当着力消除或弱化这些制约因素。鉴于城乡差异，因而政策建议应当有的放矢。

针对新疆城镇居民具体的政策建议依次为：

（1）增加城镇居民收入，使之拥有可以投资的资金，从而提高其投资意愿。

（2）通过加大人力资本投资（教育和在职培训投资）提高新疆城镇居民的最高教育学历、专业知识积累和个人综合素质，增加其投资所需的知识、技能和经验。

（3）通过教育、宣传等手段引导城镇居民形成正确的投资理念，正确看待和管理投资风险。

（4）扩宽城镇居民可以投资的领域，增加投资机会。

（5）使城镇居民形成对未来经济前景和收入的良好预期。

（6）优化投资环境。

（7）通过政策合力提高城镇居民投资风险的承受能力。

（8）在制度、政策、实施机制等层面健全投资者权益保护机制，尤其注意保护中小投资者的合法权益。

针对新疆农村居民具体的政策建议依次为：

（1）增加农村居民收入，使之拥有可以投资的资金，从而提高其投资意愿。

（2）通过加大人力资本投资（教育和在职培训投资）提高新疆农村居民的最高教育学历、专业知识积累和个人综合素质，增加其投资所需的知识、技能和经验。

（3）通过政策合力提高农村居民投资风险的承受能力。

（4）加大农村基础设施投入，根本改善农村基础设施的状况和结构，从而促进农业投入和规模扩张。

（5）扩宽农村居民可以投资的领域（包括第一产业和其他产业），增加投资机会。

（6）使农村居民形成对未来经济前景和收入的良好预期。

（7）通过教育、宣传等手段引导农村居民形成正确的投资理念，正确看待和管理投资风险。

（8）优化投资环境。

**2. 根据结构差异有侧重地扩张居民的投资需求**

根据本项目社会问卷调查的分析结果，新疆居民的投资需求是存在着结构性差异的，因此，政策建议和实施应当有所侧重，具体为：

（1）就居民投资需求的城乡差异而言，扩大居民投资需求政策的重点在于提高农村居民的投资能力、投资水平和投资需求，并优化社会投资结构，促进产业结构升级。重点提升农村居民的投资意愿，并降低其投资意愿的不确定性。在乌鲁木齐、塔城地区、喀什地区的城镇居民受访者中，如果现在有多余的钱首先会做的一件事情中频次最高的都是买房或建房，这说明城镇居民潜在的投资需求是巨大的，尤其是房产投资需求，然后均是增加自己或孩子教育和培训的人力资本投资需求，因此需要着力合理引导其向现实消费需求转化。三地农村居民受访者首先会做的一件事情中频次最高的是分别是改善生活条件（用于吃穿等）或者是买房或建房或者是增加自己或孩子教育和培训投入。因此，对于农村居民的投资需求而言，其潜在的投资需求是巨大的，需要侧重于扩张其房产投资需求、自己或孩子教育和培训的人力资本投资需求。

（2）就居民投资需求的地区差异而言，三地区比较而言，塔城地区城乡受访者的投资意愿最弱，乌鲁木齐城乡次之，喀什地区城乡受访者的投资意愿较强。因此，务必合理引导各地区城乡居民的投资需求，降低其投资意愿的不确定性，并且根据地区实际有所侧重，既需要重点提升塔城地区城乡居民的投资意愿，也需要合理引导投资意愿相对较强的喀什地区城乡居民的投资需求，最终扩大其投资需求并转化为现实投资。乌鲁木齐地区农村居民的投资需求扩张首先侧重于增加现有生产经营活动的投入，然后是增加自己或孩子教育和培训投入、买房或建房投资。塔城地区农村的投资需求扩张首先侧重于买房或建房投资需求，然后是增加自己或孩子教育和培训投入需求。喀什地区农村的投资需求扩张首先侧重于增加自己或孩子教育和培训投入需求，然后是买房或建房投资需求。

**3. 加大人力资本投资力度**

鉴于上述收入与最高教育学历之间存在的正相关关系，因此收入分配结构调整和提升居民收入水平必须要重视提高城乡居民的最高教育学历，以及重视包括教育投资和在职培训在内的人力资本投资。增加新疆居民的人力资本投入，一定会产生巨大的正外部效应。加大教育投入，推动起点和机会的公平。新疆是一个多民族的聚集区，教育和人力资本的投入对居民收入的贡献是体现初次分配公平重要的前提。具体建议为：

（1）收入分配结构调整和提升居民收入水平必须要重视提高城乡居民的最高教育学历，以及重视包括教育投资和在职培训在内的人力资本投资。

（2）鉴于城镇和农村居民受访者均认为农村居民与城镇居民相比最大的不平等是"教育"，因此缩小城乡差异，意味着在进一步优化城镇居民最高教育学历结构的同时，着力切实加大对于新疆农村居民的人力资本投入力度，发展农村教育事业，让城乡的孩子受到同等的教育，提高农村居民的最高教育学历及其人力资本。并且设法创造优良环境吸引高学历人才农村创业，扎根农村，成为农村常住居民（注意常住居民与户籍的区别）。

（3）政府在初等和中等教育投资方面必须加大在农村的投入力度，提高教育教学质量，实现城乡居民接受教育的起点公平，提供相对公平的个人发展机会。针对新疆民族地区的特殊、复杂的区情，尽快实现新疆"9年义务教育＋3年高中（职高、中专）免费教育"。对于非义务教育阶段，通过设立助学金、奖学金，加大资助城乡困难学生力度，帮助家庭困难学生完成学业。

（4）提高包括女性居民在内的受教育程度，缩小居民受教育程度的性别差异。

（5）提高包括汉族在内的新疆各民族的受教育水平，尤其注意缩小各少数民族与汉族居民受教育水平的族别差异。

（6）政府在职业技能培训方面要发挥重要作用，鼓励中高等职业技术院校的发展，针对城镇贫困和就业困难人群，以及农村居民的培训项目可以由政府埋单，加大实用技术的培训和推广。

（7）合理配置教育资源，加强双语教育，教育投入更多地向南疆三地州等民族聚集地、边远贫困地区倾斜，使他们更好地享有接受良好教育的公平机会，尽快融入现代市场体系，增强贫困群体的就业能力，才能实现教育向人力资本的转化。加大对新疆南疆三地州人力资本投入，提升欠发达地区人口整体受教育水平，以促进社会财富的分配公平。

（8）不断促进教育投资的主体多元化，多渠道扩充教育资金。保持新疆经济持续增长的同时，扩大财政收入来源，扩大新疆教育投入资金来源渠道。经济发展是财政收入增长的重要保障，财政收入的增长是教育支出增加的物质保障，因此增加财政收入，是提高受教育水平的前提。新疆教育投入的主体呈现相对单一的政府投资状态，主要承担义务教育的责任。为减轻政府压力，保障非义务教育阶段的投入，号召社会和个人投资，鼓励私立学校建设，促进教育投入的多元化。

（9）依据帕累托最优原则，优化新疆教育投入结构。由于新疆地区的特殊性，教育成本较高，因此教育投入规模扩大依然是必要的，并且同时需要不断改善教育经费在三个不同教育层次上的配置。在不减少任何层次的教育投入的基础上，协调基础教育、高中教育和高等教育的比例。义务教育注重公平性和教育质量，高等教育根据社会的需要为市场培养对口专业人才。

（10）优化新疆教育投入在软件和硬件上的分配比例，保障教育水平的公平性。教育投入分为基础设施投入和人力资本投入。在落后地区，教育的基本设施的投入绩效容易实现公平，而师资队伍建设是提高教育质量的根本，为此应加大对师资队伍建设的投入，加强双语教育，提升教师的知识资本存量和人力资本储备，解决少数民族贫困地区因教育投入的不平等而产生地受教育机会不平等问题。

（11）充分把握教育援疆的有利契机，增强新疆教育方面的造血能力。在对口援助以及中央的扶持下，要充分利用好资金、人才、技术等方面的援助，实现效益最大化，促进新疆经济的发展。但从长期来看，无论是中央的支持还是对口援助省市的帮助，都只是外力，也是短期的，而这些外力不一定是永久存在的，根本上还是要靠自我发展能力的增强，由"输血"变为"造血"，实现内生式发展。利用"输血"积累人力资本，通过"造血"创造人力资本。将"外力"转化为"内力"，促进新疆经济可持续发展。

（12）重视高等教育投入向人力资本的传导功能，培养适合新疆经济发展的专业技术型人才。教育是提高人力资本、提高劳动生产效率和技术水平的重要手段，进而影响劳动收入份额。提供丰富的高等教育资本，吸引高水平的行业专家，培养人才、留住人才，提高新疆本地城市化水平。进而提高劳动收入份额，缩小城乡差距。在落后地区，教育是改善穷困条件的重要手段，提高教育水平，有助于提高人们的积极性。

### 4. 优化投资环境

投资环境包括投资硬环境和投资软环境，投资的总体环境 = 投资硬环境 × 投资软环境。投资软环境是指相对于地理条件、资源状况、基础设施等投资硬环境而言的"环境软件"，包括制度、政策法规、体制机制、政府行政效率、思想观念、文化氛围等方面。投资硬环境的重要性不必多言，但投资软环境的改善可以成倍提升总体投资环境，尤其是制度、政策法规和政府行政效率。投资软硬环境的改善有助于扩大新疆城乡居民的投资需求，并吸引疆外资金、技术和人才进入新疆。

### 5. 加大对明显改善新疆居民收入的民生项目的投资

长期以来，唯GDP的增长模式，导致地方政府更加关注地方经济增长和财力的增加，对于涉及民生的居民收入的提高并没有得到足够的重视。近年来，国家加大了惠民政策的投入，但是由于城乡居民生活成本的提高，一定程度上抵消了国家及新疆地方性惠民政策的实际效果，加上民生公共服务的历史欠账，使得新疆居民收入的公平性程度进一步弱化。未来还应进一步加强对明显改善新疆居民收入的民生项目的投资。特别是重视对新疆农村居民、南疆三地州等落后地区的收入改善，以尽快缩小新疆城乡之间、地区之间的收入差异。

### 6. 积极引导和支持民间投资

一味依靠扩大政府支出和政府投资的积极财政政策是不可持续的，积极财政政策最终会淡出，因此，积极引导和支持民间投资，激发民间投资的活力应当是政策着力的主要目标之一。有效启动民间投资对于扩张投资需求、扩大就业、产业结构优化升级等的意义重大。为此需要：

（1）放宽民间投资领域。第一，允许、鼓励民间投资进入公共部门，进入基础性、甚至公益性领域；第二，引导民间投资进入新兴的、成长性产业领域。

（2）拓宽民营企业的融资渠道。第一，加强金融机构对民营企业的融资支持；第二，发展民间金融机构，并将其置于规范的监管之下；第三，鼓励创业投资，建立有利于民营高新技术企业发展的创业投资机制。

（3）营造民间投资良好的外部环境。包括：社会舆论环境、市场竞争环境、法律政策法规等制度环境、社会服务体系等方面。

### 7. 短期内继续适当增加投资率

目前新疆投资率的提升对增加就业岗位、提高劳动报酬的作用是积极有效的，特别是可以进一步加大涉及公共基础设施、抗震安居等民生类的建设和投资，以保持经济的稳定增长和促进就业，因此，短期内可以继续适当增加投资率。

# 社会问卷调查报告

## 一、社会问卷调查基本情况介绍

教育部《边疆少数民族地区收入分配结构调整与扩大内需研究——以新疆为例》科研项目组所进行的社会问卷调查的基本情况如下：

### （一）调查目的

为了了解新疆城乡居民消费需求、投资需求和收入分配的真实状况，及其对相关问题的认知、态度和愿望等，从而探索新疆如何调整收入分配结构以及有效扩大内需，实现新疆社会经济稳定、持续、健康的发展，为日后完善相关政策提供有价值的对策建议，特进行了社会问卷调查。

### （二）调查时间及计划实施情况

2012年年初着手调查问卷的设计工作，8月完成问卷的印刷、调研工作的布置和调研员的培训工作。2012年8月下旬至10月完成了乌鲁木齐、塔城地区、喀什地区城镇居民问卷和农村居民问卷的社会问卷调查。

2012年10月至2013年4月完成了调查问卷的审核和整理工作，由于问卷数量大，还涉及维文问卷的整理难度，故耗时较长。

2013年5～6月完成了调查问卷的数据录入工作。

2013年12月完成了调查问卷的统计分析和调研报告的撰写工作。

### （三）调查对象

调查对象是乌鲁木齐市、塔城地区、喀什地区16周岁以上的新疆城镇和农村常住居民，没有收入的学生除外。具体包括：乌鲁木齐市城镇常住居民、乌鲁木齐县农村常住居民；塔城地区选取乌苏市、托里县、额敏县，分别对其城镇常住居民和农村常住居民进行了随机问卷调查；喀什地区选取喀什市、疏勒县、伽师县，分别对其城镇常住居民和农村常住居民进行了随机问卷调查。

本调查所指的"常住人口",是指经常居住在某一地区的人口,是在普查区内经常居住的人数。它包括常住该地而临时外出的人口,不包括临时寄住的人口。即指实际经常居住在某地区一定时间(半年以上,含半年)的人口。不论户籍是否为当地户籍,也不论是否是城镇户籍或农村户籍。比如:只要在被调查的城镇居住半年以上(含半年)的 16 周岁以上(含 16 周岁)的非学生居民就属于本调查城镇居民问卷的调查对象,只要在被调查的农村居住半年以上(含半年)的 16 周岁以上(含 16 周岁)的非学生居民就属于本调查农村居民问卷的调查对象。

### (四) 调查设计与方法

本调查的总体为新疆城镇和农村 16 周岁以上的常住居民(没有收入的学生除外),运用多阶段分层随机抽样方法进行社会问卷调查,以推算新疆的总体特征。项目组按照新疆各地经济发展水平的差异,从高、中、低三组中分别选择具有代表性的地区进行社会问卷调查,每个被抽中的代表性地区又依经济发展水平的高、中、低三个层次选择代表性的县市进行调研。具体为:

首先,根据新疆 15 个地州的经济发展水平(以人均 GDP 为依据)分为三组,石河子市(属于兵团系统)、克拉玛依市(属于石油城市)除外。高组中选取具有代表性(居中)的乌鲁木齐市,中组中选取具有代表性(居中)的塔城地区,低组中选取具有代表性(居中)的喀什地区。

其次,对被选择地区的调查对象分城乡进行随机抽样。考虑到城乡差异分别设计了城镇居民问卷、农村居民问卷,考虑到新疆少数民族受访者的语言问题,将城乡问卷分别翻译、印刷了维文问卷。乌鲁木齐市城镇居民问卷选取在其全部七个区一县进行发放,农村居民问卷主要在乌鲁木齐县农村进行发放。塔城地区和喀什地区各自三个调研市县的选取同第一阶段分层的原则。塔城地区的城镇居民问卷选取在乌苏市、托里县、额敏县发放,农村居民问卷分别在上述三市县的农村进行发放。喀什地区的城镇居民问卷选取在喀什市、疏勒县、伽师县发放,农村居民问卷分别在上述三市县的农村进行发放。喀什市鉴于新疆统计年鉴中未报告其农村人口数据故只进行了城镇常住居民的随机问卷调查。

再次,各个调研地区、县市问卷的总的数量分布根据人口比例加以分配,具体到一个调研县市问卷的数量分布则要考虑城镇居民和农村居民的人口分布、民族分布等。

最后,问卷的发放采用实地、随机、直接发放,以及匿名受访、当场回收标准化问卷的方式。发放过程中尽可能遵循随机原则,确保各层内抽样的随机性。标准化访问的目标是尽可能减少访问员特征差异造成的调查误差。

## （五）调查总样本量及其分布

乌鲁木齐、塔城地区、喀什地区城镇居民问卷和农村居民问卷的社会问卷调查，共计发放 1534 份问卷，其中乌鲁木齐发放了 583 份，塔城地区发放了 243 份，喀什地区发放了 708 份。经过严格的整理有效问卷共计 1394 份，废卷共计 140 份，有效率为 90.87%。有效问卷中乌鲁木齐城镇居民 520 份，农村居民 34 份，合计 554 份；塔城地区城镇居民 129 份，农村居民 104 份，合计 233 份；喀什地区城镇居民 339 份，农村居民 268 份，合计 607 份；三地区城镇居民问卷合计 988 份，农村居民问卷合计 406 份。废卷中乌鲁木齐 29 份，塔城地区 10 份，喀什地区 101 份。具体分布见表 1～表 3。

表 1 问卷发放和有效问卷情况汇总 单位：%

| 项目/地区 | 乌鲁木齐 | 塔城地区 | 喀什地区 | 合计 |
|---|---|---|---|---|
| 占三地常住人口比重 | 37.43 | 14.67 | 47.89 | 100 |
| 实际问卷发放数量（份） | 583 | 243 | 708 | 1534 |
| 占三地发放数量比重 | 38.00 | 15.84 | 46.15 | 100 |
| 有效问卷数量（份） | 554 | 233 | 607 | 1394 |
| 有效问卷比率 | 95.03 | 95.88 | 85.73 | 90.87 |
| 占三地有效问卷比重 | 39.74 | 16.71 | 43.54 | 100 |
| 无效问卷数量（份） | 29 | 10 | 101 | 140 |
| 无效问卷比率 | 4.97 | 4.12 | 14.27 | 9.13 |

注：占三地常住人口比重根据 2010 年第六次全国人口普查数据计算得到。

表 2 问卷的城乡分布 单位：次，%

| 分类 | | 频次 | 百分比 | 有效百分比 | 累积百分比 |
|---|---|---|---|---|---|
| 有效 | 城镇 | 988 | 70.9 | 70.9 | 70.9 |
| | 农村 | 406 | 29.1 | 29.1 | 100.0 |
| | 合计 | 1394 | 100.0 | 100.0 | |

资料来源：根据本调查数据运用 SPSS 19 数据统计得到。

表3      各地区城乡居民问卷的样本分布    单位：次，%

| 分类 | | 频次 | 百分比 | 有效百分比 | 累积百分比 |
|---|---|---|---|---|---|
| 有效 | 乌鲁木齐城镇 | 520 | 37.3 | 37.3 | 37.3 |
| | 乌鲁木齐农村 | 34 | 2.4 | 2.4 | 39.7 |
| | 塔城城镇 | 129 | 9.3 | 9.3 | 49.0 |
| | 塔城农村 | 104 | 7.5 | 7.5 | 56.5 |
| | 喀什城镇 | 339 | 24.3 | 24.3 | 80.8 |
| | 喀什农村 | 268 | 19.2 | 19.2 | 100.0 |
| 合计 | | 1394 | 100.0 | 100.0 | |

资料来源：根据本调查数据运用 SPSS 19 数据统计得到。

由表1和图1可知，实际发放问卷的样本地区结构与三地常住人口的地区结构非常接近，有效问卷的地区结构与三地常住人口的地区结构的差异也不是很大（造成此差异的原因主要是喀什地区的有效率为85.73%，与乌鲁木齐、塔城地区的有效率相差近10%），因此本次调查样本具有较好代表性。

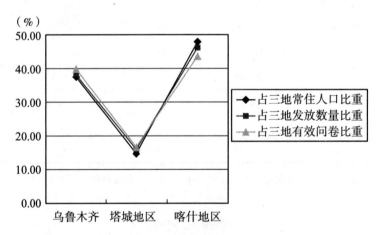

图1 占三地常住人口、实际发放数量、有效问卷比重对比

资料来源：根据表1数据作图得到。

由表2和表3可知，在全部有效问卷中城镇居民问卷的比重要远大于农村居民问卷，分别为70.9%、29.1%。相比据《新疆统计年鉴》（2012）统计的2011年新疆年末总人口的城镇人口、乡村人口比例分别为43.54%、56.46%，本调查农村居民问卷比例偏少。造成这种结果的原因有四：其一，作为代表性地区的乌鲁木齐城镇化率极高，农村居民比例极低；其二，喀什市鉴于新疆统计年鉴中未报告其

农村人口数据故只进行了城镇常住居民的随机问卷调查；其三，在废卷中农村居民的比例很高，尤其是喀什地区全部 101 份废卷绝大部分是农村居民问卷；其四，本调查的对象为城乡常住居民而非按户籍划分的城镇非农人口和农村农业人口，农村大量剩余劳动力流向城镇和城镇化进程的结果使得大量农业人口成为城镇常住居民。虽然本调查农村居民问卷比例偏少，但总份数也有 406 份，可以进行统计分析和城乡对比研究，样本具有一定的代表性。

（六）问卷指标解释及填表说明

（1）常住人口：指经常居住在某一地区的人口，是在普查区内经常居住的人数。它包括常住该地而临时外出的人口，不包括临时寄住的人口。

第六次全国人口普查使用的常住人口 = 户口在本辖区人也在本辖区居住 + 户口在本辖区之外但在户口登记地半年以上的人 + 户口待定（无户口和口袋户口）+ 户口在本辖区但离开本辖区半年以下的人。

（2）家庭人口：指居住在一起，经济上合在一起共同生活的家庭成员数量。凡计算为家庭人口的成员其全部收入包括在家庭中，经济上独立的家庭成员除外。

（3）职业：是指从业人员为获取主要生活来源所从事的社会性工作的类别。

职业分类使用说明：

①同时从事一种以上职业的人员，以劳动时间较长的为其职业；如不能确定时间长短者，以经济收入较多的为其职业。在同一工作场所，从事一种以上职业的人员，以其技术性较高的工作为职业。

②学徒工应按其所学习和从事的工作种类进行划分。

③具有各类专业技术职务的人员，同时担任行政负责人的，按行政职务归类。

④对同时担任党和行政职务的领导干部，按主要职务归类。

（4）主要就职行业：如有兼职以所获取收入最高的行业为主要就职行业。

（5）城镇居民个人、家庭总收入：包括工资性收入、福利、住房补贴、经营性收入、财产性收入、其他转移性收入、其他收入等可支配收入之和，不包括出售财物收入和借贷收入。本调查所指的城镇居民个人、家庭总收入指的是可支配收入。

（6）城镇居民个人、家庭可支配收入：指个人或家庭成员得到可用于最终消费支出和其他非义务性支出以及储蓄的总和，即居民家庭可以用来自由支配的收入。它是家庭总收入扣除缴纳的所得税、个人缴纳的社会保障支出以及记账补贴[①]

---

① 记账补贴：指调查户因承担记账工作从统计部门、工作单位和其他途径所得到的现金。不包括实物部分。

后的收入。

（7）农村居民家庭全年的纯收入：指家庭总收入中扣除生产和非生产性经营费用支出以及缴纳税款等以后的收入。农村居民家庭全年的总收入指调查期内农村住户和住户成员从各种来源渠道得到的收入总和。按收入的性质划分为工资性收入、家庭经营收入、财产性收入和转移性收入。

（8）家庭消费性支出：指家庭用于日常生活的支出，包括食品、衣着、家庭设备用品及服务、医疗保健、交通和通信、教育文化娱乐服务、居住、其他商品和服务八大类支出。

（9）土地流转：是指土地使用权流转，即拥有土地承包经营权的农户将土地经营权（使用权）转让给其他农户或经济组织，即保留承包权，转让使用权。

（10）垄断：一般指唯一或少数的卖者在一个或多个市场，通过一个或多个阶段，面对竞争性的消费者。垄断者在市场上，能够随意调节价格与产量（不能同时调节）。

垄断行为：是指排除、限制竞争以及可能排除、限制竞争的行为。依据垄断产生的原因，可以将垄断分为：经济垄断、自然垄断、国家垄断、权力垄断和行政垄断。在一般情况下，自然垄断、国家垄断和权力垄断属于合法垄断，而经济垄断和行政垄断属于非法垄断。

## （七）关于误差情况的说明

社会问卷调查难免存在各种误差，如抽样误差（也称随机误差、偶然误差）、系统误差和过失误差。

就抽样误差而言，是由于一些偶然的却又不易控制的因素所引起的误差。鉴于本调查问卷发放量较大达到 1534 份，有效问卷为 1394 份，抽样误差不会太大。

就系统误差①而言，这种误差是观测过程中服从某种确定性规律的误差，由确定性因素引起，其结果是数据往往偏向一端。在社会研究中，这种误差主要是由于研究者的偏见或被研究者的偏见造成的。本调查涉及居民个人收入和家庭收入这样比较敏感的问题，受访者往往有选择低于实际值的回答的倾向。尽管我们强调本调查的匿名性、保密性和学术性，尽量正确引导受访者选择正确的选项，但就这些题而言有可能存在系统误差。尤其是喀什地区的农村居民家庭纯收入数据，由于问卷翻译为维文及受访者理解的偏差，许多家庭的纯收入选择 1 万元以下的选项，或普遍选择低于实际值的收入档次选项。另外，在抽样调查中，违背随机抽样的原则也会导致系统误差。尽管本调查问卷的设计较为科学并强调抽样的随机性，可能存在

---

① 参见翁定军：《社会定量研究的数据处理——原理与方法》，上海大学出版社 2002 年版。

一些问卷由于现实操作的难度或未能严格遵循随机原则所引起的系统误差，如果有的话最有可能存在于喀什地区的农村居民维文问卷部分。

就过失误差而言，一般指在数据收集过程中由于人为的过失而造成的误差。在经过我们严格、细致的数据录入前的筛查、整理后，已经尽可能舍弃了那些含有过失误差的数据，包括未答题超过3题以上者，而数据录入的质量相对很高，造成新的过失误差的频次非常低，通过描述性统计可以发现奇异值并加以处理。总体而言，本调查的误差是可控的，对调查结果的影响是有限的。

### 二、问卷内容的描述性统计分析

项目组运用 SPSS 19 对问卷内容的数据进行描述性统计分析，以期了解新疆城乡居民消费需求、投资需求和收入分配的真实状况，及其对相关问题的认知、态度和愿望等。

### （一）基本信息

> A1. 您的年龄（周岁）？
> 1. 16～29 岁  2. 30～39 岁  3. 40～49 岁  4. 50～59 岁  5. 60 岁以上

由表4可知受访者各个年龄段的分布，其中40～49岁的受访者有效百分比最高，为31.2%，然后是30～39岁为27.4%、16～29岁为25.0%，这三个年龄段的累积百分比达到83.6%，正是年富力强的劳动和就业以及获取收入、消费、投资的中坚力量。50岁以上的受访者合计达16.5%，可以反映出中老年受访者的数据。

表4　　　　　　　　　　受访者的年龄分布　　　　　　　　单位：次，%

| 分类 | | 频次 | 百分比 | 有效百分比 | 累积百分比 |
|---|---|---|---|---|---|
| 有效 | 16～29 岁 | 348 | 25.0 | 25.0 | 25.0 |
| | 30～39 岁 | 382 | 27.4 | 27.4 | 52.4 |
| | 40～49 岁 | 434 | 31.1 | 31.2 | 83.6 |
| | 50～59 岁 | 160 | 11.5 | 11.5 | 95.0 |
| | 60 岁以上 | 69 | 4.9 | 5.0 | 100.0 |
| | 合计 | 1393 | 99.9 | 100.0 | |
| 缺失 | 系统 | 1 | 0.1 | | |
| 合计 | | 1394 | 100.0 | | |

资料来源：根据本调查数据运用 SPSS 19 数据统计得到。

> A2. 您的性别？
>
> 1. 男性　　2. 女性

由表 5 可知受访者的性别分布，其中男性、女性受访者的百分比为 51.5%、47.4%，缺失值为 1.1%，有效百分比分别为 52.1%、47.9%。非常接近据《新疆统计年鉴》（2012）统计的 2011 年新疆年末总人口的男性、女性比例分别为 51.1%、48.9%，见表 6。因此，本调查受访者的性别结构合理，并且具有较好的代表性。

表 5　　　　　　　　　　　　受访者的性别分布　　　　　　　　　　单位：次，%

| 分类 | | 频次 | 百分比 | 有效百分比 | 累积百分比 |
|---|---|---|---|---|---|
| 有效 | 男 | 718 | 51.5 | 52.1 | 52.1 |
| | 女 | 661 | 47.4 | 47.9 | 100.0 |
| | 合计 | 1379 | 98.9 | 100.0 | |
| 缺失 | 系统 | 15 | 1.1 | | |
| 合计 | | 1394 | 100.0 | | |

资料来源：根据本调查数据运用 SPSS 19 数据统计得到。

表 6　　　　　　　　新疆常住居民分性别的总体分布与样本分布对比

| 分类 | 男性 | 女性 | 合计 |
|---|---|---|---|
| 总体占比 | 51.10% | 48.90% | 100% |
| 样本占比 | 52.10% | 47.90% | 100% |

资料来源：总体占比数据根据《新疆统计年鉴》（2012）中 2011 年数据得到，样本数据来自本调查问卷统计结果，见表 5 的有效百分比。

> A3. 您的族别？
>
> 1. 汉族　2. 维吾尔族　3. 哈萨克族　4. 回族　5. 蒙古族　6. 其他民族

由表 7 可知受访者的族别分布，其中维吾尔族、汉族、哈萨克族、回族、蒙古族、其他民族受访者分别占 46.30%、40.40%、5.80%、5.40%、1.40%、0.70%。由表 8 和图 2 可知，本调查样本的民族分布与总体分布略有差异，其中维吾尔族差异很小，汉族、回族、蒙古族的样本占比高于总体占比，哈萨克族、其他民族的样本占比低于总体占比。这与本调查所选择的调查地区有关，乌鲁木齐汉族、回族受访者被随机抽到的概率相对大些，塔城地区除汉族和哈萨克族外，蒙古族受访者被随机抽到的概率比在全疆总体中相对大一些，喀什地区除少数汉族和其他民族常住居民外，绝大多数为维吾尔族。其他民族的样本分布与总体分布的差异由于前述各项差异以及调研地区仅选取三地而造成。总体而言，本调查受访者的族别结构合理，并且具有较好的代表性。

| 表7 | | 受访者的族别分布 | | | 单位：次，% |
|---|---|---|---|---|---|
| | 分类 | 频次 | 百分比 | 有效百分比 | 累积百分比 |
| 有效 | 汉族 | 560 | 40.2 | 40.4 | 40.4 |
| | 维吾尔族 | 642 | 46.1 | 46.3 | 86.7 |
| | 哈萨克族 | 81 | 5.8 | 5.8 | 92.5 |
| | 回族 | 75 | 5.4 | 5.4 | 97.9 |
| | 蒙古族 | 19 | 1.4 | 1.4 | 99.3 |
| | 其他民族 | 10 | 0.7 | 0.7 | 100.0 |
| | 合计 | 1387 | 99.5 | 100.0 | |
| 缺失 | 系统 | 7 | 0.5 | | |
| 合计 | | 1394 | 100.0 | | |

资料来源：根据本调查数据运用 SPSS 19 数据统计得到。

| 表8 | | 新疆各民族的总体分布与样本分布对比 | | | | 单位：% |
|---|---|---|---|---|---|---|
| 分类 | 维吾尔族 | 汉族 | 哈萨克族 | 回族 | 蒙古族 | 其他民族 | 合计 |
| 总体占比 | 46.95 | 38.23 | 6.98 | 4.54 | 0.81 | 2.49 | 100 |
| 样本占比 | 46.30 | 40.40 | 5.80 | 5.40 | 1.40 | 0.70 | 100 |

资料来源：各民族的总体占比数据根据《新疆统计年鉴》（2012）中 2011 年数据计算得到，样本数据来本调查问卷统计结果，见表7 的有效百分比。

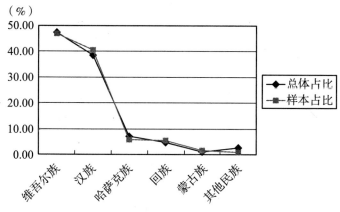

**图2　新疆各民族的总体分布与样本分布对比**

资料来源：根据表7 数据作图得到。

> A4. 您现在的主要居住地?
>
> 1. 城镇　　2. 农村

本调查以现在主要居住地作为城镇常住居民和农村常住居民的划分依据,凡是在该调查城镇居住半年以上者(不论户籍是否为城镇或户籍是否为当地户籍)视为城镇常住居民填答城镇居民问卷,农村居民受访者的确定同理。由表9可知受访者的主要居住地分布,其中主要居住地为城镇的频次是988次,为农村的频次是404次,有效百分比分别为71.0%、29.0%。

表9　　　　　　　　　　　　受访者的居住地分布　　　　　　　　　单位:次,%

| 分类 | | 频次 | 百分比 | 有效百分比 | 累积百分比 |
|---|---|---|---|---|---|
| 有效 | 城镇 | 988 | 70.9 | 71.0 | 71.0 |
| | 农村 | 404 | 29.0 | 29.0 | 100.0 |
| | 合计 | 1392 | 99.9 | 100.0 | |
| 缺失 | 系统 | 2 | 0.1 | | |
| | 合计 | 1394 | 100.0 | | |

资料来源:根据本调查数据运用 SPSS 19 数据统计得到。

> A5. 您的户籍属于?
>
> 1. 城镇户口　　2. 农村户口

由表10可知受访者的户籍分布,城镇户口受访者为867人,其有效百分比为62.7%;农村户口的受访者为516人,其有效百分比为37.3%。由于城镇化进程、农村大量剩余劳动力涌入城镇、及乌鲁木齐、喀什市主要为城镇居民受访者等原因使得城镇常住居民受访者的有效百分比(70.9%)高于城镇户口的有效百分比(62.7%)。

表10　　　　　　　　　　　　受访者的户籍分布　　　　　　　　　单位:次,%

| 分类 | | 频次 | 百分比 | 有效百分比 | 累积百分比 |
|---|---|---|---|---|---|
| 有效 | 城镇户口 | 867 | 62.2 | 62.7 | 62.7 |
| | 农村户口 | 516 | 37.0 | 37.3 | 100.0 |
| | 合计 | 1383 | 99.2 | 100.0 | |
| 缺失 | 系统 | 11 | 0.8 | | |
| | 合计 | 1394 | 100.0 | | |

资料来源:根据本调查数据运用 SPSS 19 数据统计得到。

A6. 您的最高教育学历为？
1. 小学及以下　2. 初中　3. 高中或中专、职高、技校　4. 大专或高职
5. 大学本科　6. 硕士研究生　7. 博士研究生

由表11可知受访者的学历分布，其中受访者的最高教育学历为高中、中专、职高、技校的频次最高，为354次，有效百分比为25.4%；其次为初中，其有效百分比为22.3%；然后依次是本科、大专或高职、小学及以下学历、硕士研究生、博士研究生；小学及以下学历的频次为190次，有效百分比为13.7%；硕士、博士研究生学历的频次合计65次，有效百分比合计为4.7%；因此，各种学历层次的受访者均有覆盖。

表11　　　　　　　　　　　　　受访者的学历分布　　　　　　　　　单位：次，%

| | 分类 | 频次 | 百分比 | 有效百分比 | 累积百分比 |
|---|---|---|---|---|---|
| 有效 | 小学及以下 | 190 | 13.6 | 13.7 | 13.7 |
| | 初中 | 311 | 22.3 | 22.4 | 36.0 |
| | 高中、中专、职高、技校 | 354 | 25.4 | 25.4 | 61.5 |
| | 大专或高职 | 220 | 15.8 | 15.8 | 77.3 |
| | 本科 | 251 | 18.0 | 18.0 | 95.3 |
| | 硕士研究生 | 43 | 3.1 | 3.1 | 98.4 |
| | 博士研究生 | 22 | 1.6 | 1.6 | 100.0 |
| | 合计 | 1391 | 99.8 | 100.0 | |
| 缺失 | 系统 | 3 | 0.2 | | |
| 合计 | | 1394 | 100.0 | | |

资料来源：根据本调查数据运用 SPSS 19 数据统计得到。

A7. 您的工作状态？
1. 工作或就业　2. 离退休　3. 失业下岗　4. 家务劳动　5. 其他

由表12可知受访者的工作状态分布，工作或就业的频率为1125，有效百分比为81.1%，然后依次为其他（6.1%）、家务劳动（5.5%）、离退休（5.3%）、失业下岗（1.9%），这几项合计的频率为263次，有效百分比为18.8%。农村居民

从事农林牧渔业并非像其他行业有相对固定的工作时间和规律，而是有较强的季节性和灵活性特点，甚至新疆有大约半年的冬休时间。因此，在许多农民看来他们的工作状态是家务劳动，而本调查将从事农林牧渔业的劳动视为工作或就业，与单纯的家务劳动是有区别的。

表 12　　　　　　　　受访者的工作状态分布　　　　　　　　单位：次，%

| 分类 | | 频次 | 百分比 | 有效百分比 | 累积百分比 |
|---|---|---|---|---|---|
| 有效 | 工作或就业 | 1125 | 80.7 | 81.1 | 81.1 |
| | 离退休 | 74 | 5.3 | 5.3 | 86.4 |
| | 失业下岗 | 27 | 1.9 | 1.9 | 88.3 |
| | 家务劳动 | 77 | 5.5 | 5.5 | 93.9 |
| | 其他 | 85 | 6.1 | 6.1 | 100.0 |
| | 合计 | 1388 | 99.6 | 100.0 | |
| 缺失 | 系统 | 6 | 0.4 | | |
| 合计 | | 1394 | 100.0 | | |

资料来源：根据本调查数据运用 SPSS 19 数据统计得到。

A8. 您目前主要从事的职业？
□国家机关、党群组织、企业、事业单位负责人　□办事人员和有关人员
□农、林、牧、渔、水利业生产人员　　　　　　□商业、服务业人员
□生产、运输设备操作人员及有关人员　　　　　□军人
□专业技术人员　　　　　　　　　　　　　　　□不便分类的其他从业人员

由表 13 可知受访者的主要职业分布，其中频次由多至少依次为服务业人员、农林牧渔生产人员、专业技术人员、办事人员、其他、单位负责人、生产设备操作人员、军人。其中单位负责人的频次为 79 次，可能高于实际情况，原因是有些受访者在国家机关、党群组织、企业、事业单位工作，故选了第一个选项，却忽视了是指这些单位的负责人。

| 表 13 | | | 受访者的主要职业分布 | | 单位：次，% |
|---|---|---|---|---|---|
| | 分类 | 频次 | 百分比 | 有效百分比 | 累积百分比 |
| 有效 | 单位负责人 | 79 | 5.7 | 5.7 | 5.7 |
| | 办事人员 | 190 | 13.6 | 13.7 | 19.4 |
| | 农林牧渔生产人员 | 303 | 21.7 | 21.8 | 41.2 |
| | 服务业人员 | 307 | 22.0 | 22.1 | 63.4 |
| | 生产设备操作人员 | 75 | 5.4 | 5.4 | 68.8 |
| | 军人 | 26 | 1.9 | 1.9 | 70.7 |
| | 专业技术人员 | 262 | 18.8 | 18.9 | 89.5 |
| | 其他 | 145 | 10.4 | 10.5 | 100.0 |
| | 合计 | 1387 | 99.5 | 100.0 | |
| 缺失 | 系统 | 7 | 0.5 | | |
| 合计 | | 1394 | 100.0 | | |

资料来源：根据本调查数据运用 SPSS 19 数据统计得到。

A9. 您目前主要就职于哪一个行业？（如有兼职以所获取收入最高的行业为主要就职行业）

☐农林牧渔业　　☐信息传输、计算机服务和软件业　　☐批发和零售业
☐石油石化天然气工业　☐科学研究、技术服务和地质勘查业　☐住宿和餐饮业
☐电力生产和供应业　☐水利、环境和公共设施管理业　　☐金融保险业
☐烟草制品业　　☐居民服务和其他服务业　　☐房地产业
☐其他工业　　☐文化、体育和娱乐业　　☐建筑业
☐租赁和商务服务业　☐卫生、社会保障和社会福利业　☐教育
☐交通运输、仓储和邮政业　☐公共管理和社会组织　　☐其他行业

　　由表 14 可知受访者的主要就职行业分布，每个行业均有受访者，其中农林牧渔业、批发零售业、其他行业、公共管理和社会组织、教育是受访者依次较多的行业，农林牧渔业的频次最高为 329 次，有效百分比为 23.7%，烟草制品业和房地产业的频次最低均为 5 次，有效百分比为 0.4%。

表14　　　　　　　　　　受访者的主要就职行业分布　　　　　　　单位：次，%

| 分类 | | 频次 | 百分比 | 有效百分比 | 累积百分比 |
|---|---|---|---|---|---|
| 有效 | 农林牧渔业 | 329 | 23.6 | 23.7 | 23.7 |
| | 计算机 IT 行业 | 34 | 2.4 | 2.4 | 26.1 |
| | 批发零售业 | 193 | 13.8 | 13.9 | 40.0 |
| | 石油石化天然气工业 | 24 | 1.7 | 1.7 | 41.7 |
| | 科研、技术服务和地质勘探业 | 39 | 2.8 | 2.8 | 44.5 |
| | 住宿和餐饮业 | 60 | 4.3 | 4.3 | 48.8 |
| | 电力生产和供应业 | 33 | 2.4 | 2.4 | 51.2 |
| | 水利环境和公共设施管理业 | 21 | 1.5 | 1.5 | 52.7 |
| | 金融保险业 | 43 | 3.1 | 3.1 | 55.8 |
| | 烟草制品业 | 5 | 0.4 | 0.4 | 56.2 |
| | 服务业 | 70 | 5.0 | 5.0 | 61.2 |
| | 房产行业 | 5 | 0.4 | 0.4 | 61.6 |
| | 其他工业 | 35 | 2.5 | 2.5 | 64.1 |
| | 文化体育和娱乐业 | 18 | 1.3 | 1.3 | 65.4 |
| | 建筑业 | 26 | 1.9 | 1.9 | 67.3 |
| | 租赁和商务服务业 | 15 | 1.1 | 1.1 | 68.3 |
| | 卫生、社会保障和社会福利业 | 61 | 4.4 | 4.4 | 72.7 |
| | 教育 | 102 | 7.3 | 7.3 | 80.1 |
| | 交通运输、仓储和邮政业 | 30 | 2.2 | 2.2 | 82.2 |
| | 公共管理和社会组织 | 108 | 7.7 | 7.8 | 90.0 |
| | 其他行业 | 139 | 10.0 | 10.0 | 100.0 |
| | 合计 | 1390 | 99.7 | 100.0 | |
| 缺失 | 系统 | 4 | 0.3 | | |
| 合计 | | 1394 | 100.0 | | |

资料来源：根据本调查数据运用 SPSS 19 数据统计得到。

A10. 您的家庭规模为？（指居住在一起，经济上合在一起共同生活的家庭成员数量。凡计算为家庭人口的成员其全部收入包括在家庭中，经济上独立的家庭成员除外）

1. 1人户　2. 2人户　3. 3人户　4. 4人户　5. 5人户

6. 6人及以上户：为＿＿＿＿人（请填写）

　　本调查所指的家庭规模是居住在一起，经济上合在一起共同生活的家庭成员数量。凡计算为家庭人口的成员其全部收入包括在家庭中，经济上独立的家庭成员除外。由表 15 可知受访者的家庭规模分布，其中 3 人户、4 人户、5 人户、6 人户的频次依次较多，分别为 453 次、367 次、227 次、99 次，7 人户以上家庭规模的频次非常少，19 人户的频次最低为 1 次。受访者 4 人户以下（含 4 人户）家庭规模的累计百分比为 73.5%，受访者 5 人户以上（含 5 人户）家庭规模的有效百分比为 26.5%。最多的家庭规模为 19 人户出现在喀什，主要是新疆喀什农村仍然有大家庭生活的传统。由表 16 可知受访者家庭规模分布的统计量，受访者家庭规模的众数为 3 人户，这种家庭规模最多；中位数为 4 人户，均值为 3.77 户。

表 15　　　　　　　　　　　受访者的家庭规模分布　　　　　　　　单位：次，%

| 分类 | | 频次 | 百分比 | 有效百分比 | 累积百分比 |
|---|---|---|---|---|---|
| 有效 | 1 | 61 | 4.4 | 4.4 | 4.4 |
| | 2 | 140 | 10.0 | 10.1 | 14.5 |
| | 3 | 453 | 32.5 | 32.6 | 47.1 |
| | 4 | 367 | 26.3 | 26.4 | 73.5 |
| | 5 | 227 | 16.3 | 16.3 | 89.8 |
| | 6 | 99 | 7.1 | 7.1 | 97.0 |
| | 7 | 23 | 1.6 | 1.7 | 98.6 |
| | 8 | 6 | 0.4 | 0.4 | 99.1 |
| | 9 | 5 | 0.4 | 0.4 | 99.4 |
| | 10 | 4 | 0.3 | 0.3 | 99.7 |
| | 11 | 3 | 0.2 | 0.2 | 99.9 |
| | 19 | 1 | 0.1 | 0.1 | 100.0 |
| | 合计 | 1389 | 99.6 | 100.0 | |
| 缺失 | 系统 | 5 | 0.4 | | |
| 合计 | | 1394 | 100.0 | | |

资料来源：根据本调查数据运用 SPSS 19 数据统计得到。

表 16　　　　　　　　　　受访者家庭规模分布的统计量

| N | 有效 | 1389 |
|---|---|---|
| | 缺失 | 5 |
| 均值 | | 3.77 |
| 中值 | | 4.00 |
| 众数 | | 3 |

续表

| N | 有效 | 1389 |
|---|---|---|
| | 缺失 | 5 |
| 标准差 | | 1.484 |
| 方差 | | 2.204 |
| 极小值 | | 1 |
| 极大值 | | 19 |

资料来源：根据本调查数据运用 SPSS 19 数据统计得到。

## （二）消费需求和投资需求

B1. 您家庭全年消费性支出主要用于哪三方面？（选3项）

□食品　　　　　□教育文化娱乐用品及服务　　□医疗保健

□衣着　　　　　□居住　　　　　　　　　　　□交通和通信

□家庭设备用品及服务　□其他商品和服务

**表 17**　　　　　城乡居民受访者家庭全年消费性支出结构　　　单位：次，%

| 分类 | | 响应 | | 个案百分比 |
|---|---|---|---|---|
| | | 频次 | 百分比 | |
| $B1^a | 食品 | 1199 | 29.4 | 86.4 |
| | 文教娱乐用品及服务 | 545 | 13.4 | 39.3 |
| | 医疗保健 | 578 | 14.2 | 41.6 |
| | 衣着 | 626 | 15.4 | 45.1 |
| | 居住 | 488 | 12.0 | 35.2 |
| | 交通和通信 | 233 | 5.7 | 16.8 |
| | 家庭设备用品及服务 | 266 | 6.5 | 19.2 |
| | 其他商品和服务 | 143 | 3.5 | 10.3 |
| 总计 | | 4078 | 100.0 | 293.8 |

a. 值为 1 时制表的二分组。
资料来源：根据本调查数据运用 SPSS 19 数据统计得到。

由表 17 可知城乡居民受访者家庭全年消费性支出结构，在面对家庭全年消费性支出主要用于哪三方面这一问题时，出现频次排名前三位的分别是食品（1199次）、衣着（626 次）、医疗保健（578 次），教育文化娱乐用品及服务频次与医疗保健接近列第 4 位（545 次），然后是居住（488 次）、家庭设备用品及服务（266

次）、交通和通信（233 次）、其他商品和服务（143 次）。

　　食品、衣着、医疗保健位列前三说明：目前新疆城乡居民的消费结构仍然以"生存型消费"为主，与更高层次消费结构的差异很大，主要表现在食品和衣着支出仍然列居前 2 位，居住、交通和通信支出分别列第 5 位第 7 位，"住"和"行"所占比重过低。说明尽管改革开放以来新疆城乡居民消费结构有所改善，实现了"温饱型"消费结构，在向"小康型"消费结构的过渡还不尽如人意，因为用"住"和"行"的生活质量衡量的消费结构仍然是低水平的，距离"富裕型"消费结构的差异更大。一般而言，"生存型消费"主要是满足人们对于生存和健康的需要，它受到人的生理因素的限制，因而人对生存资料的需求是有限度的。而"享受型消费"能使人们的生活更美好；"发展性消费"能使人更全面地发展，使人的素质全面提高，因而其潜在需求都是无限的。

　　本调查数据表明：新疆城乡居民消费结构总体仍然是以"生存型消费"为主要特点的消费结构，这·低层次消费结构正在开始向以"享受型消费"或"发展型消费"为主要特点的这一高层次消费结构逐步过渡，表现为教育文化娱乐用品及服务、居住的频次分列第 4、第 5 位，而且频次较高。

　　从表 18 和表 19 分城乡的数据统计来看：城镇居民受访者消费结构中位列前三的分别是：食品、衣着、教育文化娱乐用品及服务，医疗保健列第四位，与城乡全体受访者前三位略有差异；农村居民受访者消费结构中位列前三的分别是：食品、医疗保健、衣着，教育文化娱乐用品及服务列第四位，与城乡总体前三位相同，只是除食品外顺序不同。

表 18　　　　　　　　　城镇居民受访者家庭全年消费性支出结构　　　　　单位：次，%

| 分类 | | 响应 | | 个案百分比 |
| --- | --- | --- | --- | --- |
| | | 频次 | 百分比 | |
| $B1^a | 食品 | 839 | 28.8 | 85.1 |
| | 文教娱乐用品及服务 | 411 | 14.1 | 41.7 |
| | 医疗保健 | 385 | 13.2 | 39.0 |
| | 衣着 | 438 | 15.0 | 44.4 |
| | 居住 | 366 | 12.5 | 37.1 |
| | 交通和通信 | 178 | 6.1 | 18.1 |
| | 家庭设备用品及服务 | 195 | 6.7 | 19.8 |
| | 其他商品和服务 | 106 | 3.6 | 10.8 |
| 总计 | | 2918 | 100.0 | 295.9 |

注：a. 值为 1 时制表的二分组。

资料来源：根据本调查数据运用 SPSS 19 数据统计得到。

**表19    农村居民受访者家庭全年消费性支出结构    单位：次，%**

| 分类 | | 响应 | | 个案百分比 |
|---|---|---|---|---|
| | | 频次 | 百分比 | |
| $B1[a] | 食品 | 360 | 31.0 | 89.6 |
| | 文教娱乐用品及服务 | 134 | 11.6 | 33.3 |
| | 医疗保健 | 193 | 16.6 | 48.0 |
| | 衣着 | 188 | 16.2 | 46.8 |
| | 居住 | 122 | 10.5 | 30.3 |
| | 交通和通信 | 55 | 4.7 | 13.7 |
| | 家庭设备用品及服务 | 71 | 6.1 | 17.7 |
| | 其他商品和服务 | 37 | 3.2 | 9.2 |
| 总计 | | 1160 | 100.0 | 288.6 |

注：a. 值为1时制表的二分组。
资料来源：根据本调查数据运用SPSS 19数据统计得到。

B2. 正常情况下，食品支出占您家庭全年消费支出的比例大约为？
1. 30%以下　2. 30%~40%　3. 40%~50%　4. 50%~60%　5. 60%以上

由表20可知受访者正常情况下食品支出占家庭全年消费支出的比例分布，选择在30%~40%之间的频次最高为417次，有效百分比为30.0%；选择在40%~50%之间的频次其次为310次，有效百分比为22.3%；选择在50%~60%之间的频次第三为275次，有效百分比为19.8%；选择在60%以上的频次第四为207次，有效百分比为14.9%；选择30%以下的频次最低为180次，有效百分比为13.0%。

**表20    城乡居民正常情况下食品支出占家庭全年消费支出的比例分布 单位：次，%**

| 分类 | | 频次 | 百分比 | 有效百分比 | 累积百分比 |
|---|---|---|---|---|---|
| 有效 | 30%以下 | 180 | 12.9 | 13.0 | 13.0 |
| | 30%~40% | 417 | 29.9 | 30.0 | 43.0 |
| | 40%~50% | 310 | 22.2 | 22.3 | 65.3 |
| | 50%~60% | 275 | 19.7 | 19.8 | 85.1 |
| | 60%以上 | 207 | 14.8 | 14.9 | 100.0 |
| | 合计 | 1389 | 99.6 | 100.0 | |
| 缺失 | 系统 | 5 | 0.4 | | |
| 合计 | | 1394 | 100.0 | | |

资料来源：根据本调查数据运用SPSS 19数据统计得到。

正常情况下城乡居民食品支出占家庭全年消费支出的比例其实就是正常情况下的恩格尔系数，可以作为衡量生活水平和消费水平高低的重要指标。联合国将恩格尔系数的高低作为评价贫富国家生活水平的重要标准之一，恩格尔系数在60%以上的居民生活消费水平为绝对贫困型，50%～60%为温饱型，40%～50%为小康型，30%～40%为富裕型，30%以下为极富裕型。

从表20的统计结果看，在30%～40%之间频次最高，其次为在40%～50%之间的频次，这两者合计的有效百分比为52.3%。似乎新疆城乡居民大多数受访者家庭以恩格尔系数所反映的消费水平属于富裕型或小康型，若加上在30%以下的极富裕型，三者合计的有效百分比达65.3%，但是进行城乡居民问卷的对比分析时发现事实并非像全体样本问卷那样，城乡居民的消费水平是有结构性差异的。

由表21可知，城镇居民正常情况下食品支出占家庭全年消费支出的比例分布前三位与城乡居民相同，恩格尔系数在30%以下为极富裕型消费水平的频次列第四位，在60%以上的居民生活消费水平为绝对贫困型消费水平的频次最少。富裕型（30%～40%）、小康型（40%～50%）以及极富裕型（30%以下）消费水平合计的有效百分比为71.7%；温饱型（50%～60%）和绝对贫困型消费水平（60%以上）这两项合计的有效百分比为28.3%。

**表21　　　城镇居民正常情况下食品支出占家庭全年消费支出的比例分布**　　　单位：次，%

| | 分类 | 频次 | 百分比 | 有效百分比 | 累积百分比 |
|---|---|---|---|---|---|
| 有效 | 30%以下 | 148 | 15.0 | 15.0 | 15.0 |
| | 30%～40% | 338 | 34.2 | 34.3 | 49.3 |
| | 40%～50% | 221 | 22.4 | 22.4 | 71.7 |
| | 50%～60% | 172 | 17.4 | 17.4 | 89.1 |
| | 60%以上 | 107 | 10.8 | 10.9 | 100.0 |
| | 合计 | 986 | 99.8 | 100.0 | |
| 缺失 | 系统 | 2 | 0.2 | | |
| 合计 | | 988 | 100.0 | | |

资料来源：根据本调查数据运用SPSS 19数据统计得到。

由表22可知，农村居民正常情况下食品支出占家庭全年消费支出的比例分布与城镇居民完全不同，频次最高的是在50%～60%之间的温饱型消费水平，其次是60%以上的居民生活消费水平为绝对贫困型，这两项合计的有效百分比为50.4%，远高于城镇居民（28.3%）22.1个百分点；富裕型（30%～40%）、小康型（40%～50%）以及极富裕型（30%以下）消费水平合计的有效百分比为49.6%，远低于城镇居民（71.7%）22.1个百分点。因此，新疆城乡居民生活水平和消费水平的差异很大。

表 22　　　农村居民正常情况下食品支出占家庭全年消费支出的比例分布　　单位：次，%

| | 分类 | 频次 | 百分比 | 有效百分比 | 累积百分比 |
|---|---|---|---|---|---|
| 有效 | 30%以下 | 32 | 7.9 | 7.9 | 7.9 |
| | 30%~40% | 79 | 19.5 | 19.6 | 27.5 |
| | 40%~50% | 89 | 21.9 | 22.1 | 49.6 |
| | 50%~60% | 103 | 25.4 | 25.6 | 75.2 |
| | 60%以上 | 100 | 24.6 | 24.8 | 100.0 |
| | 合计 | 403 | 99.3 | 100.0 | |
| 缺失 | 系统 | 3 | 0.7 | | |
| 合计 | | 406 | 100.0 | | |

资料来源：根据本调查数据运用 SPSS 19 数据统计得到。

> B3. 2011 年您家庭全年的消费性支出占全部收入的比例大约为？
> 1. 10%以下　　　2. 10%~20%　　　3. 20%~40%　　　4. 40%~60%
> 5. 60%~80%　　6. 80%~100%　　7. 超过100%，当年收入不够消费性支出

由表 23 可知城乡居民家庭全年消费性支出占全部收入的比例，这个比例即消费率，频次前四位分别是 40%~60%（430 次）、60%~80%（423 次）、20%~40%（231 次）、80%~100%（178 次），其他三种选择频次均较少。这意味着大部分受访的城乡居民家庭的平均消费倾向集中在 40%~60%（430 次）、60%~80%（423 次），两者合计的有效百分比为 61.5%。

表 23　　　　　城乡居民家庭全年消费性支出占全部收入的比例　　单位：次，%

| | 分类 | 频次 | 百分比 | 有效百分比 | 累积百分比 |
|---|---|---|---|---|---|
| 有效 | 10%以下 | 13 | 0.9 | 0.9 | 0.9 |
| | 10%~20% | 66 | 4.7 | 4.8 | 5.7 |
| | 20%~40% | 231 | 16.6 | 16.7 | 22.4 |
| | 40%~60% | 430 | 30.8 | 31.0 | 53.4 |
| | 60%~80% | 423 | 30.3 | 30.5 | 83.9 |
| | 80%~100% | 178 | 12.8 | 12.8 | 96.7 |
| | 超过100% | 46 | 3.3 | 3.3 | 100.0 |
| | 合计 | 1387 | 99.5 | 100.0 | |

| | 分类 | 频次 | 百分比 | 有效百分比 | 累积百分比 |
|---|---|---|---|---|---|
| 缺失 | 系统 | 7 | 0.5 | | |
| | 合计 | 1394 | 100.0 | | |

资料来源:根据本调查数据运用 SPSS 19 数据统计得到。

由表 24 可知城镇居民家庭全年消费性支出占全部收入的比例分布,其分布的频次排序与城乡居民相同,大部分受访的城镇居民家庭的平均消费倾向集中在 40%~60%(341 次)、60%~80%(287 次),两者合计的有效百分比为 63.7%。在 80% 以上有效百分比合计为 14.5%。

表 24　　　　　城镇居民家庭全年消费性支出占全部收入的比例　　单位:次,%

| | 分类 | 频次 | 百分比 | 有效百分比 | 累积百分比 |
|---|---|---|---|---|---|
| 有效 | 10% 以下 | 5 | 0.5 | 0.5 | 0.5 |
| | 10%~20% | 41 | 4.1 | 4.2 | 4.7 |
| | 20%~40% | 169 | 17.1 | 17.1 | 21.8 |
| | 40%~60% | 341 | 34.5 | 34.6 | 56.4 |
| | 60%~80% | 287 | 29.0 | 29.1 | 85.5 |
| | 80%~100% | 109 | 11.0 | 11.1 | 96.6 |
| | 超过 100% | 34 | 3.4 | 3.4 | 100.0 |
| | 合计 | 986 | 99.8 | 100.0 | |
| 缺失 | 系统 | 2 | 0.2 | | |
| | 合计 | 988 | 100.0 | | |

资料来源:根据本调查数据运用 SPSS 19 数据统计得到。

由表 25 可知农村居民家庭全年消费性支出占全部收入的比例分布,其分布的频次排序与城镇居民不同。频次最高的是平均消费倾向在 60%~80%(136 次),其次是 40%~60%(89 次),两者合计的有效百分比为 56.1%。在 80% 以上有效百分比合计为 20.2%,高于城镇居民。总体而言,农村居民受访者的平均消费倾向高于城镇居民。

表25　　　　　　　　农村居民家庭全年消费性支出占全部收入的比例　　　　单位：次，%

| 分类 | | 频次 | 百分比 | 有效百分比 | 累积百分比 |
|---|---|---|---|---|---|
| 有效 | 10%以下 | 8 | 2.0 | 2.0 | 2.0 |
| | 10%~20% | 25 | 6.2 | 6.2 | 8.2 |
| | 20%~40% | 62 | 15.3 | 15.5 | 23.7 |
| | 40%~60% | 89 | 21.9 | 22.2 | 45.9 |
| | 60%~80% | 136 | 33.5 | 33.9 | 79.8 |
| | 80%~100% | 69 | 17.0 | 17.2 | 97.0 |
| | 超过100% | 12 | 3.0 | 3.0 | 100.0 |
| | 合计 | 401 | 98.8 | 100.0 | |
| 缺失 | 系统 | 5 | 1.2 | | |
| 合计 | | 406 | 100.0 | | |

资料来源：根据本调查数据运用SPSS 19数据统计得到。

B4. 以您或家庭目前的经济状况，近期是否愿意增加消费性支出？
1. 不愿意　2. 愿意　3. 无所谓　4. 不确定　5. 不知道

　　由表26可知城乡居民受访者近期是否愿意增加消费性支出的分布，选择"不愿意"的频次最高达627次，有效百分比为45.3%；选择"愿意"的频次其次为319次，有效百分比为23.0%；选择"不确定"的频次第三为246次，有效百分比为17.8%；选择"无所谓"的频次第四为132次，有效百分比为9.5%；选择"不知道"的频次最低为60次，有效百分比为4.3%。因此，由此反映的是新疆城乡居民受访者的消费需求不振。

表26　　　　　　　　城乡居民近期是否愿意增加消费性支出　　　　单位：次，%

| 分类 | | 频次 | 百分比 | 有效百分比 | 累积百分比 |
|---|---|---|---|---|---|
| 有效 | 不愿意 | 627 | 45.0 | 45.3 | 45.3 |
| | 愿意 | 319 | 22.9 | 23.0 | 68.4 |
| | 无所谓 | 132 | 9.5 | 9.5 | 77.9 |
| | 不确定 | 246 | 17.6 | 17.8 | 95.7 |
| | 不知道 | 60 | 4.3 | 4.3 | 100.0 |
| | 合计 | 1384 | 99.3 | 100.0 | |
| 缺失 | 系统 | 10 | 0.7 | | |
| 合计 | | 1394 | 100.0 | | |

资料来源：根据本调查数据运用SPSS 19数据统计得到。

由表 27 可知城镇居民受访者近期是否愿意增加消费性支出分布的频次顺序与城乡居民相同，选择"不愿意"的频次最高达 433 次，有效百分比为 44.0%；选择"愿意"的频次其次为 220 次，有效百分比为 22.4%；选择"不确定"的频次为 196 次，有效百分比为 19.9%。因此，由此反映的新疆城镇居民受访者的消费需求不振。

表 27　　　　　　城镇居民近期是否愿意增加消费性支出　　　　单位：次，%

| 分类 | | 频次 | 百分比 | 有效百分比 | 累积百分比 |
|---|---|---|---|---|---|
| 有效 | 不愿意 | 433 | 43.8 | 44.0 | 44.0 |
| | 愿意 | 220 | 22.3 | 22.4 | 66.4 |
| | 无所谓 | 102 | 10.3 | 10.4 | 76.7 |
| | 不确定 | 196 | 19.8 | 19.9 | 96.6 |
| | 不知道 | 33 | 3.3 | 3.4 | 100.0 |
| | 合计 | 984 | 99.6 | 100.0 | |
| 缺失 | 系统 | 4 | 0.4 | | |
| 合计 | | 988 | 100.0 | | |

资料来源：根据本调查数据运用 SPSS 19 数据统计得到。

由表 28 可知农村居民受访者近期是否愿意增加消费性支出分布的频次顺序与城镇居民相同，选择"不愿意"的频次最高达 194 次，有效百分比为 48.5%，高于城镇居民 4.5 个百分点；选择"愿意"的频次其次为 99 次，有效百分比为 24.8%，高于城镇居民 2.4 百分点；选择"不确定"的频次为 50 次，有效百分比为 12.5%，低于城镇居民 7.4 个百分点。因此，"不愿意"的比例接近一半，反映出新疆农村居民受访者的消费需求十分不振。

表 28　　　　　　农村居民近期是否愿意增加消费性支出　　　　单位：次，%

| 分类 | | 频次 | 百分比 | 有效百分比 | 累积百分比 |
|---|---|---|---|---|---|
| 有效 | 不愿意 | 194 | 47.8 | 48.5 | 48.5 |
| | 愿意 | 99 | 24.4 | 24.8 | 73.3 |
| | 无所谓 | 30 | 7.4 | 7.5 | 80.8 |
| | 不确定 | 50 | 12.3 | 12.5 | 93.3 |
| | 不知道 | 27 | 6.7 | 6.8 | 100.0 |
| | 合计 | 400 | 98.5 | 100.0 | |
| 缺失 | 系统 | 6 | 1.5 | | |
| 合计 | | 406 | 100.0 | | |

资料来源：根据本调查数据运用 SPSS 19 数据统计得到。

> **B5.** 以您或家庭目前的经济状况，近期是否愿意增加投资？（包括开厂、设店、增资、入股、兼并收购等实业投资或购买基金、债券、股票、外汇、黄金、保险等金融投资，等等）
>
> 1. 不愿意  2. 愿意  3. 无所谓  4. 不确定  5. 不知道

由表 29 可知城乡居民受访者近期是否愿意增加投资的分布，选择"不愿意"的频次最高达 540 次，有效百分比为 39.1%；选择"愿意"的频次其次为 485 次，有效百分比为 35.1%；选择"不确定"的频次第三为 196 次，有效百分比为 14.2%；选择"不知道"的频次第四为 96 次，有效百分比为 7.0%；选择"无所谓"的频次最低为 64 次，有效百分比为 4.6%。因此，由此反映出新疆城乡居民受访者的投资需求不振。

**表 29**           城乡居民近期是否愿意增加投资          单位：次，%

| | 分类 | 频次 | 百分比 | 有效百分比 | 累积百分比 |
|---|---|---|---|---|---|
| 有效 | 不愿意 | 540 | 38.7 | 39.1 | 39.1 |
| | 愿意 | 485 | 34.8 | 35.1 | 74.2 |
| | 无所谓 | 64 | 4.6 | 4.6 | 78.9 |
| | 不确定 | 196 | 14.1 | 14.2 | 93.0 |
| | 不知道 | 96 | 6.9 | 7.0 | 100.0 |
| | 合计 | 1381 | 99.1 | 100.0 | |
| 缺失 | 系统 | 13 | 0.9 | | |
| 合计 | | 1394 | 100.0 | | |

资料来源：根据本调查数据运用 SPSS 19 数据统计得到。

由表 30 和表 31 对比可知城镇居民和农村居民受访者近期是否愿意增加投资的分布差异：农村居民选择"不愿意"的有效百分比为 43.0%，高于城镇居民（37.5%）5.5 个百分点；农村居民选择"愿意"的有效百分比为 34.7%，低于城镇居民（35.3%）；农村居民选择"不确定"的有效百分比低于城镇居民 7.8 个百分点；农村居民选择"无所谓"的有效百分比低于城镇居民 2.6 个百分点；农村居民选择"不知道"的有效百分比高于城镇居民 5.5 个百分点；可见农村居民受访者相对城镇居民受访者的投资需求更低。

表30 城镇居民近期是否愿意增加投资 单位：次，%

| | 分类 | 频次 | 百分比 | 有效百分比 | 累积百分比 |
|---|---|---|---|---|---|
| 有效 | 不愿意 | 370 | 37.4 | 37.5 | 37.5 |
| | 愿意 | 348 | 35.2 | 35.3 | 72.8 |
| | 无所谓 | 53 | 5.4 | 5.4 | 78.2 |
| | 不确定 | 162 | 16.4 | 16.4 | 94.6 |
| | 不知道 | 53 | 5.4 | 5.4 | 100.0 |
| | 合计 | 986 | 99.8 | 100.0 | |
| 缺失 | 系统 | 2 | 0.2 | | |
| 合计 | | 988 | 100.0 | | |

资料来源：根据本调查数据运用 SPSS 19 数据统计得到。

表31 农村居民近期是否愿意增加投资 单位：次，%

| | 分类 | 频次 | 百分比 | 有效百分比 | 累积百分比 |
|---|---|---|---|---|---|
| 有效 | 不愿意 | 170 | 41.9 | 43.0 | 43.0 |
| | 愿意 | 137 | 33.7 | 34.7 | 77.7 |
| | 无所谓 | 11 | 2.7 | 2.8 | 80.5 |
| | 不确定 | 34 | 8.4 | 8.6 | 89.1 |
| | 不知道 | 43 | 10.6 | 10.9 | 100.0 |
| | 合计 | 395 | 97.3 | 100.0 | |
| 缺失 | 系统 | 11 | 2.7 | | |
| 合计 | | 406 | 100.0 | | |

资料来源：根据本调查数据运用 SPSS 19 数据统计得到。

B6. 如果现在您或家庭有多余的钱，首先会做的一件事情是什么？（选其他因素请注明）

1. 改善生活条件（用于吃穿等）　　　8. 购置/更换家电、家具、电子产品
2. 增加自己或孩子教育和培训投入　　9. 买房或建房
3. 用于家庭成员医疗保健　　　　　　10. 购买汽车
4. 休闲、娱乐、旅游　　　　　　　　11. 购买保险
5. 增加现有生产经营活动的投入　　　12. 购买其他奢侈品
6. 其他投资（如股票、债券、基金、做生意等）13. 存银行
7. 尽快还清贷款　　　　　　　　　　14. 其他_____

由于喀什地区维文问卷部分受访者对该题进行了多选，故不宜按照城乡居民、城镇居民、农村居民受访者进行统计，这里只有分地区分城乡地逐个描述统计的结果。

乌鲁木齐城镇居民受访者如果现在有多余的钱，首先会做的一件事情中频次最高的是买房或建房，有效百分比为18.8%；频次次之的是休闲、娱乐、旅游（13.1%）；频次第三的是改善生活条件（用于吃穿等）（10.8%）；频次第四的是增加自己或孩子教育和培训投入（10.6%）；然后依次是存银行（7.9%）、其他投资（7.3%）、购买汽车（7.1%）、用于家庭成员医疗保健（6.5%）等如表32所示。

表32　　　　乌鲁木齐城镇居民如果现在有多余的钱，首先会做的一件事情 单位：次，%

| 分类 | | 频次 | 百分比 | 有效百分比 | 累积百分比 |
|---|---|---|---|---|---|
| 有效 | 改善生活条件 | 56 | 10.8 | 10.8 | 10.8 |
| | 增加自己或孩子的教育和培训投入 | 55 | 10.6 | 10.6 | 21.3 |
| | 用于家庭成员医疗保健 | 34 | 6.5 | 6.5 | 27.9 |
| | 休闲娱乐旅游 | 68 | 13.1 | 13.1 | 41.0 |
| | 增加生产经营活动投入 | 31 | 6.0 | 6.0 | 46.9 |
| | 其他投资 | 38 | 7.3 | 7.3 | 54.2 |
| | 尽快还清贷款 | 32 | 6.2 | 6.2 | 60.4 |
| | 购置家电家具电子产品 | 10 | 1.9 | 1.9 | 62.3 |
| | 买房或建房 | 98 | 18.8 | 18.8 | 81.2 |
| | 购买汽车 | 37 | 7.1 | 7.1 | 88.3 |
| | 购买保险 | 14 | 2.7 | 2.7 | 91.0 |
| | 购买其他奢侈品 | 2 | 0.4 | 0.4 | 91.3 |
| | 存入银行 | 41 | 7.9 | 7.9 | 99.2 |
| | 其他 | 4 | 0.8 | 0.8 | 100.0 |
| | 合计 | 520 | 100.0 | 100.0 | |

资料来源：根据本调查数据运用SPSS 19数据统计得到。

乌鲁木齐农村居民受访者如果现在有多余的钱，首先会做的一件事情中频次最高的是改善生活条件（用于吃穿等），有效百分比为26.5%；频次次之的是增加现有生产经营活动的投入、购置/更换家电、家具、电子产品（均为14.7%）；频次第三的是增加自己或孩子教育和培训投入、买房或建房（均为11.8%）；频次第四的是尽快还清贷款、存银行（均为5.9%）；然后是用于家庭成员医疗保健、其他投资、其他（均为 2.9%），如表 33 所示。

**表 33　　　乌鲁木齐农村居民如果现在有多余的钱，首先会做的一件事情** 单位：次，%

| | 分类 | 频次 | 百分比 | 有效百分比 | 累积百分比 |
|---|---|---|---|---|---|
| 有效 | 改善生活条件 | 9 | 26.5 | 26.5 | 26.5 |
| | 增加自己或孩子的教育和培训投入 | 4 | 11.8 | 11.8 | 38.2 |
| | 用于家庭成员医疗保健 | 1 | 2.9 | 2.9 | 41.2 |
| | 增加生产经营活动投入 | 5 | 14.7 | 14.7 | 55.9 |
| | 其他投资 | 1 | 2.9 | 2.9 | 58.8 |
| | 尽快还清贷款 | 2 | 5.9 | 5.9 | 64.7 |
| | 购置家电家具电子产品 | 5 | 14.7 | 14.7 | 79.4 |
| | 买房或建房 | 4 | 11.8 | 11.8 | 91.2 |
| | 存入银行 | 2 | 5.9 | 5.9 | 97.1 |
| | 其他 | 1 | 2.9 | 2.9 | 100.0 |
| | 合计 | 34 | 100.0 | 100.0 | |

资料来源：根据本调查数据运用 SPSS 19 数据统计得到。

塔城地区城镇居民受访者如果现在有多余的钱，首先会做的一件事情中频次最高的是买房或建房，有效百分比为 24.8%；频次次之的是增加自己或孩子的教育和培训投入（19.4%）；频次第三的是尽快还清贷款（10.9%）；频次第四的是改善生活条件（用于吃穿等）、购买汽车（均为 10.1%）、然后依次是休闲、娱乐、旅游（9.3%）、其他投资（5.4%）、增加现有生产经营活动的投入（3.9%）等，如表 34 所示。

**表 34　　　塔城地区城镇居民如果现在有多余的钱，首先会做的一件事情** 单位：次，%

| | 分类 | 频次 | 百分比 | 有效百分比 | 累积百分比 |
|---|---|---|---|---|---|
| 有效 | 改善生活条件 | 13 | 10.1 | 10.1 | 10.1 |
| | 增加自己或孩子的教育和培训投入 | 25 | 19.4 | 19.4 | 29.5 |
| | 用于家庭成员医疗保健 | 2 | 1.6 | 1.6 | 31.0 |
| | 休闲娱乐旅游 | 12 | 9.3 | 9.3 | 40.3 |
| | 增加生产经营活动投入 | 5 | 3.9 | 3.9 | 44.2 |
| | 其他投资 | 7 | 5.4 | 5.4 | 49.6 |
| | 尽快还清贷款 | 14 | 10.9 | 10.9 | 60.5 |
| | 买房或建房 | 32 | 24.8 | 24.8 | 85.3 |

| | 分类 | 频次 | 百分比 | 有效百分比 | 累积百分比 |
|---|---|---|---|---|---|
| | 购买汽车 | 13 | 10.1 | 10.1 | 95.3 |
| | 购买保险 | 1 | 0.8 | 0.8 | 96.1 |
| 有效 | 存银行 | 3 | 2.3 | 2.3 | 98.4 |
| | 其他 | 2 | 1.6 | 1.6 | 100.0 |
| | 合计 | 129 | 100.0 | 100.0 | |

资料来源：根据本调查数据运用 SPSS 19 数据统计得到。

塔城地区农村居民受访者如果现在有多余的钱，首先会做的一件事情中频次最高的是买房或建房，有效百分比为 25.5%；频次次之的是增加自己或孩子的教育和培训投入（21.6%）；频次第三的是存银行（12.7%）；频次第四的是改善生活条件（用于吃穿等）（11.8%）、然后依次是尽快还清贷款（8.8%）、增加现有生产经营活动的投入（6.9%）、购买汽车（5.9%）等，如表 35 所示。

表 35　　　　　塔城地区农村居民如果现在有多余的钱，首先会做的一件事情 单位：次，%

| | 分类 | 频次 | 百分比 | 有效百分比 | 累积百分比 |
|---|---|---|---|---|---|
| | 改善生活条件 | 12 | 11.5 | 11.8 | 11.8 |
| | 增加自己或孩子的教育和培训投入 | 22 | 21.2 | 21.6 | 33.3 |
| | 用于家庭成员医疗保健 | 3 | 2.9 | 2.9 | 36.3 |
| | 增加生产经营活动投入 | 7 | 6.7 | 6.9 | 43.1 |
| | 其他投资 | 4 | 3.8 | 3.9 | 47.1 |
| 有效 | 尽快还清贷款 | 9 | 8.7 | 8.8 | 55.9 |
| | 买房或建房 | 26 | 25.0 | 25.5 | 81.4 |
| | 购买汽车 | 6 | 5.8 | 5.9 | 87.3 |
| | 存入银行 | 13 | 12.5 | 12.7 | 100.0 |
| | 合计 | 102 | 98.1 | 100.0 | |
| 缺失 | 系统 | 2 | 1.9 | | |
| | 合计 | 104 | 100.0 | | |

资料来源：根据本调查数据运用 SPSS 19 数据统计得到。

喀什地区城镇居民受访者如果现在有多余的钱，首先会做的一件事情中频次最高的是买房或建房，响应百分比为 20.4%，个案百分比为 44.8%；频次次之的是增加自己或孩子的教育和培训投入（响应百分比为17.2%）；频次第三的是存银行（响应百分比为15.1%）；频次第四的是改善生活条件（用于吃穿等）（响应百分比为9.2%）然后依次是购买汽车（8.4%）、其他投资（6.4%）、用于家庭成员医疗保健（5.1%）、尽快还清贷款（4.7%）、购置更换家电家具电子产品（4.6%）等，如表36所示。

表36　　　喀什地区城镇居民如果现在有多余的钱，首先会做的一件事情 单位：次，%

| 分类 | | 响应 | | 个案百分比 |
| --- | --- | --- | --- | --- |
| | | 频次 | 百分比 | |
| $B6ᵃ | 改善生活条件 | 69 | 9.2 | 20.4 |
| | 增加自己或孩子的教育培训投入 | 128 | 17.2 | 37.8 |
| | 用于家庭成员医疗保健 | 38 | 5.1 | 11.2 |
| | 休闲娱乐旅游 | 23 | 3.1 | 6.8 |
| | 增加现有生产经营活动投入 | 10 | 1.3 | 2.9 |
| | 其他投资 | 48 | 6.4 | 14.2 |
| | 尽快还清贷款 | 35 | 4.7 | 10.3 |
| | 购置更换家电家具电子产品 | 34 | 4.6 | 10.0 |
| | 买房或建房 | 152 | 20.4 | 44.8 |
| | 购买汽车 | 63 | 8.4 | 18.6 |
| | 购买保险 | 25 | 3.4 | 7.4 |
| | 购买其他奢侈品 | 4 | 0.5 | 1.2 |
| | 存入银行 | 113 | 15.1 | 33.3 |
| | 其他 | 4 | 0.5 | 1.2 |
| 总计 | | 746 | 100.0 | 220.1 |

注：a. 值为1时制表的二分组。
资料来源：根据本调查数据运用SPSS 19数据统计得到。

喀什地区农村居民受访者如果现在有多余的钱，首先会做的一件事情中频次最高的是增加自己或孩子的教育和培训投入，响应百分比24.6%，个案百分比为46%；频次次之的是改善生活条件（用于吃穿等）（响应百分比17.9%）；频次第三的是买房或建房（响应百分比11.1%）；频次第四的是用于家庭成员医疗保健、存银行（响应百分比均为9.5%）；然后依次是其他投资（8.3%）、尽快还清贷款（7.5%）等，如表37所示。

表37　　　　喀什地区农村居民如果现在有多余的钱，首先会做的一件事情 单位：次，%

| 分类 | | 响应 | | 个案百分比 |
|---|---|---|---|---|
| | | 频次 | 百分比 | |
| $B6ᵃ | 改善生活条件 | 89 | 17.9 | 33.6 |
| | 增加自己或孩子的教育培训投入 | 122 | 24.6 | 46.0 |
| | 用于家庭成员医疗保健 | 47 | 9.5 | 17.7 |
| | 休闲娱乐旅游 | 3 | 0.6 | 1.1 |
| | 增加现有生产经营活动投入 | 15 | 3.0 | 5.7 |
| | 其他投资 | 41 | 8.3 | 15.5 |
| | 尽快还清贷款 | 37 | 7.5 | 14.0 |
| | 购置更换家电家具电子产品 | 18 | 3.6 | 6.8 |
| | 买房或建房 | 55 | 11.1 | 20.8 |
| | 购买汽车 | 8 | 1.6 | 3.0 |
| | 购买保险 | 2 | 0.4 | 0.8 |
| | 购买其他奢侈品 | 1 | 0.2 | 0.4 |
| | 存入银行 | 47 | 9.5 | 17.7 |
| | 其他 | 11 | 2.2 | 4.2 |
| 总计 | | 496 | 100.0 | 187.2 |

a. 值为1时制表的二分组。
资料来源：根据本调查数据运用 SPSS 19 数据统计得到。

综上所述，在乌鲁木齐、塔城地区、喀什地区的城镇居民受访者中，如果现在有多余的钱，首先会做的一件事情中频次最高的都是买房或建房；三地农村居民受访者首先会做的一件事情中频次最高的是改善生活条件（用于吃穿等）或者是买房或建房或者是增加自己或孩子的教育和培训投入。

B7. 您是否进行过以下方式的消费？（可多选）
1. 消费信贷　　 2. 分期付款 3. 信用卡消费 4. 网络购物 5. 电视购物
6. 先体验后购买 7. 租赁消费 8. 团购　　　 9. 以上全有 10. 以上都没有

由表38可知城乡居民受访者的消费方式的分布，按照频次由高到低的顺序依次是"信用卡消费"（509次）、"网络购物"（408次）、"以上都没有"（364次）、"分期付款"（309次）、"消费信贷"（208次）、"先体验后购买"（143次）、"团购"（143次）、"租赁消费"（79次）、"电视购物"（54次），"以上全有"（21

次）。"信用卡消费"最高，可能有个别受访者理解为使用储蓄卡消费。

表 38　　　　　　　城乡居民是否进行过以下方式的消费　　　　单位：次，%

| 分类 | | 响应 | | 个案百分比 |
|---|---|---|---|---|
| | | 频次 | 百分比 | |
| $B7[a] | 消费信贷 | 208 | 9.3 | 15.0 |
| | 分期付款 | 309 | 13.8 | 22.2 |
| | 信用卡消费 | 509 | 22.7 | 36.6 |
| | 网络购物 | 408 | 18.2 | 29.4 |
| | 电视购物 | 54 | 2.4 | 3.9 |
| | 先体验后购买 | 143 | 6.4 | 10.3 |
| | 租赁消费 | 79 | 3.5 | 5.7 |
| | 团购 | 143 | 6.4 | 10.3 |
| | 以上全有 | 21 | 0.9 | 1.5 |
| | 以上都没有 | 364 | 16.3 | 26.2 |
| 总计 | | 2238 | 100.0 | 161.0 |

注：a. 值为 1 时制表的二分组。
资料来源：根据本调查数据运用 SPSS 19 数据统计得到。

　　由个案百分比可知：选择"以上都没有"（364 次）意味着 26.2% 的受访者的消费方式十分单一，没有采用过新型消费方式。其余受访者或多或少（甚至全部，虽然频次很少只有 21 次，占全体受访者的比重为 1.5%）采用过上述消费方式，其中 36.6% 的受访者采用过"信用卡消费"方式，29.4% 的受访者采用过"网络购物"消费方式，22.2% 的受访者采用过"分期付款"消费方式，15.0% 的受访者采用过"消费信贷"消费方式，10.3% 的受访者采用过"先体验后购买"和"团购"消费方式，5.7% 的受访者采用过"租赁消费"消费方式，3.9% 的受访者采用过"电视购物"消费方式。

　　由表 39 和表 40 对比可知城镇居民和农村居民受访者消费方式分布的差异：农村居民受访者选择"以上都没有"的个案百分比为 29.0%，高出城镇居民 3.9 个百分点，选择"以上全有"的个案百分比只有 1.0%，低于城镇居民 0.7 个百分点，因此农村居民受访者的消费方式相对更加单一；农村居民受访者排名前 5 位的消费方式分别为"信用卡消费"、"先体验后购买"、"分期付款"、"消费信贷"、"网络购物"；城镇居民受访者排名前 5 位的消费方式分别为"信用卡消费"、"网络购物"、"分期付款"、"消费信贷"、"团购"。

表39　　　　　　　　　城镇居民是否进行过以下方式的消费　　　　　　单位：次，%

| 分类 | | 响应 | | 个案百分比 |
|---|---|---|---|---|
| | | 频次 | 百分比 | |
| $B7[a] | 消费信贷 | 156 | 9.2 | 15.8 |
| | 分期付款 | 234 | 13.7 | 23.7 |
| | 信用卡消费 | 401 | 23.5 | 40.7 |
| | 网络购物 | 362 | 21.2 | 36.7 |
| | 电视购物 | 45 | 2.6 | 4.6 |
| | 先体验后购买 | 62 | 3.6 | 6.3 |
| | 租赁消费 | 58 | 3.4 | 5.9 |
| | 团购 | 122 | 7.2 | 12.4 |
| | 以上全有 | 17 | 1.0 | 1.7 |
| | 以上都没有 | 247 | 14.5 | 25.1 |
| 总计 | | 1704 | 100.0 | 172.8 |

注：a. 值为1时制表的二分组。
资料来源：根据本调查数据运用 SPSS 19 数据统计得到。

表40　　　　　　　　　农村居民是否进行过以下方式的消费　　　　　　单位：次，%

| 分类 | | 响应 | | 个案百分比 |
|---|---|---|---|---|
| | | 频次 | 百分比 | |
| $B7[a] | 消费信贷 | 52 | 9.7 | 12.9 |
| | 分期付款 | 75 | 14.0 | 18.6 |
| | 信用卡消费 | 108 | 20.2 | 26.7 |
| | 网络购物 | 46 | 8.6 | 11.4 |
| | 电视购物 | 9 | 1.7 | 2.2 |
| | 先体验后购买 | 81 | 15.2 | 20.0 |
| | 租赁消费 | 21 | 3.9 | 5.2 |
| | 团购 | 21 | 3.9 | 5.2 |
| | 以上全有 | 4 | 0.7 | 1.0 |
| | 以上都没有 | 117 | 21.9 | 29.0 |
| 总计 | | 534 | 100.0 | 132.2 |

注：a. 值为1时制表的二分组。
资料来源：根据本调查数据运用 SPSS 19 数据统计得到。

B8. 您认为当前制约您或您家庭消费需求扩张最主要的三项因素是？（选3项，选其他因素请注明）

☐收入水平偏低或收入不稳定　　　☐未来收入预期不好
☐收入分配不合理，收入差距大　　☐为子女积攒婚嫁费用
☐资金被投资占压或用于经营周转　☐物价上涨严重
☐消费观念的原因　　　　　　　　☐消费环境欠佳
☐供给结构不合理，与居民需求结构不尽匹配　☐住房、子女教育等压力大
☐养老、医疗、失业、救助等社会保障体系不健全☐就业压力较大
☐其他因素_____

由表41可知，制约城乡受访者家庭消费需求扩张最主要的三项因素根据频次由高到低依次为：（1）物价上涨严重，其频次为951次，个案百分比为68.3%，即68.3%的受访者选择物价上涨严重作为制约其家庭消费需求扩张的最主要的一项因素；（2）收入水平偏低或收入不稳定，其频次为684次，个案百分比为49.1%，即49.1%的受访者选择收入水平偏低或收入不稳定作为制约其家庭消费需求扩张的最主要的一项因素；（3）住房、子女教育等压力大，其频次为592次，个案百分比为42.5%，即42.5%的受访者选择住房、子女教育等压力大作为制约其家庭消费需求扩张的最主要的一项因素。

其余的制约因素按照频次由高到低依次为：（4）养老、医疗、失业、救助等社会保障体系不健全；（5）收入分配不合理，收入差距大；（6）消费观念的原因；（7）未来收入预期不好；（8）就业压力较大；（9）为子女积攒婚嫁费用；（10）资金被投资占压或用于经营周转；（11）其他因素；（12）消费环境欠佳；（13）供给结构不合理，与居民需求结构不尽匹配。由于维吾尔等少数民族储蓄意识不强，因此不少少数民族受访者选择其他因素，或选项少于三项。在进一步追问之下得知，他们认为没有什么制约其家庭消费的因素，只要有钱就花，没有什么顾虑的。

表41　　　　制约城乡受访者家庭消费需求扩张最主要的三项因素　　　　单位：次，%

| 分类 | | 响应 | | 个案百分比 |
| --- | --- | --- | --- | --- |
| | | 频次 | 百分比 | |
| $B8^{a}$ | 收入水平偏低或收入不稳定 | 684 | 16.6 | 49.1 |
| | 未来收入预期不好 | 208 | 5.0 | 14.9 |
| | 收入分配不合理收入差距大 | 280 | 6.8 | 20.1 |

续表

| 分类 | | 响应 | | 个案百分比 |
|---|---|---|---|---|
| | | 频次 | 百分比 | |
| $B8ᵃ | 为子女积攒婚嫁费用 | 166 | 4.0 | 11.9 |
| | 资金被投资占压或用于经营周转 | 163 | 3.9 | 11.7 |
| | 物价上涨严重 | 951 | 23.0 | 68.3 |
| | 消费观念的原因 | 230 | 5.6 | 16.5 |
| | 消费环境欠佳 | 105 | 2.5 | 7.5 |
| | 供给结构不合理与居民需求结构不尽匹配 | 93 | 2.3 | 6.7 |
| | 住房子女教育等压力大 | 592 | 14.3 | 42.5 |
| | 养老医疗失业救助等社会保障体系不健全 | 359 | 8.7 | 25.8 |
| | 就业压力较大 | 190 | 4.6 | 13.6 |
| | 其他制约消费的因素 | 110 | 2.7 | 7.9 |
| 总计 | | 4131 | 100.0 | 296.6 |

注：a. 值为 1 时制表的二分组。
资料来源：根据本调查数据运用 SPSS 19 数据统计得到。

由表 42 可知，根据频次由高到低排列制约城镇受访者家庭消费需求扩张最主要的三项因素与城乡居民相同。

表42　　　　　　　　制约城镇受访者家庭消费需求扩张最主要的三项因素　　　单位：次，%

| 分类 | | 响应 | | 个案百分比 |
|---|---|---|---|---|
| | | 频次 | 百分比 | |
| $B8ᵃ | 收入水平偏低或收入不稳定 | 415 | 14.1 | 42.0 |
| | 未来收入预期不好 | 163 | 5.6 | 16.5 |
| | 收入分配不合理收入差距大 | 207 | 7.1 | 21.0 |
| | 为子女积攒婚嫁费用 | 121 | 4.1 | 12.3 |
| | 资金被投资占压或用于经营周转 | 129 | 4.4 | 13.1 |
| | 物价上涨严重 | 707 | 24.1 | 71.6 |
| | 消费观念的原因 | 185 | 6.3 | 18.7 |
| | 消费环境欠佳 | 74 | 2.5 | 7.5 |

续表

| 分类 | | 响应 | | 个案百分比 |
| --- | --- | --- | --- | --- |
| | | 频次 | 百分比 | |
| $B8ᵃ | 供给结构不合理与居民需求结构不尽匹配 | 65 | 2.2 | 6.6 |
| | 住房子女教育等压力大 | 423 | 14.4 | 42.9 |
| | 养老医疗失业救助等社会保障体系不健全 | 241 | 8.2 | 24.4 |
| | 就业压力较大 | 130 | 4.4 | 13.2 |
| | 其他制约消费的因素 | 75 | 2.6 | 7.6 |
| 总计 | | 2935 | 100.0 | 297.4 |

a. 值为 1 时制表的二分组。
资料来源：根据本调查数据运用 SPSS 19 数据统计得到。

由表 43 可知，根据频次由高到低排列制约农村受访者家庭消费需求扩张最主要的三项因素与城乡居民顺序不同，分别是：（1）收入水平偏低或收入不稳定，其频次为 269 次，个案百分比为 66.3%，即 66.3% 的受访者选择收入水平偏低或收入不稳定作为制约其家庭消费需求扩张的最主要的一项因素，这比城镇居民的个案百分比高出 24.3 个百分点；（2）物价上涨严重，其频次为 244 次，个案百分比为 60.1%，这比城镇居民的个案百分比低 11.5 个百分点；（3）住房、子女教育等压力大，其频次为 169 次，个案百分比为 41.6%，这比城镇居民的个案百分比低 1.3 个百分点。选择就业压力较大的排序为第 6 位，其个案百分比比城镇居民高出 1.6 个百分点。

表 43　　　　制约农村受访者家庭消费需求扩张最主要的三项因素　　　单位：次，%

| 分类 | | 响应 | | 个案百分比 |
| --- | --- | --- | --- | --- |
| | | 频次 | 白分比 | |
| $B8ᵃ | 收入水平偏低或收入不稳定 | 269 | 22.5 | 66.3 |
| | 未来收入预期不好 | 45 | 3.8 | 11.1 |
| | 收入分配不合理收入差距大 | 73 | 6.1 | 18.0 |
| | 为子女积攒婚嫁费用 | 45 | 3.8 | 11.1 |
| | 资金被投资占压或用于经营周转 | 34 | 2.8 | 8.4 |
| | 物价上涨严重 | 244 | 20.4 | 60.1 |

| 分类 | | 响应 | | 个案百分比 |
|---|---|---|---|---|
| | | 频次 | 百分比 | |
| $B8ᵃ | 消费观念的原因 | 45 | 3.8 | 11.1 |
| | 消费环境欠佳 | 31 | 2.6 | 7.6 |
| | 供给结构不合理与居民需求结构不尽匹配 | 28 | 2.3 | 6.9 |
| | 住房子女教育等压力大 | 169 | 14.1 | 41.6 |
| | 养老医疗失业救助等社会保障体系不健全 | 118 | 9.9 | 29.1 |
| | 就业压力较大 | 60 | 5.0 | 14.8 |
| | 其他制约消费的因素 | 35 | 2.9 | 8.6 |
| 总计 | | 1196 | 100.0 | 294.6 |

注：a. 值为 1 时制表的二分组。

资料来源：根据本调查数据运用 SPSS 19 数据统计得到。

（城镇居民）B9. 您认为当前制约您或您家庭投资需求最主要的三项因素是？（选三项，选其他因素请注明）

☐ 缺乏可用于投资的资金

☐ 缺乏投资所需的知识、技能和经验

☐ 未来经济前景和收入的预期不好

☐ 当前投资环境欠佳

☐ 可以投资的领域狭窄，投资机会少

☐ 投资风险大

☐ 投资者权益保护机制薄弱（尤其是中小投资者）

☐ 居民投资风险的承受能力低

☐ 其他因素_____

由表 44 可知，按照频次由高到低排序的制约城镇居民受访者家庭投资需求扩张最主要的三项因素依次为：（1）缺乏可用于投资的资金，其频次为 640 次，个案百分比为 65.6%，即 65.6% 的受访者选择缺乏可用于投资的资金作为制约其家庭投资需求扩张的最主要的一项因素；（2）缺乏投资所需的知识、技能和经验，其频次为 435 次，个案百分比为 44.6%；（3）投资风险大，其频次为 345 次，个案百分比为 35.3%。其余的制约因素排序为：（4）可以投资的领域狭窄，投资机会少；（5）未来经济前景和收入的预期不好；（6）当前投资环境欠佳；（7）居民投资风险的承受能力低；（8）其他因素；（9）投资者权益保护机制薄弱（尤其是中小投资者）。

**表44** 制约城镇居民家庭投资需求扩张最主要的三项因素 单位：次，%

| 分类 | | 响应 | | 个案百分比 |
|---|---|---|---|---|
| | | 频次 | 百分比 | |
| $B9[a] | 缺乏可用于投资的资金 | 640 | 23.3 | 65.6 |
| | 缺乏投资所需知识技能经验 | 435 | 15.8 | 44.6 |
| | 未来经济前景和收入的预期不好 | 281 | 10.2 | 28.8 |
| | 当期投资环境欠佳 | 232 | 8.4 | 23.8 |
| | 可以投资的领域狭窄投资机会少 | 286 | 10.4 | 29.3 |
| | 投资风险大 | 345 | 12.6 | 35.3 |
| | 投资者权益保护机制薄弱 | 150 | 5.5 | 15.4 |
| | 居民投资风险的承受能力低 | 200 | 7.3 | 20.5 |
| | 其他制约投资的因素 | 177 | 6.4 | 18.1 |
| 总计 | | 2746 | 100.0 | 281.4 |

注：a. 值为1时制表的二分组。
资料来源：根据本调查数据运用 SPSS 19 数据统计得到。

（农村居民）B9. 您认为当前制约您家庭投资需求最主要的三项因素是？（选三项，选其他因素请注明）
☐缺乏可用于投资的资金
☐缺乏投资所需知识、技能和经验
☐未来经济前景和收入的预期不好
☐当前投资环境欠佳
☐农村基础设施落后制约了农业投入和规模扩张
☐投资风险大
☐农民收入渠道增多，传统农业投入需求可能下降
☐农村居民风险的承受能力低
☐其他可以投资的领域狭窄，投资机会少
☐其他因素＿＿＿＿＿＿＿＿＿＿＿＿＿＿＿＿＿＿＿

由表 45 可知，按照频次由高到低排序的制约农村居民受访者家庭投资需求扩张最主要的三项因素依次为：（1）缺乏可用于投资的资金，其频次为 296 次，个案百分比为 73.4%，即 73.4% 的受访者选择缺乏可用于投资的资金作为制约其家庭投资需求扩张的最主要的一项因素，这比城镇居民受访者家庭高出 7.80 个百分点；（2）缺乏投资所需的知识、技能和经验，其频次为 184 次，个案百分比为 45.7%，这比城镇居民受访者略高 1.1 个百分点；（3）农村居民风险的承受能力低，其频次为 115 次，个案百分比为 28.5%，这比城镇居民受访者高出 8 个百分点。其余的制约因素排序为：（4）农村基础设施落后制约了农业投入和规模扩张；（5）其他可以投资的领域狭窄，投资机会少，这比城镇居民受访者低出 3 个百分点；（6）农民收入渠道增多，传统农业投入需求可能下降；（7）未来经济前景和收入的预期不好；（8）投资风险大，这比城镇居民受访者低出 19.2 个百分点；（9）当前投资环境欠佳，这比城镇居民受访者低出 9.7 个百分点；（10）其他制约投资的因素。

**表 45**　　　　　制约农村居民家庭投资需求扩张最主要的三项因素　　　单位：次，%

| 分类 | | 响应 | | 个案百分比 |
| --- | --- | --- | --- | --- |
| | | 频次 | 百分比 | |
| $B9[a] | 缺乏可用于投资的资金 | 296 | 26.0 | 73.4 |
| | 缺乏投资所需知识技能经验 | 184 | 16.2 | 45.7 |
| | 未来经济前景和收入的预期不好 | 67 | 5.9 | 16.6 |
| | 当期投资环境欠佳 | 57 | 5.0 | 14.1 |
| | 农村基础设施落后制约了农业投入和规模扩张 | 109 | 9.6 | 27.0 |
| | 投资风险大 | 65 | 5.7 | 16.1 |
| | 农民收入渠道增多传统农业投入需求可能下降 | 83 | 7.3 | 20.6 |
| | 农村居民风险的承受能力低 | 115 | 10.1 | 28.5 |
| | 其他可以投资的领域狭窄投资机会少 | 106 | 9.3 | 26.3 |
| | 其他制约投资的因素 | 55 | 4.8 | 13.6 |
| 总计 | | 1137 | 100.0 | 282.1 |

注：a. 值为 1 时制表的二分组。
资料来源：根据本调查数据运用 SPSS 19 数据统计得到。

总体而言，缺乏可用于投资的资金；缺乏投资所需的知识、技能和经验；投资风险大；农村居民风险的承受能力低等是制约城乡居民受访者投资需求扩张的最重要的因素。

## （三）收入分配

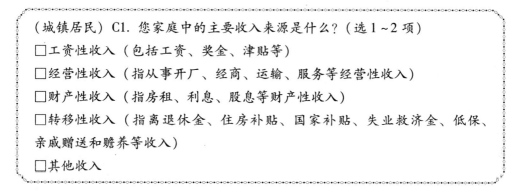

（城镇居民）C1. 您家庭中的主要收入来源是什么？（选 1~2 项）

☐ 工资性收入（包括工资、奖金、津贴等）

☐ 经营性收入（指从事开厂、经商、运输、服务等经营性收入）

☐ 财产性收入（指房租、利息、股息等财产性收入）

☐ 转移性收入（指离退休金、住房补贴、国家补贴、失业救济金、低保、亲戚赠送和赡养等收入）

☐ 其他收入

由表 46 可知，按照频次由高到低的顺序城镇居民受访者家庭中的主要收入来源频次最高的是工资性收入，其频次为 703 次，个案百分比为 71.4%，即 71.4% 的受访者选择工资性收入作为家庭主要收入来源之一；其次为经营性收入，其频次为 283 次，个案百分比为 28.8%，即 28.8% 的受访者选择经营性收入作为家庭主要收入来源之一；然后是其他收入、转移性收入、财产性收入。

表 46　城镇居民家庭中的主要收入来源　单位：次，%

| 分类 | | 响应 | | 个案百分比 |
|---|---|---|---|---|
| | | 频次 | 百分比 | |
| $C1ᵃ | 工资性收入 | 703 | 50.3 | 71.4 |
| | 经营性收入 | 283 | 20.2 | 28.8 |
| | 财产性收入 | 103 | 7.4 | 10.5 |
| | 转移性收入 | 152 | 10.9 | 15.4 |
| | 其他收入 | 157 | 11.2 | 16.0 |
| 总计 | | 1398 | 100.0 | 142.1 |

a. 值为 1 时制表的二分组。

资料来源：根据本调查数据运用 SPSS 19 数据统计得到。

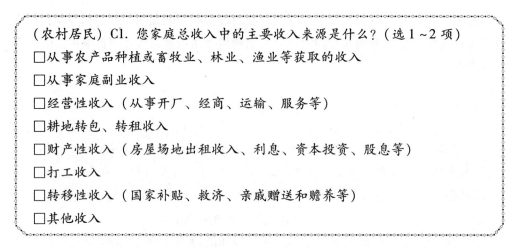

（农村居民）C1. 您家庭总收入中的主要收入来源是什么？（选1～2项）
□从事农产品种植或畜牧业、林业、渔业等获取的收入
□从事家庭副业收入
□经营性收入（从事开厂、经商、运输、服务等）
□耕地转包、转租收入
□财产性收入（房屋场地出租收入、利息、资本投资、股息等）
□打工收入
□转移性收入（国家补贴、救济、亲戚赠送和赡养等）
□其他收入

由表47可知，按照频次由高到低的顺序农村居民受访者家庭中的主要收入来源频次最高的是从事农产品种植或畜牧业、林业、渔业等获取的收入，其频次为302次，个案百分比为74.9%，即74.9的受访者选择从事农产品种植或畜牧业、林业、渔业等获取的收入作为家庭主要收入来源之一；其次为打工收入，其频次为127次，个案百分比为31.5%，即31.5%的受访者选择经营性收入作为家庭主要收入来源之一；然后是从事家庭副业收入、经营性收入、转移性收入、其他收入、耕地转包转租收入、财产性收入。

表47　　　　　　　　　　农村居民家庭中的主要收入来源　　　　　　单位：次，%

| 分类 | | 响应 | | 个案百分比 |
| --- | --- | --- | --- | --- |
| | | 频次 | 百分比 | |
| $C1^{a}$ | 从事农产品种植或畜牧业林业渔业等获取的收入 | 302 | 43.3 | 74.9 |
| | 从事家庭副业收入 | 82 | 11.8 | 20.3 |
| | 经营性收入 | 58 | 8.3 | 14.4 |
| | 耕地转包转租收入 | 32 | 4.6 | 7.9 |
| | 财产性收入 | 16 | 2.3 | 4.0 |
| | 打工收入 | 127 | 18.2 | 31.5 |
| | 转移性收入 | 46 | 6.6 | 11.4 |
| | 其他收入 | 34 | 4.9 | 8.4 |
| 总计 | | 697 | 100.0 | 173.0 |

注：a. 值为1时制表的二分组。
资料来源：根据本调查数据运用SPSS 19数据统计得到。

由城乡居民受访者对比可知，两者的主要收入来源不同：城镇居民受访者主要是工资性收入、经营性收入等，农村居民受访者主要是从事农产品种植或畜牧业、林业、渔业等获取的收入以及打工收入等；农村居民受访者经营性收入的个案百分比要比城镇居民低14.4个百分点，财产性收入的个案百分比要比城镇居民低6.5个百分点，转移性收入的个案百分比要比城镇居民低4.0个百分点。拓宽新疆城乡居民收入来源渠道（尤其是农村居民）是增加居民收入的重要途径。

（城镇居民、农村居民）C2. 您认为您的个人（或家庭收入）收入在当地属于什么水平？
1. 很低　2. 较低　3. 一般　4. 较高　5. 很高　6. 不清楚　7. 没有收入

由表48可知新疆城镇居民受访者个人相对收入水平的分布，认为个人收入在当地属于"一般"水平的频次最高为610次，有效百分比为61.7%；认为个人收入在当地属于"较低"水平的频次其次为196次，有效百分比为19.8%；认为个人收入在当地属于"很低"水平的频次第三为89次，有效百分比为9.0%；认为个人收入在当地属于"较高"水平的频次第四为74次，有效百分比为7.5%；认为"不清楚"的频次第五为13次，有效百分比为1.3%；认为个人收入在当地属于"很高"水平的频次第六仅5次，有效百分比为0.5%；"没有收入"的频次为1次，有效百分比为0.1%。

表48　　　　　　　　　　城镇居民个人的相对收入水平　　　　　单位：次，%

| 分类 | | 频次 | 百分比 | 有效百分比 | 累积百分比 |
|---|---|---|---|---|---|
| 有效 | 很低 | 89 | 9.0 | 9.0 | 9.0 |
| | 较低 | 196 | 19.8 | 19.8 | 28.8 |
| | 一般 | 610 | 61.7 | 61.7 | 90.6 |
| | 较高 | 74 | 7.5 | 7.5 | 98.1 |
| | 很高 | 5 | 0.5 | 0.5 | 98.6 |
| | 不清楚 | 13 | 1.3 | 1.3 | 99.9 |
| | 没有收入 | 1 | 0.1 | 0.1 | 100.0 |
| | 合计 | 988 | 100.0 | 100.0 | |

资料来源：根据本调查数据运用SPSS 19数据统计得到。

由表49可知新疆农村居民受访者家庭相对收入水平的分布，认为家庭收入在当地属于"一般"水平的频次最高为264次，有效百分比为65.7%；认为家庭收入在当地属于"较低"水平的频次其次为85次，有效百分比为21.1%；然后依次是认为"很低"（6.0%）、"较高"（5.7%）、"不清楚"（1.0%）、"很高"（0.5%）。

| 表49 | | | | 农村居民家庭的相对收入水平 | | 单位：次，% |
|---|---|---|---|---|---|---|
| | 分类 | 频次 | 百分比 | 有效百分比 | 累积百分比 |
| 有效 | 很低 | 24 | 5.9 | 6.0 | 6.0 |
| | 较低 | 85 | 20.9 | 21.1 | 27.1 |
| | 一般 | 264 | 65.0 | 65.7 | 92.8 |
| | 较高 | 23 | 5.7 | 5.7 | 98.5 |
| | 很高 | 2 | 0.5 | 0.5 | 99.0 |
| | 不清楚 | 4 | 1.0 | 1.0 | 100.0 |
| | 合计 | 402 | 99.0 | 100.0 | |
| 缺失 | 系统 | 4 | 1.0 | | |
| 合计 | | 406 | 100.0 | | |

资料来源：根据本调查数据运用 SPSS 19 数据统计得到。

从城乡居民受访者相对收入水平的分布来看基本相似，超过六成的城乡居民均认为个人或家庭的收入在当地属于"一般"水平，两成左右的城乡居民均认为属于"较低"水平，城镇居民受访者认为属于"很低"水平的比例高出农村居民3个百分点，农村居民受访者认为属于"一般"、"较低"和"很低"水平的累积百分比为92.8%高出城镇居民2.2个百分点，城镇居民受访者认为属于"较高"水平的比例为7.5%，高于农村居民受访者1.8个百分点，城乡居民受访者认为属于"很高"水平的比例均为0.5%。城镇居民受访者认为"不清楚"的比例高于农村居民受访者0.3个百分点。因此，扩大新疆居民消费需求除了提高城乡居民绝对收入水平之外，还需要提高居民的相对收入水平。

> （城镇居民、农村居民）C3. 您对自己的个人（或家庭）收入状况感到？
> 1. 很不满意　2. 不太满意　3. 一般　4. 比较满意　5. 满意

由表50可知城镇居民受访者个人收入状况满意度的分布，感到"一般"的频次最高为409次，有效百分比为41.4%；感到"不太满意"的频次其次为315次，有效百分比为31.9%；感到"比较满意"频次第三为105次，有效百分比为10.6%；感到"很不满意"的频次第四为99次，有效百分比为10.0%；感到"满意"的频次最低只有 59 次，有效百分比为 6.0%。

| 表 50 | | 城镇居民个人收入状况满意度 | | | 单位：次，% |
|---|---|---|---|---|---|
| 分类 | | 频次 | 百分比 | 有效百分比 | 累积百分比 |
| 有效 | 很不满意 | 99 | 10.0 | 10.0 | 10.0 |
| | 不太满意 | 315 | 31.9 | 31.9 | 41.9 |
| | 一般 | 409 | 41.4 | 41.4 | 83.4 |
| | 比较满意 | 105 | 10.6 | 10.6 | 94.0 |
| | 满意 | 59 | 6.0 | 6.0 | 100.0 |
| | 合计 | 987 | 99.9 | 100.0 | |
| 缺失 | 系统 | 1 | 0.1 | | |
| 合计 | | 988 | 100.0 | | |

资料来源：根据本调查数据运用 SPSS 19 数据统计得到。

由表 51 可知农村居民受访者家庭收入状况满意度的分布，感到"一般"的频次最高为 204 次，有效百分比为 51.3%；感到"不太满意"的频次其次为 80 次，有效百分比为 20.1%；感到"比较满意"的频次第三为 66 次，有效百分比为 16.6%；感到"满意"的频次第四为 37 次，有效百分比为 9.3%；感到"很不满意"的频次最低只有 11 次，有效百分比为 2.8%。

| 表 51 | | 农村居民家庭收入状况满意度 | | | 单位：次，% |
|---|---|---|---|---|---|
| 分类 | | 频次 | 百分比 | 有效百分比 | 累积百分比 |
| 有效 | 很不满意 | 11 | 2.7 | 2.8 | 2.8 |
| | 不太满意 | 80 | 19.7 | 20.1 | 22.9 |
| | 一般 | 204 | 50.2 | 51.3 | 74.1 |
| | 比较满意 | 66 | 16.3 | 16.6 | 90.7 |
| | 满意 | 37 | 9.1 | 9.3 | 100.0 |
| | 合计 | 398 | 98.0 | 100.0 | |
| 缺失 | 系统 | 8 | 2.0 | | |
| 合计 | | 406 | 100.0 | | |

资料来源：根据本调查数据运用 SPSS 19 数据统计得到。

从城乡居民受访者收入状况满意度的分布来看基本相似，按照频次由高到低排序的前三位相同。城乡居民感到"一般"的频次均最高，农村居民受访者的频次为51.3%，超过城镇居民9.9个百分点；城镇居民受访者感到"不太满意"和"很不满意"的累积百分比为41.9%，高出农村居民（22.9%）19.0个百分点；城镇居民受访者"很不满意"的有效百分比为10.0%，高出农村居民（2.8%）7.2个百分点；城镇居民受访者感到"比较满意"和"满意"的累积百分比为16.6%，低于农村居民（25.9%）9.3个百分点。总体而言，新疆城乡居民对个人（或家庭）收入的满意程度均不高，城镇居民受访者对收入状况的满意度低于农村居民。

> C4. 总体而言，您对自己目前所过的生活的感觉是怎么样的呢？
> 1. 非常不幸福 2. 不幸福 3. 一般 4. 幸福 5. 非常幸福

由表52可知城乡居民对目前所过生活幸福感的分布：50.4%的受访者感觉"一般"，这个频次最高为692次；其次是感觉"幸福"的频次为530次，有效百分比为38.6%；然后依次是感到"非常幸福"（5.5%）、"不幸福"（4.2%）、"非常不幸福"（1.4%）。

**表52**　　　　　　　　　城乡居民对目前所过生活的幸福感　　　　　单位：次，%

| | 分类 | 频次 | 百分比 | 有效百分比 | 累积百分比 |
|---|---|---|---|---|---|
| 有效 | 非常不幸福 | 19 | 1.4 | 1.4 | 1.4 |
| | 不幸福 | 58 | 4.2 | 4.2 | 5.6 |
| | 一般 | 692 | 49.6 | 50.4 | 56.0 |
| | 幸福 | 530 | 38.0 | 38.6 | 94.5 |
| | 非常幸福 | 75 | 5.4 | 5.5 | 100.0 |
| | 合计 | 1374 | 98.6 | 100.0 | |
| 缺失 | 系统 | 20 | 1.4 | | |
| | 合计 | 1394 | 100.0 | | |

资料来源：根据本调查数据运用SPSS 19数据统计得到。

由表53可知城镇居民对目前所过生活幸福感的分布：51.7%的受访者感觉"一般"，这个频次最高为506次；其次是感觉"幸福"的频次为366次，有效百分比为37.4%；然后依次是感到"不幸福"（5.0%）、"非常幸福"（4.5%）、"非常不幸福"（1.3%）。

表 53　　　　　　　　城镇居民对目前所过生活的幸福感　　　　　单位：次，%

| 分类 | | 频次 | 百分比 | 有效百分比 | 累积百分比 |
|---|---|---|---|---|---|
| 有效 | 非常不幸福 | 13 | 1.3 | 1.3 | 1.3 |
| | 不幸福 | 49 | 5.0 | 5.0 | 6.3 |
| | 一般 | 506 | 51.2 | 51.7 | 58.1 |
| | 幸福 | 366 | 37.0 | 37.4 | 95.5 |
| | 非常幸福 | 44 | 4.5 | 4.5 | 100.0 |
| | 合计 | 978 | 99.0 | 100.0 | |
| 缺失 | 系统 | 10 | 1.0 | | |
| 合计 | | 988 | 100.0 | | |

资料来源：根据本调查数据运用 SPSS 19 数据统计得到。

由表 54 可知农村居民对目前所过生活幸福感的分布：47.0% 的受访者感觉"一般"，这个频次最高为 186 次；其次是感觉"幸福"的频次为 164 次，有效百分比为 41.4%；然后依次是感到"非常幸福"（7.8%）、"不幸福"（2.3%）、"非常不幸福"（1.5%）。

表 54　　　　　　　　农村居民对目前所过生活的幸福感　　　　　单位：次，%

| 分类 | | 频次 | 百分比 | 有效百分比 | 累积百分比 |
|---|---|---|---|---|---|
| 有效 | 非常不幸福 | 6 | 1.5 | 1.5 | 1.5 |
| | 不幸福 | 9 | 2.2 | 2.3 | 3.8 |
| | 一般 | 186 | 45.8 | 47.0 | 50.8 |
| | 幸福 | 164 | 40.4 | 41.4 | 92.2 |
| | 非常幸福 | 31 | 7.6 | 7.8 | 100.0 |
| | 合计 | 396 | 97.5 | 100.0 | |
| 缺失 | 系统 | 10 | 2.5 | | |
| 合计 | | 406 | 100.0 | | |

资料来源：根据本调查数据运用 SPSS 19 数据统计得到。

从城乡居民受访者对目前所过生活幸福感的分布来看，按照频次由高到低排序的前两位相同。

城乡居民感到"一般"的频次均最高，农村居民受访者的有效百分比（47.0%）低于城镇居民（51.7%）4.7 个百分点；

其次均为感到"幸福"的频次,农村居民受访者的有效百分比(41.4%)高出城镇居民(37.4%)4个百分点;

城镇居民受访者感到"非常幸福"的有效百分比为4.5%,低出农村居民(7.8%)3.3个百分点。

城镇居民受访者感到"不幸福"和"非常不幸福"的累积百分比为6.3%,高出农村居民(3.8%)2.5个百分点;

总体而言,城镇居民受访者对目前所过生活的幸福感低于农村居民。

> C5. 假如幸福感最高分为100分,那么,您现在的幸福感为 _____ 分。(请用1~100的数字来表示)

由表55、表56可知新疆城乡居民受访者幸福感打分的分布和统计量,均值为74.71分,中值和众数均为80分,标准差为15.583分,极小值为10分,极大值为100分。

表55　　　　　　　　　　　　城乡居民幸福感打分　　　　　　　单位:次,%

| 分类 | | 频次 | 百分比 | 有效百分比 | 累积百分比 |
|---|---|---|---|---|---|
| 有效 | 10 | 2 | 0.1 | 0.1 | 0.1 |
| | 20 | 3 | 0.2 | 0.2 | 0.4 |
| | 25 | 1 | 0.1 | 0.1 | 0.4 |
| | 30 | 9 | 0.6 | 0.7 | 1.1 |
| | 31 | 1 | 0.1 | 0.1 | 1.2 |
| | 35 | 3 | 0.2 | 0.2 | 1.4 |
| | 40 | 21 | 1.5 | 1.5 | 2.9 |
| | 45 | 4 | 0.3 | 0.3 | 3.2 |
| | 46 | 2 | 0.1 | 0.1 | 3.4 |
| | 47 | 1 | 0.1 | 0.1 | 3.5 |
| | 48 | 1 | 0.1 | 0.1 | 3.5 |
| | 49 | 2 | 0.1 | 0.1 | 3.7 |
| | 50 | 88 | 6.3 | 6.5 | 10.1 |
| | 51 | 1 | 0.1 | 0.1 | 10.2 |
| | 55 | 5 | 0.4 | 0.4 | 10.6 |
| | 56 | 1 | 0.1 | 0.1 | 10.7 |

| 分类 | | 频次 | 百分比 | 有效百分比 | 累积百分比 |
|---|---|---|---|---|---|
| | 58 | 1 | 0.1 | 0.1 | 10.7 |
| | 60 | 213 | 15.3 | 15.7 | 26.4 |
| | 63 | 1 | 0.1 | 0.1 | 26.5 |
| | 65 | 20 | 1.4 | 1.5 | 27.9 |
| | 66 | 5 | 0.4 | 0.4 | 28.3 |
| | 67 | 1 | 0.1 | 0.1 | 28.4 |
| | 68 | 5 | 0.4 | 0.4 | 28.8 |
| | 69 | 1 | 0.1 | 0.1 | 28.8 |
| | 70 | 198 | 14.2 | 14.6 | 43.4 |
| | 75 | 80 | 5.7 | 5.9 | 49.3 |
| | 77 | 4 | 0.3 | 0.3 | 49.6 |
| | 78 | 4 | 0.3 | 0.3 | 49.9 |
| | 79 | 1 | 0.1 | 0.1 | 49.9 |
| | 80 | 266 | 19.1 | 19.6 | 69.5 |
| | 81 | 1 | 0.1 | 0.1 | 69.6 |
| 有效 | 82 | 1 | 0.1 | 0.1 | 69.6 |
| | 85 | 71 | 5.1 | 5.2 | 74.9 |
| | 86 | 2 | 0.1 | 0.1 | 75.0 |
| | 87 | 1 | 0.1 | 0.1 | 75.1 |
| | 88 | 8 | 0.6 | 0.6 | 75.7 |
| | 89 | 2 | 0.1 | 0.1 | 75.8 |
| | 90 | 181 | 13.0 | 13.3 | 89.1 |
| | 92 | 2 | 0.1 | 0.1 | 89.3 |
| | 94 | 1 | 0.1 | 0.1 | 89.3 |
| | 95 | 38 | 2.7 | 2.8 | 92.1 |
| | 96 | 3 | 0.2 | 0.2 | 92.4 |
| | 97 | 1 | 0.1 | 0.1 | 92.4 |
| | 98 | 13 | 0.9 | 1.0 | 93.4 |
| | 99 | 11 | 0.8 | 0.8 | 94.2 |
| | 100 | 79 | 5.7 | 5.8 | 100.0 |
| | 合计 | 1360 | 97.6 | 100.0 | |
| 缺失 | 系统 | 34 | 2.4 | | |
| 合计 | | 1394 | 100.0 | | |

资料来源：根据本调查数据运用 SPSS 19 数据统计得到。

**表 56** 城乡居民幸福感打分统计量

| N | | |
|---|---|---|
| | 有效 | 1360 |
| | 缺失 | 34 |
| 均值 | | 74.71 |
| 中值 | | 80.00 |
| 众数 | | 80 |
| 标准差 | | 15.583 |
| 方差 | | 242.841 |
| 极小值 | | 10 |
| 极大值 | | 100 |

资料来源：根据本调查数据运用 SPSS 19 数据统计得到。

频次最高的是 80 分（266 次），其有效百分比为 19.6%，即近两成的受访者对自己现在幸福感的打分是 80 分；

其余按照频次由高到低排序靠前的依次是：60 分（213 次，15.7%）、70 分（198 次，14.6%）、90 分（181 次，13.3%）、50 分（88 次，6.5%）、75 分（80 次，5.9%）、100 分（79 次，5.8%）、85 分（71 次，5.2%）、95 分（38 次，2.8%）、40 分（21 次，1.5%）、65 分（20 次，1.5%）。

60 分以下（含 60 分）的累积百分比为 26.4%，即 26.4% 的受访者对自己现在幸福感的打分在 60 分以下（含 60 分）；

70 分以下（含 70 分）的累积百分比为 43.4%，即 43.4% 的受访者对自己现在幸福感的打分在 70 分以下（含 70 分）；

80 分以下（含 80 分）的累积百分比为 69.5%，即近七成的受访者对自己现在幸福感的打分在 80 分以下（含 80 分）；

90 分以下（含 90 分）的累积百分比为 89.1%，即 89.1% 的受访者对自己现在幸福感的打分在 90 分以下（含 90 分）。

由表 57、表 58 城镇、农村居民幸福感打分统计量可知：

城镇居民受访者幸福感打分的均值为 75.08 分，中值和众数均为 80 分，标准差为 15.250 分，极小值为 10 分，极大值为 100 分。

频次最高的是 80 分（212 次），其有效百分比为 21.8%，即近 21.8% 的受访者对自己现在幸福感的打分是 80 分；

然后依次为 70 分和 90 分（14.3%）、60 分（13.5%）、75 分（6.5%）、50 分（6.3%）、85 分（5.7%）。

60 分以下（含 60 分）的累积百分比为 23.8%，即 23.8% 的受访者对自己现在幸福感的打分在 60 分以下（含 60 分）；

70 分以下（含 70 分）的累积百分比为 40.4%，即 40.4% 的受访者对自己现在幸福感的打分在 70 分以下（含 70 分）；

80 分以下（含 80 分）的累积百分比为 69.5%，即近七成的受访者对自己现在幸福感的打分在 80 分以下（含 80 分）；

90 分以下（含 90 分）的累积百分比为 91.0%，即 91.0% 的受访者对自己现在幸福感的打分在 90 分以下（含 90 分）。

**表 57**　　　　　　　　　　　**城镇居民幸福感打分统计量**

| N | 有效 | 973 |
|---|---|---|
| | 缺失 | 15 |
| 均值 | | 75.08 |
| 中值 | | 80.00 |
| 众数 | | 80 |
| 标准差 | | 15.250 |
| 方差 | | 232.548 |
| 极小值 | | 10 |
| 极大值 | | 100 |

资料来源：根据本调查数据运用 SPSS 19 数据统计得到。

**表 58**　　　　　　　　　　　**农村居民幸福感打分统计量**

| N | 有效 | 387 |
|---|---|---|
| | 缺失 | 19 |
| 均值 | | 73.80 |
| 中值 | | 70.00 |
| 众数 | | 60 |
| 标准差 | | 16.377 |
| 方差 | | 268.218 |
| 极小值 | | 25 |
| 极大值 | | 100 |

资料来源：根据本调查数据运用 SPSS 19 数据统计得到。

农村居民受访者幸福感打分的均值为 73.80 分,中值为 70 分,众数为 60 分,标准差为 16.377 分,极小值为 25 分,极大值为 100 分。因此,农村居民受访者幸福感打分的均值、中值、众数均低于城镇居民受访者,尤其是众数比城镇居民受访者低出 20 分,标准差略大于城镇居民受访者。

频次最高的是 60 分(82 次),其有效百分比为 21.2%,即近 21.2% 的受访者对自己现在幸福感的打分是 60 分;

然后依次为 70 分(15.2%)、80 分(14.0%)、90 分(10.9%)、100 分(8.0%)、50 分(7.0%)。

60 分以下(含 60 分)的累积百分比为 32.8%,即 32.8% 的受访者对自己现在幸福感的打分在 60 分以下(含 60 分),该比例高出城镇居民受访者 9 个百分点;

70 分以下(含 70 分)的累积百分比为 50.9%,即 50.9% 的受访者对自己现在幸福感的打分在 70 分以下(含 70 分),该比例高出城镇居民受访者 10.5 个百分点;

80 分以下(含 80 分)的累积百分比为 69.5%,即近七成的受访者对自己现在幸福感的打分在 80 分以下(含 80 分),该比例与城镇居民受访者相同;

90 分以下(含 90 分)的累积百分比为 84.5%,即 84.5% 的受访者对自己现在幸福感的打分在 90 分以下(含 90 分),该比例低出城镇居民受访者 6.5 个百分点。

结合上一道问题,总体而言,虽然城镇居民受访者对目前所过生活的幸福感低于农村居民,但农村居民受访者的幸福感打分比城镇居民受访者要低。

> (城镇居民)C6. 2011 年您全年的个人总收入大约为?(包括工资性收入、福利、住房补贴、经营性收入、财产性收入、其他转移性收入、其他收入等)
>
> 1. 1 万元以下  2. 1 万 ~4 万元  3. 4 万 ~8 万元  4. 8 万 ~15 万元
> 5. 15 万 ~50 万元  6. 50 万 ~100 万元  7. 100 万元及以上

鉴于问卷调查的时间始于 2012 年 8 月,故只能调查受访者 2011 年度的收入状况。由表 59 可知城镇居民 2011 年个人总收入的分布:

选择 2011 年个人总收入在 1 万 ~4 万元的城镇居民受访者的频次最高为 500 次,有效百分比为 50.7%,即 50.7% 的受访者 2011 年的个人总收入在 1 万 ~4 万元之间;

选择在 4 万 ~8 万元的频次其次为 279 次,有效百分比为 28.3%;

然后依次为:1 万元以下(8.0%)、8 万 ~15 万元(7.9%)、15 万 ~50 万元

（3.4%）、50万~100万元（1.1%）、100万元及以上（0.5%）。

**表59　　　　　　　　城镇居民2011年个人总收入的分布　　　　　单位：次，%**

| 分类 | | 频次 | 百分比 | 有效百分比 | 累积百分比 |
|---|---|---|---|---|---|
| 有效 | 1万元以下 | 79 | 8.0 | 8.0 | 8.0 |
| | 1万~4万元 | 500 | 50.6 | 50.7 | 58.7 |
| | 4万~8万元 | 279 | 28.2 | 28.3 | 87.0 |
| | 8万~15万元 | 78 | 7.9 | 7.9 | 94.9 |
| | 15万~50万元 | 34 | 3.4 | 3.4 | 98.4 |
| | 50万~100万元 | 11 | 1.1 | 1.1 | 99.5 |
| | 100万元及以上 | 5 | 0.5 | 0.5 | 100.0 |
| | 合计 | 986 | 99.8 | 100.0 | |
| 缺失 | 系统 | 2 | 0.2 | | |
| 合计 | | 988 | 100.0 | | |

资料来源：根据本调查数据运用SPSS 19数据统计得到。

总之，城镇居民个人总收入的分布非常集中：五成的受访者2011年的个人总收入在1万~4万元之间；近两成的受访者在4万~8万元之间；其他收入档次的占比均较低。总体而言，新疆城镇居民收入偏低，存在较大的收入差距，中低收入者与高收入者的收入差距极大。

> （农村居民）C6.2011年您家庭全年的纯收入大概为？（家庭总收入中扣除生产和非生产性经营费用支出以及缴纳税款等以后的收入）
>
> 1. 1万元以下　2. 1万~3万元　3. 3万~5万元　4. 5万~12万元
>
> 5. 12万~20万元　6. 20万~50万元　7. 50万元及以上

由表60可知农村居民2011年家庭纯收入的分布：

选择2011年家庭纯收入在1万~3万元的农村居民受访者的频次最高为201次，有效百分比为49.8%，即49.8%的受访者2011年的家庭纯收入在1万~3万元之间；

选择在3万~5万元的频次其次为130次，有效百分比为32.2%；

然后依次为：5万~12万元（9.2%）、1万元以下（5.4%）、12万~20万元（2.2%）、20万~50万元（0.7%）、50万元及以上（0.5%）。

表 60　　　　　　　　　农村居民 2011 年家庭纯收入的分布　　　　　单位：次，%

| | 分类 | 频次 | 百分比 | 有效百分比 | 累积百分比 |
|---|---|---|---|---|---|
| 有效 | 1 万元以下 | 22 | 5.4 | 5.4 | 5.4 |
| | 1 万～3 万元 | 201 | 49.5 | 49.8 | 55.2 |
| | 3 万～5 万元 | 130 | 32.0 | 32.2 | 87.4 |
| | 5 万～12 万元 | 37 | 9.1 | 9.2 | 96.5 |
| | 12 万～20 万元 | 9 | 2.2 | 2.2 | 98.8 |
| | 20 万～50 万元 | 3 | 0.7 | 0.7 | 99.5 |
| | 50 万元及以上 | 2 | 0.5 | 0.5 | 100.0 |
| | 合计 | 404 | 99.5 | 100.0 | |
| 缺失 | 系统 | 2 | 0.5 | | |
| 合计 | | 406 | 100.0 | | |

资料来源：根据本调查数据运用 SPSS 19 数据统计得到。

（城镇居民）C7. 2011 年您全年的家庭总收入大约为？（包括工资性收入、福利、住房补贴、经营性收入、财产性收入、其他转移性收入、其他收入等）

1. 2 万元以下　2. 2 万～5 万元　3. 5 万～10 万元　4. 10 万～20 万元
5. 20 万～50 万元　6. 50 万～100 万元　7. 100 万元及以上

由表 61 可知城镇居民 2011 年家庭总收入的分布：

选择 2011 年家庭总收入在 5 万～10 万元的城镇居民受访者的频次最高为 443 次，有效百分比为 46.8%，即 46.8% 的受访者 2011 年的家庭总收入在 5 万～10 万元之间；

选择在 2 万～5 万元的频次其次为 219 次，有效百分比为 23.1%；

然后依次为：10 万～20 万元（18.7%）、20 万～50 万元（6.0%）、2 万元以下（2.7%）、50 万～100 万元（1.4%）、100 万元及以上（1.3%）。

表 61　　　　　　　　城镇居民 2011 年家庭总收入的分布　　　　　单位：次，%

| | 分类 | 频次 | 百分比 | 有效百分比 | 累积百分比 |
|---|---|---|---|---|---|
| 有效 | 2 万元以下 | 26 | 2.6 | 2.7 | 2.7 |
| | 2 万～5 万元 | 219 | 22.2 | 23.1 | 25.9 |
| | 5 万～10 万元 | 443 | 44.8 | 46.8 | 72.7 |

| 分类 | | 频次 | 百分比 | 有效百分比 | 累积百分比 |
|---|---|---|---|---|---|
| 有效 | 10 万~20 万元 | 177 | 17.9 | 18.7 | 91.3 |
| | 20 万~50 万元 | 57 | 5.8 | 6.0 | 97.4 |
| | 50 万~100 万元 | 13 | 1.3 | 1.4 | 98.7 |
| | 100 万元及以上 | 12 | 1.2 | 1.3 | 100.0 |
| | 合计 | 947 | 95.9 | 100.0 | |
| 缺失 | 系统 | 41 | 4.1 | | |
| 合计 | | 988 | 100.0 | | |

资料来源：根据本调查数据运用 SPSS 19 数据统计得到。

对比城乡居民受访者家庭收入的分布发现，农村居民家庭收入主要集中在 1 万~3 万元和 3 万~5 万元，城镇居民家庭收入主要集中在 5 万~10 万元、2 万~5 万元、10 万~20 万元。由于涉及居民个人收入和家庭收入这样比较敏感的问题，受访者往往有选择低于实际值的回答的倾向；而且尽管喀什地区农村维文问卷部分受访者存在理解偏差可能填低了收入档次。总体而言，新疆城镇和农村居民家庭收入均偏低，城乡居民受访者家庭收入存在城乡差异，城镇居民家庭收入高于农村居民，农村居民家庭收入相对总体偏低；而且城镇居民受访者和农村居民受访者家庭收入均存在较大的内部差异，中低收入家庭与高收入家庭的收入差距极大。

（城镇居民为 C8，农村居民为 C7）C8. 您认为目前您所生活地区居民收入的差距如何？
1. 非常大  2. 较大  3. 正常  4. 较小  5. 很小  6. 不清楚

由表 62 可知城乡居民受访者对目前所生活地区居民收入差距认知的分布：

认为收入差距"较大"的频次最高（564 次），有效百分比为 41.0%；

认为"正常"的频次其次（417 次），有效百分比为 30.3%；

认为"非常大"的频次第三（184 次），有效百分比为 13.4%；

认为"较小"的频次第四（118 次），有效百分比为 8.6%；

认为"不清楚"的频次第五（79 次），有效百分比为 5.7%；

认为"很小"的频次最低（14 次），有效百分比为 1.0%；

认为"较大"和"非常大"的累积百分比为 54.4%，即 54.4% 的受访者认为目前所生活地区的收入差距"较大"或"非常大"；

认为"较小"和"很小"的累积百分比为9.6%，即只有9.6%的受访者认为目前所生活地区的收入差距"较小"或"很小"。

表62　　　　　　　城乡居民对目前所生活地区居民收入差距的认知　　　单位：次，%

| 分类 | | 频次 | 百分比 | 有效百分比 | 累积百分比 |
|---|---|---|---|---|---|
| 有效 | 非常大 | 184 | 13.2 | 13.4 | 13.4 |
| | 较大 | 564 | 40.5 | 41.0 | 54.4 |
| | 正常 | 417 | 29.9 | 30.3 | 84.7 |
| | 较小 | 118 | 8.5 | 8.6 | 93.2 |
| | 很小 | 14 | 1.0 | 1.0 | 94.3 |
| | 不清楚 | 79 | 5.7 | 5.7 | 100.0 |
| | 合计 | 1376 | 98.7 | 100.0 | |
| 缺失 | 系统 | 18 | 1.3 | | |
| 合计 | | 1394 | 100.0 | | |

资料来源：根据本调查数据运用 SPSS 19 数据统计得到。

由表63可知城镇居民受访者对目前所生活地区居民收入差距认知的分布，按频次排序与城乡居民受访者相同：

认为收入差距"较大"的频次最高（457次），有效百分比为47.0%；

认为"正常"的频次其次（228次），有效百分比为23.4%；

认为"非常大"的频次第三（154次），有效百分比为15.8%；

认为"较小"的频次第四（63次），有效百分比为6.5%；

认为"不清楚"的频次第五（61次），有效百分比为6.3%；

认为"很小"的频次最低（10次），有效百分比为1.0%；

认为"较大"和"非常大"的累积百分比为62.8%，即62.8%的受访者认为目前所生活地区的收入差距"较大"或"非常大"，这一比例高于城乡居民受访者8.4个百分点；

认为"正常"的比例低于城乡居民6.9个百分点；

认为"较小"和"很小"的累积百分比为7.5%，即只有7.5%的受访者认为目前所生活地区的收入差距"较小"或"很小"，这一比例低于城乡居民受访者2.1个百分点。

| 表 63 | | 城镇居民对目前所生活地区居民收入差距的认知 | | | 单位：次，% |
|---|---|---|---|---|---|
| 分类 | | 频次 | 百分比 | 有效百分比 | 累积百分比 |
| 有效 | 非常大 | 154 | 15.6 | 15.8 | 15.8 |
| | 较大 | 457 | 46.3 | 47.0 | 62.8 |
| | 正常 | 228 | 23.1 | 23.4 | 86.2 |
| | 较小 | 63 | 6.4 | 6.5 | 92.7 |
| | 很小 | 10 | 1.0 | 1.0 | 93.7 |
| | 不清楚 | 61 | 6.2 | 6.3 | 100.0 |
| | 合计 | 973 | 98.5 | 100.0 | |
| 缺失 | 系统 | 15 | 1.5 | | |
| 合计 | | 988 | 100.0 | | |

资料来源：根据本调查数据运用 SPSS 19 数据统计得到。

由表 64 可知农村居民受访者对目前所生活地区居民收入差距认知的分布，按频次排序与城镇居民受访者完全不同：

认为收入差距"正常"的频次最高（189 次），有效百分比为 46.9%，高出城镇居民 23.5 个百分点；

认为"较大"的频次其次（107 次），有效百分比为 26.6%，低出城镇居民 20.4 个百分点；

认为"较小"的频次第三（55 次），有效百分比为 13.6%，高出城镇居民 7.1 个百分点；

认为"非常大"的频次第四（30 次），有效百分比为 7.4%，低出城镇居民 8.4 个百分点；

认为"不清楚"的频次第五（18 次），有效百分比为 4.5%；

认为"很小"的频次最低（4 次），有效百分比为 1.0%；

认为"较大"和"非常大"的累积百分比为 34.0%，即 34.0% 的受访者认为目前所生活地区的收入差距较大或非常大，这一比例低于城镇居民受访者 28.8 个百分点；

认为"较小"和"很小"的累积百分比为 14.6%，即 14.6% 的受访者认为目前所生活地区的收入差距较小或很小，这一比例高出城镇居民受访者 7.1 个百分点。

表64　　　　　　　农村居民对目前所生活地区居民收入差距的认知　　　单位：次，%

| | 分类 | 频次 | 百分比 | 有效百分比 | 累积百分比 |
|---|---|---|---|---|---|
| 有效 | 非常大 | 30 | 7.4 | 7.4 | 7.4 |
| | 较大 | 107 | 26.4 | 26.6 | 34.0 |
| | 正常 | 189 | 46.6 | 46.9 | 80.9 |
| | 较小 | 55 | 13.5 | 13.6 | 94.5 |
| | 很小 | 4 | 1.0 | 1.0 | 95.5 |
| | 不清楚 | 18 | 4.4 | 4.5 | 100.0 |
| | 合计 | 403 | 99.3 | 100.0 | |
| 缺失 | 系统 | 3 | 0.7 | | |
| | 合计 | 406 | 100.0 | | |

资料来源：根据本调查数据运用 SPSS 19 数据统计得到。

由此可见，城镇居民和农村居民受访者对目前所生活地区居民收入差距认知的差异很大。城镇居民受访者认为收入差距"较大"的占比最高，农村居民受访者认为收入差距"正常"的占比最高。这说明新疆城镇居民的收入差距相对于农村居民可能更大。

（城镇居民）C9. 您认为导致目前居民收入差距状况的三项主要的原因是？（选3项，选其他因素请注明）

☐ 私营经济的发展　　　　　　　　　　☐ 非法经营现象猖獗

☐ 市场竞争加剧　　　　　　　　　　　☐ 灰色收入现象严重

☐ 市场化改革不到位，市场化机制不健全　☐ 社会保障制度不健全

☐ 下岗、失业人员大量增加　　　　　　☐ 个人机会不均等

☐ 受教育与个人能力的差异　　　　　　☐ 垄断

☐ 分配制度不合理　　　　　　　　　　☐ 地区和城乡发展差异

☐ 腐败现象严重　　　　　　　　　　　☐ 其他因素_____

由表65可知城镇居民受访者对目前居民收入差距主要原因认知的分布，导致目前居民收入差距状况三项主要的原因中频次排名前三位的分别是：

（1）市场竞争加剧（响应百分比为10.3%，个案百分比为30.6%）；

（2）下岗、失业人员大量增加（响应百分比为9.8%，个案百分比为29.2%）；

（3）受教育与个人能力的差异（响应百分比为9.5%，个案百分比为28.4%）。

然后依次是：

（4）分配制度不合理（响应百分比为9.3%，个案百分比为27.8%）；

（5）腐败现象严重（响应百分比为8.7%，个案百分比为25.8%）；

（6）个人机会不均等（响应百分比为8.4%，个案百分比为25.0%）；

（7）私营经济的发展（响应百分比为8.2%，个案百分比为24.3%）；

（8）地区和城乡发展差异（响应百分比为7.6%，个案百分比为22.5%）；

（9）市场化改革不到位，市场化机制不健全（响应百分比为7.5%，个案百分比为22.3%）；

（10）社会保障制度不健全（响应百分比为7.3%，个案百分比为21.8%）；

（11）灰色收入现象严重（响应百分比为4.8%，个案百分比为14.4%）；

（12）其他因素（响应百分比为3.1%，个案百分比为9.1%）；

（13）非法经营现象猖獗（响应百分比为2.7%，个案百分比为8.1%）；

（14）垄断（响应百分比为2.6%，个案百分比为7.8%）。

表65　　　　　　　　城镇居民对目前居民收入差距主要原因的认知　　　　单位：次，%

| 分类 | | 响应 | | 个案百分比 |
|---|---|---|---|---|
| | | 频次 | 百分比 | |
| $C9[a] | 私营经济的发展 | 240 | 8.2 | 24.3 |
| | 非法经营现象猖獗 | 80 | 2.7 | 8.1 |
| | 市场竞争加剧 | 302 | 10.3 | 30.6 |
| | 灰色收入现象严重 | 142 | 4.8 | 14.4 |
| | 市场化改革不到位，市场化机制不健全 | 220 | 7.5 | 22.3 |
| | 社会保障制度不健全 | 215 | 7.3 | 21.8 |
| | 下岗失业人员大量增加 | 288 | 9.8 | 29.2 |
| | 个人机会不均等 | 247 | 8.4 | 25.0 |
| | 教育与个人能力的差异 | 280 | 9.5 | 28.4 |
| | 垄断 | 77 | 2.6 | 7.8 |
| | 分配制度不合理 | 274 | 9.3 | 27.8 |
| | 地区和城乡发展差异 | 222 | 7.6 | 22.5 |
| | 腐败现象严重 | 255 | 8.7 | 25.8 |
| | 其他因素 | 90 | 3.1 | 9.1 |
| 总计 | | 2932 | 100.0 | 297.1 |

注：a. 值为1时制表的二分组。

资料来源：根据本调查数据运用SPSS 19数据统计得到。

从上述可知，新疆城镇居民对目前居民收入差距主要原因的认知各不相同，但市场竞争加剧、下岗失业人员大量增加、受教育与个人能力的差异、分配制度不合理却是主要原因，其他因素也很重要，收入分配制度改革和结构调整必须多管齐下。

（农村居民）C9. 您认为导致目前农村居民之间收入差距的三项主要的原因是？（选3项，选其他因素请注明）
☐ 自然地理资源条件的差异
☐ 人均耕地面积、草场面积等不同
☐ 家庭种植、养殖结构等不同
☐ 受教育与个人能力的差异
☐ 劳动力外出务工收入的差异
☐ 农村贫困人口脱贫难
☐ 农村生产、生活基础设施的差异
☐ 各地政府、乡、村发展政策和投入差异
☐ 农村内部分配制度不合理
☐ 农村腐败现象的存在
☐ 不同农户人口数量的差异
☐ 农村私营经济发展程度的差异
☐ 医疗、养老、救助等社会保障制度不健全
☐ 其他因素＿＿＿＿＿＿＿＿＿＿＿＿＿＿＿＿＿＿

由表66可知农村居民受访者对目前居民收入差距主要原因认知的分布，导致目前居民收入差距状况三项主要的原因中频次排名前三位的分别是：

（1）人均耕地面积、草场面积等不同（响应百分比为14.4%，个案百分比为42.1%）；

（2）农村贫困人口脱贫难（响应百分比为9.8%，个案百分比为28.7%）；

（3）自然地理资源条件的差异；农村生产、生活基础设施的差异（响应百分比均为9.2%，个案百分比均为28.4%）。

然后依次是：

（4）家庭种植、养殖结构等不同（响应百分比为8.0%，个案百分比为23.3%）；

（5）各地政府、乡、村发展政策和投入差异（响应百分比为7.6%，个案百分比为22.3%）；

（6）受教育与个人能力的差异；农村腐败现象的存在（响应百分比均为6.6%，个案百分比均为19.3%）；

（7）劳动力外出务工收入的差异（响应百分比为6.3%，个案百分比为18.6%）；

（8）农村私营经济发展程度的差异（响应百分比为6.1%，个案百分比为17.8%）；

（9）农村内部分配制度不合理（响应百分比为5.7%，个案百分比为16.6%）；

（10）医疗、养老、救助等社会保障制度不健全（响应百分比为5.5%，个案百分比为16.1%）；

（11）不同农户人口数量的差异（响应百分比为3.4%，个案百分比为9.9%）；

（12）其他因素（响应百分比为1.6%，个案百分比为4.7%）。

表66　　　　　　　农村居民对目前居民收入差距主要原因的认知　　　单位：次，%

| 分类 | | 响应 | | 个案百分比 |
| --- | --- | --- | --- | --- |
| | | 频次 | 百分比 | |
| $C9[a] | 自然地理资源条件的差异 | 109 | 9.2 | 27.0 |
| | 人均耕地面积草场面积等不同 | 170 | 14.4 | 42.1 |
| | 家庭种植养殖结构等不同 | 94 | 8.0 | 23.3 |
| | 受教育与个人能力的差异 | 78 | 6.6 | 19.3 |
| | 劳动力外出务工收入的差异 | 75 | 6.3 | 18.6 |
| | 农村贫困人口脱贫难 | 116 | 9.8 | 28.7 |
| | 农村生产生活基础设施的差异 | 109 | 9.2 | 27.0 |
| | 各地政府乡村发展政策和投入差异 | 90 | 7.6 | 22.3 |
| | 农村内部分配制度不合理 | 67 | 5.7 | 16.6 |
| | 农村腐败现象的存在 | 78 | 6.6 | 19.3 |
| | 不同农户人口数量的差异 | 40 | 3.4 | 9.9 |
| | 农村私营经济发展程度的差异 | 72 | 6.1 | 17.8 |
| | 医疗养老救助等社会保障制度不健全 | 65 | 5.5 | 16.1 |
| | 其他原因 | 19 | 1.6 | 4.7 |
| 总计 | | 1182 | 100.0 | 292.6 |

注：a. 值为1时制表的二分组。
资料来源：根据本调查数据运用SPSS 19数据统计得到。

从上述可知，新疆农村居民对目前居民收入差距主要原因的认知各不相同，但人均耕地面积或草场面积等不同、农村贫困人口脱贫难、自然地理资源条件的差异、农村生产、生活基础设施的差异却是主要原因，其他因素也很重要，新疆农村收入分配制度改革和结构调整必须结合农村实际。

---

（城镇居民为 C10，农村居民为 C8）C10. 您认为农村居民与城镇居民相比，最大的不平等表现在哪两方面？（选 2 项，选其他因素请注明）

☐社会保障　　☐教育　　☐公共设施　　☐就业制度

☐户籍制度　　☐个人发展机会　　☐其他＿＿＿＿＿＿＿＿＿＿＿＿

---

由表 67 可知城乡居民对农村居民与城镇居民相比最大的不平等认知的分布，按照频次由高到低排列依次为：

（1）教育（响应百分比为 25.8%，个案百分比为 52.2%），即 52.2% 的受访者认为农村居民与城镇居民相比最大的不平等之一是教育方面；

（2）社会保障（响应百分比为 20.8%，个案百分比为 42.1%），即 42.1% 的受访者认为农村居民与城镇居民相比最大的不平等之一是社会保障方面；

（3）个人发展机会（响应百分比为 17.9%，个案百分比为 36.2%），即 36.2% 的受访者认为农村居民与城镇居民相比最大的不平等之一是个人发展机会方面；

（4）公共设施（响应百分比为 12.7%，个案百分比为 25.7%），即 25.7% 的受访者认为农村居民与城镇居民相比最大的不平等之一是公共设施方面；

（5）就业制度（响应百分比为 10.6%，个案百分比为 21.6%），即 21.6% 的受访者认为农村居民与城镇居民相比最大的不平等之一是教育方面；

（6）户籍制度（响应百分比为 6.3%，个案百分比为 12.7%），即 12.7% 的受访者认为农村居民与城镇居民相比最大的不平等之一是教育方面；

（7）其他方面（响应百分比为 6.0%，个案百分比为 12.1%），即 12.1% 的受访者认为农村居民与城镇居民相比最大的不平等是教育方面。

表 67　　　　　城乡居民对农村居民与城镇居民相比最大的不平等的认知　　　单位：次，%

| 分类 | | 响应 | | 个案百分比 |
|---|---|---|---|---|
| | | 频次 | 百分比 | |
| $C10^a$ | 社会保障 | 580 | 20.8 | 42.1 |
| | 教育 | 720 | 25.8 | 52.2 |
| | 公共设施 | 354 | 12.7 | 25.7 |
| | 就业制度 | 297 | 10.6 | 21.6 |
| | 户籍制度 | 175 | 6.3 | 12.7 |

| 分类 | | 响应 | | 个案百分比 |
|---|---|---|---|---|
| | | 频次 | 百分比 | |
| $C10^a | 个人发展机会 | 499 | 17.9 | 36.2 |
| | 其他方面 | 167 | 6.0 | 12.1 |
| 总计 | | 2792 | 100.0 | 202.6 |

注：a. 值为 1 时制表的二分组。
资料来源：根据本调查数据运用 SPSS 19 数据统计得到。

由表 68 可知城镇居民对农村居民与城镇居民相比最大的不平等认知的分布，按照频次由高到低的排序与城乡居民受访者相同：

（1）教育（响应百分比为 26.5%，个案百分比为 54.7%）；

（2）社会保障（响应百分比为 20.2%，个案百分比为 41.6%）；

（3）个人发展机会（响应百分比为 19.1%，个案百分比为 39.4%）；

（4）公共设施（响应百分比为 11.9%，个案百分比为 24.5%）；

（5）就业制度（响应百分比为 11.7%，个案百分比为 24.1%）；

（6）户籍制度（响应百分比为 6.1%，个案百分比为 12.5%）；

（7）其他方面（响应百分比为 4.5%，个案百分比为 9.4%）。

表 68　　　　城镇居民对农村居民与城镇居民相比最大的不平等的认知　　单位：次，%

| 分类 | | 响应 | | 个案百分比 |
|---|---|---|---|---|
| | | 频次 | 百分比 | |
| $C10^a | 社会保障 | 409 | 20.2 | 41.6 |
| | 教育 | 538 | 26.5 | 54.7 |
| | 公共设施 | 241 | 11.9 | 24.5 |
| | 就业制度 | 237 | 11.7 | 24.1 |
| | 户籍制度 | 123 | 6.1 | 12.5 |
| | 个人发展机会 | 387 | 19.1 | 39.4 |
| | 其他方面 | 92 | 4.5 | 9.4 |
| 总计 | | 2027 | 100.0 | 206.2 |

注：a. 值为 1 时制表的二分组。
资料来源：根据本调查数据运用 SPSS 19 数据统计得到。

由表 69 可知农村居民对农村居民与城镇居民相比最大的不平等认知的分布，按照频次由高到低的排序前两位城镇居民受访者相同：

（1）教育（响应百分比为 23.8%，个案百分比为 46.1%），其个案百分比比城镇居民受访者低 8.6 个百分点；

（2）社会保障（响应百分比为 22.4%，个案百分比为 43.3%），其个案百分比比城镇居民受访者高 1.7 个百分点；

（3）公共设施（响应百分比为 14.8%，个案百分比为 28.6%），其个案百分比比城镇居民受访者高出 4.1 个百分点；

（4）个人发展机会（响应百分比为 14.6%，个案百分比为 28.4%），其个案百分比比城镇居民受访者低 11.0 个百分点；

（5）其他方面（响应百分比为 9.8%，个案百分比为 19.0%），其个案百分比比城镇居民受访者高出 9.6 个百分点；

（6）就业制度（响应百分比为 7.8%，个案百分比为 15.2%），其个案百分比比城镇居民受访者低出 8.9 个百分点；

（7）户籍制度（响应百分比为 6.8%，个案百分比为 13.2%），其个案百分比比城镇居民受访者高出 0.7 个百分点。

表 69　　　　农村居民对农村居民与城镇居民相比最大的不平等的认知　　单位：次，%

| 分类 | | 响应 | | 个案百分比 |
|---|---|---|---|---|
| | | 频次 | 百分比 | |
| $C8[a] | 社会保障 | 171 | 22.4 | 43.3 |
| | 教育 | 182 | 23.8 | 46.1 |
| | 公共设施 | 113 | 14.8 | 28.6 |
| | 就业制度 | 60 | 7.8 | 15.2 |
| | 户籍制度 | 52 | 6.8 | 13.2 |
| | 个人发展机会 | 112 | 14.6 | 28.4 |
| | 其他方面 | 75 | 9.8 | 19.0 |
| 总计 | | 765 | 100.0 | 193.7 |

注：a. 值为 1 时制表的二分组。
资料来源：根据本调查数据运用 SPSS 19 数据统计得到。

总而言之，城镇和农村居民受访者均认为农村居民与城镇居民相比最大的不平等是教育和社会保障。

（城镇居民）C11. 您认为今后政府收入分配制度改革最重要的三项内容应当为？（选 3 项，选其他因素请注明）

☐ 完善包括养老保险、医疗保险、失业保险、住房、社会福利、社会救济等社会保障制度

☐ 严厉惩治腐败，打击非法经营和非法收入、灰色收入

☐ 控制并缩小因垄断原因而造成的收入差距

☐ 调整不同部门与产业间不合理的劳动者报酬

☐ 在国民收入的初次分配中，提高劳动报酬所占的比重，使城乡居民收入普遍较快增加

☐ 加大国民收入再分配力度，重视解决贫困问题，调节高收入者的收入，缩小收入差距

☐ 建立平等参与市场竞争的收入分配秩序

☐ 实施积极的就业政策，营造良好的就业、创业环境

☐ 促进城乡基本公共服务均等化，营造个人发展的均等机会

☐ 其他_____

由表70可知城镇居民对今后收入分配制度改革最重要内容的认知和愿望的分布，按照频次由高到低排列依次是：

（1）完善包括养老保险、医疗保险、失业保险、住房、社会福利、社会救济等社会保障制度（响应百分比为22.9%，个案百分比为68.1%），即68.1%的受访者认为应当完善社会保障制度；

（2）严厉惩治腐败，打击非法经营和非法收入、灰色收入（响应百分比为15.2%，个案百分比为45.0%），即45.0%的受访者认为应当如此；

（3）实施积极的就业政策，营造良好的就业、创业环境（响应百分比为11.7%，个案百分比为34.7%），即34.7%的受访者认为应当如此；

（4）加大国民收入再分配力度，重视解决贫困问题，调节高收入者的收入，缩小收入差距（响应百分比为10.0%，个案百分比为29.7%），即29.7%的受访者认为应当如此；

（5）调整不同部门与产业间不合理的劳动者报酬（响应百分比为9.6%，个案百分比为28.6%），即28.6%的受访者认为应当如此；

（6）在国民收入的初次分配中，提高劳动报酬所占的比重，使城乡居民收入普遍较快增加（响应百分比为8.6%，个案百分比为25.6%），即25.6%的受访者认为应当如此；

（7）控制并缩小因垄断原因而造成的收入差距（响应百分比为7.3%，个案百分比为21.6%），即21.6%的受访者认为应当如此；

（8）促进城乡基本公共服务均等化，营造个人发展的均等机会（响应百分比为6.8%，个案百分比为20.1%），即20.1%的受访者认为应当如此；

（9）建立平等参与市场竞争的收入分配秩序（响应百分比为6.0%，个案百分比为18.0%），即18.0%的受访者认为应当如此；

（10）其他（响应百分比为2.0%，个案百分比为5.9%），即5.9%的受访者认为应当如此。

表70　　　　　城镇居民对今后收入分配制度改革最重要内容的认知和愿望　单位：次，%

| 分类 | | 响应 | | 个案百分比 |
|---|---|---|---|---|
| | | 频次 | 百分比 | |
| $C11^a$ | 完善社会保障制度 | 671 | 22.9 | 68.1 |
| | 严厉惩治腐败打击非法经营和非法收入、灰色收入 | 444 | 15.2 | 45.0 |
| | 控制并缩小因垄断原因而造成的收入差距 | 213 | 7.3 | 21.6 |
| | 调整不同部门与产业间不合理的劳动者报酬 | 282 | 9.6 | 28.6 |
| | 初次分配中提高劳动报酬所占比重 | 252 | 8.6 | 25.6 |
| | 加大国民收入再分配力度 | 293 | 10.0 | 29.7 |
| | 建立平等参与市场竞争的收入分配秩序 | 177 | 6.0 | 18.0 |
| | 实施积极的就业政策营造良好的就业创业环境 | 342 | 11.7 | 34.7 |
| | 促进城乡基本公共服务均等化营造个人发展的均等机会 | 198 | 6.8 | 20.1 |
| | 其他措施 | 58 | 2.0 | 5.9 |
| 总计 | | 2930 | 100.0 | 297.2 |

注：a. 值为1时制表的二分组。
资料来源：根据本调查数据运用 SPSS 19 数据统计得到。

总之，新疆城镇居民受访者认为今后政府收入分配制度改革最重要的三项内容按照占比由高到低依次为：完善社会保障制度；严厉惩治腐败，打击非法经营和非法收入、灰色收入；实施积极的就业政策，营造良好的就业、创业环境；其他方面也很重要，新疆城镇居民收入分配改革需要多方发力以形成合力。

（农村居民）C11. 如果可能，您目前最希望得到改善的三个方面是？（选3项，选其他因素请注明）

□增加农民收入

□帮扶农村贫困人口脱贫

□缩小农村居民之间、城乡居民之间的收入差距

□在不损害农民根本利益的情况下，让农村土地承包经营权可以有效流转起来

□改革城乡分割的户籍制度，让人口可以自由流动

□健全农村养老、医疗等社会保障制度

□发展农村教育事业，让城乡的孩子受到同等的教育

□加大农村交通、通信等公共设施的建设力度，极大改善乡村面貌

□更方便获得金融机构贷款和各项金融服务

□其他 _____

由表71可知农村居民对今后收入分配制度改革最重要内容的认知和愿望的分布，按照频次由高到低排列依次是：

（1）增加农民收入（响应百分比为23.4%，个案百分比为69.0%），即69.0%的受访者认为应当如此；

（2）帮扶农村贫困人口脱贫（响应百分比为15.4%，个案百分比为45.3%），即45.3%的受访者认为应当如此；

（3）发展农村教育事业，让城乡的孩子受到同等的教育（响应百分比为13.5%，个案百分比为39.7%），即39.7%的受访者认为应当如此；

（4）缩小农村居民之间、城乡居民之间的收入差距（响应百分比为12.2%，个案百分比为36.0%），即36.0%的受访者认为应当如此；

（5）健全农村养老、医疗等社会保障制度（响应百分比为10.7%，个案百分比为31.5%），即31.5%的受访者认为应当如此；

（6）加大农村交通、通信等公共设施的建设力度，极大改善乡村面貌（响应百分比为6.9%，个案百分比为20.4%），即20.4%的受访者认为应当如此；

（7）在不损害农民根本利益的情况下，让农村土地承包经营权可以有效流转起来（响应百分比为6.9%，个案百分比为20.2%），即20.2%的受访者认为应当如此；

（8）更方便获得金融机构贷款和各项金融服务（响应百分比为6.2%，个案百分比为18.2%），即18.2%的受访者认为应当如此；

（9）改革城乡分割的户籍制度，让人口可以自由流动（响应百分比为3.7%，

个案百分比为 10.8%），即 45.0% 的受访者认为应当如此；

（10）其他（响应百分比为 1.3%，个案百分比为 3.7%），即 3.7% 的受访者认为应当如此。

表 71 　　　　农村居民对今后收入分配制度改革最重要内容的认知和愿望

| 分类 | | 响应 | | 个案百分比 |
|---|---|---|---|---|
| | | N | 百分比 | |
| $C10[a] | 增加农民收入 | 280 | 23.4% | 69.0% |
| | 帮扶农村贫困人口脱贫 | 184 | 15.4% | 45.3% |
| | 缩小农村居民之间城乡居民之间的收入差距 | 146 | 12.2% | 36.0% |
| | 在不损害农民根本利益的情况下让农村土地承包经营权可以有效流转起来 | 82 | 6.9% | 20.2% |
| | 改革城乡分割的户籍制度让人口可以自由流动 | 44 | 3.7% | 10.8% |
| | 健全农村养老医疗等社会保障制度 | 128 | 10.7% | 31.5% |
| | 发展农村教育事业让城乡的孩子受到同等的教育 | 161 | 13.5% | 39.7% |
| | 加大农村交通、通信等公共设施的建设力度极大改善乡村面貌 | 83 | 6.9% | 20.4% |
| | 更方便获得金融机构贷款和各项金融服务 | 74 | 6.2% | 18.2% |
| | 其他措施 | 15 | 1.3% | 3.7% |
| 总计 | | 1197 | 100.0% | 294.8% |

注：a. 值为 1 时制表的二分组。
资料来源：根据本调查数据运用 SPSS 19 数据统计得到。

　　总之，新疆农村居民受访者认为今后政府收入分配制度改革最重要的三项内容按照占比由高到低依次为：增加农民收入；帮扶农村贫困人口脱贫；发展农村教育事业，让城乡的孩子受到同等的教育；其他方面也很重要，新疆农村居民收入分配改革需要在有所侧重的基础上进行综合、协调改革。

　　综上所述，新疆城乡居民之间收入差距大，城乡居民内部的收入差距也大，这反映出当前的收入分配结构不合理。收入分配严重不公平会加剧社会风险、社会矛盾与社会冲突，不利于新疆社会稳定与和谐，因此，务必要改革收入分配制度，调整不合理的收入分配结构，这也是扩大内需的重要前提。

## 三、问卷内容的交互分析

项目组运用SPSS 19对问卷内容的数据进行交互统计分析，以期了解新疆城乡居民消费需求、投资需求和收入分配的真实状况，及其对相关问题的认知、态度和愿望等方面是否存在城乡差异、地区差异、性别差异、民族差异等，城乡差异在前面对问卷内容进行描述性统计分析时已经探讨过了，故此处不再过多分析。

### （一）城乡差异

#### 1. 最高教育学历

由表72可知，分城乡的受访者最高教育学历分布。

表72       分城乡的受访者最高教育学历分布

| 学历 | | 城乡 | | 总计 |
|---|---|---|---|---|
| | | 城镇 | 农村 | |
| 小学及以下 | 计数 | 53 | 137 | 190 |
| | 学历内的占比 | 27.9% | 72.1% | |
| | 城乡内的占比 | 5.4% | 33.9% | |
| | 总计的占比 | 3.8% | 9.8% | 13.7% |
| 初中 | 计数 | 146 | 165 | 311 |
| | 学历内的占比 | 46.9% | 53.1% | |
| | 城乡内的占比 | 14.8% | 40.8% | |
| | 总计的占比 | 10.5% | 11.9% | 22.4% |
| 高中、中专、职高、技校 | 计数 | 266 | 88 | 354 |
| | 学历内的占比 | 75.1% | 24.9% | |
| | 城乡内的占比 | 27.0% | 21.8% | |
| | 总计的占比 | 19.1% | 6.3% | 25.4% |
| 大专或高职 | 计数 | 213 | 7 | 220 |
| | 学历内的占比 | 96.8% | 3.2% | |
| | 城乡内的占比 | 21.6% | 1.7% | |
| | 总计的占比 | 15.3% | 0.5% | 15.8% |

| 学历 | | 城乡 | | 总计 |
| --- | --- | --- | --- | --- |
| | | 城镇 | 农村 | |
| 本科 | 计数 | 244 | 7 | 251 |
| | 学历内的占比 | 97.2% | 2.8% | |
| | 城乡内的占比 | 24.7% | 1.7% | |
| | 总计的占比 | 17.5% | 0.5% | 18.0% |
| 硕士研究生 | 计数 | 43 | 0 | 43 |
| | 学历内的占比 | 100.0% | 0 | |
| | 城乡内的占比 | 4.4% | 0 | |
| | 总计的占比 | 3.1% | 0 | 3.1% |
| 博士研究生 | 计数 | 22 | 0 | 22 |
| | 学历内的占比 | 100.0% | 0 | |
| | 城乡内的占比 | 2.2% | 0 | |
| | 总计的占比 | 1.6% | 0 | 1.6% |
| 总计 | 计数 | 987 | 404 | 1391 |
| | 总计的占比 | 71.0% | 29.0% | 100.0% |

注：百分比和总计以响应者为基础。

资料来源：根据本调查数据运用 SPSS 19 数据统计得到。

在城镇居民受访者中，最高教育学历为高中、中专、职高、技校的占比最高（27.0%），然后依次是本科（24.7%）、大专或高职（21.6%）、初中（14.8%）、小学及以下（5.4%）、硕士研究生（4.4%）、博士研究生（2.2%）。小学及以下学历的占比为5.4%，初中以下（含初中）累计占比为20.2%，高中、中专、职高、技校以下（含）累计占比为47.2%，大专或高职以上（含）累计占比为52.9%，本科以上（含）累计占比为31.3%。

在农村居民受访者中，最高教育学历为初中的占比最高（40.8%），然后依次是小学及以下（33.9%）、高中、中专、职高、技校（21.8%）、本科（1.7%）、大专或高职（1.7%）、硕士研究生和博士研究生占比均为零。小学及以下学历的占比为33.9%，比城镇居民受访者高出28.5个百分点；初中以下（含初中）累计占比为74.7%，比城镇居民受访者高出54.5个百分点；高中、中专、职高、技校以下（含）累计占比为96.5%，比城镇居民受访者高出49.3个百分点；大专或高职以上（含）累计占比为3.4%，比城镇居民受访者低出49.5个百分点；本科以上（含）累计占比为1.7%，比城镇居民受访者低出29.6个百分点。

因此，暂且不论城镇居民受访者的最高教育学历结构是否有待优化，就对比而言，农村居民受访者的最高教育学历结构与城镇相比层次太低，存在显著的城乡差异。农村高学历居民比例极低，留不住人才。城乡人力资本的巨大差异一定会是造成城乡经济社会发展差异的重要变量，当然会进一步影响到城乡居民的收入分配结构、消费结构和投资需求。有关城乡居民最高教育学历与其个人收入或家庭收入相关性的研究后面将加以探讨。缩小城乡差异，意味着在进一步优化城镇居民最高教育学历结构的同时，着力切实加大对于新疆农村居民的人力资本投入力度，包括教育投资和在职培训投资，并且设法创造优良环境吸引高学历人才农村创业，扎根农村，成为农村常住居民（注意常住居民与户籍的区别)①。

**2. 工作状态**

由表 73 可知分城乡的受访者工作状态分布。

**表 73                     分城乡的受访者工作状态分布**

| 工作状态 | | 城乡 | | 总计 |
|---|---|---|---|---|
| | | 城镇 | 农村 | |
| 工作或就业 | 计数 | 792 | 333 | 1125 |
| | 工作状态内的占比 | 70.4% | 29.6% | |
| | 城乡内的占比 | 80.7% | 82.0% | |
| | 总计的占比 | 57.1% | 24.0% | 81.1% |
| 离退休 | 计数 | 68 | 6 | 74 |
| | 工作状态内的占比 | 91.9% | 8.1% | |
| | 城乡内的占比 | 6.9% | 1.5% | |
| | 总计的占比 | 4.9% | 0.4% | 5.3% |
| 失业下岗 | 计数 | 23 | 4 | 27 |
| | 工作状态内的占比 | 85.2% | 14.8% | |
| | 城乡内的占比 | 2.3% | 1.0% | |
| | 总计的占比 | 1.7% | 0.3% | 1.9% |

---

① 本调查所指的"常住人口"，是指经常居住在某一地区的人口，是在普查区内经常居住的人数。即指实际经常居住在某地区一定时间（半年以上，含半年）的人口。不论户籍是否为当地户籍，也不论是否是城镇户籍或农村户籍。

续表

| 工作状态 | | 城乡 | | 总计 |
|---|---|---|---|---|
| | | 城镇 | 农村 | |
| 家务劳动 | 计数 | 32 | 45 | 77 |
| | 工作状态内的占比 | 41.6% | 58.4% | |
| | 城乡内的占比 | 3.3% | 11.1% | |
| | 总计的占比 | 2.3% | 3.2% | 5.5% |
| 其他 | 计数 | 67 | 18 | 85 |
| | 工作状态内的占比 | 78.8% | 21.2% | |
| | 城乡内的占比 | 6.8% | 4.4% | |
| | 总计的占比 | 4.8% | 1.3% | 6.1% |
| 总计 | 计数 | 982 | 406 | 1388 |
| | 总计的占比 | 70.7% | 29.3% | 100.0% |

注：百分比和总计以响应者为基础。

资料来源：根据本调查数据运用 SPSS 19 数据统计得到。

城镇居民受访者工作和就业的占比为80.7%，离退休占比为6.9%，失业下岗占比为2.3%，家务劳动的占比为3.3%，其他工作状态的占比为6.8%。

农村居民受访者工作和就业的占比为82.0%，离退休占比为1.5%，失业下岗占比为1.0%，家务劳动的占比为11.1%，其他工作状态的占比为4.4%。

农村居民从事农林牧渔业并非像其他行业有相对固定的工作时间和规律，而是有较强的季节性和灵活性特点，甚至新疆有大约半年的冬休时间。因此，在许多农民看来他们的工作状态是家务劳动，而本调查将从事农林牧渔业的劳动视为工作或就业，与单纯的家务劳动是有区别的。本调查所指的家务劳动是指单纯的家务劳动，与受访者尤其是农村居民受访者的理解不同。

农村居民受访者工作和就业的占比高出城镇1.3个百分比，但这并不意味着农村居民的就业质量高于城镇，相反农村居民整体而言劳动效率不高，劳动时间有限，存在大量的剩余劳动力尚未转移。城镇居民受访者离退休、失业的占比均高于农村，其他工作状态的占比也高于农村[①]，家务劳动占比比农村低7.8个百分点。因此，城乡居民受访者的工作状态存在一定的差异，关注城乡居民的工作状态，扩大就业机会，尤其关注农村剩余劳动力的有效转移，提高就业质量，对于收入分配结构调整和扩大内需意义重大。

---

① 其他工作状态诸如：临时性工作或就业，流动性工作，闲散性工作状态等。

（二）地区差异

本调查在乌鲁木齐、塔城地区和喀什地区进行了抽样问卷调查，考虑到城乡差异，这里探讨与收入分配、消费需求、投资需求相关的地区差异将分别对比城镇和农村数据。

**1. 最高教育学历**

由表74可知，分地区的受访者最高教育学历的分布。

表74 　　　　　分地区的受访者最高教育学历的分布

| 学历 | | 地区 | | | | | | 总计 |
|---|---|---|---|---|---|---|---|---|
| | | 乌鲁木齐城镇 | 乌鲁木齐农村 | 塔城城镇 | 塔城农村 | 喀什城镇 | 喀什农村 | |
| 小学及以下 | 计数 | 17 | 6 | 6 | 26 | 30 | 105 | 190 |
| | 学历内的占比 | 8.9% | 3.2% | 3.2% | 13.7% | 15.8% | 55.3% | |
| | 地区内的占比 | 3.3% | 17.6% | 4.7% | 25.0% | 8.8% | 39.5% | |
| | 总计的占比 | 1.2% | 0.4% | 0.4% | 1.9% | 2.2% | 7.5% | 13.7% |
| 初中 | 计数 | 71 | 18 | 17 | 53 | 58 | 94 | 311 |
| | 学历内的占比 | 22.8% | 5.8% | 5.5% | 17.0% | 18.6% | 30.2% | |
| | 地区内的占比 | 13.7% | 52.9% | 13.2% | 51.0% | 17.1% | 35.3% | |
| | 总计的占比 | 5.1% | 1.3% | 1.2% | 3.8% | 4.2% | 6.8% | 22.4% |
| 高中、中专、职高、技校 | 计数 | 131 | 5 | 40 | 17 | 95 | 66 | 354 |
| | 学历内的占比 | 37.0% | 1.4% | 11.3% | 4.8% | 26.8% | 18.6% | |
| | 地区内的占比 | 25.2% | 14.7% | 31.0% | 16.3% | 28.0% | 24.8% | |
| | 总计的占比 | 9.4% | 0.4% | 2.9% | 1.2% | 6.8% | 4.7% | 25.4% |
| 大专或高职 | 计数 | 108 | 2 | 36 | 5 | 69 | 0 | 220 |
| | 学历内的占比 | 49.1% | 0.9% | 16.4% | 2.3% | 31.4% | 0 | |
| | 地区内的占比 | 20.8% | 5.9% | 27.9% | 4.8% | 20.4% | 0 | |
| | 总计的占比 | 7.8% | 0.1% | 2.6% | 0.4% | 5.0% | 0 | 15.8% |
| 本科 | 计数 | 134 | 3 | 28 | 3 | 82 | 1 | 251 |
| | 学历内的占比 | 53.4% | 1.2% | 11.2% | 1.2% | 32.7% | 0.4% | |
| | 地区内的占比 | 25.8% | 8.8% | 21.7% | 2.9% | 24.2% | 0.4% | |
| | 总计的占比 | 9.6% | 0.2% | 2.0% | 0.2% | 5.9% | 0.1% | 18.0% |

| 学历 | | 地区 | | | | | | 总计 |
|---|---|---|---|---|---|---|---|---|
| | | 乌鲁木齐城镇 | 乌鲁木齐农村 | 塔城城镇 | 塔城农村 | 喀什城镇 | 喀什农村 | |
| 硕士研究生 | 计数 | 37 | 0 | 1 | 0 | 5 | 0 | 43 |
| | 学历内的占比 | 86.0% | 0 | 2.3% | 0 | 11.6% | 0 | |
| | 地区内的占比 | 7.1% | 0 | 0.8% | 0 | 1.5% | 0 | |
| | 总计的占比 | 2.7% | 0 | 0.1% | 0 | 0.4% | 0 | 3.1% |
| 博士研究生 | 计数 | 21 | 0 | 1 | 0 | 0 | 0 | 22 |
| | 学历内的占比 | 95.5% | 0 | 4.5% | 0 | 0 | 0 | |
| | 地区内的占比 | 4.0% | 0 | 0.8% | 0 | 0 | 0 | |
| | 总计的占比 | 1.5% | 0 | 0.1% | 0 | 0 | 0 | 1.6% |
| 总计 | 计数 | 519 | 34 | 129 | 104 | 339 | 266 | 1391 |
| | 总计的占比 | 37.3% | 2.4% | 9.3% | 7.5% | 24.4% | 19.1% | 100.0% |

注：百分比和总计以响应者为基础。
资料来源：根据本调查数据运用 SPSS 19 数据统计得到。

乌鲁木齐城镇受访者最高教育学历为本科的频次最高（占比为 25.8%），按照由高到低然后依次为高中中专职高技校（25.2%）、大专或高职（20.8%）、初中（13.7%）、硕士研究生（7.1%）、博士研究生（4.0%）、小学及以下（3.3%）。初中以下（含初中）的合计占比为 17.0%，本科以上（含本科）的合计占比为 36.9%。

塔城地区城镇受访者最高教育学历为高中中专职高技校的频次最高（占比为 31.0%），按照由高到低然后依次为大专或高职（27.9%）、本科（21.7%）、初中（13.2%）、小学及以下（4.7%）、硕士研究生和博士研究生均为 0.8%。初中以下（含初中）的合计占比为 17.9%，比乌鲁木齐略高一点；本科以上（含本科）的合计占比为 23.3%，比乌鲁木齐低 13.6 个百分点。

喀什地区城镇受访者最高教育学历为高中中专职高技校的频次最高（占比为 28.0%），按照由高到低然后依次为本科（24.2%）、大专或高职（20.4%）、初中（17.1%）、小学及以下（8.8%），硕士研究生和博士研究生均为零。初中以下（含初中）的合计占比为 25.9%，比乌鲁木齐高 8.9 个百分点，比塔城高 8 个百分点；本科以上（含本科）的合计占比为 24.2%，比乌鲁木齐低 12.7 个百分点，略高于塔城。

乌鲁木齐农村受访者最高教育学历为初中的频次最高（占比为 52.9%），按照由高到低然后依次为小学及以下（17.6%）、高中中专职高技校（14.7%）、本科

（8.8%）、大专或高职（5.9%），硕士研究生和博士研究生均为零。初中以下（含初中）的合计占比为 70.5%，本科以上（含本科）的合计占比为 8.8%。

塔城地区农村受访者最高教育学历为初中的频次最高（占比为 51.0%），按照由高到低然后依次为小学及以下（25.0%）、高中中专职高技校（24.8%）、大专或高职（4.8%）、本科（2.9%），硕士研究生和博士研究生均为零。初中以下（含初中）的合计占比为 76.0%，比乌鲁木齐高 5.5 个百分点；本科以上（含本科）的合计占比为 2.9%，比乌鲁木齐低 5.9 个百分点。

喀什地区农村受访者最高教育学历为小学及以下的频次最高（占比为 39.5%），按照由高到低然后依次为初中（35.3%）、高中中专职高技校（16.3%）、本科（0.4%），大专或高职、硕士研究生和博士研究生均为零。初中以下（含初中）的合计占比为 74.8%，比乌鲁木齐高 4.3 个百分点，但是其小学及以下的占比远高出乌鲁木齐和塔城，分别高出 17.7 和 10.3 个百分点；本科以上（含本科）的合计占比为 0.4%，比乌鲁木齐低 8.4 个百分点，比塔城低 2.5 个百分点。

总体而言，受访者的最高教育学历存在着地区差异。乌鲁木齐城镇受访者总体的受教育程度相对最好；塔城地区城镇以初中以下学历代表的低学历占比与乌鲁木齐略高，以本科以上学历为代表的高学历占比比乌鲁木齐低较多；喀什地区城镇低学历占比比乌鲁木齐高出一定比例，而高学历占比比乌鲁木齐低较多。乌鲁木齐农村受访者总体的受教育程度也相对最好，塔城地区农村次之，喀什地区农村与乌鲁木齐差距较大，与塔城也有相当差距。居民受教育水平的差异会影响到地区经济发展差异，与收入水平的相关关系后面将加以检验。

### 2. 工作状态

由表 75 可知分地区的工作状态的分布。

表 75　　　　　　　　　分地区的工作状态的分布

| 工作状态 | | 地区 | | | | | | 总计 |
|---|---|---|---|---|---|---|---|---|
| | | 乌鲁木齐城镇 | 乌鲁木齐农村 | 塔城城镇 | 塔城农村 | 喀什城镇 | 喀什农村 | |
| 工作或就业 | 计数 | 447 | 27 | 105 | 77 | 240 | 229 | 1125 |
| | 工作状态内的占比 | 39.7% | 2.4% | 9.3% | 6.8% | 21.3% | 20.4% | |
| | 地区内的占比 | 86.3% | 79.4% | 82.7% | 74.0% | 71.2% | 85.4% | |
| | 总计的占比 | 32.2% | 1.9% | 7.6% | 5.5% | 17.3% | 16.5% | 81.1% |

| 工作状态 | | 地区 | | | | | | 总计 |
|---|---|---|---|---|---|---|---|---|
| | | 乌鲁木齐城镇 | 乌鲁木齐农村 | 塔城城镇 | 塔城农村 | 喀什城镇 | 喀什农村 | |
| 离退休 | 计数 | 29 | 1 | 12 | 1 | 27 | 4 | 74 |
| | 工作状态内的占比 | 39.2% | 1.4% | 16.2% | 1.4% | 36.5% | 5.4% | |
| | 地区内的占比 | 5.6% | 2.9% | 9.4% | 1.0% | 8.0% | 1.5% | |
| | 总计的占比 | 2.1% | 0.1% | 0.9% | 0.1% | 1.9% | 0.3% | 5.3% |
| 失业下岗 | 计数 | 9 | 0 | 2 | 1 | 12 | 3 | 27 |
| | 工作状态内的占比 | 33.3% | 0 | 7.4% | 3.7% | 44.4% | 11.1% | |
| | 地区内的占比 | 1.7% | 0 | 1.6% | 1.0% | 3.6% | 1.1% | |
| | 总计的占比 | 0.6% | 0 | 0.1% | 0.1% | 0.9% | 0.2% | 1.9% |
| 家务劳动 | 计数 | 11 | 5 | 3 | 19 | 18 | 21 | 77 |
| | 工作状态内的占比 | 14.3% | 6.5% | 3.9% | 24.7% | 23.4% | 27.3% | |
| | 地区内的占比 | 2.1% | 14.7% | 2.4% | 18.3% | 5.3% | 7.8% | |
| | 总计的占比 | 0.8% | 0.4% | 0.2% | 1.4% | 1.3% | 1.5% | 5.5% |
| 其他 | 计数 | 22 | 1 | 5 | 6 | 40 | 11 | 85 |
| | 工作状态内的占比 | 25.9% | 1.2% | 5.9% | 7.1% | 47.1% | 12.9% | |
| | 地区内的占比 | 4.2% | 2.9% | 3.9% | 5.8% | 11.9% | 4.1% | |
| | 总计的占比 | 1.6% | 0.1% | 0.4% | 0.4% | 2.9% | 0.8% | 6.1% |
| 总计 | 计数 | 518 | 34 | 127 | 104 | 337 | 268 | 1388 |
| | 总计的占比 | 37.3% | 2.4% | 9.1% | 7.5% | 24.3% | 19.3% | 100.0% |

注：百分比和总计以响应者为基础。
资料来源：根据本调查数据运用 SPSS 19 数据统计得到。

其中乌鲁木齐城镇受访者工作或就业的占比最高（86.3%）；塔城地区城镇为82.7%，比乌鲁木齐低3.6个百分点；喀什地区城镇最低（71.2%），比乌鲁木齐低15.1个百分点。塔城地区离退休的占比最高（9.4%），喀什地区次之（8.0%），乌鲁木齐最低（5.6%）。喀什地区失业下岗的占比最高（3.6%），乌鲁木齐次之（1.7%），塔城地区最低（1.6%）。家务劳动的占比喀什地区最高（5.3%），塔城地区次之（2.4%），乌鲁木齐最低（2.1%）。工作状态为其他的占比喀什地区最高（11.9%），比乌鲁木齐高出 7.7 个百分点，比塔城地区高出 8 个百分点。

喀什地区农村受访者工作或就业的占比最高（85.4%）；乌鲁木齐农村次之（79.4%），比喀什地区低 6 个百分点；塔城地区农村最低（74.0%），比喀什地区低 11.4 个百分点。乌鲁木齐离退休的占比最高（2.9%），喀什地区次之（1.5%），塔城地区最低（1.0%）。喀什地区失业下岗的占比最高（11.1%），塔城地区次之（3.7%），乌鲁木齐没有响应者。家务劳动的占比塔城地区最高（18.3%），乌鲁木齐次之（14.7%），喀什地区最低（7.8%）。工作状态为其他的占比塔城地区最高（5.8%），喀什地区次之（4.1%），乌鲁木齐最低（2.9%）。

总体而言，乌鲁木齐城镇工作或就业率相对最好，塔城地区城镇次之，喀什地区城镇最低，而且喀什地区城镇的失业下岗率和家务劳动率相对最高，工作状态为其他的占比也最高。喀什地区农村工作或就业以及失业下岗率均最高；塔城地区农村工作或就业率最低，家务劳动率和工作状态为其他的占比均最高。收入分配结构调整和扩大内需务必首先改善各地区城乡居民工作状态的分布情况，扩大就业机会，其中应重点关注喀什地区城镇居民和塔城地区农村居民的就业状况。

### 3. 消费结构

由表 76 可知分地区的受访者消费结构分布。

**表 76　　　　　　　　分地区的受访者消费结构分布**

| $B1^a$ | | 地区 | | | | | | 总计 |
|---|---|---|---|---|---|---|---|---|
| | | 乌鲁木齐城镇 | 乌鲁木齐农村 | 塔城城镇 | 塔城农村 | 喀什城镇 | 喀什农村 | |
| 食品 | 计数 | 430 | 31 | 101 | 88 | 308 | 241 | 1199 |
| | $B1 内的占比 | 35.9% | 2.6% | 8.4% | 7.3% | 25.7% | 20.1% | |
| | 地区内的占比 | 82.9% | 91.2% | 78.3% | 84.6% | 91.1% | 91.3% | |
| | 总计的占比 | 31.0% | 2.2% | 7.3% | 6.3% | 22.2% | 17.4% | 86.4% |
| 文教娱乐用品及服务 | 计数 | 193 | 8 | 56 | 49 | 162 | 77 | 545 |
| | $B1 内的占比 | 35.4% | 1.5% | 10.3% | 9.0% | 29.7% | 14.1% | |
| | 地区内的占比 | 37.2% | 23.5% | 43.4% | 47.1% | 47.9% | 29.2% | |
| | 总计的占比 | 13.9% | 0.6% | 4.0% | 3.5% | 11.7% | 5.5% | 39.3% |

续表

| $B1^a | | 地区 | | | | | | 总计 |
|---|---|---|---|---|---|---|---|---|
| | | 乌鲁木齐城镇 | 乌鲁木齐农村 | 塔城城镇 | 塔城农村 | 喀什城镇 | 喀什农村 | |
| 医疗保健 | 计数 | 168 | 13 | 56 | 35 | 161 | 145 | 578 |
| | $B1 内的占比 | 29.1% | 2.2% | 9.7% | 6.1% | 27.9% | 25.1% | |
| | 地区内的占比 | 32.4% | 38.2% | 43.4% | 33.7% | 47.6% | 54.9% | |
| | 总计的占比 | 12.1% | 0.9% | 4.0% | 2.5% | 11.6% | 10.4% | 41.6% |
| 衣着 | 计数 | 237 | 17 | 44 | 37 | 157 | 134 | 626 |
| | $B1 内的占比 | 37.9% | 2.7% | 7.0% | 5.9% | 25.1% | 21.4% | |
| | 地区内的占比 | 45.7% | 50.0% | 34.1% | 35.6% | 46.4% | 50.8% | |
| | 总计的占比 | 17.1% | 1.2% | 3.2% | 2.7% | 11.3% | 9.7% | 45.1% |
| 居住 | 计数 | 211 | 6 | 48 | 29 | 107 | 87 | 488 |
| | $B1 内的占比 | 43.2% | 1.2% | 9.8% | 5.9% | 21.9% | 17.8% | |
| | 地区内的占比 | 40.7% | 17.6% | 37.2% | 27.9% | 31.7% | 33.0% | |
| | 总计的占比 | 15.2% | 0.4% | 3.5% | 2.1% | 7.7% | 6.3% | 35.2% |
| 交通通信 | 计数 | 116 | 5 | 33 | 35 | 29 | 15 | 233 |
| | $B1 内的占比 | 49.8% | 2.1% | 14.2% | 15.0% | 12.4% | 6.4% | |
| | 地区内的占比 | 22.4% | 14.7% | 25.6% | 33.7% | 8.6% | 5.7% | |
| | 总计的占比 | 8.4% | 0.4% | 2.4% | 2.5% | 2.1% | 1.1% | 16.8% |
| 家庭设备用品及服务 | 计数 | 136 | 20 | 31 | 28 | 28 | 23 | 266 |
| | $B1 内的占比 | 51.1% | 7.5% | 11.7% | 10.5% | 10.5% | 8.6% | |
| | 地区内的占比 | 26.2% | 58.8% | 24.0% | 26.9% | 8.3% | 8.7% | |
| | 总计的占比 | 9.8% | 1.4% | 2.2% | 2.0% | 2.0% | 1.7% | 19.2% |
| 其他商品和服务 | 计数 | 55 | 1 | 17 | 10 | 34 | 26 | 143 |
| | $B1 内的占比 | 38.5% | 0.7% | 11.9% | 7.0% | 23.8% | 18.2% | |
| | 地区内的占比 | 10.6% | 2.9% | 13.2% | 9.6% | 10.1% | 9.8% | |
| | 总计的占比 | 4.0% | 0.1% | 1.2% | 0.7% | 2.4% | 1.9% | 10.3% |
| 总计 | 计数 | 519 | 34 | 129 | 104 | 338 | 264 | 1388 |
| | 总计的占比 | 37.4% | 2.4% | 9.3% | 7.5% | 24.4% | 19.0% | 100.0% |

注：百分比和总计以响应者为基础。

a. 值为 1 时制表的二分组。

资料来源：根据本调查数据运用 SPSS 19 数据统计得到。

乌鲁木齐城镇受访者的消费结构按照响应百分比由高到低排位依次为：（1）食品（82.9%）；（2）衣着（45.7%）；（3）居住（40.7%）；（4）教育文化娱乐用品及服务（37.2%）；（5）医疗保健（32.4%）；（6）家庭设备用品及服务（26.2%）；（7）交通通信（22.4%）；（8）其他商品和服务（10.6%）。

塔城地区城镇受访者的消费结构按照响应百分比由高到低排位依次为：（1）食品（78.3%）、（2）教育文化娱乐用品及服务（43.4%）；（3）医疗保健（43.4%）；（4）居住（37.2%）；（5）衣着（34.1%）；（6）交通通信（25.6%）；（7）家庭设备用品及服务（24.0%）；（8）其他商品和服务（13.2%）。

喀什地区城镇受访者的消费结构按照响应百分比由高到低排位依次为：（1）食品（91.1%）、（2）教育文化娱乐用品及服务（47.9%）；（3）医疗保健（47.6%）；（4）衣着（46.4%）；（5）居住（31.7%）；（6）其他商品和服务（10.1%）；（7）交通通信（8.6%）；（8）家庭设备用品及服务（8.3%）。

乌鲁木齐农村受访者的消费结构按照响应百分比由高到低排位依次为：（1）食品（91.2%）；（2）家庭设备用品及服务（58.8%）；（3）衣着（50.0%）；（4）医疗保健（38.2%）；（5）教育文化娱乐用品及服务（23.5%）；（6）居住（17.6%）；（7）交通通信（14.7%）；（8）其他商品和服务（2.9%）。

塔城地区农村受访者的消费结构按照响应百分比由高到低排位依次为：（1）食品（84.6%）；（2）教育文化娱乐用品及服务（47.1%）；（3）衣着（35.6%）；（4）医疗保健（33.7%）；（5）交通通信（33.7%）；（6）居住（27.9%）（7）家庭设备用品及服务（26.9%）；（8）其他商品和服务（9.6%）。

喀什地区农村受访者的消费结构按照响应百分比由高到低排位依次为：（1）食品（91.3%）；（2）医疗保健（54.9%）；（3）衣着（50.8%）；（4）居住（33.0%）；（5）教育文化娱乐用品及服务（29.2%）；（6）其他商品和服务（9.8%）；（7）家庭设备用品及服务（8.7%）；（8）交通通信（5.7%）。

总体而言，各地区城镇、农村受访者的消费结构各不相同，存在着地区差异，但是共同点是食品均列首位，而且响应百分比非常高。最高的均为喀什地区，其城镇为91.1%，农村为91.3%。乌鲁木齐前3位分别为食品、衣着、居住，反映出受访者的消费结构依然是低层次的。喀什地区和塔城地区前3位相同均为：食品、教育文化娱乐用品及服务、医疗保健，似乎层次比乌鲁木齐高一些，当然与这些地区居民的生活方式也有一定关系。乌鲁木齐、塔城地区、喀什地区农村受访者消费结构第一位和第三位均分别为：食品、衣着，而且食品的响应百分比极高（分别是91.2%、84.6%、91.3%）；第二位各不相同，分别是：家庭设备用品及服务、教育文化娱乐用品及服务、医疗保健，反映出总体来说消费结构层次不高，但正在升级变迁之中。

### 4. 恩格尔系数

由表 77 可知分地区的正常情况下食品支出占家庭全年消费支出比例的分布。

表 77　　　　分地区的正常情况下食品支出占家庭全年消费支出比例的分布

| 正常情况下食品支出占家庭全年消费支出的比例 | | 地区 | | | | | | 总计 |
|---|---|---|---|---|---|---|---|---|
| | | 乌鲁木齐城镇 | 乌鲁木齐农村 | 塔城城镇 | 塔城农村 | 喀什城镇 | 喀什农村 | |
| 30%以下 | 计数 | 107 | 7 | 26 | 13 | 15 | 12 | 180 |
| | 正常情况下食品支出占家庭全年消费支出的比例内的占比 | 59.4% | 3.9% | 14.4% | 7.2% | 8.3% | 6.7% | |
| | 地区内的占比 | 20.6% | 20.6% | 20.2% | 12.6% | 4.5% | 4.5% | |
| | 总计的占比 | 7.7% | 0.5% | 1.9% | 0.9% | 1.1% | 0.9% | 13.0% |
| 30%~40% | 计数 | 204 | 10 | 53 | 30 | 81 | 39 | 417 |
| | 正常情况下食品支出占家庭全年消费支出的比例内的占比 | 48.9% | 2.4% | 12.7% | 7.2% | 19.4% | 9.4% | |
| | 地区内的占比 | 39.2% | 29.4% | 41.1% | 29.1% | 24.0% | 14.7% | |
| | 总计的占比 | 14.7% | 0.7% | 3.8% | 2.2% | 5.8% | 2.8% | 30.0% |
| 40%~50% | 计数 | 113 | 9 | 30 | 31 | 78 | 49 | 310 |
| | 正常情况下食品支出占家庭全年消费支出的比例内的占比 | 36.5% | 2.9% | 9.7% | 10.0% | 25.2% | 15.8% | |
| | 地区内的占比 | 21.7% | 26.5% | 23.3% | 30.1% | 23.1% | 18.4% | |
| | 总计的占比 | 8.1% | 0.6% | 2.2% | 2.2% | 5.6% | 3.5% | 22.3% |
| 50%~60% | 计数 | 62 | 6 | 15 | 25 | 95 | 72 | 275 |
| | 正常情况下食品支出占家庭全年消费支出的比例内的占比 | 22.5% | 2.2% | 5.5% | 9.1% | 34.5% | 26.2% | |
| | 地区内的占比 | 11.9% | 17.6% | 11.6% | 24.3% | 28.2% | 27.1% | |
| | 总计的占比 | 4.5% | 0.4% | 1.1% | 1.8% | 6.8% | 5.2% | 19.8% |

| 正常情况下食品支出占家庭全年消费支出的比例 | | 地区 | | | | | | 总计 |
|---|---|---|---|---|---|---|---|---|
| | | 乌鲁木齐城镇 | 乌鲁木齐农村 | 塔城城镇 | 塔城农村 | 喀什城镇 | 喀什农村 | |
| 60%以上 | 计数 | 34 | 2 | 5 | 4 | 68 | 94 | 207 |
| | 正常情况下食品支出占家庭全年消费支出的比例内的占比 | 16.4% | 1.0% | 2.4% | 1.9% | 32.9% | 45.4% | |
| | 地区内的占比 | 6.5% | 5.9% | 3.9% | 3.9% | 20.2% | 35.3% | |
| | 总计的占比 | 2.4% | 0.1% | 0.4% | 0.3% | 4.9% | 6.8% | 14.9% |
| 总计 | 计数 | 520 | 34 | 129 | 103 | 337 | 266 | 1389 |
| | 总计的占比 | 37.4% | 2.4% | 9.3% | 7.4% | 24.3% | 19.2% | 100.0% |

注：百分比和总计以响应者为基础。
资料来源：根据本调查数据运用 SPSS 19 数据统计得到。

乌鲁木齐城镇受访者的恩格尔系数①（即正常情况下食品支出占家庭全年消费支出比例）为 30% ~ 40%（富裕型）的频次最高，占比为 39.2%；按照频次由高到低然后依次为：40% ~ 50%（小康型）、30% 以下（极富裕型）、60% 以上（绝对贫困型）、50% ~ 60%（温饱型）。40% 以下（富裕型和极富裕型）的合计占比为 59.8%，50% 以上（温饱型和绝对贫困型）的合计占比为 18.4%。

塔城地区城镇受访者的恩格尔系数为 30% ~ 40%（富裕型）的频次最高，占比为 41.1%；按照频次由高到低然后依次为：40% ~ 50%、30% 以下、50% ~ 60%、60% 以上。40% 以下（富裕型和极富裕型）的合计占比为 61.3%，50% 以上（温饱型和绝对贫困型）的合计占比为 15.5%。

喀什地区城镇受访者的恩格尔系数为 50% ~ 60%（温饱型）的频次最高，占比为 28.2%；按照频次由高到低然后依次为：30% ~ 40%、40% ~ 50%、60% 以上、30% 以下。40% 以下（富裕型和极富裕型）的合计占比为 28.5%，50% 以上（温饱型和绝对贫困型）的合计占比为 48.4%。

乌鲁木齐农村受访者的恩格尔系数为 30% ~ 40%（富裕型）的频次最高，占比为 29.4%；按照频次由高到低然后依次为：40% ~ 50%、30% 以下、50% ~ 60%、60% 以上。40% 以下（富裕型和极富裕型）的合计占比为 50.0%，50% 以

① 联合国将恩格尔系数的高低作为评价贫富国家生活水平的重要标准之一，恩格尔系数在 60% 以上的居民生活消费水平为绝对贫困型，50% ~ 60% 为温饱型，40% ~ 50% 为小康型，30% ~ 40% 为富裕型，30% 以下为极富裕型。

上（温饱型和绝对贫困型）的合计占比为23.5%。

塔城地区农村受访者的恩格尔系数为40%~50%（小康型）的频次最高，占比为30.1%；按照频次由高到低然后依次为：30%~40%、50%~60%、30%以下、60%以上。40%以下（富裕型和极富裕型）的合计占比为41.7%，50%以上（温饱型和绝对贫困型）的合计占比为28.2%。

喀什地区农村受访者的恩格尔系数为60%以上（绝对贫困型）的频次最高，占比为35.3%；按照频次由高到低然后依次为：50%~60%、40%~50%、30%~40%、30%以下。40%以下（富裕型和极富裕型）的合计占比为19.2%，50%以上（温饱型和绝对贫困型）的合计占比为62.4%。

总体而言，塔城地区和乌鲁木齐城镇受访者居民生活消费水平相对较高；喀什地区城镇受访者居民生活消费水平相对很低，与塔城地区和乌鲁木齐城镇的差距很大，其富裕型和极富裕型的合计占比分别低出32.8个、31.3个百分点，而温饱型和绝对贫困型的合计占比分别高出32.9个、30个百分点。乌鲁木齐农村受访者生活消费水平相对最高，塔城地区农村次之，喀什地区农村受访者居民生活消费水平相对很低，与乌鲁木齐和塔城地区农村的差距很大，其富裕型和极富裕型的合计占比分别低出30.8个、22.5个百分点，而温饱型和绝对贫困型的合计占比分别高出38.9个、34.2个百分点。因此，提高喀什地区城镇和农村居民生活消费水平应当置于重点考虑之中。

### 5. 平均消费倾向

由表78可知分地区的家庭全年消费性支出占全部收入比例的分布。家庭全年消费性支出占全部收入（可支配收入）的比例即家庭消费倾向，可以反映居民家庭的消费意愿，也可以反映出家庭的储蓄倾向和能力。消费倾向取决于居民（家庭）收入水平、消费偏好、客观消费需要以及消费预期等因素，这里主要指受访者家庭的平均消费倾向。

**表78          分地区的家庭全年消费性支出占全部收入比例的分布**

| 家庭全年消费性支出占全部收入的比例 | | 地区 | | | | | | 总计 |
|---|---|---|---|---|---|---|---|---|
| | | 乌鲁木齐城镇 | 乌鲁木齐农村 | 塔城城镇 | 塔城农村 | 喀什城镇 | 喀什农村 | |
| 10%以下 | 计数 | 2 | 1 | 1 | 1 | 2 | 6 | 13 |
| | 家庭全年消费性支出占全部收入的比例内的占比 | 15.4% | 7.7% | 7.7% | 7.7% | 15.4% | 46.2% | |

| 家庭全年消费性支出占全部收入的比例 | | 地区 | | | | | | 总计 |
|---|---|---|---|---|---|---|---|---|
| | | 乌鲁木齐城镇 | 乌鲁木齐农村 | 塔城城镇 | 塔城农村 | 喀什城镇 | 喀什农村 | |
| 10%以下 | 地区内的占比 | 0.4% | 2.9% | 0.8% | 1.0% | 0.6% | 2.3% | |
| | 总计的占比 | 0.1% | 0.1% | 0.1% | 0.1% | 0.1% | 0.4% | 0.9% |
| 10%~20% | 计数 | 21 | 1 | 5 | 5 | 15 | 19 | 66 |
| | 家庭全年消费性支出占全部收入的比例内的占比 | 31.8% | 1.5% | 7.6% | 7.6% | 22.7% | 28.8% | |
| | 地区内的占比 | 4.0% | 2.9% | 3.9% | 4.8% | 4.5% | 7.2% | |
| | 总计的占比 | 1.5% | 0.1% | 0.4% | 0.4% | 1.1% | 1.4% | 4.8% |
| 20%~40% | 计数 | 119 | 7 | 14 | 10 | 36 | 45 | 231 |
| | 家庭全年消费性支出占全部收入的比例内的占比 | 51.5% | 3.0% | 6.1% | 4.3% | 15.6% | 19.5% | |
| | 地区内的占比 | 22.9% | 20.6% | 10.9% | 9.6% | 10.7% | 17.1% | |
| | 总计的占比 | 8.6% | 0.5% | 1.0% | 0.7% | 2.6% | 3.2% | 16.7% |
| 40%~60% | 计数 | 164 | 6 | 52 | 24 | 125 | 59 | 430 |
| | 家庭全年消费性支出占全部收入的比例内的占比 | 38.1% | 1.4% | 12.1% | 5.6% | 29.1% | 13.7% | |
| | 地区内的占比 | 31.5% | 17.6% | 40.3% | 23.1% | 37.1% | 22.4% | |
| | 总计的占比 | 11.8% | 0.4% | 3.7% | 1.7% | 9.0% | 4.3% | 31.0% |
| 60%~80% | 计数 | 131 | 14 | 40 | 45 | 116 | 77 | 423 |
| | 家庭全年消费性支出占全部收入的比例内的占比 | 31.0% | 3.3% | 9.5% | 10.6% | 27.4% | 18.2% | |
| | 地区内的占比 | 25.2% | 41.2% | 31.0% | 43.3% | 34.4% | 29.3% | |
| | 总计的占比 | 9.4% | 1.0% | 2.9% | 3.2% | 8.4% | 5.6% | 30.5% |

| 家庭全年消费性支出占全部收入的比例 | | 地区 | | | | | | 总计 |
|---|---|---|---|---|---|---|---|---|
| | | 乌鲁木齐城镇 | 乌鲁木齐农村 | 塔城城镇 | 塔城农村 | 喀什城镇 | 喀什农村 | |
| 80%~100% | 计数 | 60 | 4 | 12 | 17 | 37 | 48 | 178 |
| | 家庭全年消费性支出占全部收入的比例内的占比 | 33.7% | 2.2% | 6.7% | 9.6% | 20.8% | 27.0% | |
| | 地区内的占比 | 11.5% | 11.8% | 9.3% | 16.3% | 11.0% | 18.3% | |
| | 总计的占比 | 4.3% | 0.3% | 0.9% | 1.2% | 2.7% | 3.5% | 12.8% |
| 超过100% | 计数 | 23 | 1 | 5 | 2 | 6 | 9 | 46 |
| | 家庭全年消费性支出占全部收入的比例内的占比 | 50.0% | 2.2% | 10.9% | 4.3% | 13.0% | 19.6% | |
| | 地区内的占比 | 4.4% | 2.9% | 3.9% | 1.9% | 1.8% | 3.4% | |
| | 总计的占比 | 1.7% | 0.1% | 0.4% | 0.1% | 0.4% | 0.6% | 3.3% |
| 总计 | 计数 | 520 | 34 | 129 | 104 | 337 | 263 | 1387 |
| | 总计的占比 | 37.5% | 2.5% | 9.3% | 7.5% | 24.3% | 19.0% | 100.0% |

注：百分比和总计以响应者为基础。

资料来源：根据本调查数据运用 SPSS 19 数据统计得到。

乌鲁木齐城镇受访者家庭中全年消费性支出占全部收入的比例在40%~60%的频次最高（占比为31.5%），其次是比例在60%~80%的频次（25.2%），然后依次是20%~40%（22.9%）、80%~100%（11.5%）、超过100%（4.4%）、10%~20%（3.9%）、10%以下（0.4%）。

塔城地区城镇受访者家庭中全年消费性支出占全部收入的比例在40%~60%的频次最高（占比为40.3%），其次是比例在60%~80%的频次（31.0%），然后依次是20%~40%（10.9%）、80%~100%（9.3%）、超过100%（3.9%）、10%~20%（4.0%）、10%以下（0.8%）。

喀什地区城镇受访者家庭中全年消费性支出占全部收入的比例在40%~60%的频次最高（占比为37.1%），其次是比例在60%~80%的频次（34.4%），然后依次是80%~100%（11.0%）、20%~40%（10.7%）、10%~20%（4.5%）、超过100%（1.8%）、10%以下（0.6%）。

　　乌鲁木齐农村受访者家庭中全年消费性支出占全部收入的比例在 60%～80% 的频次最高（占比为 41.2%），其次是比例在 20%～40% 的频次（20.6%），然后依次是 40%～60%（17.6%）、80%～100%（11.8%）、超过 100%（2.9%）、10%～20%（3.9%）、10% 以下（2.9%）。

　　塔城地区农村受访者家庭中全年消费性支出占全部收入的比例在 60%～80% 的频次最高（占比为 43.3%），其次是比例在 40%～60% 的频次（23.1%），然后依次是 80%～100%（16.3%）、20%～40%（9.6%）、10%～20%（4.8%）、超过 100%（1.9%）、10% 以下（1.0%）。

　　喀什地区农村受访者家庭中全年消费性支出占全部收入的比例在 60%～80% 的频次最高（占比为 29.3%），其次是比例在 40%～60% 的频次（22.4%），然后依次是 80%～100%（18.3%）、20%～40%（17.1%）、10%～20%（7.2%）、超过 100%（3.4%）、10% 以下（2.3%）。

　　总体而言，乌鲁木齐、塔城地区、喀什地区城镇受访者家庭的平均消费倾向均主要集中于 40%～60% 和 60%～80%，其频次分列第一位和第二位，三地区这两项的合计占比分别为：56.7%、71.3%、71.5%，喀什地区和塔城地区的集中度很高。除喀什地区外，乌鲁木齐和塔城地区其余选项的排序相同。三地区城镇受访者家庭的平均消费倾向不高。

　　乌鲁木齐、塔城地区、喀什地区农村受访者家庭的平均消费倾向均主要集中于 60%～80%，其频次为第一。乌鲁木齐频次居第二位的是比例在 20%～40%，前两位的合计占比为 61.8%；塔城地区和喀什地区各选项频次排序完全相同，频次居第二位的均是比例在 40%～60%；塔城地区前两位的合计占比为 66.4%，喀什地区前两位的合计占比为 51.7%。除乌鲁木齐外，塔城地区和喀什地区其余选项的排序相同。塔城地区和乌鲁木齐农村受访者家庭平均消费倾向的集中度高出喀什地区相当百分点。三地区农村受访者家庭总体的平均消费倾向相对较高，其中乌鲁木齐低于塔城地区和喀什地区。

　　扩大内需意味着进一步提升城乡居民的消费倾向，尤其是边际消费倾向。当居民收入水平提升后，消费意愿和消费能力会增强，平均消费倾向也会变化，存在新的提升空间。

### 6. 消费意愿

　　由表 79 可知分地区的近期是否愿意增加消费性支出的分布。

**表 79**　　　　　　　　　分地区的近期是否愿意增加消费性支出的分布

| 近期是否愿意增加消费性支出 | | 地区 | | | | | | 总计 |
|---|---|---|---|---|---|---|---|---|
| | | 乌鲁木齐城镇 | 乌鲁木齐农村 | 塔城城镇 | 塔城农村 | 喀什城镇 | 喀什农村 | |
| 不愿意 | 计数 | 184 | 13 | 47 | 53 | 202 | 128 | 627 |
| | 近期是否愿意增加消费性支出内的占比 | 29.3% | 2.1% | 7.5% | 8.5% | 32.2% | 20.4% | |
| | 地区内的占比 | 35.6% | 38.2% | 36.4% | 51.0% | 59.8% | 48.9% | |
| | 总计的占比 | 13.3% | 0.9% | 3.4% | 3.8% | 14.6% | 9.2% | 45.3% |
| 愿意 | 计数 | 114 | 6 | 32 | 18 | 74 | 75 | 319 |
| | 近期是否愿意增加消费性支出内的占比 | 35.7% | 1.9% | 10.0% | 5.6% | 23.2% | 23.5% | |
| | 地区内的占比 | 22.1% | 17.6% | 24.8% | 17.3% | 21.9% | 28.6% | |
| | 总计的占比 | 8.2% | 0.4% | 2.3% | 1.3% | 5.3% | 5.4% | 23.0% |
| 无所谓 | 计数 | 68 | 3 | 15 | 14 | 19 | 13 | 132 |
| | 近期是否愿意增加消费性支出内的占比 | 51.5% | 2.3% | 11.4% | 10.6% | 14.4% | 9.8% | |
| | 地区内的占比 | 13.2% | 8.8% | 11.6% | 13.5% | 5.6% | 5.0% | |
| | 总计的占比 | 4.9% | 0.2% | 1.1% | 1.0% | 1.4% | 0.9% | 9.5% |
| 不确定 | 计数 | 139 | 12 | 32 | 14 | 25 | 24 | 246 |
| | 近期是否愿意增加消费性支出内的占比 | 56.5% | 4.9% | 13.0% | 5.7% | 10.2% | 9.8% | |
| | 地区内的占比 | 26.9% | 35.3% | 24.8% | 13.5% | 7.4% | 9.2% | |
| | 总计的占比 | 10.0% | 0.9% | 2.3% | 1.0% | 1.8% | 1.7% | 17.8% |
| 不知道 | 计数 | 12 | 0 | 3 | 5 | 18 | 22 | 60 |
| | 近期是否愿意增加消费性支出内的占比 | 20.0% | 0 | 5.0% | 8.3% | 30.0% | 36.7% | |
| | 地区内的占比 | 2.3% | 0 | 2.3% | 4.8% | 5.3% | 8.4% | |
| | 总计的占比 | 0.9% | 0 | 0.2% | 0.4% | 1.3% | 1.6% | 4.3% |
| 总计 | 计数 | 517 | 34 | 129 | 104 | 338 | 262 | 1384 |
| | 总计的占比 | 37.4% | 2.5% | 9.3% | 7.5% | 24.4% | 18.9% | 100.0% |

注：百分比和总计以响应者为基础。

资料来源：根据本调查数据运用 SPSS 19 数据统计得到。

乌鲁木齐城镇受访者选择近期"不愿意"增加消费支出的频次最高，占比为35.6%；其次为"不确定"（26.9%），第三为"愿意"（22.1%），然后依次为"无所谓"（13.2%）、"不知道"（2.3%）。

塔城地区城镇受访者选择近期"不愿意"增加消费支出的频次最高，占比为36.4%；其次为"不确定"和"愿意"（占比均为24.8%），然后依次为"无所谓"（11.6%）、"不知道"（2.3%）。

喀什地区城镇受访者选择近期"不愿意"增加消费支出的频次最高，占比为59.8%；其次为"愿意"（21.9%），第三为"不确定"（7.4%），然后依次为"无所谓"（5.6%）、"不知道"（5.3%）。

乌鲁木齐农村受访者选择近期"不愿意"增加消费支出的频次最高，占比为38.2%；其次为"不确定"（35.3%），第三为"愿意"（17.6%），然后依次为"无所谓"（8.8%）、"不知道"为零。

塔城地区农村受访者选择近期"不愿意"增加消费支出的频次最高，占比为51.0%；其次为"愿意"（17.3%），第三为"不确定"和"无所谓"（占比均为13.5%），最后为"不知道"（4.8%）。

喀什地区农村受访者选择近期"不愿意"增加消费支出的频次最高，占比为48.9%；其次为"愿意"（28.6%），第三为"不确定"（9.2%），然后依次为"不知道"（8.4%）、"无所谓"（5.0%）。

由上可知，各地区无论城乡受访者消费意愿均较弱，频次最高的都是"不愿意"；而且"不愿意"和"愿意"的占比差距相对较大；选择"不确定"的占比排位靠前（第二位或第三位），说明消费意愿的不确定性较高。就城镇受访者而言，喀什地区受访者的消费意愿最弱，选择"不愿意"的占比高达"59.8%"，高出乌鲁木齐和塔城地区24个百分点左右。就农村受访者而言，塔城地区受访者的消费意愿最弱，选择"不愿意"的占比高达"51.0%"，高出乌鲁木齐12.8个百分点，喀什地区受访者的消费意愿也非常弱，选择"不愿意"的占比高达"48.9%"。因此，务必提升各地区城乡居民的消费意愿，降低其消费意愿的不确定性，并且根据地区实际有所侧重，最终扩大其消费需求，当然一个重要前提是提高居民收入水平，优化收入分配结构。

### 7. 投资意愿

由表80可知分地区的近期是否愿意增加投资的分布。

**表 80**             **分地区的近期是否愿意增加投资的分布**

| 近期是否愿意增加投资 | | 地区 | | | | | | 总计 |
|---|---|---|---|---|---|---|---|---|
| | | 乌鲁木齐城镇 | 乌鲁木齐农村 | 塔城城镇 | 塔城农村 | 喀什城镇 | 喀什农村 | |
| 不愿意 | 计数 | 187 | 18 | 51 | 56 | 132 | 96 | 540 |
| | 近期是否愿意增加投资内的占比 | 34.6% | 3.3% | 9.4% | 10.4% | 24.4% | 17.8% | |
| | 地区内的占比 | 36.0% | 52.9% | 39.5% | 54.4% | 39.1% | 37.2% | |
| | 总计的占比 | 13.5% | 1.3% | 3.7% | 4.1% | 9.6% | 7.0% | 39.1% |
| 愿意 | 计数 | 154 | 6 | 47 | 27 | 147 | 104 | 485 |
| | 近期是否愿意增加投资内的占比 | 31.8% | 1.2% | 9.7% | 5.6% | 30.3% | 21.4% | |
| | 地区内的占比 | 29.7% | 17.6% | 36.4% | 26.2% | 43.5% | 40.3% | |
| | 总计的占比 | 11.2% | 0.4% | 3.4% | 2.0% | 10.6% | 7.5% | 35.1% |
| 无所谓 | 计数 | 41 | 1 | 3 | 4 | 9 | 6 | 64 |
| | 近期是否愿意增加投资内的占比 | 64.1% | 1.6% | 4.7% | 6.3% | 14.1% | 9.4% | |
| | 地区内的占比 | 7.9% | 2.9% | 2.3% | 3.9% | 2.7% | 2.3% | |
| | 总计的占比 | 3.0% | 0.1% | 0.2% | 0.3% | 0.7% | 0.4% | 4.6% |
| 不确定 | 计数 | 117 | 7 | 22 | 14 | 23 | 13 | 196 |
| | 近期是否愿意增加投资内的占比 | 59.7% | 3.6% | 11.2% | 7.1% | 11.7% | 6.6% | |
| | 地区内的占比 | 22.5% | 20.6% | 17.1% | 13.6% | 6.8% | 5.0% | |
| | 总计的占比 | 8.5% | 0.5% | 1.6% | 1.0% | 1.7% | 0.9% | 14.2% |
| 不知道 | 计数 | 20 | 2 | 6 | 2 | 27 | 39 | 96 |
| | 近期是否愿意增加投资内的占比 | 20.8% | 2.1% | 6.3% | 2.1% | 28.1% | 40.6% | |
| | 地区内的占比 | 3.9% | 5.9% | 4.7% | 1.9% | 8.0% | 15.1% | |
| | 总计的占比 | 1.4% | 0.1% | 0.4% | 0.1% | 2.0% | 2.8% | 7.0% |
| 总计 | 计数 | 519 | 34 | 129 | 103 | 338 | 258 | 1381 |
| | 总计的占比 | 37.6% | 2.5% | 9.3% | 7.5% | 24.5% | 18.7% | 100.0% |

注：百分比和总计以响应者为基础。

资料来源：根据本调查数据运用 SPSS 19 数据统计得到。

乌鲁木齐城镇受访者选择近期"不愿意"增加投资的频次最高，占比为36.0%；其次为"愿意"（29.7%），第三为"不确定"（22.5%），然后依次为"无所谓"（7.9%）、"不知道"（3.9%）。

塔城地区城镇受访者选择近期"不愿意"增加投资的频次最高，占比为39.5%；其次为"愿意"（36.4%），第三为"不确定"（17.1%），然后依次为"不知道"（4.7%）、"无所谓"（2.3%）。

喀什地区城镇受访者选择近期"愿意"增加投资的频次最高，占比为43.5%；其次为"不愿意"（39.1%），第三为"不知道"（8.0%），然后依次为"不确定"（6.8%）、"无所谓"（2.7%）。

乌鲁木齐农村受访者选择近期"不愿意"增加投资的频次最高，占比为52.9%；其次为"不确定"（20.6%），第三为"愿意"（17.6%），然后依次为"不知道"（5.9%）、"无所谓"（2.9%）。

塔城地区农村受访者选择近期"不愿意"增加投资的频次最高，占比为54.4%；其次为"愿意"（26.2%），第三为"不确定"（13.6%），然后依次为"无所谓"（3.9%）、"不知道"（1.9%）。

喀什地区农村受访者选择近期"愿意"增加投资的频次最高，占比为40.3%；其次为"不愿意"（37.2%），第三为"不知道"（15.1%），然后依次为"不确定"（5.0%）、"无所谓"（2.3%）。

由上可知，喀什地区城乡受访者的投资意愿较强，近期"愿意"增加投资的频次均最高，占比分别为43.5%、40.3%，但是与第二位选择"不愿意"的占比差距很小。乌鲁木齐和塔城地区城乡受访者的投资意愿均较弱，频次最高的都是"不愿意"，农村受访者此项占比分别为52.9%、54.4%，远远高于城镇；且城镇受访者选择"不愿意"和"愿意"的占比差距相对较较小，而农村受访者选择"不愿意"和"愿意"的占比差距相对非常大，大约30个百分点；除喀什地区城乡受访者占比列第三位均为"不知道"以外，乌鲁木齐和塔城地区城乡受访者选择"不确定"的占比排位靠前（第一位或第二位），说明投资意愿的不确定性较高。三地区比较而言，塔城地区城乡受访者的投资意愿最弱，乌鲁木齐城乡次之，喀什地区城乡受访者的投资意愿较强。因此，务必合理引导各地区城乡居民的投资需求，降低其投资意愿的不确定性，并且根据地区实际有所侧重，最终扩大其投资需求并转化为现实投资。

### 8. 消费方式

由表81可知分地区的受访者消费方式的分布。

表81 分地区的受访者消费方式的分布

| $B7[a] | | 地区 | | | | | | 总计 |
| --- | --- | --- | --- | --- | --- | --- | --- | --- |
| | | 乌鲁木齐城镇 | 乌鲁木齐农村 | 塔城城镇 | 塔城农村 | 喀什城镇 | 喀什农村 | |
| 消费信贷 | 计数 | 77 | 1 | 24 | 32 | 55 | 19 | 208 |
| | $B7 内的占比 | 37.0% | 0.5% | 11.5% | 15.4% | 26.4% | 9.1% | |
| | 地区内的占比 | 14.8% | 2.9% | 18.6% | 30.8% | 16.3% | 7.1% | |
| | 总计的占比 | 5.5% | 0.1% | 1.7% | 2.3% | 4.0% | 1.4% | 15.0% |
| 分期付款 | 计数 | 134 | 3 | 31 | 13 | 69 | 59 | 309 |
| | $B7 内的占比 | 43.4% | 1.0% | 10.0% | 4.2% | 22.3% | 19.1% | |
| | 地区内的占比 | 25.8% | 8.8% | 24.0% | 12.5% | 20.4% | 22.2% | |
| | 总计的占比 | 9.6% | 0.2% | 2.2% | 0.9% | 5.0% | 4.2% | 22.2% |
| 信用卡消费 | 计数 | 183 | 2 | 43 | 11 | 175 | 95 | 509 |
| | $B7 内的占比 | 36.0% | 0.4% | 8.4% | 2.2% | 34.4% | 18.7% | |
| | 地区内的占比 | 35.3% | 5.9% | 33.3% | 10.6% | 51.8% | 35.7% | |
| | 总计的占比 | 13.2% | 0.1% | 3.1% | 0.8% | 12.6% | 6.8% | 36.6% |
| 网络购物 | 计数 | 238 | 8 | 46 | 12 | 78 | 26 | 408 |
| | $B7 内的占比 | 58.3% | 2.0% | 11.3% | 2.9% | 19.1% | 6.4% | |
| | 地区内的占比 | 45.9% | 23.5% | 35.7% | 11.5% | 23.1% | 9.8% | |
| | 总计的占比 | 17.1% | 0.6% | 3.3% | 0.9% | 5.6% | 1.9% | 29.4% |
| 电视购物 | 计数 | 32 | 0 | 5 | 3 | 8 | 6 | 54 |
| | $B7 内的占比 | 59.3% | 0 | 9.3% | 5.6% | 14.8% | 11.1% | |
| | 地区内的占比 | 6.2% | 0 | 3.9% | 2.9% | 2.4% | 2.3% | |
| | 总计的占比 | 2.3% | 0 | 0.4% | 0.2% | 0.6% | 0.4% | 3.9% |
| 先体验后购买 | 计数 | 39 | 1 | 8 | 7 | 15 | 73 | 143 |
| | $B7 内的占比 | 27.3% | 0.7% | 5.6% | 4.9% | 10.5% | 51.0% | |
| | 地区内的占比 | 7.5% | 2.9% | 6.2% | 6.7% | 4.4% | 27.4% | |
| | 总计的占比 | 2.8% | 0.1% | 0.6% | 0.5% | 1.1% | 5.3% | 10.3% |
| 租赁消费 | 计数 | 32 | 1 | 13 | 5 | 13 | 15 | 79 |
| | $B7 内的占比 | 40.5% | 1.3% | 16.5% | 6.3% | 16.5% | 19.0% | |
| | 地区内的占比 | 6.2% | 2.9% | 10.1% | 4.8% | 3.8% | 5.6% | |
| | 总计的占比 | 2.3% | 0.1% | 0.9% | 0.4% | 0.9% | 1.1% | 5.7% |

续表

| $B7[a] | | 地区 | | | | | | 总计 |
|---|---|---|---|---|---|---|---|---|
| | | 乌鲁木齐城镇 | 乌鲁木齐农村 | 塔城城镇 | 塔城农村 | 喀什城镇 | 喀什农村 | |
| 团购 | 计数 | 106 | 2 | 12 | 4 | 4 | 15 | 143 |
| | $B7 内的占比 | 74.1% | 1.4% | 8.4% | 2.8% | 2.8% | 10.5% | |
| | 地区内的占比 | 20.4% | 5.9% | 9.3% | 3.8% | 1.2% | 5.6% | |
| | 总计的占比 | 7.6% | 0.1% | 0.9% | 0.3% | 0.3% | 1.1% | 10.3% |
| 以上全有 | 计数 | 13 | 0 | 2 | 0 | 2 | 4 | 21 |
| | $B7 内的占比 | 61.9% | 0 | 9.5% | 0 | 9.5% | 19.0% | |
| | 地区内的占比 | 2.5% | 0 | 1.6% | 0 | 0.6% | 1.5% | |
| | 总计的占比 | 0.9% | 0 | 0.1% | 0 | 0.1% | 0.3% | 1.5% |
| 以上都没有 | 计数 | 145 | 23 | 31 | 47 | 71 | 47 | 364 |
| | $B7 内的占比 | 39.8% | 6.3% | 8.5% | 12.9% | 19.5% | 12.9% | |
| | 地区内的占比 | 27.9% | 67.6% | 24.0% | 45.2% | 21.0% | 17.7% | |
| | 总计的占比 | 10.4% | 1.7% | 2.2% | 3.4% | 5.1% | 3.4% | 26.2% |
| 总计 | 计数 | 519 | 34 | 129 | 104 | 338 | 266 | 1390 |
| | 总计的占比 | 37.3% | 2.4% | 9.3% | 7.5% | 24.3% | 19.1% | 100.0% |

注：百分比和总计以响应者为基础。
a. 值为 1 时制表的二分组。
资料来源：根据本调查数据运用 SPSS 19 数据统计得到。

乌鲁木齐城镇受访者曾经有过的消费方式按照响应百分比由高到低依次为：网络购物（45.9%）、信用卡消费（35.3%）、以上都没有（27.9%）、分期付款（25.8%）、团购（20.4%）、消费信贷（14.8%）、先体验后购买（7.5%）、电视购物和租赁消费（均为6.2%）、以上全有（2.5%）。

塔城地区城镇受访者曾经有过的消费方式按照响应百分比由高到低依次为：网络购物（35.7%）、信用卡消费（33.3%）、分期付款和以上都没有（均为24.0%）、消费信贷（18.6%）、租赁消费（10.1%）、团购（9.3%）、先体验后购买（6.2%）、电视购物（3.9%）、以上全有（1.6%）。

喀什地区城镇受访者曾经有过的消费方式按照响应百分比由高到低依次为：信用卡消费（51.8%，不排除部分受访者理解为储蓄卡消费）、网络购物（23.1%）、以上都没有（21.0%）、分期付款（20.4%）、消费信贷（16.3%）、先体验后购买（4.4%）、租赁消费（3.8%）、电视购物（2.4%）、团购（1.2%）、以上全有（0.6%）。

乌鲁木齐农村受访者曾经有过的消费方式按照响应百分比由高到低依次为：以上都没有（67.6%）、网络购物（23.5%）、分期付款（8.8%）、信用卡消费（5.9%）、团购（5.9%）、消费信贷和先体验后购买以及租赁消费（均为2.9%）、电视购物和以上全有（均为零）。

塔城地区农村受访者曾经有过的消费方式按照响应百分比由高到低依次为：以上都没有（45.2%）、消费信贷（30.8%）、分期付款（12.5%）、网络购物（11.5%）、信用卡消费（10.6%）、先体验后购买（6.7%）、租赁消费（4.8%）、团购（3.8%）、电视购物（2.9%）、以上全有（为零）。

喀什地区农村受访者曾经有过的消费方式按照响应百分比由高到低依次为：信用卡消费（35.7%，不排除部分受访者理解为储蓄卡消费）、先体验后购买（27.4%）、分期付款（22.2%）、以上都没有（17.7%）、网络购物（9.8%）、消费信贷（7.1%）、租赁消费和团购（均为5.6%）、电视购物（2.3%）、以上全有（1.5%）。

由上可知，三地区城乡各种消费方式均被受访者或多或少地运用，当然也有人没用过上述任一方式。乌鲁木齐城镇受访者选择"以上都没有"和"以上全有"的占比均超过塔城地区（次之）和喀什地区（最低）；选择"网络购物"和"团购"的占比均超过塔城地区（次之）和喀什地区（最低）。乌鲁木齐农村受访者选择"以上都没有"的占比（67.6%）均超过远远高于塔城地区（45.2%）和喀什地区（17.7%）；乌鲁木齐和塔城地区受访者选择"以上全有"的占比均为零，喀什地区为1.5%；乌鲁木齐受访者选择"网络购物"和"团购"的占比均超过塔城地区和喀什地区。这说明相比塔城地区和喀什地区，乌鲁木齐城乡部分受访者能够接受新兴的消费方式，部分受访者仍然采用最传统的消费方式，尤其以农村受访者为甚。消费方式虽然属于个人偏好，但是收入水平的提升、消费环境的改善、健康消费文化的引导对于居民消费方式的变迁乃至消费结构的升级将产生重要影响。

**9. 消费需求制约因素**

由表82可知分地区的受访者消费需求扩张最主要制约因素的分布。

**表82** 分地区的受访者消费需求扩张最主要制约因素的分布

| $B8 [a] | | 地区 | | | | | | 总计 |
|---|---|---|---|---|---|---|---|---|
| | | 乌鲁木齐城镇 | 乌鲁木齐农村 | 塔城城镇 | 塔城农村 | 喀什城镇 | 喀什农村 | |
| 收入水平偏低或收入不稳定 | 计数 | 225 | 26 | 65 | 67 | 125 | 176 | 684 |
| | $B8 内的占比 | 32.9% | 3.8% | 9.5% | 9.8% | 18.3% | 25.7% | |
| | 地区内的占比 | 43.3% | 76.5% | 50.4% | 64.4% | 37.0% | 65.7% | |
| | 总计的占比 | 16.2% | 1.9% | 4.7% | 4.8% | 9.0% | 12.6% | 49.1% |
| 未来收入预期不好 | 计数 | 82 | 7 | 13 | 9 | 68 | 29 | 208 |
| | $B8 内的占比 | 39.4% | 3.4% | 6.3% | 4.3% | 32.7% | 13.9% | |
| | 地区内的占比 | 15.8% | 20.6% | 10.1% | 8.7% | 20.1% | 10.8% | |
| | 总计的占比 | 5.9% | 0.5% | 0.9% | 0.6% | 4.9% | 2.1% | 14.9% |
| 收入分配不合理收入差距大 | 计数 | 124 | 4 | 19 | 21 | 64 | 48 | 280 |
| | $B8 内的占比 | 44.3% | 1.4% | 6.8% | 7.5% | 22.9% | 17.1% | |
| | 地区内的占比 | 23.8% | 11.8% | 14.7% | 20.2% | 18.9% | 17.9% | |
| | 总计的占比 | 8.9% | 0.3% | 1.4% | 1.5% | 4.6% | 3.4% | 20.1% |
| 为子女积攒婚嫁费用 | 计数 | 62 | 7 | 16 | 19 | 43 | 19 | 166 |
| | $B8 内的占比 | 37.3% | 4.2% | 9.6% | 11.4% | 25.9% | 11.4% | |
| | 地区内的占比 | 11.9% | 20.6% | 12.4% | 18.3% | 12.7% | 7.1% | |
| | 总计的占比 | 4.5% | 0.5% | 1.1% | 1.4% | 3.1% | 1.4% | 11.9% |
| 资金被投资占压或用于经营周转 | 计数 | 70 | 3 | 17 | 10 | 42 | 21 | 163 |
| | $B8 内的占比 | 42.9% | 1.8% | 10.4% | 6.1% | 25.8% | 12.9% | |
| | 地区内的占比 | 13.5% | 8.8% | 13.2% | 9.6% | 12.4% | 7.8% | |
| | 总计的占比 | 5.0% | 0.2% | 1.2% | 0.7% | 3.0% | 1.5% | 11.7% |
| 物价上涨严重 | 计数 | 373 | 16 | 100 | 66 | 234 | 162 | 951 |
| | $B8 内的占比 | 39.2% | 1.7% | 10.5% | 6.9% | 24.6% | 17.0% | |
| | 地区内的占比 | 71.7% | 47.1% | 77.5% | 63.5% | 69.2% | 60.4% | |
| | 总计的占比 | 26.8% | 1.1% | 7.2% | 4.7% | 16.8% | 11.6% | 68.3% |
| 消费观念的原因 | 计数 | 95 | 4 | 11 | 9 | 79 | 32 | 230 |
| | $B8 内的占比 | 41.3% | 1.7% | 4.8% | 3.9% | 34.3% | 13.9% | |
| | 地区内的占比 | 18.3% | 11.8% | 8.5% | 8.7% | 23.4% | 11.9% | |
| | 总计的占比 | 6.8% | 0.3% | 0.8% | 0.6% | 5.7% | 2.3% | 16.5% |

| $B8ᵃ | | 地区 | | | | | | 总计 |
|---|---|---|---|---|---|---|---|---|
| | | 乌鲁木齐城镇 | 乌鲁木齐农村 | 塔城城镇 | 塔城农村 | 喀什城镇 | 喀什农村 | |
| 消费环境欠佳 | 计数 | 42 | 1 | 8 | 10 | 24 | 20 | 105 |
| | $B8 内的占比 | 40.0% | 1.0% | 7.6% | 9.5% | 22.9% | 19.0% | |
| | 地区内的占比 | 8.1% | 2.9% | 6.2% | 9.6% | 7.1% | 7.5% | |
| | 总计的占比 | 3.0% | 0.1% | 0.6% | 0.7% | 1.7% | 1.4% | 7.5% |
| 供给结构不合理与居民需求结构不尽匹配 | 计数 | 32 | 3 | 8 | 5 | 25 | 20 | 93 |
| | $B8 内的占比 | 34.4% | 3.2% | 8.6% | 5.4% | 26.9% | 21.5% | |
| | 地区内的占比 | 6.2% | 8.8% | 6.2% | 4.8% | 7.4% | 7.5% | |
| | 总计的占比 | 2.3% | 0.2% | 0.6% | 0.4% | 1.8% | 1.4% | 6.7% |
| 住房子女教育等压力大 | 计数 | 218 | 10 | 75 | 46 | 130 | 113 | 592 |
| | $B8 内的占比 | 36.8% | 1.7% | 12.7% | 7.8% | 22.0% | 19.1% | |
| | 地区内的占比 | 41.9% | 29.4% | 58.1% | 44.2% | 38.5% | 42.2% | |
| | 总计的占比 | 15.6% | 0.7% | 5.4% | 3.3% | 9.3% | 8.1% | 42.5% |
| 养老医疗失业救助等社会保障体系不健全 | 计数 | 152 | 17 | 33 | 30 | 56 | 71 | 359 |
| | $B8 内的占比 | 42.3% | 4.7% | 9.2% | 8.4% | 15.6% | 19.8% | |
| | 地区内的占比 | 29.2% | 50.0% | 25.6% | 28.8% | 16.6% | 26.5% | |
| | 总计的占比 | 10.9% | 1.2% | 2.4% | 2.2% | 4.0% | 5.1% | 25.8% |
| 就业压力较大 | 计数 | 67 | 3 | 13 | 18 | 50 | 39 | 190 |
| | $B8 内的占比 | 35.3% | 1.6% | 6.8% | 9.5% | 26.3% | 20.5% | |
| | 地区内的占比 | 12.9% | 8.8% | 10.1% | 17.3% | 14.8% | 14.6% | |
| | 总计的占比 | 4.8% | 0.2% | 0.9% | 1.3% | 3.6% | 2.8% | 13.6% |
| 其他制约消费的因素 | 计数 | 12 | 1 | 6 | 1 | 57 | 33 | 110 |
| | $B8 内的占比 | 10.9% | 0.9% | 5.5% | 0.9% | 51.8% | 30.0% | |
| | 地区内的占比 | 2.3% | 2.9% | 4.7% | 1.0% | 16.9% | 12.3% | |
| | 总计的占比 | 0.9% | 0.1% | 0.4% | 0.1% | 4.1% | 2.4% | 7.9% |
| 总计 | 计数 | 520 | 34 | 129 | 104 | 338 | 268 | 1393 |
| | 总计的占比 | 37.3% | 2.4% | 9.3% | 7.5% | 24.3% | 19.2% | 100.0% |

注：百分比和总计以响应者为基础。

a. 值为 1 时制表的二分组。

资料来源：根据本调查数据运用 SPSS 19 数据统计得到。

乌鲁木齐城镇受访者认为制约其或家庭消费需求扩张的最主要的三项因素，按照响应百分比由高到低依次为：（1）物价上涨严重（71.7%）；（2）收入水平偏低或收入不稳定（43.3%）；（3）住房、子女教育等压力大（41.9%）。

塔城地区城镇受访者认为制约其或家庭消费需求扩张的最主要的三项因素，按照响应百分比由高到低依次为：（1）物价上涨严重（77.5%）；（2）住房、子女教育等压力大（58.1%）；（3）收入水平偏低或收入不稳定（50.4%）。

喀什地区城镇受访者认为制约其或家庭消费需求扩张的最主要的三项因素，按照响应百分比由高到低依次为：（1）物价上涨严重（69.2%）；（2）住房、子女教育等压力大（38.5%）；（3）收入水平偏低或收入不稳定（37.0%）。

乌鲁木齐农村受访者认为制约其或家庭消费需求扩张的最主要的三项因素，按照响应百分比由高到低依次为：（1）收入水平偏低或收入不稳定（76.5%）；（2）养老、医疗、失业、救助等社会保障体系不健全（50.0%）；（3）物价上涨严重（47.1%）。

塔城地区农村受访者认为制约其或家庭消费需求扩张的最主要的三项因素，按照响应百分比由高到低依次为：（1）收入水平偏低或收入不稳定（64.4%）；（2）物价上涨严重（63.5%）；（3）住房、子女教育等压力大（44.2%）。

喀什地区农村受访者认为制约其或家庭消费需求扩张的最主要的三项因素，按照响应百分比由高到低依次为：（1）收入水平偏低或收入不稳定（65.7%）；（2）物价上涨严重（60.4%）；（3）住房、子女教育等压力大（42.2%）。

由上可知，三地区城镇受访者认为制约其或家庭消费需求扩张的最主要的三项因素相同，排列首位的制约因素均为物价上涨严重，而且响应百分比非常高。另两个因素均为：住房、子女教育等压力大；收入水平偏低或收入不稳定；乌鲁木齐列第二位和第三位的因素排序与上述塔城地区和喀什地区不同。三地区农村受访者认为制约其或家庭消费需求扩张的最主要的三项因素高度趋同，排列首位的制约因素均为收入水平偏低或收入不稳定，而且响应百分比很高；塔城地区和喀什地区三要素相同，排序也相同：物价上涨严重（60.4%）；住房、子女教育等压力大。乌鲁木齐农村受访者认为第二位的制约因素为：养老、医疗、失业、救助等社会保障体系不健全；第三位因素是物价上涨严重。扩大消费需求应当针对城乡上述制约因素提出对策和出台政策措施。

### 10. 投资需求制约因素

由表 83 可知分地区的城镇居民受访者投资需求扩张最主要制约因素的分布。

**表 83**　　　　　　　**分地区的城镇居民受访者投资需求扩张最主要制约因素的分布**

| $B9^a | | 地区 | | | 总计 |
|---|---|---|---|---|---|
| | | 乌鲁木齐 | 塔城 | 喀什 | |
| 缺乏可用于投资的资金 | 计数 | 333 | 98 | 209 | 640 |
| 缺乏投资所需知识技能经验 | 计数 | 229 | 64 | 142 | 435 |
| 未来经济前景和收入的预期不好 | 计数 | 170 | 29 | 82 | 281 |
| 当期投资环境欠佳 | 计数 | 154 | 33 | 45 | 232 |
| 可以投资的领域狭窄投资机会少 | 计数 | 131 | 50 | 105 | 286 |
| 投资风险大 | 计数 | 253 | 48 | 44 | 345 |
| 投资者权益保护机制薄弱 | 计数 | 103 | 17 | 30 | 150 |
| 居民投资风险的承受能力低 | 计数 | 129 | 34 | 37 | 200 |
| 其他制约投资的因素 | 计数 | 22 | 7 | 148 | 177 |
| 总计 | 计数 | 516 | 129 | 331 | 976 |

注：百分比和总计以响应者为基础。
a. 值为 1 时制表的二分组。
资料来源：根据本调查数据运用 SPSS 19 数据统计得到。

乌鲁木齐城镇受访者认为制约其或家庭投资需求扩张的最主要的三项因素，按照频次由高到低依次为：（1）缺乏可用于投资的资金（333 次）；（2）投资风险大（253 次）；（3）缺乏投资所需知识技能和经验（229 次）。

塔城地区城镇受访者认为制约其或家庭投资需求扩张的最主要的三项因素，按照频次由高到低依次为：（1）缺乏可用于投资的资金（98 次）；（2）缺乏投资所需知识技能和经验（64 次）；（3）可以投资的领域狭窄，投资机会少（50 次）。

喀什地区城镇受访者认为制约其或家庭投资需求扩张的最主要的三项因素，按照频次由高到低依次为：（1）缺乏可用于投资的资金（209 次）；（2）其他制约投资的因素（148 次）；（3）缺乏投资所需知识技能和经验（142 次）。

由此可知，三地区城镇受访者认为制约其或家庭投资需求扩张的首要因素均为：缺乏可用于投资的资金；另一个共同因素均为缺乏投资所需知识技能和经验，乌鲁木齐和喀什地区均列第三位，塔城地区列第二位。还有一个制约因素各不相同分别为：投资风险大（乌鲁木齐第二位）；可以投资的领域狭窄，投资机会少（塔城地区第三位）；其他制约投资的因素（喀什地区第二位）。因此，出台扩张投资需求的政策措施要有针对性和差异化，营造良好的投资环境，最关键因素还是提高城镇居民收入水平，使其拥有可用于投资的资金，提高其投资意愿。

由表 84 可知分地区的农村居民受访者投资需求扩张最主要制约因素的分布。

表84 分地区的农村居民受访者投资需求扩张最主要制约因素的分布

| $ B9^a | | 地区 | | | 总计 |
|---|---|---|---|---|---|
| | | 乌鲁木齐 | 塔城 | 喀什 | |
| 缺乏可用于投资的资金 | 计数 | 22 | 83 | 191 | 296 |
| | $ B9 内的占比 | 7.4% | 28.0% | 64.5% | |
| | 地区内的占比 | 64.7% | 79.8% | 72.1% | |
| | 总计的占比 | 5.5% | 20.6% | 47.4% | 73.4% |
| 缺乏投资所需知识技能经验 | 计数 | 13 | 49 | 122 | 184 |
| | $ B9 内的占比 | 7.1% | 26.6% | 66.3% | |
| | 地区内的占比 | 38.2% | 47.1% | 46.0% | |
| | 总计的占比 | 3.2% | 12.2% | 30.3% | 45.7% |
| 未来经济前景和收入的预期不好 | 计数 | 8 | 18 | 41 | 67 |
| | $ B9 内的占比 | 11.9% | 26.9% | 61.2% | |
| | 地区内的占比 | 23.5% | 17.3% | 15.5% | |
| | 总计的占比 | 2.0% | 4.5% | 10.2% | 16.6% |
| 当期投资环境欠佳 | 计数 | 3 | 16 | 38 | 57 |
| | $ B9 内的占比 | 5.3% | 28.1% | 66.7% | |
| | 地区内的占比 | 8.8% | 15.4% | 14.3% | |
| | 总计的占比 | 0.7% | 4.0% | 9.4% | 14.1% |
| 农村基础设施落后制约了农业投入和规模扩张 | 计数 | 10 | 43 | 56 | 109 |
| | $ B9 内的占比 | 9.2% | 39.4% | 51.4% | |
| | 地区内的占比 | 29.4% | 41.3% | 21.1% | |
| | 总计的占比 | 2.5% | 10.7% | 13.9% | 27.0% |
| 投资风险大 | 计数 | 10 | 17 | 38 | 65 |
| | $ B9 内的占比 | 15.4% | 26.2% | 58.5% | |
| | 地区内的占比 | 29.4% | 16.3% | 14.3% | |
| | 总计的占比 | 2.5% | 4.2% | 9.4% | 16.1% |
| 农民收入渠道增多传统农业投入需求可能下降 | 计数 | 6 | 22 | 55 | 83 |
| | $ B9 内的占比 | 7.2% | 26.5% | 66.3% | |
| | 地区内的占比 | 17.6% | 21.2% | 20.8% | |
| | 总计的占比 | 1.5% | 5.5% | 13.6% | 20.6% |

| $B9ᵃ | | 地区 | | | 总计 |
|---|---|---|---|---|---|
| | | 乌鲁木齐 | 塔城 | 喀什 | |
| 农村居民风险的承受能力低 | 计数 | 17 | 48 | 50 | 115 |
| | $B9内的占比 | 14.8% | 41.7% | 43.5% | |
| | 地区内的占比 | 50.0% | 46.2% | 18.9% | |
| | 总计的占比 | 4.2% | 11.9% | 12.4% | 28.5% |
| 其他可以投资的领域狭窄投资机会少 | 计数 | 5 | 16 | 85 | 106 |
| | $B9内的占比 | 4.7% | 15.1% | 80.2% | |
| | 地区内的占比 | 14.7% | 15.4% | 32.1% | |
| | 总计的占比 | 1.2% | 4.0% | 21.1% | 26.3% |
| 其他制约投资的因素 | 计数 | 4 | 0 | 51 | 55 |
| | $B9内的占比 | 7.3% | 0 | 92.7% | |
| | 地区内的占比 | 11.8% | 0 | 19.2% | |
| | 总计的占比 | 1.0% | 0 | 12.7% | 13.6% |
| 总计 | 计数 | 34 | 104 | 265 | 403 |
| | 总计的占比 | 8.4% | 25.8% | 65.8% | 100.0% |

注：百分比和总计以响应者为基础。

a. 值为1时制表的二分组。

资料来源：根据本调查数据运用 SPSS 19 数据统计得到。

乌鲁木齐农村受访者认为制约其或家庭投资需求扩张的最主要的三项因素，按照频次和响应百分比由高到低依次为：（1）缺乏可用于投资的资金（64.7%）；（2）农村居民风险的承受能力低（50.0%）；（3）缺乏投资所需知识技能和经验（38.2%）。

塔城地区农村受访者认为制约其或家庭投资需求扩张的最主要的三项因素，按照频次和响应百分比由高到低依次为：（1）缺乏可用于投资的资金（79.8%）；（2）缺乏投资所需知识技能和经验（47.1%）；（3）农村居民风险的承受能力低（46.2%）。

喀什地区农村受访者认为制约其或家庭投资需求扩张的最主要的三项因素，按照频次和响应百分比由高到低依次为：（1）缺乏可用于投资的资金（72.1%）；（2）缺乏投资所需知识技能和经验（46.0%）；（3）其他可以投资的领域狭窄，投资机会少（32.1%）。

由此可知，三地区农村受访者认为制约其或家庭投资需求扩张的首要因素均为：缺乏可用于投资的资金；而且响应百分比非常高。另一个共同因素均为缺乏投资所需知识技能和经验，塔城地区和喀什地区均列第二位，乌鲁木齐列第三位。还有一个制约因素乌鲁木齐和塔城地区相同：即农村居民风险的承受能力低（乌鲁木齐列第二位，塔城列第三位）。喀什地区的第三位制约因素为：可以投资的领域狭窄，投资机会少。因此，出台扩张农村居民投资需求的政策措施要有针对性和差异化，营造良好的投资环境，最关键因素还是提高农村居民收入水平，使其拥有可用于投资的资金，提高其投资意愿。

### 11. 相对收入水平

由表85可知分地区的个人（或家庭）相对收入的分布。

表85　　　　　　　　　　　　分地区的个人（或家庭）相对收入的分布

| 个人（或家庭）收入在当地属于什么水平 | | 地区 | | | | | | 总计 |
|---|---|---|---|---|---|---|---|---|
| | | 乌鲁木齐城镇 | 乌鲁木齐农村 | 塔城城镇 | 塔城农村 | 喀什城镇 | 喀什农村 | |
| 很低 | 计数 | 56 | 3 | 13 | 4 | 20 | 17 | 113 |
| | 个人收入在当地属于什么水平内的占比 | 49.6% | 2.7% | 11.5% | 3.5% | 17.7% | 15.0% | |
| | 地区内的占比 | 10.8% | 8.8% | 10.1% | 3.8% | 5.9% | 6.4% | |
| | 总计的占比 | 4.0% | 0.2% | 0.9% | 0.3% | 1.4% | 1.2% | 8.1% |
| 较低 | 计数 | 111 | 4 | 26 | 23 | 59 | 58 | 281 |
| | 个人收入在当地属于什么水平内的占比 | 39.5% | 1.4% | 9.3% | 8.2% | 21.0% | 20.6% | |
| | 地区内的占比 | 21.3% | 11.8% | 20.2% | 22.1% | 17.4% | 22.0% | |
| | 总计的占比 | 8.0% | 0.3% | 1.9% | 1.7% | 4.2% | 4.2% | 20.2% |
| 一般 | 计数 | 310 | 27 | 81 | 69 | 219 | 168 | 874 |
| | 个人收入在当地属于什么水平内的占比 | 35.5% | 3.1% | 9.3% | 7.9% | 25.1% | 19.2% | |
| | 地区内的占比 | 59.6% | 79.4% | 62.8% | 66.3% | 64.6% | 63.6% | |
| | 总计的占比 | 22.3% | 1.9% | 5.8% | 5.0% | 15.8% | 12.1% | 62.9% |

| 个人（或家庭）收入在当地属于什么水平 | | 地区 | | | | | | 总计 |
|---|---|---|---|---|---|---|---|---|
| | | 乌鲁木齐城镇 | 乌鲁木齐农村 | 塔城城镇 | 塔城农村 | 喀什城镇 | 喀什农村 | |
| 较高 | 计数 | 27 | 0 | 8 | 5 | 39 | 18 | 97 |
| | 个人收入在当地属于什么水平内的占比 | 27.8% | 0 | 8.2% | 5.2% | 40.2% | 18.6% | |
| | 地区内的占比 | 5.2% | 0 | 6.2% | 4.8% | 11.5% | 6.8% | |
| | 总计的占比 | 1.9% | 0 | 0.6% | 0.4% | 2.8% | 1.3% | 7.0% |
| 很高 | 计数 | 5 | 0 | 0 | 2 | 0 | 0 | 7 |
| | 个人收入在当地属于什么水平内的占比 | 71.4% | 0 | 0 | 28.6% | 0 | 0 | |
| | 地区内的占比 | 1.0% | 0 | 0 | 1.9% | 0 | 0 | |
| | 总计的占比 | 0.4% | 0 | 0 | 0.1% | 0 | 0 | 0.5% |
| 不清楚 | 计数 | 10 | 0 | 1 | 1 | 2 | 3 | 17 |
| | 个人收入在当地属于什么水平内的占比 | 58.8% | 0 | 5.9% | 5.9% | 11.8% | 17.6% | |
| | 地区内的占比 | 1.9% | 0 | 0.8% | 1.0% | 0.6% | 1.1% | |
| | 总计的占比 | 0.7% | 0 | 0.1% | 0.1% | 0.1% | 0.2% | 1.2% |
| 没有收入 | 计数 | 1 | 0 | 0 | 0 | 0 | 0 | 1 |
| | 个人收入在当地属于什么水平内的占比 | 100.0% | 0 | 0 | 0 | 0 | 0 | |
| | 地区内的占比 | 0.2% | 0 | 0 | 0 | 0 | 0 | |
| | 总计的占比 | 0.1% | 0 | 0 | 0 | 0 | 0 | 0.1% |
| 总计 | 计数 | 520 | 34 | 129 | 104 | 339 | 264 | 1390 |
| | 总计的占比 | 37.4% | 2.4% | 9.3% | 7.5% | 24.4% | 19.0% | 100.0% |

注：百分比和总计以响应者为基础。

资料来源：根据本调查数据运用 SPSS 19 数据统计得到。

乌鲁木齐城镇受访者认为个人（或家庭）收入在当地属于"一般"的频次最高，占比为 59.6%。然后按照占比由高到低依次为：较低（21.3%）、很低（10.8%）、较高（5.2%）、不清楚（1.9%）、很高（1.0%）、没有收入

（0.2%）。

塔城地区城镇受访者认为个人（或家庭）收入在当地属于"一般"的频次最高，占比为62.8%。然后按照占比由高到低依次为：较低（20.2%）、很低（10.1%）、较高（6.2%）、不清楚（0.8%）、很高（为零）、没有收入（为零）。

喀什地区城镇受访者认为个人（或家庭）收入在当地属于"一般"的频次最高，占比为64.6%。然后按照占比由高到低依次为：较低（17.4%）、较高（11.5%）、很低（5.9%）、不清楚（0.6%）、很高（为零）、没有收入（为零）。

乌鲁木齐农村受访者认为个人（或家庭）收入在当地属于"一般"的频次最高，占比为79.4%。然后按照占比由高到低依次为：较低（11.8%）、很低（8.8%）、较高（为零）、不清楚（为零）、很高（为零）、没有收入（为零）。

塔城地区农村受访者认为个人（或家庭）收入在当地属于"一般"的频次最高，占比为66.3%。然后按照占比由高到低依次为：较低（22.1%）、较高（4.8%）、很低（3.8%）、很高（1.9%）、不清楚（1.0%）、没有收入（为零）。

喀什地区农村受访者认为个人（或家庭）收入在当地属于"一般"的频次最高，占比为63.6%。然后按照占比由高到低依次为：较低（22.0%）、较高（6.8%）、很低（6.4%）、不清楚（1.1%）、很高（为零）、没有收入（为零）。

由上可知，三地区城镇受访者认为个人（或家庭）收入在当地属于"一般"的频次均最高，而且集中度很高，属于"一般"的占比均在60%左右，其中喀什地区最高（64.6%）。乌鲁木齐城镇受访者认为个人（或家庭）收入属于"较低"和"很低"的合计占比为32.1%，塔城地区为30.3%，喀什地区为23.3%。乌鲁木齐城镇受访者认为个人（或家庭）收入属于"较高"和"很高"的合计占比为6.2%，塔城地区为6.2%，喀什地区为11.5%。总体而言，喀什地区城镇受访者的相对收入水平认知相对最高，塔城地区次之，乌鲁木齐最低。

三地区农村受访者认为个人（或家庭）收入在当地属于"一般"的频次均最高，而且集中度很高，属于"一般"的占比均在63%以上，其中乌鲁木齐最高（79.4%），远远高于塔城地区和喀什地区。乌鲁木齐农村受访者认为个人（或家庭）收入属于"较低"和"很低"的合计占比为20.6%，塔城地区为25.9%，喀什地区为28.4%。乌鲁木齐农村受访者认为个人（或家庭）收入属于"较高"和"很高"的合计占比为零，塔城地区为6.7%，喀什地区为6.8%。总体而言，乌鲁木齐农村受访者的相对收入水平认知相对最高，塔城地区次之，喀什地区最低。

因此，扩大消费需求除了提高城乡居民绝对收入水平之外，还需要提高居民的相对收入水平。

### 12. 收入满意程度

由表 86 可知分地区的对个人（或家庭）目前收入状况满意程度的分布。

**表 86　　　分地区的对个人（或家庭）目前收入状况满意程度的分布**

| 对个人（或家庭）目前收入状况感到 | | 地区 | | | | | | 总计 |
|---|---|---|---|---|---|---|---|---|
| | | 乌鲁木齐城镇 | 乌鲁木齐农村 | 塔城城镇 | 塔城农村 | 喀什城镇 | 喀什农村 | |
| 很不满意 | 计数 | 66 | 3 | 15 | 2 | 18 | 6 | 110 |
| | 对个人目前收入状况感到内的占比 | 60.0% | 2.7% | 13.6% | 1.8% | 16.4% | 5.5% | |
| | 地区内的占比 | 12.7% | 9.1% | 11.6% | 1.9% | 5.3% | 2.3% | |
| | 总计的占比 | 4.8% | 0.2% | 1.1% | 0.1% | 1.3% | 0.4% | 7.9% |
| 不太满意 | 计数 | 212 | 11 | 38 | 26 | 65 | 43 | 395 |
| | 对个人目前收入状况感到内的占比 | 53.7% | 2.8% | 9.6% | 6.6% | 16.5% | 10.9% | |
| | 地区内的占比 | 40.8% | 33.3% | 29.5% | 25.0% | 19.2% | 16.5% | |
| | 总计的占比 | 15.3% | 0.8% | 2.7% | 1.9% | 4.7% | 3.1% | 28.5% |
| 一般 | 计数 | 184 | 14 | 51 | 46 | 174 | 144 | 613 |
| | 对个人目前收入状况感到内的占比 | 30.0% | 2.3% | 8.3% | 7.5% | 28.4% | 23.5% | |
| | 地区内的占比 | 35.4% | 42.4% | 39.5% | 44.2% | 51.5% | 55.2% | |
| | 总计的占比 | 13.3% | 1.0% | 3.7% | 3.3% | 12.6% | 10.4% | 44.3% |
| 比较满意 | 计数 | 43 | 3 | 19 | 22 | 43 | 41 | 171 |
| | 对个人目前收入状况感到内的占比 | 25.1% | 1.8% | 11.1% | 12.9% | 25.1% | 24.0% | |
| | 地区内的占比 | 8.3% | 9.1% | 14.7% | 21.2% | 12.7% | 15.7% | |
| | 总计的占比 | 3.1% | 0.2% | 1.4% | 1.6% | 3.1% | 3.0% | 12.3% |

续表

| 对个人（或家庭）目前收入状况感到 | | 地区 | | | | | | 总计 |
|---|---|---|---|---|---|---|---|---|
| | | 乌鲁木齐城镇 | 乌鲁木齐农村 | 塔城城镇 | 塔城农村 | 喀什城镇 | 喀什农村 | |
| 满意 | 计数 | 15 | 2 | 6 | 8 | 38 | 27 | 96 |
| | 对个人目前收入状况感到内的占比 | 15.6% | 2.1% | 6.3% | 8.3% | 39.6% | 28.1% | |
| | 地区内的占比 | 2.9% | 6.1% | 4.7% | 7.7% | 11.2% | 10.3% | |
| | 总计的占比 | 1.1% | 0.1% | 0.4% | 0.6% | 2.7% | 1.9% | 6.9% |
| 总计 | 计数 | 520 | 33 | 129 | 104 | 338 | 261 | 1385 |
| | 总计的占比 | 37.5% | 2.4% | 9.3% | 7.5% | 24.4% | 18.8% | 100.0% |

注：百分比和总计以响应者为基础。

资料来源：根据本调查数据运用 SPSS 19 数据统计得到。

乌鲁木齐城镇受访者对个人（或家庭）目前收入状况感到"不太满意"的频次最高，占比为 40.8%。然后按照占比由高到低依次为：一般（35.4%）、很不满意（12.7%）、比较满意（8.3%）、满意（2.9%）。

塔城地区城镇受访者对个人（或家庭）目前收入状况感到"一般"的频次最高，占比为 39.5%。然后按照占比由高到低依次为：不太满意（29.5%）、比较满意（14.7%）、很不满意（11.6%）、满意（4.7%）。

喀什地区城镇受访者对个人（或家庭）目前收入状况感到"一般"的频次最高，占比为 51.5%。然后按照占比由高到低依次为：不太满意（19.2%）、比较满意（12.7%）、满意（11.2%）、很不满意（5.3%）。

乌鲁木齐农村受访者对个人（或家庭）目前收入状况感到"一般"的频次最高，占比为 42.4%。然后按照占比由高到低依次为：不太满意（33.3%）、很不满意（9.1%）、比较满意（9.1%）、满意（6.1%）。

塔城地区农村受访者对个人（或家庭）目前收入状况感到"一般"的频次最高，占比为 44.2%。然后按照占比由高到低依次为：不太满意（25.0%）、比较满意（21.2%）、满意（7.7%）、很不满意（1.9%）。

喀什地区农村受访者对个人（或家庭）目前收入状况感到"一般"的频次最高，占比为 55.2%。然后按照占比由高到低依次为：不太满意（16.5%）、比较满意（15.7%）、满意（10.3%）、很不满意（2.3%）。

由上可知，除乌鲁木齐城镇受访者对个人（或家庭）目前收入状况感到"不太满意"的频次最高以外，塔城地区和喀什地区城镇受访者感到"一般"的占比均最高，其中喀什地区最高（51.5%）。三地区中乌鲁木齐城镇受访者感到"不太满意"和"很不满意"的占比均最高，塔城地区均次之，喀什地区均最低。乌鲁木齐"不太满意"和"很不满意"的合计占比为53.5%，塔城地区为41.1%，喀什地区为24.5%。乌鲁木齐"比较满意"和"满意"的合计占比为11.2%，塔城地区为19.4%，喀什地区为23.9%。因此，总体而言城镇受访者对个人（或家庭）目前收入状况的满意程度存在着较为明显的地区差异，乌鲁木齐城镇受访者的满意程度相对最低，塔城地区居中，喀什地区相对最高。

三地区农村受访者感到"一般"的占比均最高，其中喀什地区最高（55.2%）。乌鲁木齐农村受访者感到"不太满意"和"很不满意"的占比均最高，其"不太满意"和"很不满意"的合计占比为42.4%；塔城地区为26.9%，喀什地区为18.8%。乌鲁木齐"比较满意"和"满意"的合计占比为15.2%，塔城地区为28.9%，喀什地区为26.0%。因此，总体而言农村受访者对个人（或家庭）目前收入状况的满意程度也存在着较为明显的地区差异，乌鲁木齐农村受访者的满意程度相对最低，塔城地区居中，喀什地区相对最高。

### 13. 生活幸福感

由表87可知分地区的受访者目前生活幸福感的分布。

表87　　　　　　　　　分地区的受访者目前生活幸福感的分布

| 总体而言您对自己目前所过的生活的感觉是怎么样的呢 | | 地区 | | | | | | 总计 |
| --- | --- | --- | --- | --- | --- | --- | --- | --- |
| | | 乌鲁木齐城镇 | 乌鲁木齐农村 | 塔城城镇 | 塔城农村 | 喀什城镇 | 喀什农村 | |
| 非常不幸福 | 计数 | 10 | 1 | 1 | 1 | 2 | 4 | 19 |
| | 总体而言您对自己目前所过的生活的感觉是怎么样的呢内的占比 | 52.6% | 5.3% | 5.3% | 5.3% | 10.5% | 21.1% | |
| | 地区内的占比 | 1.9% | 2.9% | 0.8% | 1.0% | 0.6% | 1.6% | |
| | 总计的占比 | 0.7% | 0.1% | 0.1% | 0.1% | 0.1% | 0.3% | 1.4% |
| 不幸福 | 计数 | 34 | 0 | 6 | 6 | 9 | 3 | 58 |
| | 总体而言您对自己目前所过的生活的感觉是怎么样的呢内的占比 | 58.6% | 0 | 10.3% | 10.3% | 15.5% | 5.2% | |

| 总体而言您对自己目前所过的生活的感觉是怎么样的呢 | | 地区 | | | | | | 总计 |
|---|---|---|---|---|---|---|---|---|
| | | 乌鲁木齐城镇 | 乌鲁木齐农村 | 塔城城镇 | 塔城农村 | 喀什城镇 | 喀什农村 | |
| 不幸福 | 地区内的占比 | 6.6% | 0 | 4.7% | 5.8% | 2.7% | 1.2% | |
| | 总计的占比 | 2.5% | 0 | 0.4% | 0.4% | 0.7% | 0.2% | 4.2% |
| 一般 | 计数 | 299 | 23 | 64 | 42 | 143 | 121 | 692 |
| | 总体而言您对自己目前所过的生活的感觉是怎么样的呢内的占比 | 43.2% | 3.3% | 9.2% | 6.1% | 20.7% | 17.5% | |
| | 地区内的占比 | 57.8% | 67.6% | 49.6% | 40.4% | 43.1% | 46.9% | |
| | 总计的占比 | 21.8% | 1.7% | 4.7% | 3.1% | 10.4% | 8.8% | 50.4% |
| 幸福 | 计数 | 150 | 8 | 55 | 41 | 161 | 115 | 530 |
| | 总体而言您对自己目前所过的生活的感觉是怎么样的呢内的占比 | 28.3% | 1.5% | 10.4% | 7.7% | 30.4% | 21.7% | |
| | 地区内的占比 | 29.0% | 23.5% | 42.6% | 39.4% | 48.5% | 44.6% | |
| | 总计的占比 | 10.9% | 0.6% | 4.0% | 3.0% | 11.7% | 8.4% | 38.6% |
| 非常幸福 | 计数 | 24 | 2 | 3 | 14 | 17 | 15 | 75 |
| | 总体而言您对自己目前所过的生活的感觉是怎么样的呢内的占比 | 32.0% | 2.7% | 4.0% | 18.7% | 22.7% | 20.0% | |
| | 地区内的占比 | 4.6% | 5.9% | 2.3% | 13.5% | 5.1% | 5.8% | |
| | 总计的占比 | 1.7% | 0.1% | 0.2% | 1.0% | 1.2% | 1.1% | 5.5% |
| 总计 | 计数 | 517 | 34 | 129 | 104 | 332 | 258 | 1374 |
| | 总计的占比 | 37.6% | 2.5% | 9.4% | 7.6% | 24.2% | 18.8% | 100.0% |

注：百分比和总计以响应者为基础。
资料来源：根据本调查数据运用 SPSS 19 数据统计得到。

乌鲁木齐城镇受访者对自己目前所过生活的感觉是"一般"的频次最高，占比为 57.8%。然后按照占比由高到低依次为：幸福（29.0%）、不幸福（6.6%）、非常幸福（4.6%）、非常不幸福（1.9%）。

塔城地区城镇受访者对自己目前所过生活的感觉是"一般"的频次最高，占比为49.6%。然后按照占比由高到低依次为：幸福（42.6%）、不幸福（4.7%）、非常幸福（2.3%）、非常不幸福（0.8%）。

喀什地区城镇受访者对自己目前所过生活的感觉是"幸福"的频次最高，占比为48.5%。然后按照占比由高到低依次为：一般（43.1%）、非常幸福（5.1%）、不幸福（2.7%）、非常不幸福（0.6%）。

乌鲁木齐农村对自己目前所过生活的感觉是"一般"的频次最高，占比为67.6%。然后按照占比由高到低依次为：幸福（23.5%）、非常幸福（5.9%）、非常不幸福（2.9%）、不幸福（为零）。

塔城地区农村受访者对自己目前所过生活的感觉是"一般"的频次最高，占比为40.4%。然后按照占比由高到低依次为：幸福（39.4%）、非常幸福（13.5%）、不幸福（5.8%）、非常不幸福（1.0%）。

喀什地区农村受访者对自己目前所过生活的感觉是"一般"的频次最高，占比为46.9%。然后按照占比由高到低依次为：幸福（44.6%）、非常幸福（5.8%）、非常不幸福（1.6%）、不幸福（1.2%）。

由上可知，除了喀什地区城镇受访者对自己目前所过生活的感觉是"幸福"的频次最高（占比为48.5%）以外，乌鲁木齐和塔城地区"一般"的频次均最高，其中乌鲁木齐最高（占比为57.8%）。三地区中乌鲁木齐城镇受访者感到"不幸福"和"非常不幸福"的占比均最高，塔城地区均次之，喀什地区均最低。乌鲁木齐"不幸福"和"非常不幸福"的合计占比为8.5%，塔城地区为5.5%，喀什地区为3.3%。乌鲁木齐"幸福"和"非常幸福"的合计占比为33.6%，塔城地区为44.9%，喀什地区为53.6%。因此，总体而言城镇受访者对自己目前所过生活的感觉存在着较为明显的地区差异，乌鲁木齐城镇受访者的综合幸福程度相对最低，塔城地区居中，喀什地区相对最高。

三地区农村受访者感到"一般"的占比均最高，其中乌鲁木齐最高（67.6%），远远高于塔城地区和喀什地区。乌鲁木齐农村受访者感到"不幸福"和"非常不幸福"的合计占比为2.9%；塔城地区为6.8%，喀什地区为2.8%。乌鲁木齐"幸福"和"非常幸福"的合计占比为29.4%，塔城地区为52.9%，喀什地区为50.4%。因此，总体而言农村受访者对自己目前所过生活的感觉也存在着较为明显的地区差异，乌鲁木齐农村受访者的综合幸福程度相对最低，塔城地区居中，喀什地区相对最高。

### 14. 个人收入水平

由表88可知分地区的城镇居民受访者2011年个人收入水平的分布。

**表 88**　　　　　　　　分地区的城镇居民受访者 2011 年个人收入水平的分布

| 个人 2011 年全年总收入大概为 | | 地区 | | | 总计 |
|---|---|---|---|---|---|
| | | 乌鲁木齐 | 塔城 | 喀什 | |
| 1 万元以下 | 计数 | 38 | 7 | 34 | 79 |
| 1 万 ~ 4 万元 | 计数 | 222 | 86 | 192 | 500 |
| 4 万 ~ 8 万元 | 计数 | 162 | 21 | 96 . | 279 |
| 8 万 ~ 15 万元 | 计数 | 51 | 13 | 14 | 78 |
| 15 万 ~ 50 万元 | 计数 | 31 | 2 | 1 | 34 |
| 50 万 ~ 100 万元 | 计数 | 10 | 0 | 1 | 11 |
| 100 万元及以上 | 计数 | 5 | 0 | 0 | 5 |
| 总计 | 计数 | 519 | 129 | 338 | 986 |

注：百分比和总计以响应者为基础。
资料来源：根据本调查数据运用 SPSS 19 数据统计得到。

乌鲁木齐城镇受访者 2011 年个人收入按照频次居前三位的为：1 万 ~ 4 万元（占比为 42.8%）、4 万 ~ 8 万元（31.2%）、8 万 ~ 15 万元（9.8%）。乌鲁木齐受访者个人收入的集中度较高，42.8% 的受访者个人收入在 1 万 ~ 4 万元；50.1% 的乌鲁木齐城镇受访者个人收入在 4 万元以下。乌鲁木齐受访者个人收入在 4 万 ~ 8 万元的占比（31.2%）较高，高于喀什地区 2.8 个百分点，高于塔城地区 14.9 个百分点。乌鲁木齐受访者个人收入属于中高收入档次的占比总体最高，低收入档次的占比较低。

塔城地区城镇受访者 2011 年个人收入按照频次居前三位的为：1 万 ~ 4 万元（占比为 66.7%）、4 万 ~ 8 万元（16.3%）、8 万 ~ 15 万元（10.1%）。塔城地区城镇受访者收入的集中度最高，66.7% 的受访者个人收入在 1 万 ~ 4 万元；72.1% 的受访者个人收入在 4 万元以下。

喀什地区前两位与乌鲁木齐和塔城地区相同，第三位为 1 万元以下，前三位占比分别为 56.8%、28.4%、10.1%。喀什地区的集中度也很高，56.8% 的受访者个人收入在 1 万 ~ 4 万元；66.9% 的受访者个人收入在 4 万元以下。

因此，根据各地区城镇居民受访者个人收入的分布和集中度，总体而言乌鲁木齐城镇受访者的个人收入水平相对最好，喀什地区次之，塔城地区最差。

### 15. 城镇家庭收入水平

由表 89 可知分地区的城镇居民受访者 2011 年家庭收入水平的分布。

表89　　　　　　分地区的城镇居民受访者 2011 年家庭收入水平的分布

| 家庭 2011 年全年总收入 | | 地区 | | | 总计 |
|---|---|---|---|---|---|
| | | 乌鲁木齐 | 塔城 | 喀什 | |
| 2 万元以下 | 计数 | 14 | 6 | 6 | 26 |
| 2 万 ~ 5 万元 | 计数 | 108 | 50 | 61 | 219 |
| 5 万 ~ 10 万元 | 计数 | 199 | 48 | 196 | 443 |
| 10 万 ~ 20 万元 | 计数 | 109 | 17 | 51 | 177 |
| 20 万 ~ 50 万元 | 计数 | 43 | 6 | 8 | 57 |
| 50 万 ~ 100 万元 | 计数 | 12 | 1 | 0 | 13 |
| 100 万元及以上 | 计数 | 11 | 0 | 1 | 12 |
| 总计 | 计数 | 496 | 128 | 323 | 947 |

注：百分比和总计以响应者为基础。
资料来源：根据本调查数据运用 SPSS 19 数据统计得到。

乌鲁木齐城镇受访者家庭收入按照频次由高到低排列依次为：（1）5 万 ~ 10 万元（占比 40.1%）；（2）10 万 ~ 20 万元（22.0%）；（3）2 万 ~ 5 万元（21.8%）；（4）20 万 ~ 50 万元（8.7%）；（5）2 万元以下（2.8%）；（6）50 万 ~ 100 万元（2.4%）；（7）100 万元及以上（2.2%）。乌鲁木齐受访者家庭收入主要集中于 5 万 ~ 10 万元，占比为 40.1%。5 万元以下的合计占比为 24.6%，10 万元以下的合计占比为 64.7%。根据本调查统计的乌鲁木齐地区农村受访者家庭规模的众数为 3 人，均值为 3.15 人。

塔城地区城镇受访者家庭收入按照频次由高到低排列依次为：（1）2 万 ~ 5 万元（占比为 39.1%）；（2）5 万 ~ 10 万元（37.5%）；（3）10 万 ~ 20 万元（13.3%）；（4）20 万 ~ 50 万元和 2 万元以下（均为 4.7%）；（5）50 万 ~ 100 万元（0.8%）；（6）100 万元及以上（为零）。塔城地区受访者家庭收入主要集中于 2 万 ~ 5 万元和 5 万 ~ 10 万元，占比合计为 76.6%。5 万元以下的合计占比为 43.8%，远远高于乌鲁木齐和喀什地区 20 个百分点左右；10 万元以下的合计占比为 81.3%。根据本调查统计的塔城地区农村受访者家庭规模的众数为 3 人，均值为 3.12 人。

喀什地区城镇受访者家庭收入按照频次由高到低排列依次为：（1）5 万 ~ 10 万元（占比为 60.7%）；（2）2 万 ~ 5 万元（18.9%）；（3）10 万 ~ 20 万元（15.8%）；（4）20 万 ~ 50 万元（2.5%）；（5）2 万元以下（1.9%）；（6）50 万 ~ 100 万元（为零）；（7）100 万元及以上（0.3%）。喀什地区受访者家庭收入的集中度非常高，主要集中于 5 万 ~ 10 万元，占比高达 60.7%。5 万元以下的合计占比为 20.8%，10 万元以下的合计占比为 81.5%。根据本调查统计的喀什地区农村受访者家庭规模的众数为 4 人，均值为 3.80 人。

根据各地区城镇居民受访者家庭收入的分布和集中度，总体而言乌鲁木齐城镇受访者家庭收入相对最好，喀什地区次之，塔城地区最差。

### 16. 农村家庭纯收入

由表 90 可知分地区的农村居民受访者 2011 年家庭纯收入水平的分布。

表 90　　　　分地区的农村居民受访者 2011 年家庭纯收入水平的分布

| 您的家庭 2011 年全年纯收入大概为 | | 地区 | | | 总计 |
|---|---|---|---|---|---|
| | | 乌鲁木齐 | 塔城 | 喀什 | |
| 1 万元以下 | 计数 | 1 | 9 | 12 | 22 |
| | 您的家庭 2011 年全年纯收入大概为内的占比 | 4.5% | 40.9% | 54.5% | |
| | 地区内的占比 | 2.9% | 8.7% | 4.5% | |
| | 总计的占比 | 0.2% | 2.2% | 3.0% | 5.4% |
| 1 万~3 万元 | 计数 | 6 | 35 | 160 | 201 |
| | 您的家庭 2011 年全年纯收入大概为内的占比 | 3.0% | 17.4% | 79.6% | |
| | 地区内的占比 | 17.6% | 33.7% | 60.2% | |
| | 总计的占比 | 1.5% | 8.7% | 39.6% | 49.8% |
| 3 万~5 万元 | 计数 | 7 | 44 | 79 | 130 |
| | 您的家庭 2011 年全年纯收入大概为内的占比 | 5.4% | 33.8% | 60.8% | |
| | 地区内的占比 | 20.6% | 42.3% | 29.7% | |
| | 总计的占比 | 1.7% | 10.9% | 19.6% | 32.2% |
| 5 万~12 万元 | 计数 | 15 | 13 | 9 | 37 |
| | 您的家庭 2011 年全年纯收入大概为内的占比 | 40.5% | 35.1% | 24.3% | |
| | 地区内的占比 | 44.1% | 12.5% | 3.4% | |
| | 总计的占比 | 3.7% | 3.2% | 2.2% | 9.2% |
| 12 万~20 万元 | 计数 | 4 | 2 | 3 | 9 |
| | 您的家庭 2011 年全年纯收入大概为内的占比 | 44.4% | 22.2% | 33.3% | |
| | 地区内的占比 | 11.8% | 1.9% | 1.1% | |
| | 总计的占比 | 1.0% | 0.5% | 0.7% | 2.2% |

续表

| 您的家庭 2011 年全年纯收入大概为 | | 地区 | | | 总计 |
|---|---|---|---|---|---|
| | | 乌鲁木齐 | 塔城 | 喀什 | |
| 20万~50万元 | 计数 | 1 | 1 | 1 | 3 |
| | 您的家庭 2011 年全年纯收入大概为内的占比 | 33.3% | 33.3% | 33.3% | |
| | 地区内的占比 | 2.9% | 1.0% | 0.4% | |
| | 总计的占比 | 0.2% | 0.2% | 0.2% | 0.7% |
| 50万元及以上 | 计数 | 0 | 0 | 2 | 2 |
| | 您的家庭 2011 年全年纯收入大概为内的占比 | 0 | 0 | 100.0% | |
| | 地区内的占比 | 0 | 0 | 0.8% | |
| | 总计的占比 | 0 | 0 | 0.5% | 0.5% |
| 总计 | 计数 | 34 | 104 | 266 | 404 |
| | 总计的占比 | 8.4% | 25.7% | 65.8% | 100.0% |

注：百分比和总计以响应者为基础。
资料来源：根据本调查数据运用 SPSS 19 数据统计得到。

乌鲁木齐农村受访者家庭纯收入按照频次由高到低排列依次为：（1）5 万~12 万元（44.1%）；（2）3 万~5 万元（占比为 20.6%）；（3）1 万~3 万元（17.6%）；（4）12 万~20 万元（11.8%）；（5）1 万元以下和 20 万~50 万元（均为 2.9%）；（7）50 万元及以上（为零）。乌鲁木齐农村受访者家庭纯收入主要集中于 5 万~12 万元（44.1%）和 3 万~5 万元（占比为 20.6%），3 万元以下的合计占比为 20.5%，5 万元以下的合计占比为 41.1%，12 万元以下的合计占比为 85.2%。根据本调查统计的乌鲁木齐农村受访者家庭规模的众数为 4 人，均值为 3.88 人。

塔城地区农村受访者家庭纯收入按照频次由高到低排列依次为：（1）3 万~5 万元（占比为 42.3%）；（2）1 万~3 万元（33.7%）；（3）5 万~12 万元（12.5%）；（4）1 万元以下（8.7%）；（5）12 万~20 万元（1.9%）；（6）20 万~50 万元（1.0%）；（7）50 万元及以上（为零）。塔城地区农村受访者家庭纯收入主要集中于 3 万~5 万元（占比为 42.3%）和 1 万~3 万元（33.7%），3 万元以下的合计占比为 42.4%，5 万元以下的合计占比为 84.7%，12 万元以下的合计占比为 97.2%。根据本调查统计的塔城地区农村受访者家庭规模的众数为 4 人，均值为 3.96 人。

喀什地区农村受访者家庭纯收入按照频次由高到低排列依次为：（1）1 万~3

万元（60.2%）；（2）3万~5万元（占比为29.7%）；（3）1万元以下（4.5%）；（4）5万~12万元（3.4%）；（5）12万~20万元（1.1%）；（6）50万元及以上（0.8%）；（7）20万~50万元（0.4%）。喀什地区农村受访者家庭纯收入主要集中于1万~3万元（60.2%）和3万~5万元（占比为29.7%），3万元以下的合计占比为64.7%，5万元以下的合计占比为94.4%，12万元以下的合计占比为97.8%。根据本调查统计的喀什地区农村受访者家庭规模的众数为5人，均值为5.20人，喀什农村家庭大多为人口较多的大家庭，家庭规模大于塔城地区和乌鲁木齐。

根据各地区农村居民受访者家庭收入的分布和集中度，以及家庭成员平均数量因素，总体而言乌鲁木齐农村受访者家庭收入相对最好，塔城地区次之，喀什地区最差。

### 17. 收入差距认知

由表91可知分地区的受访者对所生活地区收入差距认知的分布。

**表91**                 分地区的受访者对所生活地区收入差距认知的分布

| 您认为目前您所生活地区居民收入的差距如何 | | 地区 | | | | | | 总计 |
| --- | --- | --- | --- | --- | --- | --- | --- | --- |
| | | 乌鲁木齐城镇 | 乌鲁木齐农村 | 塔城城镇 | 塔城农村 | 喀什城镇 | 喀什农村 | |
| 非常大 | 计数 | 116 | 7 | 11 | 14 | 27 | 9 | 184 |
| | 您认为目前您所生活地区居民收入的差距如何内的占比 | 63.0% | 3.8% | 6.0% | 7.6% | 14.7% | 4.9% | |
| | 地区内的占比 | 22.6% | 20.6% | 8.5% | 13.6% | 8.2% | 3.4% | |
| | 总计的占比 | 8.4% | 0.5% | 0.8% | 1.0% | 2.0% | 0.7% | 13.4% |
| 较大 | 计数 | 266 | 12 | 73 | 46 | 118 | 49 | 564 |
| | 您认为目前您所生活地区居民收入的差距如何内的占比 | 47.2% | 2.1% | 12.9% | 8.2% | 20.9% | 8.7% | |
| | 地区内的占比 | 51.9% | 35.3% | 56.6% | 44.7% | 35.6% | 18.4% | |
| | 总计的占比 | 19.3% | 0.9% | 5.3% | 3.3% | 8.6% | 3.6% | 41.0% |

| 您认为目前您所生活地区居民收入的差距如何 | | 地区 | | | | | | 总计 |
|---|---|---|---|---|---|---|---|---|
| | | 乌鲁木齐城镇 | 乌鲁木齐农村 | 塔城城镇 | 塔城农村 | 喀什城镇 | 喀什农村 | |
| 正常 | 计数 | 72 | 7 | 29 | 35 | 127 | 147 | 417 |
| | 您认为目前您所生活地区居民收入的差距如何内的占比 | 17.3% | 1.7% | 7.0% | 8.4% | 30.5% | 35.3% | |
| | 地区内的占比 | 14.0% | 20.6% | 22.5% | 34.0% | 38.4% | 55.3% | |
| | 总计的占比 | 5.2% | 0.5% | 2.1% | 2.5% | 9.2% | 10.7% | 30.3% |
| 较小 | 计数 | 20 | 5 | 7 | 3 | 36 | 47 | 118 |
| | 您认为目前您所生活地区居民收入的差距如何内的占比 | 16.9% | 4.2% | 5.9% | 2.5% | 30.5% | 39.8% | |
| | 地区内的占比 | 3.9% | 14.7% | 5.4% | 2.9% | 10.9% | 17.7% | |
| | 总计的占比 | 1.5% | 0.4% | 0.5% | 0.2% | 2.6% | 3.4% | 8.6% |
| 很小 | 计数 | 4 | 1 | 0 | 0 | 6 | 3 | 14 |
| | 您认为目前您所生活地区居民收入的差距如何内的占比 | 28.6% | 7.1% | 0 | 0 | 42.9% | 21.4% | |
| | 地区内的占比 | 0.8% | 2.9% | 0 | 0 | 1.8% | 1.1% | |
| | 总计的占比 | 0.3% | 0.1% | 0 | 0 | 0.4% | 0.2% | 1.0% |
| 不清楚 | 计数 | 35 | 2 | 9 | 5 | 17 | 11 | 79 |
| | 您认为目前您所生活地区居民收入的差距如何内的占比 | 44.3% | 2.5% | 11.4% | 6.3% | 21.5% | 13.9% | |
| | 地区内的占比 | 6.8% | 5.9% | 7.0% | 4.9% | 5.1% | 4.1% | |
| | 总计的占比 | 2.5% | 0.1% | 0.7% | 0.4% | 1.2% | 0.8% | 5.7% |
| 总计 | 计数 | 513 | 34 | 129 | 103 | 331 | 266 | 1376 |
| | 总计的占比 | 37.3% | 2.5% | 9.4% | 7.5% | 24.1% | 19.3% | 100.0% |

注：百分比和总计以响应者为基础。

资料来源：根据本调查数据运用 SPSS 19 数据统计得到。

乌鲁木齐城镇受访者认为所生活地区收入差距"较大"的频次最高，占比为51.9%。然后按照占比由高到低依次为：非常大（22.6%）、正常（14.0%）、不清楚（6.8%）、较小（3.9%）、很小（0.8%）。认为"非常大"的占比远远高于塔城地区和喀什地区；认为"较大"和"非常大"的合计占比为74.5%。

塔城地区城镇受访者认为所生活地区收入差距"较大"的频次最高，占比为56.6%。然后按照占比由高到低依次为：正常（22.5%）、非常大（8.5%）、不清楚（7.0%）、较小（5.4%）、很小（为零）。认为"较大"和"非常大"的合计占比为65.1%。

喀什地区城镇受访者认为所生活地区收入差距"正常"的频次最高，占比为38.4%。然后按照占比由高到低依次为：较大（35.6%）、较小（10.9%）、非常大（8.2%）、不清楚（5.1%）、很小（1.8%）。认为"较大"和"非常大"的合计占比为43.8%。

乌鲁木齐农村受访者认为所生活地区收入差距"较大"的频次最高，占比为35.3%。然后按照占比由高到低依次为：非常大和正常（均为20.6%）、较小（14.7%）、不清楚（5.9%）、很小（2.9%）。认为"较大"和"非常大"的合计占比为55.9%。

塔城地区农村受访者认为所生活地区收入差距"较大"的频次最高，占比为44.7%。然后按照占比由高到低依次为：正常（34.0%）、非常大（13.6%）、不清楚（4.9%）、较小（2.9%）、很小（为零）。认为"较大"和"非常大"的合计占比为58.3%。

喀什地区农村受访者认为所生活地区收入差距"正常"的频次最高，占比为55.3%。然后按照占比由高到低依次为：较大（18.4%）、较小（17.7%）、不清楚（4.1%）、非常大（3.4%）、很小（1.1%）。认为"较大"和"非常大"的合计占比为21.8%。

由上可知，除了喀什地区城镇受访者认为所生活地区收入差距"正常"的频次最高以外，乌鲁木齐和塔城地区认为"较大"的频次均最高，而且占比均很高，分别为51.9%和56.6%。三地区城镇受访者对所生活地区收入差距的认知存在着较为明显的地区差异，其中乌鲁木齐和塔城地区受访者大多数认为本地区收入差距"较大"或"非常大"，喀什地区受访者认为"正常"的占比最高。乌鲁木齐城镇受访者认为"非常大"的占比远远高于塔城地区和喀什地区；认为"较大"和"非常大"的合计占比（74.5%）高于塔城地区9.4个百分点，高于喀什地区30.7个百分点。

除了喀什地区农村受访者认为所生活地区收入差距"正常"的频次最高（占比为55.3%）以外，乌鲁木齐和塔城地区认为"较大"的频次均最高，而且占比均较高，分别为35.3%和44.7%。三地区农村受访者对所生活地区收入差距的认知存在着较为明显的地区差异，其中乌鲁木齐和塔城地区受访者大多数认为本地区收入差距"较大"或"非常大"，喀什地区大多数受访者认为"正常"的占比最高。乌鲁木齐农村受访者认为"非常大"的占比高于塔城地区并远远高于喀什地区。塔城地区认为"较大"和"非常大"的合计占比（58.3%）高于乌鲁木齐2.4个百分点，高于喀什地区36.5个百分点。

总之，本调查发现各地区城乡内部均存在着收入差距，但是各地区收入差距的程度不尽相同。

### 18. 收入差距主要原因认知

由表92可知分地区的城镇居民受访者关于目前收入差距原因认知的分布。

表92　　　　　分地区的城镇居民受访者关于目前收入差距原因认知的分布

| $C9^a$ | | 地区 | | | 总计 |
|---|---|---|---|---|---|
| | | 乌鲁木齐 | 塔城 | 喀什 | |
| 私营经济的发展 | 计数 | 88 | 22 | 130 | 240 |
| 非法经营现象猖獗 | 计数 | 40 | 5 | 35 | 80 |
| 市场竞争加剧 | 计数 | 141 | 44 | 117 | 302 |
| 灰色收入现象严重 | 计数 | 113 | 10 | 19 | 142 |
| 市场化改革不到位市场化机制不健全 | 计数 | 106 | 26 | 88 | 220 |
| 社会保障制度不健全 | 计数 | 130 | 32 | 53 | 215 |
| 下岗失业人员大量增加 | 计数 | 119 | 37 | 132 | 288 |
| 个人机会不均等 | 计数 | 140 | 41 | 66 | 247 |
| 教育与个人能力的差异 | 计数 | 150 | 57 | 73 | 280 |
| 垄断 | 计数 | 67 | 7 | 3 | 77 |
| 分配制度不合理 | 计数 | 177 | 36 | 61 | 274 |
| 地区和城乡发展差异 | 计数 | 85 | 37 | 100 | 222 |
| 腐败现象严重 | 计数 | 185 | 24 | 46 | 255 |
| 其他因素 | 计数 | 13 | 7 | 70 | 90 |
| 总计 | 计数 | 520 | 129 | 338 | 987 |

注：百分比和总计以响应者为基础。
a. 值为1时制表的二分组。
资料来源：根据本调查数据运用SPSS 19数据统计得到。

乌鲁木齐城镇受访者认为导致目前居民收入差距状况的三项主要原因依次为（按照频次和响应百分比由高到低）：（1）腐败现象严重（35.6%）；（2）分配制度不合理（34.0%）；（3）受教育与个人能力的差异（28.9%）。

塔城地区城镇受访者认为导致目前居民收入差距状况的三项主要原因依次为（按照频次和响应百分比由高到低）：（1）受教育与个人能力的差异（44.2%）；（2）市场竞争加剧（34.1%）；（3）个人机会不均等（31.8%）。

喀什地区城镇受访者认为导致目前居民收入差距状况的三项主要原因依次为（按照频次和响应百分比由高到低）：（1）下岗、失业人员大量增加（39.1%）；（2）私营经济的发展（38.5%）；（3）市场竞争加剧（34.6%）。

由此可知，三地区城镇受访者认为导致目前居民收入差距状况的三项主要原因各不相同。乌鲁木齐和塔城地区有一个共同的认知是：受教育与个人能力的差异（分别位列第三位和第一位）；塔城地区和喀什地区有一个共同的认知是：市场竞争加剧（分别位列第二位和第三位）。因此，在制定相关制度、政策、措施时应当考虑到这些主要原因并且考虑地区差异和实际情况做到有的放矢。

由表93可知分地区的农村居民受访者关于目前收入差距原因认知的分布。

表93　　　　分地区的农村居民受访者关于目前收入差距原因认知的分布

| $C9[a] | | 地区 | | | 总计 |
|---|---|---|---|---|---|
| | | 乌鲁木齐 | 塔城 | 喀什 | |
| 自然地理资源条件的差异 | 计数 | 3 | 32 | 74 | 109 |
| | $C9 内的占比 | 2.8% | 29.4% | 67.9% | |
| | 地区内的占比 | 8.8% | 30.8% | 27.8% | |
| | 总计的占比 | 0.7% | 7.9% | 18.3% | 27.0% |
| 人均耕地面积草场面积等不同 | 计数 | 7 | 55 | 108 | 170 |
| | $C9 内的占比 | 4.1% | 32.4% | 63.5% | |
| | 地区内的占比 | 20.6% | 52.9% | 40.6% | |
| | 总计的占比 | 1.7% | 13.6% | 26.7% | 42.1% |
| 家庭种植养殖结构等不同 | 计数 | 10 | 16 | 68 | 94 |
| | $C9 内的占比 | 10.6% | 17.0% | 72.3% | |
| | 地区内的占比 | 29.4% | 15.4% | 25.6% | |
| | 总计的占比 | 2.5% | 4.0% | 16.8% | 23.3% |

| $C9^a$ | | 地区 | | | 总计 |
|---|---|---|---|---|---|
| | | 乌鲁木齐 | 塔城 | 喀什 | |
| 受教育与个人能力的差异 | 计数 | 12 | 38 | 28 | 78 |
| | $C9 内的占比 | 15.4% | 48.7% | 35.9% | |
| | 地区内的占比 | 35.3% | 36.5% | 10.5% | |
| | 总计的占比 | 3.0% | 9.4% | 6.9% | 19.3% |
| 劳动力外出务工收入的差异 | 计数 | 12 | 22 | 41 | 75 |
| | $C9 内的占比 | 16.0% | 29.3% | 54.7% | |
| | 地区内的占比 | 35.3% | 21.2% | 15.4% | |
| | 总计的占比 | 3.0% | 5.4% | 10.1% | 18.6% |
| 农村贫困人口脱贫难 | 计数 | 10 | 19 | 87 | 116 |
| | $C9 内的占比 | 8.6% | 16.4% | 75.0% | |
| | 地区内的占比 | 29.4% | 18.3% | 32.7% | |
| | 总计的占比 | 2.5% | 4.7% | 21.5% | 28.7% |
| 农村生产生活基础设施的差异 | 计数 | 5 | 24 | 80 | 109 |
| | $C9 内的占比 | 4.6% | 22.0% | 73.4% | |
| | 地区内的占比 | 14.7% | 23.1% | 30.1% | |
| | 总计的占比 | 1.2% | 5.9% | 19.8% | 27.0% |
| 各地政府乡村发展政策和投入差异 | 计数 | 12 | 18 | 60 | 90 |
| | $C9 内的占比 | 13.3% | 20.0% | 66.7% | |
| | 地区内的占比 | 35.3% | 17.3% | 22.6% | |
| | 总计的占比 | 3.0% | 4.5% | 14.9% | 22.3% |
| 农村内部分配制度不合理 | 计数 | 4 | 9 | 54 | 67 |
| | $C9 内的占比 | 6.0% | 13.4% | 80.6% | |
| | 地区内的占比 | 11.8% | 8.7% | 20.3% | |
| | 总计的占比 | 1.0% | 2.2% | 13.4% | 16.6% |
| 农村腐败现象的存在 | 计数 | 8 | 27 | 43 | 78 |
| | $C9 内的占比 | 10.3% | 34.6% | 55.1% | |
| | 地区内的占比 | 23.5% | 26.0% | 16.2% | |
| | 总计的占比 | 2.0% | 6.7% | 10.6% | 19.3% |

| $C9^a | | 地区 | | | 总计 |
|---|---|---|---|---|---|
| | | 乌鲁木齐 | 塔城 | 喀什 | |
| 不同农户人口数量的差异 | 计数 | 3 | 21 | 16 | 40 |
| | $C9 内的占比 | 7.5% | 52.5% | 40.0% | |
| | 地区内的占比 | 8.8% | 20.2% | 6.0% | |
| | 总计的占比 | 0.7% | 5.2% | 4.0% | 9.9% |
| 农村私营经济发展程度的差异 | 计数 | 7 | 15 | 50 | 72 |
| | $C9 内的占比 | 9.7% | 20.8% | 69.4% | |
| | 地区内的占比 | 20.6% | 14.4% | 18.8% | |
| | 总计的占比 | 1.7% | 3.7% | 12.4% | 17.8% |
| 医疗养老救助等社会保障制度不健全 | 计数 | 8 | 15 | 42 | 65 |
| | $C9 内的占比 | 12.3% | 23.1% | 64.6% | |
| | 地区内的占比 | 23.5% | 14.4% | 15.8% | |
| | 总计的占比 | 2.0% | 3.7% | 10.4% | 16.1% |
| 其他原因 | 计数 | 1 | 1 | 17 | 19 |
| | $C9 内的占比 | 5.3% | 5.3% | 89.5% | |
| | 地区内的占比 | 2.9% | 1.0% | 6.4% | |
| | 总计的占比 | 0.2% | 0.2% | 4.2% | 4.7% |
| 总计 | 计数 | 34 | 104 | 266 | 404 |
| | 总计的占比 | 8.4% | 25.7% | 65.8% | 100.0% |

注：百分比和总计以响应者为基础。
a. 值为 1 时制表的二分组。
资料来源：根据本调查数据运用 SPSS 19 数据统计得到。

　　乌鲁木齐农村受访者认为导致目前农村居民之间收入差距的三项主要原因依次为（按照频次和响应百分比由高到低）：（1）受教育与个人能力的差异（35.3%）；（2）劳动力外出务工收入的差异（35.3%）；（3）各地政府、乡、村发展政策和投入差异（35.3%）。这三项主要原因的响应百分比相同。

　　塔城地区农村受访者认为导致目前农村居民之间收入差距的三项主要原因依次为（按照频次和响应百分比由高到低）：（1）人均耕地面积、草场面积等不同（52.9%）；（2）受教育与个人能力的差异（36.5%）；（3）自然地理资源条件的差异（30.8%）。

　　喀什地区农村受访者认为导致目前农村居民之间收入差距的三项主要原因依次

为（按照频次和响应百分比由高到低）：（1）人均耕地面积、草场面积等不同（40.6%）；（2）农村贫困人口脱贫难（32.7%）；（3）农村生产生活基础设施的差异（30.1%）。

由此可知，三地区农村受访者认为导致目前农村居民之间收入差距的三项主要原因各不相同。乌鲁木齐和塔城地区有一个共同的认知是：受教育与个人能力的差异（分别位列第一位和第二位）；塔城地区和喀什地区有一个共同的认知是：人均耕地面积、草场面积等不同（均列第一位）。因此，在制定收入分配结构调整等相关制度、政策、措施时，应当考虑到这些主要原因并且考虑各地区农村的实际情况、地区差异和城乡差异。

### 19. 城乡居民不平等认知

由表 94 可知分地区的受访者关于城乡居民最大的不平等认知的分布。

表 94　　　　　　　分地区的受访者关于城乡居民最大的不平等认知的分布

| $C10ᵃ | | 地区 | | | | | | 总计 |
|---|---|---|---|---|---|---|---|---|
| | | 乌鲁木齐城镇 | 乌鲁木齐农村 | 塔城城镇 | 塔城农村 | 喀什城镇 | 喀什农村 | |
| 社会保障 | 计数 | 234 | 14 | 44 | 43 | 131 | 114 | 580 |
| | $C10 内的占比 | 40.3% | 2.4% | 7.6% | 7.4% | 22.6% | 19.7% | |
| | 地区内的占比 | 45.0% | 41.2% | 34.1% | 41.7% | 39.2% | 44.2% | |
| | 总计的占比 | 17.0% | 1.0% | 3.2% | 3.1% | 9.5% | 8.3% | 42.1% |
| 教育 | 计数 | 293 | 15 | 76 | 75 | 169 | 92 | 720 |
| | $C10 内的占比 | 40.7% | 2.1% | 10.6% | 10.4% | 23.5% | 12.8% | |
| | 地区内的占比 | 56.3% | 44.1% | 58.9% | 72.8% | 50.6% | 35.7% | |
| | 总计的占比 | 21.3% | 1.1% | 5.5% | 5.4% | 12.3% | 6.7% | 52.2% |
| 公共设施 | 计数 | 115 | 9 | 42 | 28 | 84 | 76 | 354 |
| | $C10 内的占比 | 32.5% | 2.5% | 11.9% | 7.9% | 23.7% | 21.5% | |
| | 地区内的占比 | 22.1% | 26.5% | 32.6% | 27.2% | 25.1% | 29.5% | |
| | 总计的占比 | 8.3% | 0.7% | 3.0% | 2.0% | 6.1% | 5.5% | 25.7% |
| 就业制度 | 计数 | 122 | 6 | 36 | 18 | 79 | 36 | 297 |
| | $C10 内的占比 | 41.1% | 2.0% | 12.1% | 6.1% | 26.6% | 12.1% | |
| | 地区内的占比 | 23.5% | 17.6% | 27.9% | 17.5% | 23.7% | 14.0% | |
| | 总计的占比 | 8.9% | 0.4% | 2.6% | 1.3% | 5.7% | 2.6% | 21.6% |

| $C10ᵃ | | 地区 | | | | | | 总计 |
|---|---|---|---|---|---|---|---|---|
| | | 乌鲁木齐城镇 | 乌鲁木齐农村 | 塔城城镇 | 塔城农村 | 喀什城镇 | 喀什农村 | |
| 户籍制度 | 计数 | 66 | 11 | 9 | 15 | 48 | 26 | 175 |
| | $C10 内的占比 | 37.7% | 6.3% | 5.1% | 8.6% | 27.4% | 14.9% | |
| | 地区内的占比 | 12.7% | 32.4% | 7.0% | 14.6% | 14.4% | 10.1% | |
| | 总计的占比 | 4.8% | 0.8% | 0.7% | 1.1% | 3.5% | 1.9% | 12.7% |
| 个人发展机会 | 计数 | 206 | 13 | 50 | 21 | 131 | 78 | 499 |
| | $C10 内的占比 | 41.3% | 2.6% | 10.0% | 4.2% | 26.3% | 15.6% | |
| | 地区内的占比 | 39.6% | 38.2% | 38.8% | 20.4% | 39.2% | 30.2% | |
| | 总计的占比 | 14.9% | 0.9% | 3.6% | 1.5% | 9.5% | 5.7% | 36.2% |
| 其他方面 | 计数 | 27 | 1 | 5 | 7 | 60 | 67 | 167 |
| | $C10 内的占比 | 16.2% | 0.6% | 3.0% | 4.2% | 35.9% | 40.1% | |
| | 地区内的占比 | 5.2% | 2.9% | 3.9% | 6.8% | 18.0% | 26.0% | |
| | 总计的占比 | 2.0% | 0.1% | 0.4% | 0.5% | 4.4% | 4.9% | 12.1% |
| 总计 | 计数 | 520 | 34 | 129 | 103 | 334 | 258 | 1378 |
| | 总计的占比 | 37.7% | 2.5% | 9.4% | 7.5% | 24.2% | 18.7% | 100.0% |

注：百分比和总计以响应者为基础。
a. 值为 1 时制表的二分组。
资料来源：根据本调查数据运用 SPSS 19 数据统计得到。

乌鲁木齐城镇受访者认为农村居民和城镇居民相比两个最大的不平等表现在：（1）教育（响应百分比为 56.3%）；（2）社会保障（45.0%）。

塔城地区城镇受访者认为农村居民和城镇居民相比两个最大的不平等表现在：（1）教育（58.9%）；（2）个人发展机会（38.8%）。

喀什地区城镇受访者认为农村居民和城镇居民相比两个最大的不平等表现在：（1）教育（50.6%）；（2）社会保障和个人发展机会（均为 39.2%）。

乌鲁木齐农村受访者认为农村居民和城镇居民相比两个最大的不平等表现在：（1）教育（44.1%）；（2）社会保障（41.2%）。

塔城地区农村受访者认为农村居民和城镇居民相比两个最大的不平等表现在：（1）教育（72.8%）；（2）社会保障（41.7%）。

喀什地区农村受访者认为农村居民和城镇居民相比两个最大的不平等表现在：（1）社会保障（44.2%）；（2）教育（35.7%）。

三地区城镇受访者均认为"教育"是农村居民和城镇居民相比最大的不平等，其次为社会保障或个人发展机会，排列第二位的选项三地区有差异。三地区农村受访者均认为"教育"和"社会保障"是农村居民和城镇居民相比两个最大的不平等，乌鲁木齐和塔城地区农村受访者选择"教育"的频次均最高，喀什地区选择"社会保障"的频次最高。因此，缩小城乡发展差距，促进城乡居民的平等发展，应当针对各地区实际有针对性、有侧重地出台相应的政策措施，重点在于教育、社会保障和个人发展机会方面。

### 20. 收入分配制度改革认知

由表95可知分地区的城镇居民受访者关于收入分配制度改革最重要内容认知的分布。

表95　分地区的城镇居民受访者关于收入分配制度改革最重要内容认知的分布

| $C11^a$ | | 地区 | | | 总计 |
|---|---|---|---|---|---|
| | | 乌鲁木齐 | 塔城 | 喀什 | |
| 完善社会保障制度 | 计数 | 391 | 94 | 186 | 671 |
| 严厉惩治腐败打击非法经营和非法收入灰色收入 | 计数 | 277 | 62 | 105 | 444 |
| 控制并缩小因垄断原因而造成的收入差距 | 计数 | 130 | 27 | 56 | 213 |
| 调整不同部门与产业间不合理的劳动者报酬 | 计数 | 161 | 40 | 81 | 282 |
| 初次分配中提高劳动报酬所占比重 | 计数 | 132 | 28 | 92 | 252 |
| 加大国民收入再分配力度 | 计数 | 156 | 37 | 100 | 293 |
| 建立平等参与市场竞争的收入分配秩序 | 计数 | 83 | 13 | 81 | 177 |
| 实施积极的就业政策营造良好的就业创业环境 | 计数 | 135 | 44 | 163 | 342 |
| 促进城乡基本公共服务均等化营造个人发展的均等机会 | 计数 | 76 | 40 | 82 | 198 |
| 其他措施 | 计数 | 10 | 2 | 46 | 58 |
| 总计 | 计数 | 520 | 129 | 337 | 986 |

注：百分比和总计以响应者为基础。
a. 值为1时制表的二分组。
资料来源：根据本调查数据运用SPSS 19数据统计得到。

  乌鲁木齐城镇受访者认为今后政府收入分配制度改革最重要的三项内容应当为：（1）完善包括养老保险、医疗保险、失业保险、住房、社会福利、社会救济等社会保障制度（响应百分比为75.2%）。（2）严厉惩治腐败，打击非法经营和非法收入、灰色收入（53.3%）。（3）调整不同部门与产业间不合理的劳动者报酬（30.1%）。

  塔城地区城镇受访者认为今后政府收入分配制度改革最重要的三项内容应当为：（1）完善包括养老保险、医疗保险、失业保险、住房、社会福利、社会救济等社会保障制度（72.9%）。（2）严厉惩治腐败，打击非法经营和非法收入、灰色收入（48.1%）。（3）实施积极的就业政策，营造良好的就业、创业环境（34.1%）。

  喀什地区城镇受访者认为今后政府收入分配制度改革最重要的三项内容应当为：（1）完善包括养老保险、医疗保险、失业保险、住房、社会福利、社会救济等社会保障制度（55.2%）。（2）实施积极的就业政策，营造良好的就业、创业环境（48.4%）。（3）严厉惩治腐败，打击非法经营和非法收入、灰色收入（31.2%）。

  由上可知，三地区城镇受访者认为今后政府收入分配制度改革最重要的三项内容有着很高的一致性。三地区位列第一的选择均是：完善包括养老保险、医疗保险、失业保险、住房、社会福利、社会救济等社会保障制度，而且响应百分比均很高。塔城地区和喀什地区的选择完全相同，只是第二、三位排序不同。乌鲁木齐除第三位选择与另外两地不同以外，其他选择相同。

  由表96可知分地区的农村居民受访者关于收入分配制度改革最重要内容认知的分布。

**表96  分地区的农村居民受访者关于收入分配制度改革最重要内容认知的分布**

| $C10^a$ | | 地区 | | | 总计 |
| --- | --- | --- | --- | --- | --- |
| | | 乌鲁木齐 | 塔城 | 喀什 | |
| 增加农民收入 | 计数 | 25 | 71 | 184 | 280 |
| | $C10$ 内的占比 | 8.9% | 25.4% | 65.7% | |
| | 地区内的占比 | 73.5% | 68.3% | 68.7% | |
| | 总计的占比 | 6.2% | 17.5% | 45.3% | 69.0% |
| 帮扶农村贫困人口脱贫 | 计数 | 8 | 40 | 136 | 184 |
| | $C10$ 内的占比 | 4.3% | 21.7% | 73.9% | |
| | 地区内的占比 | 23.5% | 38.5% | 50.7% | |
| | 总计的占比 | 2.0% | 9.9% | 33.5% | 45.3% |

| $C10^a | | 地区 | | | 总计 |
|---|---|---|---|---|---|
| | | 乌鲁木齐 | 塔城 | 喀什 | |
| 缩小农村居民之间城乡居民之间的收入差距 | 计数 | 11 | 40 | 95 | 146 |
| | $C10 内的占比 | 7.5% | 27.4% | 65.1% | |
| | 地区内的占比 | 32.4% | 38.5% | 35.4% | |
| | 总计的占比 | 2.7% | 9.9% | 23.4% | 36.0% |
| 在不损害农民根本利益的情况下让农村土地承包经营权可以有效流转起来 | 计数 | 8 | 20 | 54 | 82 |
| | $C10 内的占比 | 9.8% | 24.4% | 65.9% | |
| | 地区内的占比 | 23.5% | 19.2% | 20.1% | |
| | 总计的占比 | 2.0% | 4.9% | 13.3% | 20.2% |
| 改革城乡分割的户籍制度让人口可以自由流动 | 计数 | 5 | 7 | 32 | 44 |
| | $C10 内的占比 | 11.4% | 15.9% | 72.7% | |
| | 地区内的占比 | 14.7% | 6.7% | 11.9% | |
| | 总计的占比 | 1.2% | 1.7% | 7.9% | 10.8% |
| 健全农村养老医疗等社会保障制度 | 计数 | 16 | 33 | 79 | 128 |
| | $C10 内的占比 | 12.5% | 25.8% | 61.7% | |
| | 地区内的占比 | 47.1% | 31.7% | 29.5% | |
| | 总计的占比 | 3.9% | 8.1% | 19.5% | 31.5% |
| 发展农村教育事业让城乡的孩子受到同等的教育 | 计数 | 19 | 51 | 91 | 161 |
| | $C10 内的占比 | 11.8% | 31.7% | 56.5% | |
| | 地区内的占比 | 55.9% | 49.0% | 34.0% | |
| | 总计的占比 | 4.7% | 12.6% | 22.4% | 39.7% |
| 加大农村交通通讯等公共设施的建设力度极大改善乡村面貌 | 计数 | 4 | 29 | 50 | 83 |
| | $C10 内的占比 | 4.8% | 34.9% | 60.2% | |
| | 地区内的占比 | 11.8% | 27.9% | 18.7% | |
| | 总计的占比 | 1.0% | 7.1% | 12.3% | 20.4% |
| 更方便获得金融机构贷款和各项金融服务 | 计数 | 4 | 21 | 49 | 74 |
| | $C10 内的占比 | 5.4% | 28.4% | 66.2% | |
| | 地区内的占比 | 11.8% | 20.2% | 18.3% | |
| | 总计的占比 | 1.0% | 5.2% | 12.1% | 18.2% |

| $C10ᵃ | | 地区 | | | 总计 |
|---|---|---|---|---|---|
| | | 乌鲁木齐 | 塔城 | 喀什 | |
| 其他措施 | 计数 | 2 | 0 | 13 | 15 |
| | $C10 内的占比 | 13.3% | 0 | 86.7% | |
| | 地区内的占比 | 5.9% | 0 | 4.9% | |
| | 总计的占比 | 0.5% | 0 | 3.2% | 3.7% |
| 总计 | 计数 | 34 | 104 | 268 | 406 |
| | 总计的占比 | 8.4% | 25.6% | 66.0% | 100.0% |

注：百分比和总计以响应者为基础。

a. 值为 1 时制表的二分组。

资料来源：根据本调查数据运用 SPSS 19 数据统计得到。

乌鲁木齐农村受访者认为如果可能目前最希望得到改善的三个方面应当为：(1) 增加农民收入（73.5%）。(2) 发展农村教育事业让城乡的孩子受到同等的教育（55.9%）。(3) 健全农村养老医疗等社会保障制度（47.1%）。

塔城地区农村受访者认为今后政府收入分配制度改革最重要的三项内容应当为：(1) 增加农民收入（68.3%）。(2) 发展农村教育事业让城乡的孩子受到同等的教育（49.0%）。(3) 帮扶农村贫困人口脱贫（38.5%）。(4) 缩小农村居民之间、城乡居民之间的收入差距（38.5%）。最后两项并列第三。

喀什地区农村受访者认为今后政府收入分配制度改革最重要的三项内容应当为：(1) 增加农民收入（68.7%）。(2) 帮扶农村贫困人口脱贫（50.7%）。(3) 缩小农村居民之间城乡居民之间的收入差距（35.4%）。

由上可知，三地区农村受访者如果可能目前最希望得到改善的三个方面高度趋同。第一位均为增加农民收入。乌鲁木齐和塔城地区第二位均为：发展农村教育事业让城乡的孩子受到同等的教育。帮扶农村贫困人口脱贫以及缩小农村居民之间城乡居民之间的收入差距，成为喀什地区和塔城地区另两项共同选择。

（三）性别差异

**1. 最高教育学历**

由表 97 可知分性别的受访者最高教育学历分布。

**表 97**                 分性别的受访者最高教育学历分布

| 学历 | | 性别 | | 总计 |
| --- | --- | --- | --- | --- |
| | | 男 | 女 | |
| 小学及以下 | 计数 | 104 | 81 | 185 |
| | 学历内的占比 | 56.2% | 43.8% | |
| | 性别内的占比 | 14.5% | 12.3% | |
| | 总计的占比 | 7.6% | 5.9% | 13.4% |
| 初中 | 计数 | 170 | 138 | 308 |
| | 学历内的占比 | 55.2% | 44.8% | |
| | 性别内的占比 | 23.8% | 20.9% | |
| | 总计的占比 | 12.4% | 10.0% | 22.4% |
| 高中、中专、职高、技校 | 计数 | 156 | 194 | 350 |
| | 学历内的占比 | 44.6% | 55.4% | |
| | 性别内的占比 | 21.8% | 29.3% | |
| | 总计的占比 | 11.3% | 14.1% | 25.4% |
| 大专或高职 | 计数 | 103 | 115 | 218 |
| | 学历内的占比 | 47.2% | 52.8% | |
| | 性别内的占比 | 14.4% | 17.4% | |
| | 总计的占比 | 7.5% | 8.4% | 15.8% |
| 本科 | 计数 | 140 | 110 | 250 |
| | 学历内的占比 | 56.0% | 44.0% | |
| | 性别内的占比 | 19.6% | 16.6% | |
| | 总计的占比 | 10.2% | 8.0% | 18.2% |
| 硕士研究生 | 计数 | 28 | 15 | 43 |
| | 学历内的占比 | 65.1% | 34.9% | |
| | 性别内的占比 | 3.9% | 2.3% | |
| | 总计的占比 | 2.0% | 1.1% | 3.1% |
| 博士研究生 | 计数 | 14 | 8 | 22 |
| | 学历内的占比 | 63.6% | 36.4% | |
| | 性别内的占比 | 2.0% | 1.2% | |
| | 总计的占比 | 1.0% | 0.6% | 1.6% |
| 总计 | 计数 | 715 | 661 | 1376 |
| | 总计的占比 | 52.0% | 48.0% | 100.0% |

注：百分比和总计以响应者为基础。

资料来源：根据本调查数据运用 SPSS 19 数据统计得到。

在 715 个男性受访者中，最高教育学历为初中的占比最高（23.8%），其次是高中、中专、职高、技校（21.8%）。初中以下学历（含初中）累计占比为 38.3%，高中、中专、职高、技校以下学历（含）累计占比为 60.1%，大专或高职以上学历（含）累计占比为 39.9%，本科以上（包括本科、硕士研究生、博士研究生）学历累计占比为 25.5%。

在 661 个女性受访者中，最高教育学历为高中、中专、职高、技校的占比最高（29.3%），其次是初中（20.9%）。初中以下学历（含初中）累计占比为 33.2%，比男性受访者低 5.1 个百分点；高中、中专、职高、技校以下学历（含）累计占比为 62.5%，比男性受访者高 2.4 个百分点；大专或高职以上学历（含）累计占比为 37.5%，比男性受访者低 2.4 个百分点；本科以上学历（包括本科、硕士研究生、博士研究生）累计占比为 20.1%，比男性受访者低 5.4 个百分点。

这些数据说明，女性受访者在低学历层次，如初中以下（含初中）比男性要好，在中等学历层次，如高中、中专、职高、技校以下学历（含）也比男性略好，但是在较高学历层次，如大专或高职以上学历（含）比男性略差，在高学历层次，如本科以上学历（包括本科、硕士研究生、博士研究生）则比男性低较多。因此，男性和女性受访者的最高教育学历是存在性别差异的，而这种差异是否会影响到其就业机会、就业能力、收入分配等方面的差异，还需要做进一步的研究。但是，提高包括女性居民在内的受教育程度，缩小居民受教育程度的性别差异，对于新疆未来的经济社会发展和扩大内需将会产生巨大的正面效应。

## 2. 工作状态

由表 98 可知，在全部 1374 个响应者中，工作或就业的男性受访者的占比为 42.8%，高出女性受访者（38.3%）4.5 个百分点；在 1114 个工作或就业的受访者中，男性占比（52.8%）高出女性占比（47.2%）5.6 个百分点；男性受访者中工作或就业的占比（82.4%）高出女性受访者（79.7%）2.7 个百分点。

表98　　　　　　　　　　分性别的受访者工作状态分布

| 工作状态 | | 性别 | | 总计 |
| --- | --- | --- | --- | --- |
| | | 男 | 女 | |
| 工作或就业 | 计数 | 588 | 526 | 1114 |
| | 工作状态内的占比 | 52.8% | 47.2% | |
| | 性别内的占比 | 82.4% | 79.7% | |
| | 总计的占比 | 42.8% | 38.3% | 81.1% |

| 工作状态 | | 性别 | | 总计 |
|---|---|---|---|---|
| | | 男 | 女 | |
| 离退休 | 计数 | 44 | 30 | 74 |
| | 工作状态内的占比 | 59.5% | 40.5% | |
| | 性别内的占比 | 6.2% | 4.5% | |
| | 总计的占比 | 3.2% | 2.2% | 5.4% |
| 失业下岗 | 计数 | 11 | 15 | 26 |
| | 工作状态内的占比 | 42.3% | 57.7% | |
| | 性别内的占比 | 1.5% | 2.3% | |
| | 总计的占比 | 0.8% | 1.1% | 1.9% |
| 家务劳动 | 计数 | 23 | 54 | 77 |
| | 工作状态内的占比 | 29.9% | 70.1% | |
| | 性别内的占比 | 3.2% | 8.2% | |
| | 总计的占比 | 1.7% | 3.9% | 5.6% |
| 其他 | 计数 | 48 | 35 | 83 |
| | 工作状态内的占比 | 57.8% | 42.2% | |
| | 性别内的占比 | 6.7% | 5.3% | |
| | 总计的占比 | 3.5% | 2.5% | 6.0% |
| 总计 | 计数 | 714 | 660 | 1374 |
| | 总计的占比 | 52.0% | 48.0% | 100.0% |

注：百分比和总计以响应者为基础。
资料来源：根据本调查数据运用 SPSS 19 数据统计得到。

离退休的受访者，无论是总计的占比、工作状态内的占比还是性别内的占比，男性受访者均高于女性受访者。

失业下岗的受访者，无论是总计的占比、工作状态内的占比还是性别内的占比，女性受访者均高于男性受访者，其中失业内的占比，女性（57.7%）高出男性（42.3%）15.4 个百分点。

从事家务劳动的受访者，无论是总计的占比、工作状态内的占比还是性别内的占比，女性受访者均高于男性受访者，其中家务劳动内的占比，女性（70.1%）高出男性（29.9%）40.2 个百分点。

工作状态为其他的受访者，无论是总计的占比、工作状态内的占比还是性别内的占比，男性受访者均高于女性受访者，其中工作状态内的占比男性（57.8%）

高出女性（42.2%）15.6 个百分点。

由此可知，受访者工作状态的分布是存在较为明显的性别差异的，关注女性公民的就业权利和机会，提高包括女性居民在内的居民收入水平，缩小居民收入分配的性别差异也是收入分配结构调整与扩大内需的题中应有之意。

### 3. 相对收入水平

鉴于农村居民以家庭收入为主，故未进行个人收入状况的调查，因此本调查以城镇居民受访者个人收入状况调查为基础分析其相对收入水平是否存在性别差异。

由表 99 可知分性别的城镇居民受访者的相对收入水平分布。

表 99　　　　　　　　分性别的城镇居民受访者的相对收入水平分布

| 个人收入在当地属于什么水平 | | 性别 | | 总计 |
| --- | --- | --- | --- | --- |
| | | 男 | 女 | |
| 很低 | 计数 | 40 | 48 | 88 |
| 较低 | 计数 | 92 | 102 | 194 |
| 一般 | 计数 | 311 | 298 | 609 |
| 较高 | 计数 | 52 | 22 | 74 |
| 很高 | 计数 | 3 | 2 | 5 |
| 不清楚 | 计数 | 5 | 8 | 13 |
| 没有收入 | 计数 | 1 | 0 | 1 |
| 总计 | 计数 | 504 | 480 | 984 |

注：百分比和总计以响应者为基础。
资料来源：根据本调查数据运用 SPSS 19 数据统计得到。

在男性受访者中，认为个人收入在当地属于一般水平的频次最高（311 次），占比为 61.7%；认为属于较低水平的频次其次（92 次），占比为 18.3%；认为属于较高水平的频次第三（52 次），占比为 10.3%；认为属于很低水平的频次第四（40 次），占比为 7.9%；认为属于很高水平的频次只有 0.6%；其他选项的频次很低。

在女性受访者中，认为个人收入在当地属于一般水平的频次最高（298 次），占比为 62.1%，略高于男性受访者；认为属于较低水平的频次其次（102 次），占比为 21.3%，高出男性 3 个百分点；认为属于很低水平的频次第三（48 次），占比为 10.0%，高出男性 2.1 个百分点；认为属于较高水平的频次第四（22 次），占比为 4.6%，低出男性 5.7 个百分点；认为属于很高水平的频次只有 0.4%，低于男性；其他选项的频次很低。女性受访者的相对收入水平为较低和很低的合计占比为 31.3%，高出男性（26.2%）5.1 个百分点；女性受访者的相对收入水平为较高和很高的合计占比为 5.0%，低出男性（10.9%）5.9 个百分点。

因此，总体而言，男性和女性受访者的相对收入水平是存在一定的性别差异的。收入分配结构调整应当关注女性就业者的平等权益，尽可能缩小居民收入分配的性别差异。

### 4. 个人收入状况满意程度

由表 100 可知，分性别的城镇居民受访者个人收入满意程度分布。

**表 100**       **分性别的城镇居民受访者个人收入满意程度分布**

| 对个人目前收入状况感到 | | 性别 | | 总计 |
|---|---|---|---|---|
| | | 男 | 女 | |
| 很不满意 | 计数 | 43 | 55 | 98 |
| 不太满意 | 计数 | 148 | 165 | 313 |
| 一般 | 计数 | 219 | 189 | 408 |
| 比较满意 | 计数 | 58 | 47 | 105 |
| 满意 | 计数 | 35 | 24 | 59 |
| 总计 | 计数 | 503 | 480 | 983 |

注：百分比和总计以响应者为基础。
资料来源：根据本调查数据运用 SPSS 19 数据统计得到。

在男性受访者中，对个人目前收入状况感到一般的频次最高（219 次），占比为 43.5%；感到不太满意的频次其次（148 次），占比为 29.4%；感到比较满意的频次第三（58 次），占比为 11.5%；感到很不满意的频次第四（43 次），占比为 8.6%；感到满意的频次最低（35 次），占比为 7.0%。

在女性受访者中，对个人目前收入状况感到一般的频次最高（189 次），占比为 39.4%，低于男性 4.1 个百分点；感到不太满意的频次其次（165 次），占比为 34.4%，高于男性 5 个百分点；感到很不满意的频次第三（55 次），占比为 11.5%，高于男性 2.9 个百分点；感到比较满意的频次第四（47 次），占比为 9.8%，低于男性 1.7 个百分点；感到满意的频次最低（24 次），占比为 5.0%，低于男性 2 个百分点。

女性受访者对个人目前收入状况感到一般以下（含一般、不太满意、很不满意）的合计占比为 85.3%，高出男性（81.5%）3.8 个百分点；感到不太满意和很不满意的合计占比为 45.9%，高出男性（38.0%）7.9 个百分点；感到比较满意和满意的合计占比为 14.8%，低出男性（18.5%）3.7 个百分点。因此，总体而言，女性受访者对个人目前收入状况的满意程度低于男性，这从另一个侧面反映出居民收入分配存在着性别差异。

**5. 个人全年总收入**

由表 101 可知，分性别的城镇居民受访者 2011 年个人全年总收入分布。本调查开始时间为 2012 年 8 月，由于没有当年全年收入数据，只能调查受访者 2011 年度的收入状况。

**表 101　　　　　分性别的城镇居民受访者个人全年总收入分布**

| 个人 2011 年全年总收入大概为 | | 性别 | | 总计 |
|---|---|---|---|---|
| | | 男 | 女 | |
| 1 万元以下 | 计数 | 38 | 40 | 78 |
| 1 万~4 万元 | 计数 | 238 | 260 | 498 |
| 4 万~8 万元 | 计数 | 158 | 120 | 278 |
| 8 万~15 万元 | 计数 | 46 | 32 | 78 |
| 15 万~50 万元 | 计数 | 14 | 20 | 34 |
| 50 万~100 万元 | 计数 | 4 | 7 | 11 |
| 100 万元及以上 | 计数 | 4 | 1 | 5 |
| 总计 | 计数 | 502 | 480 | 982 |

注：百分比和总计以响应者为基础。
资料来源：根据本调查数据运用 SPSS 19 数据统计得到。

在男性受访者中，个人 2011 年全年总收入大概为 1 万~4 万元的频次最高（238 次），占比为 47.4%；4 万~8 万元的频次其次（158 次），占比为 31.5%；8 万~15 万元的频次第三（46 次），占比为 9.2%；1 万元以下的频次第四（38 次），占比为 7.6%；15 万~50 万元的频次最五（14 次），占比为 2.8%；50 万~100 万元和 100 万元及以上的频次相同（4 次），并列第六位，占比为 0.8%。

在女性受访者中，个人 2011 年全年总收入大概为 1 万~4 万元的频次最高（260 次），占比为 54.2%，高于男性 6.8 个百分点；4 万~8 万元的频次其次（120 次），占比为 25.0%，低于男性 6.5 个百分点；1 万元以下的频次第三（40 次），占比为 8.3%，高于男性 0.7 个百分点；8 万~15 万元的频次第四（32 次），占比为 6.7%，低于男性 2.5 个百分点；15 万~50 万元的频次最五（20 次），占比为4.2%，高于男性1.4个百分点；50万～100万元的频次列第六位（7次），占比为1.5%，高于男性0.7个百分点；100万元及以上的频次最低（1次），占比为0.2%，低于男性0.6个百分点。

女性受访者个人2011年全年总收入的低收入档次（4万元以下）的占比高于男性，在中等收入档次（4万～15万元）的占比低于男性，在高收入档次（15万～100万元）的占比很低且略高于男性，在最高收入档次（100万元及以上）的占比低于男性。总体而言，女性受访者个人2011年全年总收入水平低于男性，存在着性别差异。

### 6. 收入差距认知

由表102可知，分性别的城乡受访者对目前所生活地区收入差距认知的分布。

**表102      分性别的受访者对目前所生活地区收入差距认知的分布**

| 您认为目前您所生活地区居民收入的差距如何 | | 性别 | | 总计 |
| --- | --- | --- | --- | --- |
| | | 男 | 女 | |
| 非常大 | 计数 | 94 | 87 | 181 |
| | 您认为目前您所生活地区居民收入的差距如何内的占比 | 51.9% | 48.1% | |
| | 性别内的占比 | 13.3% | 13.3% | |
| | 总计的占比 | 6.9% | 6.4% | 13.3% |
| 较大 | 计数 | 278 | 283 | 561 |
| | 您认为目前您所生活地区居民收入的差距如何内的占比 | 49.6% | 50.4% | |
| | 性别内的占比 | 39.2% | 43.4% | |
| | 总计的占比 | 20.4% | 20.8% | 41.2% |
| 正常 | 计数 | 232 | 179 | 411 |
| | 您认为目前您所生活地区居民收入的差距如何内的占比 | 56.4% | 43.6% | |
| | 性别内的占比 | 32.7% | 27.5% | |
| | 总计的占比 | 17.0% | 13.2% | 30.2% |

| 您认为目前您所生活地区居民收入的差距如何 | | 性别 | | 总计 |
|---|---|---|---|---|
| | | 男 | 女 | |
| 较小 | 计数 | 69 | 48 | 117 |
| | 您认为目前您所生活地区居民收入的差距如何内的占比 | 59.0% | 41.0% | |
| | 性别内的占比 | 9.7% | 7.4% | |
| | 总计的占比 | 5.1% | 3.5% | 8.6% |
| 很小 | 计数 | 7 | 6 | 13 |
| | 您认为目前您所生活地区居民收入的差距如何内的占比 | 53.8% | 46.2% | |
| | 性别内的占比 | 1.0% | 0.9% | |
| | 总计的占比 | 0.5% | 0.4% | 1.0% |
| 不清楚 | 计数 | 29 | 49 | 78 |
| | 您认为目前您所生活地区居民收入的差距如何内的占比 | 37.2% | 62.8% | |
| | 性别内的占比 | 4.1% | 7.5% | |
| | 总计的占比 | 2.1% | 3.6% | 5.7% |
| 总计 | 计数 | 709 | 652 | 1361 |
| | 总计的占比 | 52.1% | 47.9% | 100.0% |

注：百分比和总计以响应者为基础。

资料来源：根据本调查数据运用 SPSS 19 数据统计得到。

在男性受访者中，认为目前其所生活地区居民收入的差距较大的占比（39.2%）最高，认为正常的占比（32.7%）为第二，认为非常大的占比（13.3%）第三，认为较小的占比（9.7%）第四，认为不清楚的占比（4.1%）第五，认为很小的占比（1.0%）极小列第六位。

在女性受访者中，认为目前其所生活地区居民收入的差距较大的占比（43.4%）最高，高于男性4.2个百分点；认为正常的占比（27.5%）为第二，低于男性5.2个百分点；认为非常大的占比（13.3%）第三，与男性相同；认为较小的占比（7.4%）第四，低于男性2.3个百分点；认为不清楚的占比（7.5%）

第五，高于男性3.4个百分点；认为很小的占比（0.9%）极小列第六位，低于男性0.1个百分点。女性受访者各选项占比的排序与男性相同。

总体而言，除认为不清楚的以外，男性和女性受访者对目前其所生活地区居民收入的差距的认知存在着性别差异，女性相对认为收入差距更大一些。

### （四）族别差异

#### 1. 最高教育学历

由表103可知，在全体受访者中，最高学历为小学及以下占比由高到低依次为：维吾尔族（10.1%）、汉族（1.9%）、哈萨克族（1.0%）、回族（0.4%）、蒙古族（0.2%）、其他民族（0.1%），维吾尔族高出汉族8.2个百分点；在小学及以下的受访者中，维吾尔族占比最高（73.7%），高出第二位汉族占比（13.7%）60个百分点，除这两个民族之外其余民族受访者的占比较低；族别内此项占比最高的依旧是维吾尔族（21.9%），高出第二位哈萨克族（17.3%）个百分点，然后为蒙古族（15.8%）、其他民族（10.0%）、回族（8.0%），占比最低的是汉族（4.7%）。

表103　　　　　　　　　分民族的受访者最高教育学历分布

| 学历 | | 族别 | | | | | | 总计 |
|---|---|---|---|---|---|---|---|---|
| | | 汉族 | 维吾尔族 | 哈萨克族 | 回族 | 蒙古族 | 其他民族 | |
| 小学及以下 | 计数 | 26 | 140 | 14 | 6 | 3 | 1 | 190 |
| | 学历内的占比 | 13.7% | 73.7% | 7.4% | 3.2% | 1.6% | 0.5% | |
| | 族别内的占比 | 4.7% | 21.9% | 17.3% | 8.0% | 15.8% | 10.0% | |
| | 总计的占比 | 1.9% | 10.1% | 1.0% | 0.4% | 0.2% | 0.1% | 13.7% |
| 初中 | 计数 | 94 | 162 | 27 | 24 | 1 | 1 | 309 |
| | 学历内的占比 | 30.4% | 52.4% | 8.7% | 7.8% | 0.3% | 0.3% | |
| | 族别内的占比 | 16.8% | 25.3% | 33.3% | 32.0% | 5.3% | 10.0% | |
| | 总计的占比 | 6.8% | 11.7% | 2.0% | 1.7% | 0.1% | 0.1% | 22.3% |
| 高中、中专、职高、技校 | 计数 | 155 | 157 | 16 | 17 | 6 | 1 | 352 |
| | 学历内的占比 | 44.0% | 44.6% | 4.5% | 4.8% | 1.7% | 0.3% | |
| | 族别内的占比 | 27.7% | 24.5% | 19.8% | 22.7% | 31.6% | 10.0% | |
| | 总计的占比 | 11.2% | 11.3% | 1.2% | 1.2% | 0.4% | 0.1% | 25.4% |

| 学历 | | 族别 | | | | | | 总计 |
|------|------|------|------|------|------|------|------|------|
| | | 汉族 | 维吾尔族 | 哈萨克族 | 回族 | 蒙古族 | 其他民族 | |
| 大专或高职 | 计数 | 120 | 66 | 13 | 12 | 5 | 2 | 218 |
| | 学历内的占比 | 55.0% | 30.3% | 6.0% | 5.5% | 2.3% | 0.9% | |
| | 族别内的占比 | 21.5% | 10.3% | 16.0% | 16.0% | 26.3% | 20.0% | |
| | 总计的占比 | 8.7% | 4.8% | 0.9% | 0.9% | 0.4% | 0.1% | 15.8% |
| 本科 | 计数 | 125 | 97 | 10 | 11 | 3 | 4 | 250 |
| | 学历内的占比 | 50.0% | 38.8% | 4.0% | 4.4% | 1.2% | 1.6% | |
| | 族别内的占比 | 22.4% | 15.2% | 12.3% | 14.7% | 15.8% | 40.0% | |
| | 总计的占比 | 9.0% | 7.0% | 0.7% | 0.8% | 0.2% | 0.3% | 18.1% |
| 硕士研究生 | 计数 | 26 | 10 | 1 | 4 | 1 | 1 | 43 |
| | 学历内的占比 | 60.5% | 23.3% | 2.3% | 9.3% | 2.3% | 2.3% | |
| | 族别内的占比 | 4.7% | 1.6% | 1.2% | 5.3% | 5.3% | 10.0% | |
| | 总计的占比 | 1.9% | 0.7% | 0.1% | 0.3% | 0.1% | 0.1% | 3.1% |
| 博士研究生 | 计数 | 13 | 8 | 0 | 1 | 0 | 0 | 22 |
| | 学历内的占比 | 59.1% | 36.4% | 0 | 4.5% | 0 | 0 | |
| | 族别内的占比 | 2.3% | 1.3% | 0 | 1.3% | 0 | 0 | |
| | 总计的占比 | 0.9% | 0.6% | 0 | 0.1% | 0 | 0 | 1.6% |
| 总计 | 计数 | 559 | 640 | 81 | 75 | 19 | 10 | 1384 |
| | 总计的占比 | 40.4% | 46.2% | 5.9% | 5.4% | 1.4% | 0.7% | 100.0% |

注：百分比和总计以响应者为基础。

资料来源：根据本调查数据运用 SPSS 19 数据统计得到。

最高学历为初中的族别内此项占比由高到低依次为：哈萨克族（33.3%）、回族（32.0%）、维吾尔族（25.3%）、汉族（16.8%）、其他民族（10%）、蒙古族（5.3%）。

最高学历为高中、中专、职高、技校的族别内此项占比由高到低依次为：蒙古族（31.6%）、汉族（27.7%）、维吾尔族（24.5%）、回族（22.7%）、哈萨克族（19.8%）、其他民族（10.0%）。

最高学历为大专或高职的族别内此项占比由高到低依次为：蒙古族（26.3%）、汉族（21.5%）、其他民族（20%）、哈萨克族（16.0%）和回族（16.0%）、维吾尔族（10.3%）。

最高学历为本科的族别内此项占比由高到低依次为：其他民族（40.0%）、汉族（22.4%）、蒙古族（15.8%）、维吾尔族（15.2%）、回族（14.7%）、哈萨克族（12.3%），其他民族占比较高与按其人口比例选取的样本很少和抽样的随机性有关。

最高学历为硕士和博士研究生的族别内此项占比由高到低依次为：其他民族（10%）、汉族（7.0%）、回族（6.6%）、蒙古族（5.3%）、哈萨克族（2.9%）维吾尔族（1.2%），其他民族占比较高与按其人口比例选取的样本很少和抽样的随机性有关。

汉族受访者中初中以下（含初中）族别内此项占比合计为21.5%，高中、中专、职高、技校的族别内此项占比最高（27.7%），然后是本科（22.4%）、大专或高职（21.5%），本科以上学历（含本科）占比合计为29.4%。

维吾尔族受访者中初中以下（含初中）族别内此项占比合计为47.2%，初中的族别内此项占比最高（25.3%），然后是高中、中专、职高、技校本科（24.5%）、小学（21.9%），本科以上学历（含本科）占比合计为18.1%。

哈萨克族受访者中初中以下（含初中）族别内此项占比合计为50.6%，初中的族别内此项占比最高（33.3%），然后是高中、中专、职高、技校本科（19.8%）、小学（17.3%），本科以上学历（含本科）占比合计为13.5%。

回族受访者中初中以下（含初中）族别内此项占比合计为40.0%，初中的族别内此项占比最高（32.0%），然后是高中、中专、职高、技校本科（22.7%）、大专或高职（16.0%），本科以上学历（含本科）占比合计为21.3%。

蒙古族受访者中初中以下（含初中）族别内此项占比合计为21.1%，高中、中专、职高、技校的族别内此项占比最高（31.6%），然后是大专或高职（26.3%）、小学和本科均为15.8%，本科以上学历（含本科）占比合计为21.1%。

其他民族受访者中初中以下（含初中）族别内此项占比合计为20.0%，本科的族别内此项占比最高（40.0%），然后是大专或高职（20.0%），本科以上学历（含本科）占比合计为50.0%，其他民族占比较高与按其人口比例选取的样本很少和抽样的随机性有关。

因此，总体而言各民族受访者的最高教育学历存在明显的族别差异，其中汉族总体的受教育程度最好，然后依次是蒙古族、回族、维吾尔族、哈萨克族。鉴于其他民族受访者按其人口比例选取的样本很少和抽样的随机性等因素，故不参与比较。最高教育学历存在明显的族别差异是否会影响到收入分配的族别差异，是否会影响到各民族的消费需求和投资需求还有待进一步的研究。但是毋庸置疑的是提高包括汉族在内的新疆各民族的受教育水平，尤其注意缩小族别差异，增加新疆居民的人力资本投入，一定会产生巨大的正外部效应。

## 2. 工作状态

由表 104 可知受访者分民族的工作状态的分布。在全部 1381 个响应者中，工作或就业①占比由高到低的排列为：维吾尔族（36.2%）、汉族（34.4%）、哈萨克族（5.1%）、回族（3.7%）、蒙古族（1.2%）、其他民族（0.7%），在工作或就业的受访者中的排序同此，这与受访者的民族分布有关。而在本民族内工作或就业的受访者占比由高到低的排列中，其他民族（90.0%）、哈萨克族（88.8%）、汉族（85.4%）、蒙古族（84.2%）位居前列，维吾尔族（78.0%）、回族（68.0%）位列后两位，存在一定差距。

**表 104** 分民族的受访者工作状态分布

| 工作状态 | | 族别 | | | | | | 总计 |
|---|---|---|---|---|---|---|---|---|
| | | 汉族 | 维吾尔族 | 哈萨克族 | 回族 | 蒙古族 | 其他民族 | |
| 工作或就业 | 计数 | 475 | 500 | 71 | 51 | 16 | 9 | 1122 |
| | 工作状态内的占比 | 42.3% | 44.6% | 6.3% | 4.5% | 1.4% | 0.8% | |
| | 族别内的占比 | 85.4% | 78.0% | 88.8% | 68.0% | 84.2% | 90.0% | |
| | 总计的占比 | 34.4% | 36.2% | 5.1% | 3.7% | 1.2% | 0.7% | 81.2% |
| 离退休 | 计数 | 34 | 29 | 2 | 8 | 0 | 1 | 74 |
| | 工作状态内的占比 | 45.9% | 39.2% | 2.7% | 10.8% | 0 | 1.4% | |
| | 族别内的占比 | 6.1% | 4.5% | 2.5% | 10.7% | 0 | 10.0% | |
| | 总计的占比 | 2.5% | 2.1% | 0.1% | 0.6% | 0 | 0.1% | 5.4% |
| 失业下岗 | 计数 | 9 | 16 | 0 | 1 | 0 | 0 | 26 |
| | 工作状态内的占比 | 34.6% | 61.5% | 0 | 3.8% | 0 | 0 | |
| | 族别内的占比 | 1.6% | 2.5% | 0 | 1.3% | 0 | 0 | |
| | 总计的占比 | 0.7% | 1.2% | 0 | 0.1% | 0 | 0 | 1.9% |
| 家务劳动 | 计数 | 14 | 48 | 5 | 7 | 3 | 0 | 77 |
| | 工作状态内的占比 | 18.2% | 62.3% | 6.5% | 9.1% | 3.9% | 0 | |
| | 族别内的占比 | 2.5% | 7.5% | 6.3% | 9.3% | 15.8% | 0 | |
| | 总计的占比 | 1.0% | 3.5% | 0.4% | 0.5% | 0.2% | 0 | 5.6% |

① 本调查将从事农林牧渔业的劳动视为工作或就业，与单纯的家务劳动是有区别的。

| 工作状态 | | 族别 | | | | | | 总计 |
|---|---|---|---|---|---|---|---|---|
| | | 汉族 | 维吾尔族 | 哈萨克族 | 回族 | 蒙古族 | 其他民族 | |
| 其他 | 计数 | 24 | 48 | 2 | 8 | 0 | 0 | 82 |
| | 工作状态内的占比 | 29.3% | 58.5% | 2.4% | 9.8% | 0 | 0 | |
| | 族别内的占比 | 4.3% | 7.5% | 2.5% | 10.7% | 0 | 0 | |
| | 总计的占比 | 1.7% | 3.5% | 0.1% | 0.6% | 0 | 0 | 5.9% |
| 总计 | 计数 | 556 | 641 | 80 | 75 | 19 | 10 | 1381 |
| | 总计的占比 | 40.3% | 46.4% | 5.8% | 5.4% | 1.4% | 0.7% | 100.0% |

注：百分比和总计以响应者为基础。
资料来源：根据本调查数据运用 SPSS 19 数据统计得到。

在失业下岗的受访者中，维吾尔族的占比最高（61.5%），高出第二位的汉族（34.6%）26.9 个百分点，回族列第三位（3.8%），其余民族占比微小，在本民族内失业下岗的受访者占比由高到低的排列与此相同。

从事家务劳动的受访者中，维吾尔族占比最高（62.3%），高出第二位汉族（18.2%）44.1 个百分点，其余依次为：回族（9.1%）、哈萨克族（6.5%）、蒙古族（3.9%）、其他民族（0.0%）。在本民族内从事家务劳动的受访者占比由高到低的排列为：蒙古族（15.8%）、回族（9.3%）、维吾尔族（7.5%）、哈萨克族（6.3%）、汉族（2.5%）、其他民族（0.0%）。

其他工作或就业状态的受访者占比由高到低的排列为：维吾尔族（58.5%）、汉族（29.3%）、回族（9.8%）、哈萨克族（2.4%）、蒙古族（0.0%）、其他民族（0.0%）。在本民族内处于其他工作或就业状态的受访者占比由高到低的排列为：回族（10.7%）、维吾尔族（7.5%）、汉族（4.3%）、哈萨克族（2.5%）、蒙古族（0.0%）、其他民族（0.0%）。

由此可知，受访者工作或就业状态的分布是存在民族差异的，在制定就业政策和收入分配改革中需要考虑到这种差异，做到有的放矢。

### 3. 消费结构

由表 105 可知分民族的受访者消费结构分布，根据族别内各项消费占比由高到低排序可以得到各民族的消费结构。

表 105 分民族的受访者消费结构分布

| $B1 [a] | | 族别 | | | | | | 总计 |
| --- | --- | --- | --- | --- | --- | --- | --- | --- |
| | | 汉族 | 维吾尔族 | 哈萨克族 | 回族 | 蒙古族 | 其他民族 | |
| 食品 | 计数 | 445 | 588 | 72 | 64 | 16 | 7 | 1192 |
| | $B1 内的占比 | 37.3% | 49.3% | 6.0% | 5.4% | 1.3% | 0.6% | |
| | 族别内的占比 | 79.6% | 92.3% | 88.9% | 85.3% | 84.2% | 70.0% | |
| | 总计的占比 | 32.2% | 42.6% | 5.2% | 4.6% | 1.2% | 0.5% | 86.3% |
| 文教娱乐用品及服务 | 计数 | 227 | 249 | 36 | 18 | 6 | 4 | 540 |
| | $B1 内的占比 | 42.0% | 46.1% | 6.7% | 3.3% | 1.1% | 0.7% | |
| | 族别内的占比 | 40.6% | 39.1% | 44.4% | 24.0% | 31.6% | 40.0% | |
| | 总计的占比 | 16.4% | 18.0% | 2.6% | 1.3% | 0.4% | 0.3% | 39.1% |
| 医疗保健 | 计数 | 188 | 325 | 24 | 26 | 9 | 5 | 577 |
| | $B1 内的占比 | 32.6% | 56.3% | 4.2% | 4.5% | 1.6% | 0.9% | |
| | 族别内的占比 | 33.6% | 51.0% | 29.6% | 34.7% | 47.4% | 50.0% | |
| | 总计的占比 | 13.6% | 23.5% | 1.7% | 1.9% | 0.7% | 0.4% | 41.8% |
| 衣着 | 计数 | 252 | 291 | 31 | 43 | 6 | 2 | 625 |
| | $B1 内的占比 | 40.3% | 46.6% | 5.0% | 6.9% | 1.0% | 0.3% | |
| | 族别内的占比 | 45.1% | 45.7% | 38.3% | 57.3% | 31.6% | 20.0% | |
| | 总计的占比 | 18.2% | 21.1% | 2.2% | 3.1% | 0.4% | 0.1% | 45.3% |
| 居住 | 计数 | 212 | 207 | 25 | 27 | 9 | 4 | 484 |
| | $B1 内的占比 | 43.8% | 42.8% | 5.2% | 5.6% | 1.9% | 0.8% | |
| | 族别内的占比 | 37.9% | 32.5% | 30.9% | 36.0% | 47.4% | 40.0% | |
| | 总计的占比 | 15.4% | 15.0% | 1.8% | 2.0% | 0.7% | 0.3% | 35.0% |
| 交通通讯 | 计数 | 127 | 58 | 27 | 10 | 6 | 5 | 233 |
| | $B1 内的占比 | 54.5% | 24.9% | 11.6% | 4.3% | 2.6% | 2.1% | |
| | 族别内的占比 | 22.7% | 9.1% | 33.3% | 13.3% | 31.6% | 50.0% | |
| | 总计的占比 | 9.2% | 4.2% | 2.0% | 0.7% | 0.4% | 0.4% | 16.9% |
| 家庭设备用品及服务 | 计数 | 151 | 58 | 22 | 28 | 3 | 3 | 265 |
| | $B1 内的占比 | 57.0% | 21.9% | 8.3% | 10.6% | 1.1% | 1.1% | |
| | 族别内的占比 | 27.0% | 9.1% | 27.2% | 37.3% | 15.8% | 30.0% | |
| | 总计的占比 | 10.9% | 4.2% | 1.6% | 2.0% | 0.2% | 0.2% | 19.2% |

续表

| $B1[a] | | 族别 | | | | | | 总计 |
|---|---|---|---|---|---|---|---|---|
| | | 汉族 | 维吾尔族 | 哈萨克族 | 回族 | 蒙古族 | 其他民族 | |
| 其他商品和服务 | 计数 | 67 | 63 | 2 | 7 | 2 | 0 | 141 |
| | $B1 内的占比 | 47.5% | 44.7% | 1.4% | 5.0% | 1.4% | 0 | |
| | 族别内的占比 | 12.0% | 9.9% | 2.5% | 9.3% | 10.5% | 0 | |
| | 总计的占比 | 4.9% | 4.6% | 0.1% | 0.5% | 0.1% | 0 | 10.2% |
| 总计 | 计数 | 559 | 637 | 81 | 75 | 19 | 10 | 1381 |
| | 总计的占比 | 40.5% | 46.1% | 5.9% | 5.4% | 1.4% | 0.7% | 100.0% |

注：百分比和总计以响应者为基础。
a. 值为1时制表的二分组。
资料来源：根据本调查数据运用 SPSS 19 数据统计得到。

汉族：（1）食品、（2）衣着、（3）教育文化娱乐用品及服务、（4）居住、（5）医疗保健、（6）家庭设备用品及服务、（7）交通通信、（8）其他商品和服务。

维吾尔族：（1）食品、（2）医疗保健、（3）衣着、（4）教育文化娱乐用品及服务、（5）居住、（6）其他商品和服务、（7）家庭设备用品及服务、（7）交通通信并列第七。

哈萨克族：（1）食品、（2）教育文化娱乐用品及服务、（3）衣着、（4）交通通信、（5）居住、（6）医疗保健、（7）家庭设备用品及服务、（8）其他商品和服务。

回族：（1）食品、（2）衣着、（3）家庭设备用品及服务、（4）居住、（5）医疗保健、（6）教育文化娱乐用品及服务、（7）交通通信、（8）其他商品和服务。

蒙古族：（1）食品、（2）居住、（2）医疗保健、（4）衣着、（4）教育文化娱乐用品及服务、（4）交通通信、（7）家庭设备用品及服务、（8）其他商品和服务。

其他民族：（1）食品、（2）医疗保健、（2）交通通信、（4）教育文化娱乐用品及服务、（4）居住、（6）家庭设备用品及服务、（7）衣着、（8）其他商品和服务。

因此，总体而言，各民族受访者的消费结构存在族别差异，唯一的共同点是食品均列消费结构的第一位；衣着在大多数民族（汉族、回族、维吾尔族、哈萨克族）受访者消费结构中位列第二、三位，蒙古族的衣着消费列第四位；医疗保健在半数民族（维吾尔族、蒙古族、其他民族）消费结构中位列第二或并列第二位；教育文化娱乐用品及服务在大多数民族（哈萨克族、汉族、维吾尔族、蒙古族、其他民族）受访者消费结构中位列第二、第三、第四位，回族列第六位；居住在大多数民族（汉族、回族、其他民族、维吾尔族、哈萨克族）受访者消费结构中位列第四、五位，蒙古族列第二位；哈萨克族和蒙古族的交通通信在其消费结构中列第四位，汉族、回族、维吾尔族列第七位或并列第七位；家庭设备用品及服务在大多数民族（汉族、其他民族、维吾尔族、哈萨克族、蒙古族）受访者消费结构中位列第六、第七位，回族列第三位；除维吾尔族外其他商品和服务在消费结构中均列末位。

消费结构存在族别差异与各民族风俗传统、生活方式有很大关系。食品和衣着支出位居前列也说明各民族消费结构仍然处于相对较低的层次，但半数或以上民族医疗保健和教育文化娱乐用品及服务支出排位靠前也说明居民消费结构出现升级迹象，消费结构处于变迁之中。扩大内需的政策应当考虑到消费结构的族别差异、现状和趋势。

### 4. 恩格尔系数

由表 106 可知分民族的受访者正常情况下食品支出占家庭全年消费支出比例的分布，也即恩格尔系数①的分布。

**表 106　　分民族的受访者正常情况下食品支出占家庭全年消费支出比例的分布**

| 正常情况下食品支出占家庭全年消费支出的比例 | | 族别 | | | | | | 总计 |
|---|---|---|---|---|---|---|---|---|
| | | 汉族 | 维吾尔族 | 哈萨克族 | 回族 | 蒙古族 | 其他民族 | |
| 30%以下 | 计数 | 124 | 34 | 8 | 10 | 2 | 1 | 179 |
| | 正常情况下食品支出占家庭全年消费支出的比例内的占比 | 69.3% | 19.0% | 4.5% | 5.6% | 1.1% | 0.6% | |
| | 族别内的占比 | 22.2% | 5.3% | 9.9% | 13.5% | 10.5% | 10.0% | |
| | 总计的占比 | 9.0% | 2.5% | 0.6% | 0.7% | 0.1% | 0.1% | 13.0% |

①　联合国将恩格尔系数的高低作为评价贫富国家生活水平的重要标准之一，恩格尔系数在 60% 以上的居民生活消费水平为绝对贫困型，50% ~60% 为温饱型，40% ~50% 为小康型，30% ~40% 为富裕型，30%以下为极富裕型。

| 正常情况下食品支出占家庭全年消费支出的比例 | | 族别 | | | | | | 总计 |
|---|---|---|---|---|---|---|---|---|
| | | 汉族 | 维吾尔族 | 哈萨克族 | 回族 | 蒙古族 | 其他民族 | |
| 30%~40% | 计数 | 217 | 134 | 26 | 25 | 8 | 3 | 413 |
| | 正常情况下食品支出占家庭全年消费支出的比例内的占比 | 52.5% | 32.4% | 6.3% | 6.1% | 1.9% | 0.7% | |
| | 族别内的占比 | 38.8% | 21.0% | 32.1% | 33.8% | 42.1% | 30.0% | |
| | 总计的占比 | 15.7% | 9.7% | 1.9% | 1.8% | 0.6% | 0.2% | 29.9% |
| 40%~50% | 计数 | 119 | 134 | 26 | 24 | 5 | 1 | 309 |
| | 正常情况下食品支出占家庭全年消费支出的比例内的占比 | 38.5% | 43.4% | 8.4% | 7.8% | 1.6% | 0.3% | |
| | 族别内的占比 | 21.3% | 21.0% | 32.1% | 32.4% | 26.3% | 10.0% | |
| | 总计的占比 | 8.6% | 9.7% | 1.9% | 1.7% | 0.4% | 0.1% | 22.4% |
| 50%~60% | 计数 | 67 | 166 | 18 | 14 | 4 | 5 | 274 |
| | 正常情况下食品支出占家庭全年消费支出的比例内的占比 | 24.5% | 60.6% | 6.6% | 5.1% | 1.5% | 1.8% | |
| | 族别内的占比 | 12.0% | 26.0% | 22.2% | 18.9% | 21.1% | 50.0% | |
| | 总计的占比 | 4.8% | 12.0% | 1.3% | 1.0% | 0.3% | 0.4% | 19.8% |
| 60%以上 | 计数 | 32 | 171 | 3 | 1 | 0 | 0 | 207 |
| | 正常情况下食品支出占家庭全年消费支出的比例内的占比 | 15.5% | 82.6% | 1.4% | 0.5% | 0.50% | 0 | |
| | 族别内的占比 | 5.7% | 26.8% | 3.7% | 1.4% | 0 | 0 | |
| | 总计的占比 | 2.3% | 12.4% | 0.2% | 0.1% | 0 | 0 | 15.0% |
| 总计 | 计数 | 559 | 639 | 81 | 74 | 19 | 10 | 1382 |
| | 总计的占比 | 40.4% | 46.2% | 5.9% | 5.4% | 1.4% | 0.7% | 100.0% |

注：百分比和总计以响应者为基础。

资料来源：根据本调查数据运用 SPSS 19 数据统计得到。

在汉族受访者中，38.8%的受访者的恩格尔系数在30%～40%（即居民生活消费水平为富裕型），这一选项的频次最高；按照频次由高到低然后依次为：30%以下（即极富裕型，占比为22.2%）、40%～50%（即小康型，21.3%）、50%～60%（即温饱型，12.0%）、60%以上（即绝对贫困型，5.7%）。40%以下的合计占比（即富裕型和极富裕型的合计占比）为61%，50%以下的合计占比（即小康型、富裕型和极富裕型的合计占比）为82.3%，50%以上的合计占比（即温饱型和绝对贫困型的合计占比）为17.7%。

在维吾尔族受访者中，26.8%的受访者的恩格尔系数在60%以上，这一选项的频次最高；按照频次由高到低然后依次为：50%～60%（占比为26.0%）、40%～50%和30%～40%（21.0%）、30%以下（5.3%）。40%以下的合计占比（即富裕型和极富裕型的合计占比）为26.3%，50%以下的合计占比（即小康型、富裕型和极富裕型的合计占比）为47.3%，50%以上的合计占比（即温饱型和绝对贫困型的合计占比）为52.8%。

在哈萨克族受访者中，恩格尔系数在30%～40%和40%～50%的频次并列最高，占比均为32.1%；按照频次由高到低然后依次为：50%～60%（占比为22.2%）、30%以下（9.9%）、60%以上（3.7%）。40%以下的合计占比（即富裕型和极富裕型的合计占比）为42.0%，50%以下的合计占比（即小康型、富裕型和极富裕型的合计占比）为74.1%，50%以上的合计占比（即温饱型和绝对贫困型的合计占比）为25.9%。

在回族受访者中，33.8%的受访者的恩格尔系数在30%～40%，这一选项的频次最高；按照频次由高到低然后依次为：40%～50%（占比为32.4%）、50%～60%（18.9%）、30%以下（13.5%）、60%以上（1.4%）。40%以下的合计占比（即富裕型和极富裕型的合计占比）为47.3%，50%以下的合计占比（即小康型、富裕型和极富裕型的合计占比）为79.7%，50%以上的合计占比（即温饱型和绝对贫困型的合计占比）为20.3%。

在蒙古族受访者中，42.1%的受访者的恩格尔系数在30%～40%，这一选项的频次最高；按照频次由高到低然后依次为：40%～50%（占比为26.3%）、50%～60%（21.1%）、30%以下（10.5%）、60%以上（无响应者）。40%以下的合计占比（即富裕型和极富裕型的合计占比）为52.6%，50%以下的合计占比（即小康型、富裕型和极富裕型的合计占比）为78.9%，50%以上的合计占比（即温饱型和绝对贫困型的合计占比）为21.1%。

在其他民族受访者中，50.0%的受访者的恩格尔系数在50%～60%，这一选项的频次最高；按照频次由高到低然后依次为：30%～40%（占比为30.0%）、30%以下（10.0%）、40%～50%（10.0%）、60%以上（无响应者）。40%以下的合计占比（即富裕型和极富裕型的合计占比）为40%，50%以下的合计占比（即小康型、富裕型和极富裕型的合计占比）为50%，50%以上的合计占比（即温饱型和绝对贫困型的合计占比）为50.0%。

由此可知，各民族恩格尔系数的分布不尽相同，受访者消费水平存在着族别差异。除维吾尔族和其他民族以外，汉族、哈萨克族、回族、蒙古族恩格尔系数频次最高的是在30%～40%（哈萨克族40%～50%的频次并列最高），按照联合国的标准属于富裕型。除维吾尔族26.8%的受访者的恩格尔系数在60%以上，以及蒙古族和其他民族该选项无响应者以外，汉族、哈萨克族、回族受访者消费水平属于绝对贫困型的频率都非常低，分别为5.7%、3.7%和1.4%；除维吾尔族、其他民族50.0%以上的合计占比（即温饱型和绝对贫困型的合计占比）很高以外（分别为52.8%、50.0%），汉族、哈萨克族、回族、蒙古族该项合计占比均较低，分别为17.7%、25.9%、20.3%和21.1%。维吾尔族以恩格尔系数所反映的消费水平总体相对偏低的原因，与本调查按照人口比例抽样的维吾尔族受访者占比最高（46.3%）而且主要集中于经济相对落后的喀什地区（尤其是农村）有关，也与其社会生活风俗传统有关（聚餐相对频繁，故食品消费的比例总体偏高）。其他民族恩格尔系数的分布略有些特别，与按照人口比例抽样的样本数量极少有一定关联。

总体而言，这说明按照恩格尔系数这一指标所反映的当前新疆各民族受访者家庭的消费水平总体较高，似乎各族居民大多数受访者家庭的消费水平属于富裕型或小康型，但是各族受访者家庭的消费水平的分布是存在族别差异的，而且族内消费水平也存在着较大差异。这是在一定收入水平之下的恩格尔系数，当各族居民收入水平提升到新的层次时，居民的消费水平和消费结构也会提升和变迁，也会影响到总需求和需求结构，并引发总供给和供给结构的变动。因此，新疆各族居民消费水平和消费结构的提升与变化还有很大空间。

### 5. 平均消费倾向

由表107可知分民族的受访者家庭全年消费性支出占全部收入的比例分布。家庭全年消费性支出占全部收入（可支配收入）的比例即家庭消费倾向，可以反映居民家庭的消费意愿，也可以反映出家庭的储蓄倾向和能力。消费倾向取决于居民（家庭）收入水平、消费偏好、客观消费需要以及消费预期等因素，这里主要指受访者家庭的平均消费倾向。

**表 107            分民族的受访者家庭全年消费性支出占全部收入的比例分布**

| 家庭全年消费性支出占全部收入的比例 | | 族别 | | | | | | 总计 |
|---|---|---|---|---|---|---|---|---|
| | | 汉族 | 维吾尔族 | 哈萨克族 | 回族 | 蒙古族 | 其他民族 | |
| 10%以下 | 计数 | 3 | 8 | 1 | 1 | 0 | 0 | 13 |
| | 家庭全年消费性支出占全部收入的比例内的占比 | 23.1% | 61.5% | 7.7% | 7.7% | 0 | 0 | |
| | 族别内的占比 | 0.5% | 1.3% | 1.2% | 1.3% | 0 | 0 | |
| | 总计的占比 | 0.2% | 0.6% | 0.1% | 0.1% | 0 | 0 | 0.9% |
| 10%~20% | 计数 | 23 | 34 | 4 | 4 | 0 | 1 | 66 |
| | 家庭全年消费性支出占全部收入的比例内的占比 | 34.8% | 51.5% | 6.1% | 6.1% | 0 | 1.5% | |
| | 族别内的占比 | 4.1% | 5.3% | 4.9% | 5.3% | 0 | 10.0% | |
| | 总计的占比 | 1.7% | 2.5% | 0.3% | 0.3% | 0 | 0.1% | 4.8% |
| 20%~40% | 计数 | 114 | 89 | 7 | 13 | 4 | 2 | 229 |
| | 家庭全年消费性支出占全部收入的比例内的占比 | 49.8% | 38.9% | 3.1% | 5.7% | 1.7% | 0.9% | |
| | 族别内的占比 | 20.4% | 14.0% | 8.6% | 17.3% | 21.1% | 20.0% | |
| | 总计的占比 | 8.3% | 6.4% | 0.5% | 0.9% | 0.3% | 0.1% | 16.6% |
| 40%~60% | 计数 | 176 | 211 | 20 | 17 | 5 | 0 | 429 |
| | 家庭全年消费性支出占全部收入的比例内的占比 | 41.0% | 49.2% | 4.7% | 4.0% | 1.2% | 0 | |
| | 族别内的占比 | 31.5% | 33.2% | 24.7% | 22.7% | 26.3% | 0 | |
| | 总计的占比 | 12.8% | 15.3% | 1.4% | 1.2% | 0.4% | 0 | 31.1% |
| 60%~80% | 计数 | 147 | 202 | 33 | 27 | 7 | 4 | 420 |
| | 家庭全年消费性支出占全部收入的比例内的占比 | 35.0% | 48.1% | 7.9% | 6.4% | 1.7% | 1.0% | |
| | 族别内的占比 | 26.3% | 31.8% | 40.7% | 36.0% | 36.8% | 40.0% | |
| | 总计的占比 | 10.7% | 14.6% | 2.4% | 2.0% | 0.5% | 0.3% | 30.4% |

| 家庭全年消费性支出占全部收入的比例 | | 族别 | | | | | | 总计 |
|---|---|---|---|---|---|---|---|---|
| | | 汉族 | 维吾尔族 | 哈萨克族 | 回族 | 蒙古族 | 其他民族 | |
| 80%～100% | 计数 | 71 | 76 | 14 | 10 | 3 | 3 | 177 |
| | 家庭全年消费性支出占全部收入的比例内的占比 | 40.1% | 42.9% | 7.9% | 5.6% | 1.7% | 1.7% | |
| | 族别内的占比 | 12.7% | 11.9% | 17.3% | 13.3% | 15.8% | 30.0% | |
| | 总计的占比 | 5.1% | 5.5% | 1.0% | 0.7% | 0.2% | 0.2% | 12.8% |
| 超过100% | 计数 | 25 | 16 | 2 | 3 | 0 | 0 | 46 |
| | 家庭全年消费性支出占全部收入的比例内的占比 | 54.3% | 34.8% | 4.3% | 6.5% | 0 | 0 | |
| | 族别内的占比 | 4.5% | 2.5% | 2.5% | 4.0% | 0 | 0 | |
| | 总计的占比 | 1.8% | 1.2% | 0.1% | 0.2% | 0 | 0 | 3.3% |
| 总计 | 计数 | 559 | 636 | 81 | 75 | 19 | 10 | 1380 |
| | 总计的占比 | 40.5% | 46.1% | 5.9% | 5.4% | 1.4% | 0.7% | 100.0% |

注：百分比和总计以响应者为基础。
资料来源：根据本调查数据运用 SPSS 19 数据统计得到。

汉族受访者家庭中全年消费性支出占全部收入的比例在 40%～60% 的频次最高（占比为 31.5%），其次是比例在 60%～80% 的频次（26.3%），然后依次是 20%～40%（20.4%）、80%～100%（12.7%）、超过 100%（4.5%）、10%～20%（4.1%）、10%以下（0.5%）。

维吾尔族受访者家庭中全年消费性支出占全部收入的比例在 40%～60% 的频次最高（占比为 33.2%），其次是比例在 60%～80% 的频次（31.8%），然后依次是 20%～40%（14.0%）、80%～100%（11.9%）、10%～20%（5.3%）、超过 100%（2.5%）、10%以下（1.3%）。

哈萨克族受访者家庭中全年消费性支出占全部收入的比例在 60%～80% 的频次最高（占比为 40.7%），其次是比例在 40%～60% 的频次（24.7%），然后依次是 80%～100%（17.3%）、20%～40%（8.6%）、10%～20%（4.9%）、超过 100%（2.5%）、10%以下（1.2%）。

回族受访者家庭中全年消费性支出占全部收入的比例在 60%～80% 的频次最高（占比为 36.0%），其次是比例在 40%～60% 的频次（22.7%），然后依次是

20%～40%（17.3%）、80%～100%（13.3%）、10%～20%（5.3%）、超过100%（4.0%）、10%以下（1.3%）。

蒙古族受访者家庭中全年消费性支出占全部收入的比例在60%～80%的频次最高（占比为36.8%），其次是比例在40%～60%的频次（26.3%），然后依次是20%～40%（21.1%）、80%～100%（15.8%），其余10%～20%、超过100%、10%以下均无人响应。

其他民族受访者家庭中全年消费性支出占全部收入的比例在60%～80%的频次最高（占比为40.0%），其次是比例在80%～100%的频次（30.0%），然后依次是20%～40%（20.0%）、10%～20%（10.0%），其余40%～60%、超过100%、10%以下均无人响应。

从数据分析可知，汉族和维吾尔族受访者家庭中全年消费性支出占全部收入的比例在40%～60%的频次最高，其后三项的排序也相同，但维吾尔族比例在60%～80%的频次高出汉族5.5个百分点，比例在60%以上的占比合计（46.2%）比汉族（43.5%）高出2.7个百分点，比例在40%以下的占比合计比汉族低出18.26个百分点。这说明尽管汉族和维吾尔族前四位排序相同，但是总体而言，维吾尔族的消费倾向比汉族高，或者说其储蓄倾向比汉族低，这与我们在调研访谈和生活中的体会是一致的。

哈萨克族、回族、蒙古族和其他民族受访者中家庭中全年消费性支出占全部收入的比例在60%～80%的频次最高，除其他民族外这三个民族排序其次的均是比例在40%～60%的频次。比例在60%以上的占比合计，其他民族最高为70%，然后依次为哈萨克族（60.5%）、回族（53.3%）、蒙古族（52.6%）。因此，总体而言，这些民族的消费倾向相比汉族和维吾尔族又高出相当比例，相应的储蓄倾向和能力也低出相当比例。

### 6. 相对收入水平

由表108可知，分民族的受访者个人（或家庭）的相对收入分布。

表108　　　　　分民族的受访者个人（或家庭）的相对收入分布

| 个人（或家庭）收入在当地属于什么水平 | | 族别 | | | | | | 总计 |
|---|---|---|---|---|---|---|---|---|
| | | 汉族 | 维吾尔族 | 哈萨克族 | 回族 | 蒙古族 | 其他民族 | |
| 很低 | 计数 | 56 | 40 | 9 | 4 | 1 | 3 | 113 |
| | 个人（或家庭）收入在当地属于什么水平内的占比 | 49.6% | 35.4% | 8.0% | 3.5% | 0.9% | 2.7% | |

| 个人（或家庭）收入在当地属于什么水平 | | 族别 | | | | | | 总计 |
|---|---|---|---|---|---|---|---|---|
| | | 汉族 | 维吾尔族 | 哈萨克族 | 回族 | 蒙古族 | 其他民族 | |
| 很低 | 族别内的占比 | 10.0% | 6.3% | 11.1% | 5.3% | 5.3% | 30.0% | |
| | 总计的占比 | 4.0% | 2.9% | 0.7% | 0.3% | 0.1% | 0.2% | 8.2% |
| 较低 | 计数 | 114 | 131 | 18 | 14 | 3 | 0 | 280 |
| | 个人（或家庭）收入在当地属于什么水平内的占比 | 40.7% | 46.8% | 6.4% | 5.0% | 1.1% | 0 | |
| | 族别内的占比 | 20.4% | 20.5% | 22.2% | 18.7% | 15.8% | 0 | |
| | 总计的占比 | 8.2% | 9.5% | 1.3% | 1.0% | 0.2% | 0 | 20.2% |
| 一般 | 计数 | 344 | 406 | 47 | 53 | 13 | 7 | 870 |
| | 个人（或家庭）收入在当地属于什么水平内的占比 | 39.5% | 46.7% | 5.4% | 6.1% | 1.5% | 0.8% | |
| | 族别内的占比 | 61.4% | 63.6% | 58.0% | 70.7% | 68.4% | 70.0% | |
| | 总计的占比 | 24.9% | 29.4% | 3.4% | 3.8% | 0.9% | 0.5% | 62.9% |
| 较高 | 计数 | 32 | 55 | 4 | 3 | 1 | 0 | 95 |
| | 个人（或家庭）收入在当地属于什么水平内的占比 | 33.7% | 57.9% | 4.2% | 3.2% | 1.1% | 0 | |
| | 族别内的占比 | 5.7% | 8.6% | 4.9% | 4.0% | 5.3% | 0 | |
| | 总计的占比 | 2.3% | 4.0% | 0.3% | 0.2% | 0.1% | 0 | 6.9% |
| 很高 | 计数 | 3 | 2 | 2 | 0 | 0 | 0 | 7 |
| | 个人（或家庭）收入在当地属于什么水平内的占比 | 42.9% | 28.6% | 28.6% | 0 | 0 | 0 | |
| | 族别内的占比 | 0.5% | 0.3% | 2.5% | 0 | 0 | 0 | |
| | 总计的占比 | 0.2% | 0.1% | 0.1% | 0 | 0 | 0 | 0.5% |
| 不清楚 | 计数 | 10 | 4 | 1 | 1 | 1 | 0 | 17 |
| | 个人（或家庭）收入在当地属于什么水平内的占比 | 58.8% | 23.5% | 5.9% | 5.9% | 5.9% | 0 | |
| | 族别内的占比 | 1.8% | 0.6% | 1.2% | 1.3% | 5.3% | 0 | |
| | 总计的占比 | 0.7% | 0.3% | 0.1% | 0.1% | 0.1% | 0 | 1.2% |

| 个人（或家庭）收入在当地属于什么水平 | | 族别 | | | | | | 总计 |
|---|---|---|---|---|---|---|---|---|
| | | 汉族 | 维吾尔族 | 哈萨克族 | 回族 | 蒙古族 | 其他民族 | |
| 没有收入 | 计数 | 1 | 0 | 0 | 0 | 0 | 0 | 1 |
| | 个人（或家庭）收入在当地属于什么水平内的占比 | 100.0% | 0 | 0 | 0 | 0 | 0 | |
| | 族别内的占比 | 0.2% | 0 | 0 | 0 | 0 | 0 | |
| | 总计的占比 | 0.1% | 0 | 0 | 0 | 0 | 0 | 0.1% |
| 总计 | 计数 | 560 | 638 | 81 | 75 | 19 | 10 | 1383 |
| | 总计的占比 | 40.5% | 46.1% | 5.9% | 5.4% | 1.4% | 0.7% | 100.0% |

注：百分比和总计以响应者为基础。

资料来源：根据本调查数据运用 SPSS 19 数据统计得到。

各民族受访者中认为个人（或家庭）收入在当地属于一般水平的占比均为最高，依次为：回族（70.7%）、其他民族（70.0%）、蒙古族（68.4%）、维吾尔族（63.6%）、汉族（61.4%）、哈萨克族（58.0%）。除其他民族无响应者以外，各民族受访者认为个人（或家庭）收入在当地属于较低水平的占比均为其次，依次为：哈萨克族（22.2%）、维吾尔族（20.5%）、汉族（20.4%）、回族（18.7%）、蒙古族（15.8%）。除其他民族受访者占比为30%，以及维吾尔族受访者认为个人（或家庭）收入在当地属于较高水平的占比列第三位（8.6%）以外，认为个人（或家庭）收入在当地属于很低水平的占比均为第三位的民族，依次为：哈萨克族（11.1%）、汉族（10.0%）、回族（5.3%）、蒙古族（5.3%）。

各民族受访者中认为个人（或家庭）收入在当地属于较低和很低水平的累计占比由高到低依次为：哈萨克族（33.3%）、汉族（30.4%）、其他民族（30%）、维吾尔族（26.8%）、回族（24.0%）、蒙古族（21.1%）。各民族受访者认为个人（或家庭）收入在当地属于较高水平的占比均较低，由高到低依次为：维吾尔族（8.6%）、汉族（5.7%）、蒙古族（5.3%）、哈萨克族（4.9%）、回族（4.0%）、其他民族（0%）无响应者。各民族受访者认为个人（或家庭）收入在当地属于很高水平的占比均非常低，由高到低依次为：哈萨克族（2.5%）、汉族（0.5%）、维吾尔族（0.3%）、蒙古族、回族、其他民族均无响应者。

总体而言，各民族受访者认为个人（或家庭）收入在当地属于一般水平的占比均为最高，而且平均值高达65.35%；认为属于较低和很低水平的占比均有相当比例，平均值为27.6%；认为属于较高和很高水平的占比均很低。尽管各民族有一定差异，但对其相对收入水平的评价均不高。

### 7. 收入满意程度

由109表可知分民族的受访者对个人（或家庭）目前收入状况满意程度分布。

汉族受访者中选择对个人（或家庭）目前收入状况满意程度为不太满意的占比最高（38.6%），其次为一般（35.2%），然后由高到低依次为：很不满意（12.9%）、比较满意（10.4%）、满意（2.9%）；不太满意和很不满意的占比累计高达51.5%，比较满意和满意的占比均很低，累计为13.3%。

**表109　　　分民族的受访者对个人（或家庭）目前收入状况满意程度分布**

| 对个人（或家庭）目前收入状况感到 | | 族别 | | | | | | 总计 |
|---|---|---|---|---|---|---|---|---|
| | | 汉族 | 维吾尔族 | 哈萨克族 | 回族 | 蒙古族 | 其他民族 | |
| 很不满意 | 计数 | 72 | 20 | 5 | 8 | 1 | 4 | 110 |
| | 对个人目前收入状况感到内的占比 | 65.5% | 18.2% | 4.5% | 7.3% | 0.9% | 3.6% | |
| | 族别内的占比 | 12.9% | 3.1% | 6.2% | 10.7% | 5.3% | 40.0% | |
| | 总计的占比 | 5.2% | 1.5% | 0.4% | 0.6% | 0.1% | 0.3% | 8.0% |
| 不太满意 | 计数 | 216 | 132 | 12 | 23 | 8 | 4 | 395 |
| | 对个人目前收入状况感到内的占比 | 54.7% | 33.4% | 3.0% | 5.8% | 2.0% | 1.0% | |
| | 族别内的占比 | 38.6% | 20.8% | 14.8% | 30.7% | 42.1% | 40.0% | |
| | 总计的占比 | 15.7% | 9.6% | 0.9% | 1.7% | 0.6% | 0.3% | 28.6% |
| 一般 | 计数 | 197 | 331 | 42 | 32 | 6 | 1 | 609 |
| | 对个人目前收入状况感到内的占比 | 32.3% | 54.4% | 6.9% | 5.3% | 1.0% | 0.2% | |
| | 族别内的占比 | 35.2% | 52.1% | 51.9% | 42.7% | 31.6% | 10.0% | |
| | 总计的占比 | 14.3% | 24.0% | 3.0% | 2.3% | 0.4% | 0.1% | 44.2% |
| 比较满意 | 计数 | 58 | 88 | 17 | 4 | 3 | 0 | 170 |
| | 对个人目前收入状况感到内的占比 | 34.1% | 51.8% | 10.0% | 2.4% | 1.8% | 0 | |
| | 族别内的占比 | 10.4% | 13.9% | 21.0% | 5.3% | 15.8% | 0 | |
| | 总计的占比 | 4.2% | 6.4% | 1.2% | 0.3% | 0.2% | 0 | 12.3% |

| 对个人（或家庭）目前收入状况感到 | | 族别 | | | | | | 总计 |
|---|---|---|---|---|---|---|---|---|
| | | 汉族 | 维吾尔族 | 哈萨克族 | 回族 | 蒙古族 | 其他民族 | |
| 满意 | 计数 | 16 | 64 | 5 | 8 | 1 | 1 | 95 |
| | 对个人目前收入状况感到内的占比 | 16.8% | 67.4% | 5.3% | 8.4% | 1.1% | 1.1% | |
| | 族别内的占比 | 2.9% | 10.1% | 6.2% | 10.7% | 5.3% | 10.0% | |
| | 总计的占比 | 1.2% | 4.6% | 0.4% | 0.6% | 0.1% | 0.1% | 6.9% |
| 总计 | 计数 | 559 | 635 | 81 | 75 | 19 | 10 | 1379 |
| | 总计的占比 | 40.5% | 46.0% | 5.9% | 5.4% | 1.4% | 0.7% | 100.0% |

注：百分比和总计以响应者为基础。

资料来源：根据本调查数据运用 SPSS 19 数据统计得到。

蒙古族受访者中选择对个人（或家庭）目前收入状况满意程度为不太满意的占比也是最高（42.1%），其次为一般（31.6%），然后由高到低依次为：比较满意（15.8%）、很不满意和满意的占比均为5.3%；不太满意和很不满意的占比累计高达47.4%，比较满意和满意的占比均很低，累计为21.1%。

其他民族受访者中选择对个人（或家庭）目前收入状况满意程度为很不满意和不太满意的占比相同，均为最高（40.0%），其次为一般和满意均为10.0%，比较满意无响应者；不太满意和很不满意的占比累计高达80.0%，比较满意和满意的占比均很低，累计为10.0%。

维吾尔族受访者中选择对个人（或家庭）目前收入状况满意程度为一般的占比最高（52.1%），其次为不太满意（20.8%），然后由高到低依次为：比较满意（13.9%）、满意（10.1%）、很不满意（3.1%）；不太满意和很不满意的占比累计为23.9%，比较满意和满意的占比累计为24.0%。

哈萨克族受访者中选择对个人（或家庭）目前收入状况满意程度为一般的占比最高（51.9%），其次为比较满意（21.0%），然后由高到低依次为：不太满意（14.8%）、很不满意和满意的占比均为6.2%；不太满意和很不满意的占比累计为21.0%，比较满意和满意的占比累计为27.2%。

回族受访者中选择对个人（或家庭）目前收入状况满意程度为一般的占比最高（42.7%），其次为不太满意（30.7%），然后由高到低依次为：很不满意和满意的占比均为10.7%，比较满意（5.3%）；不太满意和很不满意的占比累计为41.4%，比较满意和满意的占比累计为16.0%。

总体而言，各民族受访者对个人（或家庭）目前收入状况满意程度存在差异。维吾尔族和哈萨克族选择一般的占比很高，分别为 52.1% 和 51.9%，汉族和蒙古族选择一般的占比居中，分别为 35.2% 和 31.6%，其他民族选择一般的占比最低（10.0%）。其他民族选择不太满意和很不满意的占比累计最高（80%），其次是汉族（51.5%），然后依次为：蒙古族（47.4%）、回族（41.4%）、维吾尔族（23.9%）、哈萨克族（21.0%）。比较满意和满意的占比累计最高的民族为哈萨克族（27.2%），其次为维吾尔族（24.0%），然后依次为：蒙古族（21.1%）、回族（16.0%）、汉族（13.3%）、其他民族（10.0%）。各民族受访者对目前收入状况满意程度总体相对较低，而不满意程度总体相对较高。

### 8. 收入差距认知

由表 110 可知分民族的受访者对目前所生活地区收入差距认知的分布。

表 110　　　　分民族的受访者对目前所生活地区收入差距认知的分布

| 您认为目前您所生活地区居民收入的差距如何 | | 族别 | | | | | | 总计 |
|---|---|---|---|---|---|---|---|---|
| | | 汉族 | 维吾尔族 | 哈萨克族 | 回族 | 蒙古族 | 其他民族 | |
| 非常大 | 计数 | 102 | 51 | 10 | 15 | 0 | 5 | 183 |
| | 您认为目前您所生活地区居民收入的差距如何内的占比 | 55.7% | 27.9% | 5.5% | 8.2% | 0 | 2.7% | |
| | 族别内的占比 | 18.5% | 8.1% | 12.3% | 20.0% | 0 | 50.0% | |
| | 总计的占比 | 7.5% | 3.7% | 0.7% | 1.1% | 0 | 0.4% | 13.4% |
| 较大 | 计数 | 287 | 188 | 37 | 34 | 11 | 3 | 560 |
| | 您认为目前您所生活地区居民收入的差距如何内的占比 | 51.3% | 33.6% | 6.6% | 6.1% | 2.0% | 0.5% | |
| | 族别内的占比 | 52.0% | 29.7% | 45.7% | 45.3% | 57.9% | 30.0% | |
| | 总计的占比 | 21.0% | 13.7% | 2.7% | 2.5% | 0.8% | 0.2% | 40.9% |
| 正常 | 计数 | 94 | 273 | 30 | 12 | 7 | 0 | 416 |
| | 您认为目前您所生活地区居民收入的差距如何内的占比 | 22.6% | 65.6% | 7.2% | 2.9% | 1.7% | 0 | |
| | 族别内的占比 | 17.0% | 43.2% | 37.0% | 16.0% | 36.8% | 0 | |
| | 总计的占比 | 6.9% | 19.9% | 2.2% | 0.9% | 0.5% | 0 | 30.4% |

| 您认为目前您所生活地区居民收入的差距如何 | | 族别 | | | | | | 总计 |
|---|---|---|---|---|---|---|---|---|
| | | 汉族 | 维吾尔族 | 哈萨克族 | 回族 | 蒙古族 | 其他民族 | |
| 较小 | 计数 | 23 | 85 | 1 | 6 | 1 | 1 | 117 |
| | 您认为目前您所生活地区居民收入的差距如何内的占比 | 19.7% | 72.6% | 0.9% | 5.1% | 0.9% | 0.9% | |
| | 族别内的占比 | 4.2% | 13.4% | 1.2% | 8.0% | 5.3% | 10.0% | |
| | 总计的占比 | 1.7% | 6.2% | 0.1% | 0.4% | 0.1% | 0.1% | 8.5% |
| 很小 | 计数 | 3 | 10 | 0 | 1 | 0 | 0 | 14 |
| | 您认为目前您所生活地区居民收入的差距如何内的占比 | 21.4% | 71.4% | 0 | 7.1% | 0 | 0 | |
| | 族别内的占比 | 0.5% | 1.6% | 0 | 1.3% | 0 | 0 | |
| | 总计的占比 | 0.2% | 0.7% | 0 | 0.1% | 0 | 0 | 1.0% |
| 不清楚 | 计数 | 43 | 25 | 3 | 7 | 0 | 1 | 79 |
| | 您认为目前您所生活地区居民收入的差距如何内的占比 | 54.4% | 31.6% | 3.8% | 8.9% | 0 | 1.3% | |
| | 族别内的占比 | 7.8% | 4.0% | 3.7% | 9.3% | 0 | 10.0% | |
| | 总计的占比 | 3.1% | 1.8% | 0.2% | 0.5% | 0 | 0.1% | 5.8% |
| 总计 | 计数 | 552 | 632 | 81 | 75 | 19 | 10 | 1369 |
| | 总计的占比 | 40.3% | 46.2% | 5.9% | 5.5% | 1.4% | 0.7% | 100.0% |

注：百分比和总计以响应者为基础。

汉族受访者中认为所生活地区收入差距"较大"的频次最高，占比为52.0%。然后按照占比由高到低依次为：非常大（18.5%）、正常（17.0%）、不清楚（7.8%）、较小（4.2%）、很小（0.5%）。认为"较大"和"非常大"的合计占比为70.5%。

维吾尔族受访者中认为所生活地区收入差距"正常"的频次最高，占比为43.2%。然后按照占比由高到低依次为：较大（29.7%）、较小（13.4%）、非常大（8.1%）、不清楚（4.0%）、很小（1.6%）。认为"较大"和"非常大"的合计占比为37.8%。

哈萨克受访者中认为所生活地区收入差距"较大"的频次最高,占比为45.7%。然后按照占比由高到低依次为:正常(37.0%)、非常大(12.3%)、不清楚(3.7%)、较小(1.2%)、很小(为零)。认为"较大"和"非常大"的合计占比为58.0%。

回族受访者中认为所生活地区收入差距"较大"的频次最高,占比为45.3%。然后按照占比由高到低依次为:非常大(20.0%)、正常(16.0%)、不清楚(9.3%)、较小(8.0%)、很小(1.3%)。认为"较大"和"非常大"的合计占比为65.3%。

蒙古族受访者中认为所生活地区收入差距"较大"的频次最高,占比为57.9%。然后按照占比由高到低依次为:正常(36.8%)、较小(5.3%)、非常大(为零)、很小(为零)、不清楚(为零)。认为"较大"和"非常大"的合计占比为57.9%。

其他民族受访者中认为所生活地区收入差距"非常大"的频次最高,占比为50.0%。然后按照占比由高到低依次为:较大(30.0%)、不清楚(10.%)、较小(10.0%)、正常(为零)、很小(为零)。认为"较大"和"非常大"的合计占比为80.0%。

由上可知,其他民族受访者中认为所生活地区收入差距"非常大"的占比(50%)远远高于其余民族。除维吾尔族中认为收入差距"正常"的频次(占比为43.2%)最高以外,各民族均认为收入差距"较大"的频次最高。其他民族受访者中、汉族中认为"较大"和"非常大"的合计占比非常高(分别为80.0%和70.5%),然后依次为回族中(65.3%)、哈萨克族中(58.0%)、蒙古族中(57.9%),维吾尔族中此项合计占比最低(37.8%)。因此,总体而言有关所生活地区收入差距认知的分布是存在着族别差异的。

## 四、问卷内容的相关性假设检验

本调查分别对城镇居民问卷和农村居民问卷内容进行了相关性假设检验,发现以下指标两两之间存在相关关系:

### (一)城镇居民问卷

#### 1. C6 与 A6,即个人总收入与最高教育学历

如表111和表112所示,通过对城镇居民受访者2011年度个人总收入与其最高教育学历进行相关性假设检验,结果是Spearman相关系数为正,说明C6与A6

正相关，即个人总收入与其最高教育学历之间为正相关关系，教育学历越高，个人总收入越高；反之，教育学历越低，个人总收入越低。

表 111　　　　　　个人总收入与最高教育学历相关性检验结果（卡方检验）

| 分类 | 值 | df | 渐进 Sig.（双侧） |
|---|---|---|---|
| Pearson 卡方 | 127. 350[a] | 36 | 0.000 |
| 似然比 | 119. 455 | 36 | 0.000 |
| 线性和线性组合 | 18. 332 | 1 | 0.000 |
| 有效案例中的 N | 985 | | |

注：a. 23 单元格（46.9%）的期望计数少于 5。最小期望计数为 0. 11。
资料来源：根据本调查数据运用 SPSS 19 数据统计得到。

表 112　　　　　　个人总收入与最高教育学历相关性检验结果（对称度量）

| 分类 | | 值 | 渐进标准误差[a] | 近似值 T[b] | 近似值 Sig. |
|---|---|---|---|---|---|
| 按区间 | Pearson 的 R | 0. 136 | 0. 036 | 4. 320 | 0.000[c] |
| 按顺序 | Spearman 相关性 | 0. 205 | 0. 033 | 6. 572 | 0.000[c] |
| 有效案例中的 N | | 985 | | | |

注：a. 不假定零假设。b. 使用渐进标准误差假定零假设。c. 基于正态近似值。
资料来源：根据本调查数据运用 SPSS 19 数据统计得到。

### 2. C7 与 A6，即家庭总收入与最高教育学历

如表 113 和表 114 所示，通过对城镇居民受访者 2011 年度家庭总收入与其最高教育学历进行相关性假设检验，结果是 Spearman 相关系数为正，说明 C7 与 A6 正相关，即家庭总收入与其最高教育学历之间为正相关关系，教育学历越高，家庭总收入越高；反之，教育学历越低，家庭总收入越低。这一结果与 C6 与 A6，即个人总收入与最高教育学历的相关关系相同。

表 113　　　　家庭总收入与最高教育学历相关性检验结果（卡方检验）

| 分类 | 值 | df | 渐进 Sig.（双侧） |
|---|---|---|---|
| Pearson 卡方 | 95. 610[a] | 36 | 0.000 |
| 似然比 | 94. 824 | 36 | 0.000 |
| 线性和线性组合 | 13. 392 | 1 | 0.000 |
| 有效案例中的 N | 946 | | |

注：a. 22 单元格（44.9%）的期望计数少于 5。最小期望计数为 0. 28。
资料来源：根据本调查数据运用 SPSS 19 数据统计得到。

表 114　　　家庭总收入与最高教育学历相关性检验结果（对称度量）

| | 分类 | 值 | 渐进标准误差[a] | 近似值 T[b] | 近似值 Sig. |
|---|---|---|---|---|---|
| 按区间 | Pearson 的 R | 0.119 | 0.034 | 3.684 | 0.000[c] |
| 按顺序 | Spearman 相关性 | 0.158 | 0.033 | 4.914 | 0.000[c] |
| 有效案例中的 N | | 946 | | | |

注：a. 不假定零假设。b. 使用渐进标准误差假定零假设。c. 基于正态近似值。
资料来源：根据本调查数据运用 SPSS 19 数据统计得到。

### 3. C6 与 B3，即个人总收入与平均消费倾向

如表 115 和表 116 所示，通过对城镇居民受访者 2011 年度个人总收入与家庭平均消费倾向（即其 2011 年家庭全年的消费性支出占全部收入的比例）进行相关性假设检验，结果是 Spearman 相关系数为负，说明 C6 与 B3 成负相关，即个人总收入与家庭平均消费倾向之间为负相关关系，个人总收入越高，家庭平均消费倾向越低；反之，个人总收入越低，家庭平均消费倾向越高。这与现实的一般情况相符，即富人的平均消费倾向低，而穷人的平均消费倾向高。

表 115　　　　个人总收入与平均消费倾向相关性检验结果（卡方检验）

| 分类 | 值 | df | 渐进 Sig.（双侧） |
|---|---|---|---|
| Pearson 卡方 | 127.811[a] | 36 | 0.000 |
| 似然比 | 79.561 | 36 | 0.000 |
| 线性和线性组合 | 27.221 | 1 | 0.000 |
| 有效案例中的 N | 984 | | |

注：a. 26 单元格（53.1%）的期望计数少于 5。最小期望计数为 0.03。
资料来源：根据本调查数据运用 SPSS 19 数据统计得到。

表 116　　　　个人总收入与平均消费倾向相关性检验结果（对称度量）

| | 分类 | 值 | 渐进标准误差[a] | 近似值 T[b] | 近似值 Sig. |
|---|---|---|---|---|---|
| 按区间 | Pearson 的 R | −0.166 | 0.033 | −5.288 | 0.000[c] |
| 按顺序 | Spearman 相关性 | −0.116 | 0.032 | −3.667 | 0.000[c] |
| 有效案例中的 N | | 984 | | | |

注：a. 不假定零假设。b. 使用渐进标准误差假定零假设。c. 基于正态近似值。
资料来源：根据本调查数据运用 SPSS 19 数据统计得到。

### 4. C7 与 B3，即家庭总收入与平均消费倾向

如表 117 和表 118 所示，通过对城镇居民受访者 2011 年度家庭总收入与家庭

平均消费倾向（即其 2011 年家庭全年的消费性支出占全部收入的比例）进行相关性假设检验，结果是 Spearman 相关系数为负，说明 C7 与 B3 成负相关，即城镇家庭总收入与家庭平均消费倾向之间为负相关关系，家庭总收入越高，家庭平均消费倾向越低；反之，家庭总收入越低，家庭平均消费倾向越高。这与现实的一般情况相符，即富人家庭的平均消费倾向低，而穷人家庭的平均消费倾向高。这一结果与 C6 与 B3，即个人总收入与平均消费倾向的相关关系相同。

表 117　　　　　家庭总收入与平均消费倾向相关性检验结果（卡方检验）

| 分类 | 值 | df | 渐进 Sig.（双侧） |
|---|---|---|---|
| Pearson 卡方 | 106.662[a] | 36 | 0.000 |
| 似然比 | 89.550 | 36 | 0.000 |
| 线性和线性组合 | 29.116 | 1 | 0.000 |
| 有效案例中的 N | 945 | | |

注：a. 25 单元格（51.0%）的期望计数少于 5。最小期望计数为 0.05。
资料来源：根据本调查数据运用 SPSS 19 数据统计得到。

表 118　　　　　家庭总收入与平均消费倾向相关性检验结果（对称度量）

| 分类 | | 值 | 渐进标准误差[a] | 近似值 T[b] | 近似值 Sig. |
|---|---|---|---|---|---|
| 按区间 | Pearson 的 R | −0.176 | 0.035 | −5.478 | 0.000[c] |
| 按顺序 | Spearman 相关性 | −0.147 | 0.034 | −4.551 | 0.000[c] |
| 有效案例中的 N | | 945 | | | |

注：a. 不假定零假设。b. 使用渐进标准误差假定零假设。c. 基于正态近似值。
资料来源：根据本调查数据运用 SPSS 19 数据统计得到。

### 5. C6 与 C4，即个人总收入与生活幸福感

如表 119 和表 120 所示，通过对城镇居民受访者 2011 年度个人总收入与其生活幸福感进行相关性假设检验，结果是 Spearman 相关系数为正，说明 C6 与 C4 正相关，即个人总收入与其生活幸福感之间为正相关关系，个人总收入越高，其对自己目前所过的生活的幸福感越强；反之，个人总收入越低，幸福感越弱。这与我们通常所认为的收入与幸福感无关的观点不一致，本调查结果说明在新疆城镇居民受访者的整体收入水平尚未达到一定高度之前，个人总收入与生活幸福感之间呈现正相关关系，若想提升城镇居民的生活幸福感就需要增加其个人总收入。

表 119 个人总收入与生活幸福感相关性检验结果（卡方检验）

| 分类 | 值 | df | 渐进 Sig.（双侧） |
|---|---|---|---|
| Pearson 卡方 | 41.639[a] | 24 | 0.014 |
| 似然比 | 36.127 | 24 | 0.053 |
| 线性和线性组合 | 19.078 | 1 | 0.000 |
| 有效案例中的 N | 976 | | |

注：a. 19 单元格（54.3%）的期望计数少于 5。最小期望计数为 0.07。
资料来源：根据本调查数据运用 SPSS 19 数据统计得到。

表 120 个人总收入与生活幸福感相关性检验结果（对称度量）

| 分类 | | 值 | 渐进标准误差[a] | 近似值 T[b] | 近似值 Sig. |
|---|---|---|---|---|---|
| 按区间 | Pearson 的 R | 0.140 | 0.032 | 4.409 | 0.000[c] |
| 按顺序 | Spearman 相关性 | 0.138 | 0.032 | 4.349 | 0.000[c] |
| 有效案例中的 N | | 976 | | | |

注：a. 不假定零假设。b. 使用渐进标准误差假定零假设。c. 基于正态近似值。
资料来源：根据本调查数据运用 SPSS 19 数据统计得到。

## 6. C7 与 C4，即家庭总收入与生活幸福感

如表 121 和表 122 所示，通过对城镇居民受访者 2011 年度家庭总收入与其生活幸福感进行相关性假设检验，结果是 Spearman 相关系数为正，说明 C7 与 C4 正相关，即家庭总收入与其生活幸福感之间为正相关关系，家庭总收入越高，其对自己目前所过的生活的幸福感越强；反之，家庭总收入越低，幸福感越弱。这一结果与 C6 与 C4，即个人总收入与生活幸福感的相关关系相同。

表 121 家庭总收入与生活幸福感相关性检验结果（卡方检验）

| 分类 | 值 | df | 渐进 Sig.（双侧） |
|---|---|---|---|
| Pearson 卡方 | 60.984[a] | 24 | 0.000 |
| 似然比 | 56.564 | 24 | 0.000 |
| 线性和线性组合 | 27.164 | 1 | 0.000 |
| 有效案例中的 N | 939 | | |

注：a. 16 单元格（45.7%）的期望计数少于 5。最小期望计数为 0.15。
资料来源：根据本调查数据运用 SPSS 19 数据统计得到。

**表 122　　　　　　家庭总收入与生活幸福感相关性检验结果（对称度量）**

| 分类 | | 值 | 渐进标准误差[a] | 近似值 T[b] | 近似值 Sig. |
|---|---|---|---|---|---|
| 按区间 | Pearson 的 R | 0.170 | 0.033 | 5.286 | 0.000[c] |
| 按顺序 | Spearman 相关性 | 0.155 | 0.033 | 4.788 | 0.000[c] |
| 有效案例中的 N | | 939 | | | |

注：a. 不假定零假设。b. 使用渐进标准误差假定零假设。c. 基于正态近似值。
资料来源：根据本调查数据运用 SPSS 19 数据统计得到。

## （二）农村居民问卷

### 1. C6 与 A6，即家庭纯收入与最高教育学历

如表 123 和表 124 所示，通过对农村居民受访者 2011 年度家庭纯收入与其最高教育学历进行相关性假设检验，结果是 Spearman 相关系数为正，说明 C6 与 A6 正相关，即家庭纯收入与其最高教育学历之间为正相关关系，教育学历越高，家庭纯收入越高；反之，教育学历越低，家庭纯收入越低。这一结果与城镇问卷 C7 与 A6，即家庭总收入与最高教育学历的相关关系相同。

**表 123　　　　　家庭纯收入与最高教育学历相关性检验结果（卡方检验）**

| 分类 | 值 | df | 渐进 Sig.（双侧） |
|---|---|---|---|
| Pearson 卡方 | 37.870[a] | 24 | 0.036 |
| 似然比 | 38.588 | 24 | 0.030 |
| 线性和线性组合 | 9.377 | 1 | 0.002 |
| 有效案例中的 N | 402 | | |

注：a. 24 单元格（68.6%）的期望计数少于 5。最小期望计数为 0.03。
资料来源：根据本调查数据运用 SPSS 19 数据统计得到。

**表 124　　　　　家庭纯收入与最高教育学历相关性检验结果（对称度量）**

| 分类 | | 值 | 渐进标准误差[a] | 近似值 T[b] | 近似值 Sig. |
|---|---|---|---|---|---|
| 按区间 | Pearson 的 R | 0.153 | 0.048 | 3.095 | 0.002[c] |
| 按顺序 | Spearman 相关性 | 0.179 | 0.048 | 3.647 | 0.000[c] |
| 有效案例中的 N | | 402 | | | |

注：a. 不假定零假设。b. 使用渐进标准误差假定零假设。c. 基于正态近似值。
资料来源：根据本调查数据运用 SPSS 19 数据统计得到。

### 2. C6 与 B3，即家庭纯收入与平均消费倾向

如表 125 和表 126 所示，通过对农村居民受访者 2011 年度家庭纯收入与家庭平均消费倾向（即其 2011 年家庭全年的消费性支出占全部收入的比例）进行相关性假设检验，结果是 Spearman 相关系数为负，说明 C6 与 B3 成负相关，即农村家庭纯收入与家庭平均消费倾向之间为负相关关系，家庭纯收入越高，家庭平均消费倾向越低；反之，家庭纯收入越低，家庭平均消费倾向越高。这一结果与城镇问卷 C7 与 B3，即家庭总收入与平均消费倾向的相关关系相同。

表 125　　　　家庭纯收入与平均消费倾向相关性检验结果（卡方检验）

| 分类 | 值 | df | 渐进 Sig.（双侧） |
|---|---|---|---|
| Pearson 卡方 | 56.491[a] | 36 | 0.016 |
| 似然比 | 55.019 | 36 | 0.022 |
| 线性和线性组合 | 8.722 | 1 | 0.003 |
| 有效案例中的 N | 399 | | |

注：a. 33 单元格（67.3%）的期望计数少于 5。最小期望计数为 0.04。
资料来源：根据本调查数据运用 SPSS 19 数据统计得到。

表 126　　　　家庭纯收入与平均消费倾向相关性检验结果（对称度量）

| 分类 | | 值 | 渐进标准误差[a] | 近似值 T[b] | 近似值 Sig. |
|---|---|---|---|---|---|
| 按区间 | Pearson 的 R | -0.148 | 0.048 | -2.983 | 0.003[c] |
| 按顺序 | Spearman 相关性 | -0.173 | 0.048 | -3.499 | 0.001[c] |
| 有效案例中的 N | | 399 | | | |

注：a. 不假定零假设。b. 使用渐进标准误差假定零假设。c. 基于正态近似值。
资料来源：根据本调查数据运用 SPSS 19 数据统计得到。

### 3. C6 与 C4，即家庭纯收入与生活幸福感

如表 127 和表 128 所示，通过对农村居民受访者 2011 年度家庭纯收入与其生活幸福感进行相关性假设检验，结果是 Spearman 相关系数为正，说明 C6 与 C4 正相关，即农村家庭纯收入与其生活幸福感之间为正相关关系，家庭纯收入越高，其对自己目前所过的生活的幸福感越强；反之，家庭纯收入越低，幸福感越弱。这一结果与城镇问卷 C7 与 C4，即家庭总收入与生活幸福感的相关关系相同。

表 127                    家庭纯收入与生活幸福感相关性检验结果（卡方检验）

| 分类 | 值 | df | 渐进 Sig.（双侧） |
|---|---|---|---|
| Pearson 卡方 | 71.705[a] | 24 | 0.000 |
| 似然比 | 51.638 | 24 | 0.001 |
| 线性和线性组合 | 26.840 | 1 | 0.000 |
| 有效案例中的 N | 394 | | |

注：a. 25 单元格（71.4%）的期望计数少于 5。最小期望计数为 0.03。
资料来源：根据本调查数据运用 SPSS 19 数据统计得到。

表 128                    家庭纯收入与生活幸福感相关性检验结果（对称度量）

| 分类 | | 值 | 渐进标准误差[a] | 近似值 T[b] | 近似值 Sig. |
|---|---|---|---|---|---|
| 按区间 | Pearson 的 R | 0.261 | 0.051 | 5.360 | 0.000[c] |
| 按顺序 | Spearman 相关性 | 0.243 | 0.049 | 4.968 | 0.000[c] |
| 有效案例中的 N | | 394 | | | |

注：a. 不假定零假设。b. 使用渐进标准误差假定零假设。c. 基于正态近似值。
资料来源：根据本调查数据运用 SPSS 19 数据统计得到。

综上所述，农村居民问卷的三组关系的结果与城镇居民问卷的结果相同，也相互印证。

## 五、主要结论与政策建议

扩大内需与收入分配结构调整关系密切，其制度改革与调整、政策制定等不能孤立进行，也不能局限于自身的狭窄范围，而应将其置于广泛联系、复杂的系统之中。除了上述各部分分析所得的详尽结论之外，本部分将提炼出一些综合结论，并提出相应的政策建议。

### （一）主要结论

（1）新疆居民的最高教育学历、工作状态、消费结构、消费水平、平均消费倾向、消费意愿、投资意愿、消费方式、消费和投资制约因素认知、收入水平（绝对和相对）、收入满意程度、生活幸福感、收入差距认知、收入分配制度改革愿望等方面存在着程度不同的城乡差异、地区差异、性别差异和族别差异。因此，在相关制度、政策、措施和实施机制的设计中，务必考虑到这些差异，做到有目的、有针对性、有侧重，进而提高制度和政策的有效性。

（2）新疆城乡居民消费结构总体仍然是以"生存型消费"为主要特点的消费结构，这一低层次消费结构正在开始向以"享受型消费"或"发展型消费"为主要特点的这一高层次消费结构逐步过渡。因此，随着经济发展和人们收入水平的提高，在满足"生存消费需求"之后，会逐渐向"享受型消费"和"发展型消费"的方向发展。从而使消费结构中"生存型消费"所占比重呈现下降趋势，而"享受型消费"和"发展型消费"所占比重会呈现上升趋势。根据一般的发展规律，随着新疆城乡居民收入水平的提高，满足其基本生活需要的"生存型消费"（如"吃"、"穿"、"用"、"住"等消费资料中满足人们生存需要的部分）在消费支出中的比重将有下降的趋势，而满足人们享受和发展需要的消费（如娱乐教育文化服务、交通通讯、医疗保健以及"吃"、"穿"、"用"、"住"中用于满足人们享受和发展需要的部分）支出在总消费支出中的比重会呈现上升态势。尤其是"发展型消费"在居民消费支出中的比重日益加大，如居民对于子女教育和自身教育的高投入，购买电脑和钢琴等发展型消费资料和服务的家庭迅速增加。

总体而言，各地区城镇、农村受访者的消费结构各不相同，存在着地区差异，但是共同点是食品均列首位，而且响应百分比非常高。反映出总体来说消费结构层次不高，但正在升级变迁之中。

消费结构存在族别差异与各民族风俗传统、生活方式有很大关系。食品和衣着支出位居前列也说明各民族消费结构仍然处于相对较低的层次，但半数或以上民族受访者医疗保健和教育文化娱乐用品及服务支出排位靠前也说明居民消费结构出现升级迹象，消费结构处于变迁之中。扩大内需的政策应当考虑到消费结构的族别差异、现状和趋势。

因而，把握住新疆消费结构升级机遇，有效扩大内需，对于新疆经济社会的长远、可持续、和谐发展意义重大。

（3）从城乡全体样本的统计结果看，似乎新疆城乡居民大多数受访者家庭以恩格尔系数所反映的消费水平属于富裕型或小康型，若加上在30%以下的极富裕型，三者合计的有效百分比超过六成，但是进行城乡居民问卷的对比分析时发现事实并非像全体样本问卷那样。城乡居民的消费水平是有结构性差异的，新疆城乡居民生活水平和消费水平的差异很大，农村居民的消费水平总体相对较低。

总体而言，塔城地区和乌鲁木齐城镇受访者居民生活消费水平相对较高；喀什地区城镇受访者居民生活消费水平相对很低，与塔城地区和乌鲁木齐城镇的差距很大，其富裕型和极富裕型的合计占比分别低出约三成，而温饱型和绝对贫困型的合计占比分别高出约三成。

乌鲁木齐农村受访者生活消费水平相对最高，塔城地区农村次之，喀什地区农村受访者居民生活消费水平相对很低，与乌鲁木齐和塔城地区农村的差距很大，其富裕型和极富裕型的合计占比分别低出三成、二成多，而温饱型和绝对贫困型的合计占比分别高出近四成、三成半。因此，提高喀什地区城镇和农村居民生活消费水平应当置于重点考虑之中。

按照恩格尔系数这一指标所反映的当前新疆各民族受访者家庭的消费水平总体较高，似乎各族居民大多数受访者家庭的消费水平属于富裕型或小康型，但是各族受访者家庭的消费水平的分布是存在族别差异的，而且族内消费水平也存在着较大差异。这是在一定收入水平之下的恩格尔系数，当各族居民收入水平提升到新的层次时，居民的消费水平和消费结构也会提升和变迁，也会影响到总需求和需求结构，并引发总供给和供给结构的变动。因此，新疆各族居民消费水平和消费结构的提升与变化还有很大空间。

（4）目前新疆各地城乡居民的平均消费倾向总体不高，随着收入分配结构调整和居民收入水平的提升，平均消费倾向仍有提升空间。恩格尔定律表明：随着家庭收入的增加，恩格尔系数趋于下降。在不考虑消费信贷的情况下，居民收入水平的高低直接制约其消费水平，并与消费水平成正相关。凯恩斯的消费函数理论告诉我们：居民消费需求是其收入的函数，消费支出会随着居民收入的增加而增加，但消费的增量会小于收入的增量。随着居民收入水平和消费水平的提高，平均消费倾向（居民消费支出在收入中所占的比例）会递减。实际上，只有居民收入增加到一定程度，居民消费水平达到温饱阶段以后，平均消费倾向才会递减，此前它呈递增趋势。

总体而言，乌鲁木齐、塔城地区、喀什地区城镇受访者家庭的平均消费倾向均主要集中于 40% ~60% 和 60% ~80%，其频次分列第一位和第二位。三地区城镇受访者家庭的平均消费倾向不高。三地农村受访者家庭的平均消费倾向均主要集中于 60% ~80%，其频次为第一。三地区农村受访者家庭总体的平均消费倾向相对较高，其中乌鲁木齐低于塔城地区和喀什地区。

总体而言，受访者的平均消费倾向存在着族别差异。维吾尔族的消费倾向比汉族高，或者说其储蓄倾向比汉族低，这与我们在调研访谈和生活中的体会是一致的。哈萨克族、回族、蒙古族和其他民族的消费倾向相比汉族和维吾尔族又高出相当比例，相应的储蓄倾向和能力也低出相当比例。

扩大内需意味着进一步提升城乡居民的消费倾向，尤其是边际消费倾向。当居民收入水平提升后，消费意愿和消费能力会增强，平均消费倾向也会变化，存在新的提升空间。

（5）当前新疆城乡居民总体的消费意愿和投资意愿不高，即消费需求和投资需求均十分不振，而农村居民相对城镇居民的消费需求和投资需求更低，但是城乡居民潜在的消费需求和投资需求是巨大的。本调查显示：在乌鲁木齐、塔城地区、喀什地区的城镇居民受访者中，如果现在有多余的钱，首先会做的一件事情中频次最高的都是"买房或建房"；三地农村居民受访者首先会做的一件事情中频次最高的是"改善生活条件（用于吃穿等）"或者是"买房或建房"或者是"增加自己或孩子教育和培训投入"。

各地区无论城乡受访者消费意愿均较弱，频次最高的都是"不愿意"；而且"不愿意"和"愿意"的占比差距相对较大；选择"不确定"的占比排位靠前（第二位或第三位），说明消费意愿的不确定性较高。就城镇受访者而言，喀什地区受访者的消费意愿最弱，选择"不愿意"的占比近六成，远远高出乌鲁木齐和塔城地区。就农村受访者而言，塔城地区受访者的消费意愿最弱，选择"不愿意"的占比高达五成，喀什地区受访者的消费意愿也非常弱，选择"不愿意"的占比接近五成。因此，务必提升各地区城乡居民的消费意愿，降低其消费意愿的不确定性，并且根据地区实际有所侧重，最终扩大其消费需求，当然一个重要前提是提高居民收入水平，优化收入分配结构。

三地区比较而言，塔城地区城乡受访者的投资意愿最弱，乌鲁木齐城乡次之，喀什地区城乡受访者的投资意愿较强。因此，务必合理引导各地区城乡居民的投资需求，降低其投资意愿的不确定性，并且根据地区实际有所侧重，最终扩大其投资需求并转化为现实投资。

因此，收入分配结构调整和有效提高城乡居民收入（且控制通胀）将会激发出巨大的内需能量。

（6）尽管目前新疆城乡居民的消费方式呈现出多元化特点，但仍然有相当比例居民（20%左右）的消费方式十分单一，没有采用过任何新型消费方式，农村居民的消费方式相对更加单一。消费方式除了存在着城乡差异之外，还存在着地区差异。消费方式虽然属于个人偏好，但是收入水平的提升、消费环境的改善、健康消费文化的引导对于居民消费方式的变迁乃至消费结构的升级将产生重要影响。

（7）制约城乡受访者家庭消费需求扩张的因素很多，其中最主要的三项因素根据频次由高到低依次为：

①物价上涨严重。

②收入水平偏低或收入不稳定。

③住房、子女教育等压力大。

其余的制约因素按照频次由高到低依次为：

④养老、医疗、失业、救助等社会保障体系不健全。

⑤收入分配不合理，收入差距大。

⑥消费观念的原因。

⑦未来收入预期不好。

⑧就业压力较大。

⑨为子女积攒婚嫁费用。

⑩资金被投资占压或用于经营周转。

⑪消费环境欠佳。

⑫供给结构不合理，与居民需求结构不尽匹配。

由于维吾尔等少数民族储蓄意识不强，因此不少少数民族受访者选择其他因素，或选项少于三项。在进一步访谈后得知，他们认为没有什么制约其家庭消费的因素，只要有钱就花，没有什么可顾虑的。

制约城乡受访者家庭消费需求扩张的最主要的三项因素，内容上无差异，但排序上城乡有所差异。

不同地区最主要的三项制约因素高度趋同，略有差异。

扩大消费需求应当针对城乡以及不同地区上述制约因素，并考虑到少数民族特点，提出对策和出台政策措施。

（8）制约城镇和农村居民受访者家庭投资需求扩张的因素不尽相同。

制约城镇居民受访者家庭投资需求扩张最主要的三项制约因素依次为：

①缺乏可用于投资的资金。

②缺乏投资所需的知识、技能和经验。

③投资风险大。

其余的制约因素排序为：

④可以投资的领域狭窄，投资机会少。

⑤未来经济前景和收入的预期不好。

⑥当前投资环境欠佳。

⑦居民投资风险的承受能力低。

⑧投资者权益保护机制薄弱（尤其是中小投资者）。

制约农村居民受访者家庭投资需求扩张最主要的三项因素依次为：

①缺乏可用于投资的资金。

②缺乏投资所需的知识、技能和经验。

③农村居民风险的承受能力低。

其余的制约因素排序为：

④农村基础设施落后制约了农业投入和规模扩张。

⑤其他可以投资的领域狭窄，投资机会少。

⑥农民收入渠道增多，传统农业投入需求可能下降。

⑦未来经济前景和收入的预期不好。

⑧投资风险大。

⑨当前投资环境欠佳。

另外，各地区城乡居民最主要的三项制约因素高度趋同，略有差异。

因此，出台扩张投资需求的政策措施要有针对性和差异化，营造良好的投资环境，最关键因素还是提高城乡居民收入水平，使其拥有可用于投资的资金，提高其投资意愿。

（9）由城乡居民受访者对比可知，两者的主要收入来源不同。城镇居民受访者主要是：①工资性收入；②经营性收入；等等。农村居民受访者主要是：①从事农产品种植或畜牧业、林业、渔业等获取的收入；②打工收入；等等。农村居民受访者经营性收入、财产性收入、转移性收入的个案百分比均低于城镇居民。拓宽城乡居民收入来源渠道（尤其是农村居民）是增加居民收入的重要途径。

（10）从城乡居民受访者相对收入水平的分布来看基本相似，超过六成的城乡居民均认为个人或家庭的收入在当地属于"一般"水平，两成左右的城乡居民均认为属于"较低"水平。城镇居民受访者认为属于"很低"水平的比例略高于农村居民；农村居民受访者认为属于"一般"、"较低"和"很低"水平的累积百分比为超过九成，略高于城镇居民；城镇居民受访者认为属于"较高"水平的比例略高于农村居民受访者；城乡居民受访者认为属于"很高"水平的比例均极低。

总体而言，受访者的相对收入水平是存在一定的地区差异的。其中，喀什地区城镇受访者的相对收入水平认知相对最高，塔城地区次之，乌鲁木齐最低；乌鲁木齐农村受访者的相对收入水平认知相对最高，塔城地区次之，喀什地区最低。

男性和女性受访者的相对收入水平是存在一定的性别差异的。收入分配结构调整应当关注女性就业者的平等权益，尽可能缩小居民收入分配的性别差异。

各民族受访者认为个人（或家庭）收入在当地属于"一般"水平的占比均为最高；认为属于"较低"和"很低"水平的占比均有相当比例；认为属于"较高"和"很高"水平的占比均很低。尽管各民族有一定差异，但对其相对收入水平的评价均不高。

因此，扩大消费需求除了提高城乡居民绝对收水平之外，还需要提高居民的相对收入水平。

（11）从城乡居民受访者收入状况满意度的分布来看相似，按照频次由高到低排序的前三位相同。城乡居民感到"一般"的频次均最高；城镇居民受访者感到"不太满意"和"很不满意"的累积百分比高于农村居民近两成；城镇居民受访者"很不满意"的有效百分比高于农村居民；城镇居民受访者感到"比较满意"和"满意"的累积百分比低于农村居民近一成。总体而言，城镇居民受访者对收入状况的满意度低于农村居民。

总体而言，城镇受访者对个人（或家庭）目前收入状况的满意程度存在着较为明显的地区差异，乌鲁木齐城镇受访者的满意程度相对最低，塔城地区居中，喀什地区相对最高。农村受访者对个人（或家庭）目前收入状况的满意程度也存在着较为明显的地区差异，乌鲁木齐农村受访者的满意程度相对最低，塔城地区居中，喀什地区相对最高。

女性受访者对个人目前收入状况的满意程度低于男性，这从另一个侧面反映出居民收入分配存在着性别差异。

各民族受访者对个人（或家庭）目前收入状况满意程度存在差异。各民族受访者对目前收入状况满意程度总体相对较低，而不满意程度总体相对较高。

（12）总体而言，城镇居民受访者对目前所过生活的幸福感低于农村居民。

城镇受访者对自己目前所过生活的感觉存在着较为明显的地区差异，乌鲁木齐城镇受访者的综合幸福程度相对最低，塔城地区居中，喀什地区相对最高。农村受访者对自己目前所过生活的感觉也存在着较为明显的地区差异，乌鲁木齐农村受访者的综合幸福程度相对最低，塔城地区居中，喀什地区相对最高。

虽然城镇居民受访者对目前所过生活的幸福感低于农村居民，但农村居民受访者的幸福感打分比城镇居民受访者要低。

（13）城镇居民个人总收入的分布非常集中：五成的受访者 2011 年的个人总收入在 1 万~4 万元；近两成的受访者在 4 万~8 万元；其他收入档次的占比均较低。根据各地区受访者个人收入的分布和集中度，总体而言，乌鲁木齐城镇受访者的个人收入水平相对最好，喀什地区次之，塔城地区最差。总体而言，女性受访者个人 2011 年全年总收入水平低于男性，存在着性别差异。

（14）对比城乡居民受访者家庭收入的分布发现，农村居民家庭收入主要集中在 1 万~3 万元和 3 万~5 万元，城镇居民家庭收入主要集中在 5 万~10 万元、2 万~5 万元、10 万~20 万元。总体而言，城乡居民受访者家庭收入存在城乡差异，城镇居民家庭收入高于农村居民，农村居民家庭收入相对总体偏低；而且城镇居民受访者和农村居民受访者家庭收入均存在内部差异。根据各地区受访者家庭收入的分布和集中度，总体而言，乌鲁木齐城镇受访者家庭收入相对最好，喀什地区次之，塔城地区最差。根据各地区受访者家庭收入的分布和集中度，以及家庭成员平均数量因素，总体而言乌鲁木齐农村受访者家庭收入相对最好，塔城地区次之，喀什地区最差。

（15）城镇居民和农村居民受访者对目前所生活地区居民收入差距认知的差异很大。城镇居民受访者认为收入差距较大的占比最高，农村居民受访者认为收入差距正常的占比最高。

三地区城镇受访者对所生活地区收入差距的认知存在着较为明显的地区差异，其中乌鲁木齐和塔城地区受访者大多数认为本地区收入差距"较大"或"非常大"，喀什地区受访者认为"正常"的占比最高。乌鲁木齐城镇受访者认为"非常大"的占比远远高于塔城地区和喀什地区；认为"较大"和"非常大"的合计占比高于塔城地区，远远高于高于喀什地区。三地区农村受访者对所生活地区收入差距的认知存在着较为明显的地区差异，其中乌鲁木齐和塔城地区受访者大多数认为本地区收入差距"较大"或"非常大"，喀什地区大多数受访者认为"正常"的占比最高。乌鲁木齐农村受访者认为"非常大"的占比高于塔城地区并远远高于喀什地区。塔城地区认为"较大"和"非常大"的合计占比略高于乌鲁木齐，远远高于喀什地区。总之，本调查发现各地区城乡内部均存在着收入差距，但是各地区收入差距的程度不尽相同。

总体而言，有关所生活地区收入差距认知的分布是存在着族别差异的。其他民族受访者中认为所生活地区收入差距"非常大"的占比（五成）远远高于其余民族。除维吾尔族中认为收入差距"正常"的频次（占比超过四成）最高以外，各民族均认为收入差距"较大"的频次最高。

（16）城镇居民受访者认为导致目前居民收入差距的三项主要原因依次为：

①市场竞争加剧。

②下岗、失业人员大量增加。

③受教育与个人能力的差异。

农村居民受访者认为导致目前居民收入差距的三项主要原因依次为：

①人均耕地面积、草场面积等不同。

②农村贫困人口脱贫难。

③自然地理资源条件的差异；以及农村生产、生活基础设施的差异。

三地区城镇受访者认为导致目前居民收入差距状况的三项主要原因各不相同。乌鲁木齐和塔城地区有一个共同的认知是："受教育与个人能力的差异"（分别位列第三位和第一位）；塔城地区和喀什地区有一个共同的认知是："市场竞争加剧"（分别位列第二位和第三位）。因此，在制定相关制度、政策、措施时应当考虑到这些主要原因并且考虑地区差异和实际情况做到有的放矢。

三地区农村受访者认为导致目前农村居民之间收入差距的三项主要原因各不相同。乌鲁木齐和塔城地区有一个共同的认知是："受教育与个人能力的差异"（分别位列第一位和第二位）；塔城地区和喀什地区有一个共同的认知是："人均耕地面积、草场面积等不同"（均列第一位）。因此，在制定收入分配结构调整等相关制度、政策、措施时，应当考虑到这些主要原因并且考虑各地区农村的实际情况、地区差异和城乡差异。

总体而言，除认为"不清楚"的以外，男性和女性受访者对目前其所生活地区居民收入差距的认知存在着性别差异，女性相对认为收入差距更大一些。

总体而言，有关所生活地区收入差距认知的分布是存在着族别差异的。

（17）总而言之，城镇和农村居民受访者均认为农村居民与城镇居民相比最大的不平等是"教育"和"社会保障"。三地区城镇受访者均认为"教育"是农村居民和城镇居民相比最大的不平等，其次为"社会保障"或"个人发展机会"，排列第二位的选项三地区有差异。三地区农村受访者均认为"教育"和"社会保障"是农村居民和城镇居民相比两个最大的不平等，乌鲁木齐和塔城地区农村受访者选择"教育"的频次均最高，喀什地区选择"社会保障"的频次最高。因此，缩小城乡发展差距，促进城乡居民的平等发展，应当针对各地区实际有针对性、有侧重地出台相应的政策措施，重点在于"教育"、"社会保障"和"个人发展机会"方面。

（18）城镇居民受访者认为今后政府收入分配制度改革最重要的三项内容按照占比由高到低依次为：

①完善包括养老保险、医疗保险、失业保险、住房、社会福利、社会救济等社会保障制度。

②严厉惩治腐败，打击非法经营和非法收入、灰色收入。

③实施积极的就业政策，营造良好的就业、创业环境。

农村居民受访者认为如果可能目前最希望得到改善的三个方面按照占比由高到低依次为：

①增加农民收入。

②帮扶农村贫困人口脱贫。

③发展农村教育事业，让城乡的孩子受到同等的教育。

三地区城镇受访者认为今后政府收入分配制度改革最重要的三项内容有着很高的一致性。三地区位列第一的选择均是："完善包括养老保险、医疗保险、失业保险、住房、社会福利、社会救济等社会保障制度"，而且响应百分比均很高。塔城地区和喀什地区的选择完全相同，只是二三位排序不同。乌鲁木齐除第三位选择与另外两地不同以外，其他选择相同。

三地区农村受访者如果可能目前最希望得到改善的三个方面高度趋同。第一位均为"增加农民收入"。乌鲁木齐和塔城地区第二位均为："发展农村教育事业，让城乡的孩子受到同等的教育"。"帮扶农村贫困人口脱贫"以及"缩小农村居民之间城乡居民之间的收入差距"，成为喀什地区和塔城地区另两项共同选择。

（19）暂且不论城镇居民受访者的最高教育学历结构是否有待优化，就对比而言，农村居民受访者的最高教育学历结构与城镇相比层次太低，存在显著的城乡差异。农村高学历居民比例极低，留不住人才。城乡人力资本的巨大差异一定会是造成城乡经济社会发展差异的重要变量，当然会进一步影响到城乡居民的收入分配结构、消费结构和投资需求。缩小城乡差异，意味着在进一步优化城镇居民最高教育学历结构的同时，着力切实加大对于新疆农村居民的人力资本投入力度，包括教育投资和在职培训投资，并且设法创造优良环境吸引高学历人才农村创业，扎根农村，成为农村常住居民（注意常住居民与户籍的区别）。

总体而言，受访者的最高教育学历存在着地区差异。乌鲁木齐城镇受访者总体的受教育程度相对最好；塔城地区城镇以初中以下学历代表的低学历占比与乌鲁木齐略高，以本科以上学历为代表的高学历占比比乌鲁木齐低较多；喀什地区城镇低学历占比比乌鲁木齐高出一定比例，而高学历占比比乌鲁木齐低较多。乌鲁木齐农村受访者总体的受教育程度也相对最好，塔城地区农村次之，喀什地区农村与乌鲁木齐差距较大，与塔城也有相当差距。

男性和女性受访者的最高教育学历是存在性别差异的，而这种差异是否会影响到其就业机会、就业能力、收入分配等方面的差异，还需要做进一步的研究。但是，提高包括女性居民在内的受教育程度，缩小居民受教育程度的性别差异，对于新疆未来的经济社会发展和扩大内需将会产生巨大的正面效应。

各民族受访者的最高教育学历存在明显的族别差异，其中汉族总体的受教育程度最好，然后依次是蒙古族、回族、维吾尔族、哈萨克族。鉴于其他民族受访者按其人口比例选取的样本很少和抽样的随机性等因素，故不参与比较。最高教育学历存在明显的族别差异是否会影响到收入分配的族别差异，是否会影响到各民族的消费需求和投资需求还有待进一步的研究。但是毋庸置疑的是提高包括汉族在内的新疆各民族的受教育水平，尤其注意缩小族别差异，增加新疆居民的人力资本投入，一定会产生巨大的正外部效应。

（20）城乡居民受访者的工作状态存在一定的差异，关注城乡居民的工作状态，扩大就业机会，尤其关注农村剩余劳动力的有效转移，提高就业质量，对于收入分配结构调整和扩大内需意义重大。

总体而言，乌鲁木齐城镇工作或就业率相对最好，塔城地区城镇次之，喀什地区城镇最低，而且喀什地区城镇的失业下岗率和家务劳动率相对最高，工作状态为其他的占比也最高。喀什地区农村工作或就业以及失业下岗率均最高；塔城地区农村工作或就业率最低，家务劳动率和工作状态为其他的占比均最高。收入分配结构调整和扩大内需务必首先改善各地区城乡居民工作状态的分布情况，扩大就业机会，其中应重点关注喀什地区城镇居民和塔城地区农村居民的就业状况。

受访者工作状态的分布是存在较为明显的性别差异的，关注女性公民的就业权利和机会，提高包括女性居民在内的居民收入水平，缩小居民收入分配的性别差异也是收入分配结构调整与扩大内需的题中应有之意。

受访者工作或就业状态的分布是存在民族差异的，在制定就业政策和收入分配改革中需要考虑到这种差异，做到有的放矢。

（21）通过对本调查问卷数据进行相关性假设检验说明：

①城镇居民受访者个人总收入与其最高教育学历之间为正相关关系，教育学历越高，个人总收入越高；反之，教育学历越低，个人总收入越低。

②城镇居民受访者家庭总收入与其最高教育学历之间为正相关关系，教育学历越高，家庭总收入越高；反之，教育学历越低，家庭总收入越低。

③农村居民受访者家庭纯收入与其最高教育学历之间为正相关关系，教育学历越高，家庭纯收入越高；反之，教育学历越低，家庭纯收入越低。

鉴于上述收入与最高教育学历之间存在的正相关关系，因此收入分配结构调整和提升居民收入水平必须要重视提高城乡居民的最高教育学历，以及重视包括教育投资和在职培训在内的人力资本投资。

（22）通过对本调查问卷数据进行相关性假设检验说明：

①城镇居民受访者个人总收入与家庭平均消费倾向之间为负相关关系，个人总收入越高，家庭平均消费倾向越低；反之，个人总收入越低，家庭平均消费倾向越高。这与现实的一般情况相符，即富人的平均消费倾向低，而穷人的平均消费倾向高。

②城镇居民受访者家庭总收入与家庭消费平均消费倾向之间为负相关关系，家庭总收入越高，家庭平均消费倾向越低；反之，家庭总收入越低，家庭平均消费倾向越高。这与现实的一般情况相符，即富人家庭的平均消费倾向低，而穷人家庭的平均消费倾向高。

③农村居民受访者家庭纯收入与家庭平均消费倾向之间为负相关关系，家庭纯收入越高，家庭平均消费倾向越低；反之，家庭纯收入越低，家庭平均消费倾向越高。

鉴于上述收入与平均消费倾向之间存在的负相关关系，因此扩大内需意味着进一步提升城乡居民的消费倾向，尤其是边际消费倾向。当居民收入水平提升后，消费意愿和消费能力会增强，平均消费倾向也会变化，存在新的提升空间。

（23）通过对本调查问卷数据进行相关性假设检验说明：

①城镇居民受访者个人总收入与其生活幸福感之间为正相关关系，个人总收入越高，其对自己目前所过的生活的幸福感越强；反之，个人总收入越低，幸福感越弱。这与我们通常所认为的收入与幸福感无关的观点不一致，本调查结果说明在新疆城镇居民受访者的整体收入水平尚未达到一定高度之前，个人总收入与生活幸福感之间呈现正相关关系，若想提升城镇居民的生活幸福感就需要增加其个人总收入。

②城镇居民受访者家庭总收入与其生活幸福感之间为正相关关系，家庭总收入

越高，其对自己目前所过的生活的幸福感越强；反之，家庭总收入越低，幸福感越弱。

③农村居民受访者家庭纯收入与其生活幸福感之间为正相关关系，家庭纯收入越高，其对自己目前所过的生活的幸福感越强；反之，家庭纯收入越低，幸福感越弱。

鉴于上述收入与其生活幸福感之间存在的正相关关系，因此城乡居民整体收入水平尚未达到一定高度之前，个人总收入、家庭总（纯）收入与生活幸福感之间呈现正相关关系，若想提升城乡居民的生活幸福感就需要增加其个人总收入、家庭总（纯）收入。而城乡居民生活幸福感的高低与社会和谐、稳定之间关系极其密切，因而提升城乡居民收入水平、调整收入分配结构，促进收入分配公平势在必行，且意味深远。

（24）边疆少数民族地区与其他地区的需求结构、消费需求结构差异较大，扩大内需、调整和改善包括新疆在内的边疆少数民族地区居民的消费需求结构，必须首先调整区域间的收入分配格局实现相对的社会公平，并以此促进新疆地区消费需求结构升级，缩小消费需求结构差异，最终实现区域社会经济的协调发展。

## （二）政策建议

（1）消费需求结构升级和扩大内需（消费需求和投资需求）的关键在于收入分配制度改革和公平的收入分配结构。改革的基本思路和原则是：

①调整国民收入分配结构，有效增加城乡居民收入（绝对收入和相对收入水平）。尤其要增加农村居民总体收入水平，增加以喀什地区为代表的贫困地区居民的总体收入水平。

②拓宽城乡居民收入来源渠道（尤其是农村居民），包括增加居民财产性收入等。

③增加收入的相对稳定性和稳定预期。

④逐步缩小居民收入分配差距（包括内部、城乡、地区、行业、性别、族别差距等）。

⑤缓解城乡中低收入居民巨大的住房、子女教育等压力，尤其是合理调控房地产市场发展与正视百姓居住需求。

⑥建议确立和实施"藏富于民"的基本国策。

（2）调整收入分配结构，增加城乡居民收入的同时切实缩小收入差距。具体建议为：

①完善包括养老保险、医疗保险、失业保险、住房、社会福利、社会救济等社会保障制度。

②严厉惩治腐败，打击非法经营和非法收入、灰色收入。

③实施积极的就业政策，营造良好的就业、创业环境。

④在国民收入的初次分配中，提高劳动报酬所占的比重，进而逐步提高居民收入在国民收入分配中的比重，使城乡居民收入普遍较快增加。

⑤加大国民收入再分配力度，运用税收和转移支付等财税工具，重视解决贫困问题，调节高收入者的收入，缩小收入差距，帮扶城乡贫困人口脱贫。

第一，就缩小收入分配的城乡差距而言，重点提升农村居民整体收入水平。

第二，就缩小收入分配的地区差距而言，在乌鲁木齐、塔城地区、喀什地区中，根据各地区城镇居民受访者个人收入和家庭收入的分布和集中度，总体而言，乌鲁木齐城镇受访者的个人收入和家庭收入水平相对均最好，喀什地区均次之，塔城地区均最差。因此，应重点增加塔城地区城镇居民个人和家庭的收入水平，喀什地区城镇居民次之。根据各地区农村居民受访者家庭收入的分布和集中度，以及家庭成员平均数量因素，总体而言，乌鲁木齐农村受访者家庭收入相对最好，塔城地区次之，喀什地区最差。因此，应重点增加喀什地区农村居民家庭的纯收入水平，塔城地区农村居民次之。

第三，就缩小三地区城镇和农村居民内部收入差距而言，重点关注乌鲁木齐城镇和农村居民内部的收入差距，其次是塔城地区城镇和农村居民内部的收入差距。

第四，就缩小收入分配的性别差距而言，收入分配结构调整应当重点关注女性就业者的平等权益，尽可能缩小居民收入分配的性别差异。

⑥调整不同部门与产业间不合理的劳动者报酬。

⑦控制并缩小因垄断原因而造成的收入差距。

⑧促进城乡基本公共服务均等化，营造个人发展的均等机会。

⑨建立平等参与市场竞争的收入分配秩序。

（3）基于城乡发展差异，因此农村收入分配和缩小城乡差距的相关改革建议为：

①增加农民收入。

②帮扶农村贫困人口脱贫。

③发展农村教育事业，让城乡的孩子受到同等的教育。

④缩小农村居民之间、城乡居民之间的收入差距。

⑤健全农村养老、医疗等社会保障制度。

⑥加大农村交通、通讯等公共设施的建设力度，极大改善乡村面貌。

⑦在不损害农民根本利益的情况下，让农村土地承包经营权可以有效流转起来。

⑧使农村居民更方便获得金融机构贷款和各项金融服务。

⑨改革城乡分割的户籍制度，让人口可以自由流动。

（4）扩大内需重点在于有效扩大居民的消费需求和促进消费需求结构的升级，尤其是农村居民的消费需求。扩大内需需要调整投资结构，提高投资效率，积极引导和支持民间投资，而从根本上而言，投资结构是由消费需求结构决定的，投资结构的调整和改善必须遵循消费需求结构升级这一主线。

（5）完善城乡包括养老保险、医疗保险、失业保险、住房、社会福利、社会救济等社会保障制度。健全、均等化的社会保障制度有助于缓解城乡居民的后顾之忧，降低不安全感，降低"预防性储蓄倾向"，使消费倾向趋于正常，提高边际消费倾向，进而有助于缩小收入差距和扩大内需。鉴于城镇和农村居民受访者均认为"社会保障"是除"教育"之外另一项农村居民与城镇居民相比最大的不平等，因此缩小城乡差异，务必在"社会保障"方面缩小差距，需要尽快健全新疆农村各项社会保障制度，提高农村居民社会保障水平。另外，应当重点解决低收入群体、弱势群体的社会保障问题。

（6）实施积极的就业政策，营造良好的就业、创业环境。具体建议为：

①促进就业结构与产业结构的协调发展。

②关注城乡居民的工作状态，扩大就业机会，提高就业质量，尤其关注农村剩余劳动力的有效转移，尤其关注少数民族大学生的就业难题。劳动力素质低是制约新疆农村剩余劳动力转移的一个重要因素，因此，需要政府和相关部门加大人力资本投资，正确引导农民学习科学文化知识和实用技能，并且引导农民重视子女的教育投资。

③解决好下岗、失业人员的生活保障和再就业问题。

④关注女性公民的就业权利和机会，关注女性就业者的平等权益，尽可能缩小居民就业机会和收入分配等方面的性别差异。

⑤新疆城乡居民工作或就业状态的分布是存在民族差异的，在制定就业政策和收入分配改革中需要考虑到这种差异。着重关注少数民族居民的工作或就业状态，扩大其就业机会。

⑥解决好弱势群体、低收入群体的就业问题。

⑦营造鼓励创业的文化氛围，宽容失败，鼓励、扶持小微企业的发展。

（7）加大人力资本投资力度。具体建议为：

①收入分配结构调整和提升居民收入水平必须要重视提高城乡居民的最高教育学历，以及重视包括教育投资和在职培训在内的人力资本投资。

②鉴于城镇和农村居民受访者均认为农村居民与城镇居民相比最大的不平等是"教育"，因此缩小城乡差异，意味着在进一步优化城镇居民最高教育学历结构的同时，着力切实加大对于新疆农村居民的人力资本投入力度，发展农村教育事业，

让城乡的孩子受到同等的教育，提高农村居民的最高教育学历及其人力资本。

③政府在初等和中等教育投资方面必须加大在农村的投入力度，提高教育教学质量，实现城乡居民接受教育的起点公平，提供相对公平的个人发展机会。针对新疆民族地区的特殊、复杂的区情，尽快实现新疆"9年义务教育＋3年高中（职高、中专）免费教育"。对于非义务教育阶段，通过设立助学金、奖学金，加大资助城乡困难学生力度，帮助家庭困难学生完成学业。

④提高包括女性居民在内的受教育程度，缩小居民受教育程度的性别差异。

⑤提高包括汉族在内的新疆各民族的受教育水平，尤其注意缩小族别差异。

⑥政府在职业技能培训方面要发挥重要作用，鼓励中高等职业技术院校的发展，针对城镇贫困和就业困难人群，以及农村居民的培训项目可以由政府埋单，加大实用技术的培训和推广。

增加新疆居民的人力资本投入，一定会在新疆大开发中产生巨大的正外部效应。新疆是一个多民族的聚集区，教育和人力资本的投入对居民收入的贡献是体现初次分配公平一个重要的前提。

（8）切实控制通货膨胀。鉴于"物价上涨严重"是制约新疆城乡受访者家庭消费需求扩张第一位的因素，因此扩大城乡居民消费需求务必先切实控制通货膨胀。增加居民收入不仅是名义收入的增加，而应是剔除物价上涨因素后的实际收入水平的提升。否则，当前严重的通货膨胀只会侵蚀居民的实际收入水平和购买力，消费需求低迷，并且使得贫困人口增加或贫困程度加剧，收入差距加剧；或者形成伴随着居民名义收入增加，物价乘机上涨，居民实际收入水平并未提高甚至倒退从而民众不满情绪加深的被动局面。

（9）促进城乡基本公共服务均等化，营造个人发展的均等机会，促进城乡居民的平等发展，缩小城乡发展差距。应当针对各地区实际有针对性、有侧重地出台相应的政策措施，重点在于教育、社会保障和个人发展机会方面，缩小城乡居民生产、生活基础设施和公共服务的差异以及各地农村生产、生活基础设施和公共服务的差异。

（10）着力消除或弱化城乡居民消费需求扩张的制约因素。根据本项目社会问卷调查的分析结果，针对制约城乡受访者家庭消费需求扩张最主要因素的排序，应当着力消除或弱化这些制约因素，其中最重要的三条政策建议依次为：

①有效控制通货膨胀，削弱因为物价上涨严重对城乡居民消费能力的严重伤害。相对于农村居民而言，这是扩张当前新疆城镇居民消费需求最首要的对策。

②努力改变城乡居民收入水平偏低或收入不稳定的现状，提高城乡居民的绝对收入水平和相对收入水平，提高其收入的相对稳定性。相对于城镇居民而言，这是扩张当前新疆农村居民消费需求最首要的对策。

③有效缓解城乡居民巨大的住房和子女教育等压力。

其他政策建议依次为：

④健全城乡养老、医疗、失业、救助等社会保障体系，尤其是农村社会保障体系。

⑤调整收入分配结构，缩小各类收入差距。

⑥引导城乡居民形成科学、合理的消费观念。

⑦坚决维护国家统一，保持新疆安定团结的社会政治局面，改善经济环境，促进经济健康、可持续发展，使城乡居民形成对未来收入的良好预期。

⑧缓解社会就业压力，扩大就业。

⑨优化消费环境。

⑩优化供给结构，使之与居民需求结构相匹配。

（11）根据结构差异有侧重地扩张居民的消费需求。根据本项目社会问卷调查的分析结果，新疆居民的消费需求是存在着结构性差异的，因此，政策建议和实施应当有所侧重，具体为：

①就居民消费需求的城乡差异而言，扩大消费需求政策的重点在于提高农村居民的消费能力、消费水平和消费需求，引导其消费结构升级。重点提升农村居民的消费意愿，并降低其消费意愿的不确定性。三地城镇和农村居民受访者如果有多余的钱首先会做的一件事情中消费需求项目中频次最高的均是改善生活条件（用于吃穿等），这说明城乡居民潜在的消费需求的巨大的，消费结构升级的空间也是很大的，因此需要着力引导其向现实消费需求转化。相对城镇居民而言，农村居民的消费方式相对更加单一，因此应当侧重于引导农村居民采用多元、现代、新型、合理的消费方式。

②就居民消费需求的地区差异而言，扩大消费需求政策的重点在于提高以喀什地区为代表的贫困地区（尤其是南疆）城镇和农村居民的消费能力、消费水平和消费需求，引导其消费结构升级。就乌鲁木齐、塔城地区和喀什地区而言，三地区居民消费意愿均很弱都需提高，城镇中重点提升喀什地区城镇居民的消费意愿；农村中重点提升塔城地区农村居民的消费意愿，喀什地区农村居民的消费意愿也需要多加关注；并降低其消费意愿的不确定性。着重引导喀什地区和塔城地区城乡居民接受现代、新型、多元、合理的消费方式。

（12）分层次促进城乡居民消费需求。虽然城乡高、中、低收入阶层都要实现消费结构的升级，但由于收入分布不均，使得不同阶层实现购买力的程度不同，突出表现化为高收入群体的消费倾向低，低收入阶层的消费倾向高。扩大内需、启动消费应根据不同消费群体的特点制定相应的消费政策和税收政策，调节收入分配关系，以达到预期的目标。分层次促进城乡居民消费需求的具体建议为：

①高收入群体：应进行科学引导，创造好的投资和消费环境，促进其大额消费。

②中等收入阶层：改善其预期，增加其即期消费。

③低收入群体：增加其收入，提高其购买力。

（13）调整供给结构。具体建议为：

①研究城乡居民消费需求的发展趋势，明确居民消费结构转换与升级的方向，相应调整供给结构，使之适应这种变化了的消费需求。这是因为：在既定供给方式和供给条件不变的情况下，刺激消费需求增长的政策干预空间已十分有限，应从供给方面寻求新的出路，向消费者提供新的消费品和消费方式的示范。

②居民消费结构的变化是确定产业和产品结构调整、升级方向的重要依据，政府应当引导生产经营者以发展的眼光来看待市场，根据消费的趋势进行产品开发，对居民的消费行为起到引导作用，切忌不顾市场规模、不顾产品质量、只考虑眼前利益的盲目建设和重复建设。引导企业既要满足市场的现实需求，也要满足消费者的潜在需求，还应通过创新开发出新的消费需求。

③在调整供给结构时还应坚持可持续发展战略，治理环境污染，发展生态产业、绿色产业和可持续产业，为消费者进行可持续消费创造条件。

（14）优化消费环境，引导消费文化，鼓励现代消费方式。具体建议为：

①政府应当通过消费政策来影响消费环境，清理各种抑制消费的政策，调节消费市场，进而通过消费市场来引导生产者的生产和居民的消费。

②维护市场秩序与公平，坚决打击假冒伪劣产品的生产和销售，坚决保障居民食品、药品安全，坚决维护消费者合法权益。

③积极培育新的消费热点。消费热点的出现，绝不能以牺牲环境、浪费资源为代价。必须坚持可持续发展的战略，坚持可持续发展的生产方式和消费方式。

④引导全新、优良的消费文化。扩大城乡居民消费需求并非鼓励盲目消费，而是在一定收入水平之下的"适度消费"和"可持续消费"。

⑤创造条件，鼓励现代消费方式的迅速、健康发展。

（15）着力消除或弱化城乡居民投资需求扩张的制约因素。根据本项目社会问卷调查的分析结果，针对制约城乡受访者家庭投资需求扩张最主要因素的排序，应当着力消除或弱化这些制约因素。鉴于城乡差异，因而政策建议应当有的放矢。

针对新疆城镇居民具体的政策建议依次为：

①增加城镇居民收入，使之拥有可以投资的资金，从而提高其投资意愿。

②通过加大人力资本投资（教育和在职培训投资）提高新疆城镇居民的最高教育学历、专业知识积累和个人综合素质，增加其投资所需的知识、技能和经验。

③通过教育、宣传等手段引导城镇居民形成正确的投资理念，正确看待和管理

投资风险。

④扩宽城镇居民可以投资的领域，增加投资机会。

⑤使城镇居民形成对未来经济前景和收入的良好预期。

⑥优化投资环境。

⑦通过政策合力提高城镇居民投资风险的承受能力。

⑧在制度、政策、实施机制等层面健全投资者权益保护机制，尤其注意保护中小投资者的合法权益。

针对新疆农村居民具体的政策建议依次为：

①增加农村居民收入，使之拥有可以投资的资金，从而提高其投资意愿。

②通过加大人力资本投资（教育和在职培训投资）提高新疆农村居民的最高教育学历、专业知识积累和个人综合素质，增加其投资所需的知识、技能和经验。

③通过政策合力提高农村居民投资风险的承受能力。

④加大农村基础设施投入，根本改善农村基础设施的状况和结构，从而促进农业投入和规模扩张。

⑤扩宽农村居民可以投资的领域（包括第一产业和其他产业），增加投资机会。

⑥使农村居民形成对未来经济前景和收入的良好预期。

⑦通过教育、宣传等手段引导农村居民形成正确的投资理念，正确看待和管理投资风险。

⑧优化投资环境。

（16）根据结构差异有侧重地扩张居民的投资需求。根据本项目社会问卷调查的分析结果，新疆居民的投资需求是存在着结构性差异的，因此，政策建议和实施应当有所侧重，具体为：

①就居民投资需求的城乡差异而言，扩大居民投资需求政策的重点在于提高农村居民的投资能力、投资水平和投资需求，并优化社会投资结构，促进产业结构升级。重点提升农村居民的投资意愿，并降低其投资意愿的不确定性。在乌鲁木齐、塔城地区、喀什地区的城镇居民受访者中，如果现在有多余的钱首先会做的一件事情中频次最高的都是买房或建房，这说明城镇居民潜在的投资需求是巨大的，尤其是房产投资需求，然后均是增加自己或孩子教育和培训的人力资本投资需求，因此需要着力合理引导其向现实消费需求转化。三地农村居民受访者首先会做的一件事情中频次最高的是分别是改善生活条件（用于吃穿等）或者是买房或建房或者是增加自己或孩子教育和培训投入。因此，对于农村居民的投资需求而言，其潜在的投资需求是巨大的，需要侧重于扩张其房产投资需求、自己或孩子教育和培训的人力资本投资需求。

②就居民投资需求的地区差异而言，三地区比较而言，塔城地区城乡受访者的投资意愿最弱，乌鲁木齐城乡次之，喀什地区城乡受访者的投资意愿较强。因此，务必合理引导各地区城乡居民的投资需求，降低其投资意愿的不确定性，并且根据地区实际有所侧重，既需要重点提升塔城地区城乡居民的投资意愿，也需要合理引导投资意愿相对较强的喀什地区城乡居民的投资需求，最终扩大其投资需求并转化为现实投资。乌鲁木齐地区农村居民的投资需求扩张首先侧重于增加现有生产经营活动的投入，然后是增加自己或孩子教育和培训投入、买房或建房投资。塔城地区农村的投资需求扩张首先侧重于买房或建房投资需求，然后是增加自己或孩子教育和培训投入需求。喀什地区农村的投资需求扩张首先侧重于增加自己或孩子教育和培训投入需求，然后是买房或建房投资需求。

（17）优化投资环境。投资环境包括投资硬环境和投资软环境，投资的总体环境＝投资硬环境×投资软环境。投资软环境是指相对于地理条件、资源状况、基础设施等投资硬环境而言的"环境软件"，包括制度、政策法规、体制机制、政府行政效率、思想观念、文化氛围等方面。投资硬环境的重要性不必多言，但投资软环境的改善可以成倍提升总体投资环境，尤其是制度、政策法规和政府行政效率。投资软硬环境的改善有助于扩大新疆城乡居民的投资需求，并吸引疆外资金、技术和人才进入新疆。

（18）提升新疆城乡居民生活幸福感与促进社会和谐的政策建议。新疆城乡居民幸福感关乎新疆稳定与发展，可以考验政府的执政能力和水平，因此，提升新疆城乡居民幸福感与促进社会和谐意义重大。这里提出若干政策建议：

①提升城乡居民收入水平、促进收入分配公平。

鉴于上述收入与其生活幸福感之间存在的正相关关系，因此在城乡居民整体收入水平尚未达到一定高度之前，个人总收入、家庭总（纯）收入与生活幸福感之间呈现正相关关系，若想提升城乡居民的生活幸福感就需要增加其个人总收入、家庭总（纯）收入。而城乡居民生活幸福感的高低与社会和谐、稳定之间关系极其密切，因而需要提升城乡居民收入水平、调整收入分配结构（包括初次分配和再分配结构），缩小收入差距，鼓励发挥第三次分配①的重要补充作用，促进收入分配公平，其势在必行，且意味深远。

②在提升农村居民生活幸福感的同时需要更多关注城镇居民。

在新疆以三地区为代表的城乡居民受访者中，虽然农村居民的幸福感略高于城镇居民，但其幸福感打分却偏低于城镇居民，因此农村居民生活幸福感仍有巨大的

---

① 区别于初次分配和再分配，第三次分配主要是指"慈善事业机制"，初次分配讲究效率，再分配讲究公平，第三次分配讲究社会责任（尤其是对富人们而言）。

提升空间，需要进一步提升努力，同时，也需要更多关注新疆城镇居民的生活幸福感。相比于农村居民，在某种程度上而言，新疆城镇居民的生活压力更大。因此，需要改变新疆城镇居民收入水平总体偏低而物价高企，收入分配差距巨大的现实，有效遏制通货膨胀，缓解城镇居民巨大的住房、教育、就医、就业等生活压力，缩小新疆城镇居民与区外发达、较发达地区居民之间以及本地区城镇居民之间的收入差距。

③正视地区差异。

在新疆以三地区为代表的城乡居民受访者中，经济发展水平相对最高的乌鲁木齐城镇居民和农村居民的综合幸福程度均相对最低，作为中等发展地区代表的塔城地区城乡居民均居中，而作为落后地区代表的喀什地区却均相对最高。这说明除了地区经济发展水平这一变量之外，还有其他影响各地区城乡居民综合幸福程度的重要变量，如政治、社会、人文等方面。因此，需要正视新疆各地区城乡居民综合幸福程度的差异，有针对性、有侧重、差异化、综合性地全面提升新疆各地区城乡居民的综合幸福程度。

④以综合性对策形成合力。

除了继续发展新疆各地区经济，提升城乡居民收入水平，缩小收入差距，破解就业难题等方面以外，还需要以综合性对策形成合力，高度重视新疆社会稳定、政治清明、社会保障制度健全、人文环境优良、教育及医疗卫生水平优良、居住权益得到保障、城乡面貌与居民工作居住环境改善等方面的重要作用。

综上所述，新疆城乡居民综合生活幸福程度的提升对居民自身、新疆稳定、国家统一完整等方面而言意义重大，需要引起政府、社会各层面的高度重视，并施以切实有效、持之以恒的巨大努力方可实现。

至此，本调查研究报告全部结束了，但是有关新疆收入分配结构调整和扩大内需的相关研究还会继续，下面以专题研究的方式从不同的视角探讨这个复杂的系统性问题。

# 专题研究一

# 新疆居民收入分配
# 差异的实证研究

**内容摘要：**本研究从初次分配和再分配两个层面对新疆居民收入分配的差异进行了实证分析。结果表明，和全国相比，新疆劳动收入份额的下降并不明显，新疆劳动收入份额的演变受到了产业结构调整的影响。新疆居民收入再分配无论是从基尼系数还是行业比较方面差异均较为显著，再分配环节对于收入分配的调节功能没有充分发挥。

**关键词：**居民收入分配　基尼系数　劳动收入份额

## 一、引言

党的十八报告中明确提出 2020 年居民人均收入要实现倍增，着力解决收入分配差距较大问题，使发展成果更多更公平惠及全体人民，把居民收入作为建成小康社会的目标之一体现了以人为本和民富优先的科学发展观。

功能收入分配和规模收入分配研究是经济学界研究居民收入分配的两条主线。功能收入分配也称要素收入分配，是用各个生产要素在国民经济收入中的份额来表示，属于初次分配的范畴。规模收入分配是从居民个人收入差异和居民收入分配的合理性的角度研究居民的收入分配规律，属于再分配范畴，前者反映的是一种分配模式，后者反映的是一种分配结果。适度的收入分配差距有利于经济效率的提高，而过大的收入差异则会影响社会和谐，进而影响经济增长。改革开放 30 多年以来，对我国居民收入分配研究的重点一直放在了规模收入分配上，对功能收入分配的研究近几年才引起广大经济学家和学者的注意。国内外的研究现状表明，目前对于收入分配差异在评价指标、测度方法等研究上已达成共识，主要通过基尼系数、泰尔指数等的高低来判断差异的大小，认为合理的数值表明收入差异的适度。一般以是否接近或超过国际通用的警戒线基尼系数 0.4 作为衡量国家和地区收入差异大小的标准。对于收入分配差异的形成原因，近年来的研究开始重点关注初次分配中劳动收入份额的变动，以及制度因素导致的收入分配差异。根据对收入分配问题的性质和原因的不同认识，学者们提出了解决收入分配问题的对策。

目前对新疆居民收入分配的研究基本上都是从规模收入分配即再分配的角度，初次分配研究内容上的缺失不利于我们对新疆居民收入的状况作出相对全面准确的判断。尤其是新疆收入分配差距是否在合理的范围？应该采取什么样的措施使收入分配差距保持在合理范围？影响新疆居民收入公平的到底是初次分配还是再分配或者兼而有之？本研究将从功能收入分配和规模收入分配两个维度，对新疆的居民收入配差异的适度性进行探讨，并为公共政策的制定提供参考依据。

## 二、新疆居民收入初次分配的差异

### （一）新疆劳动收入份额的演变趋势

国民经济核算的收入法是从国民收入分配的角度，以各个生产要素在生产过程中应该得到的份额以及应该向政府支付的份额为出发点计算出国民的最终产出。根据 GDP = 劳动者报酬 + 生产税净额 + 固定资产折旧 + 营业盈余的核算方法，新疆的劳动收入份额 = 新疆的劳动者报酬/新疆的 GDP。具体数据详见表 1，其中，1995～2010 年的数据根据历年新疆统计年鉴中的生产总值收入法构成项目整理计算得出，个别年份的数据有缺失。不含生产税的劳动收入份额，可以进一步判断政府税收对新疆居民劳动收入份额影响的大小。

表 1　　　　　　　　　　新疆劳动者报酬和劳动收入份额

| 年份 | 新疆 GDP（亿元） | 劳动者报酬（亿元） | 新疆劳动收入份额 | 不含生产税劳动收入份额 |
|---|---|---|---|---|
| 1995 | 834.57 | 461.35 | 0.552799645 | 0.613000093 |
| 1996 | 912.15 | 511.03 | 0.560247766 | 0.638037806 |
| 1997 | 1050.14 | 593.14 | 0.564819929 | 0.635761447 |
| 1998 | 1116.67 | 651.87 | 0.583762437 | 0.655152313 |
| 1999 | 1168.55 | 652.61 | 0.558478456 | 0.62960426 |
| 2000 | 1364.36 | 685.57 | 0.502484681 | 0.570433668 |
| 2001 | 1485.48 | 794 | 0.534507365 | 0.606384604 |
| 2002 | 1598.28 | 821.40 | 0.513927472 | 0.604046094 |

| 年份 | 新疆 GDP（亿元） | 劳动者报酬（亿元） | 新疆劳动收入份额 | 不含生产税劳动收入份额 |
|------|------|------|------|------|
| 2003 | 1877. 61 | 973. 30 | 0. 51837176 | 0. 621694474 |
| 2005 | 2604. 19 | 1265. 62 | 0. 485993725 | 0. 549703132 |
| 2006 | 3045. 26 | 1358. 57 | 0. 446126111 | 0. 507317164 |
| 2007 | 3523. 16 | 1566. 80 | 0. 444714404 | 0. 510934147 |
| 2009 | 4277. 05 | 2329. 37 | 0. 544620708 | 0. 642955525 |
| 2010 | 5437. 47 | 2829. 07 | 0. 520291606 | 0. 608894504 |

资料来源:《新疆统计年鉴1996~2011》的数据计算。

从表1中可以看出,新疆劳动者报酬的总规模从1995年的461. 35亿元增长到2010年的2829. 07亿元,16年间增长了5. 13倍,同期新疆GDP的规模由834. 57亿元增长到5437. 47亿元,增长了5. 51倍,说明新疆劳动者报酬增长的规模低于经济增长的规模,但是基本保持同步。

1995~2010年新疆劳动收入份额总体上有所下降,呈现出先上升、再下降后又回升的变动趋势,在0. 446~0. 584之间波动。从劳动收入份额的变动情况看,劳动收入份额和不含生产税的劳动收入份额两条曲线的走势基本一致,但是税收降低了劳动收入的份额,两者的差额在0. 060~0. 098之间(见图1)。

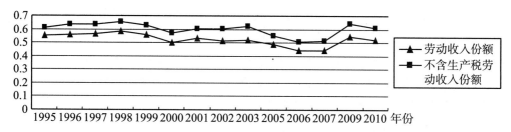

图1 1995~2010年新疆劳动收入份额的变化

新疆居民劳动收入份额的变化轨迹可以明显地分为两个阶段:1995~2003年的基本稳定期和2005~2010年的波动期。1995~2003年新疆居民劳动收入份额基本上保持在55%左右。1993年,党的十四届三中全会提出坚持以按劳分配为主体、多种分配方式并存的分配体制,首次将其他分配方式从补充的附属地位提升到并存的平等地位,居民收入分配方式的改革促进了我国居民收入来源多元化,制度因素对新疆居民收入分配的影响在该阶段得到了充分的体现。

2005～2010 年，随着国家西部大开发战略的实施和推进，新疆经济快速增长。但是，同期新疆的劳动收入份额有所下降，特别是在 2007 年下降到了 0.44。该阶段劳动收入份额的下降部分是由于统计口径的不一致造成的，在 2004 年以后的新疆经济普查中，由于全国统计口径的变化，统计部门将个体经济经营者的收入从劳动收入转为企业营业利润，因而劳动者报酬仅包括个体经济中的雇员报酬①。把原来劳动者报酬的一部分划入了营业利润之后，新疆的劳动收入份额必然会有一个统计技术原因上的下降。部分是因为经济发展中产业结构的调整导致的收入份额的变动。但是总体上，剔除技术上的原因，新疆劳动收入份额虽然有一定的下降，但是下降幅度并不明显。

### （二）新疆劳动收入份额与其他省份的比较

从全国层面来看，许多学者的研究都表明，在 1998 年之后，全国 31 省（市、区）的居民劳动收入份额总体上都出现了下降的趋势②。但是，各个省份之间的居民劳动收入份额差异却很少被学者关注，这类的研究也比较少，事实上，劳动收入份额地区间的差异也是明显的。进一步横向比较新疆与全国其他省份在劳动报酬份额上的差异，本研究选取 2010 年我国 31 个省（市、区）的劳动收入份额指标，总结发现其带有规律性的结论，并以此对新疆的劳动者报酬和劳动收入份额的合理性做出评价。

2010 年广东、江苏和山东的 GDP 分别以 46013.06 亿元、41425.48 亿元和 39169.92 亿元位列全国的前 3 位，新疆是第 25 位。劳动者报酬规模上，广东、江苏和山东也位居全国前 3 位，新疆仍然位居第 25 位。从绝对值的比较上看，劳动者报酬和经济增长之间的正向关系，表明了一个地区的收入增长是建立在该地区经济发展的基础上的论断。而从劳动收入份额上比较，却出现了相反的情况。西藏、广西、河北分别以 0.641193、0.593764 和 0.553126 位于全国的第 1 名、第 2 名、第 3 名，新疆以 0.520292 位于全国的第 7 名。

全国各省的劳动收入份额大致可以分为三大类：以天津、上海为代表的劳动收入份额在 0.36～0.44 之间的省份；以江西、河南为代表的劳动收入份额在 0.45～0.50 之间的省份；以西藏、广西为代表的劳动收入份额在 0.50 以上的省份。这反映出劳动收入份额与经济增长之间的反向变化，即经济发展水平较高的地区劳动收入份额较低，而经济落后的地区劳动收入份额较高。

---

① 国家统计局国民经济核算司：《中国经济普查年度国内生产总值核算方法》，中国统计出版社 2007 年版。

② 白重恩，钱震杰：《国民收入的要素分配：统计数据背后的故事》，载于《经济研究》2009 年第 3 期。

从表2的数据上看，新疆的劳动收入份额高于全国平均水平，在全国排名靠前，而新疆显然属于落后地区。这并不说明欠发达地区的初次分配较发达地区更加公平，而是由于市场经济发展的阶段性特征决定的。按照库兹涅兹倒"U"曲线的理论，劳动收入份额的变动应该是先上升后下降再上升的一个变动趋势，那么，我国地区之间的劳动份额的差异，可能的原因在于基于我国不同区域之间较大的经济发展水平的差异以及不同的发展阶段，新疆这样的落后地区劳动收入分配还处于库兹涅兹倒"U"曲线的左侧，而广东浙江等东部沿海较发达省份的劳动收入分配已经跨过拐点，到了曲线的右侧阶段。考虑到经济发达省份比新疆这样的落后地区拥有更好更完善的基本公共服务，例如教育、卫生医疗、社会保障等构成社会公平的重要因素，那么，新疆这样的欠发达地区相对较高的劳动收入份额与其落后的基公共服务水平之间的差异，正反映出机会公平本身比劳动收入份额更能衡量初次分配的公平性。

表2　　　　　　　　　　　2010 年全国各省劳动报酬和劳动收入份额

| 省份 | 劳动报酬（亿元） | 劳动收入份额 | 省份 | 劳动报酬（亿元） | 劳动收入份额 |
|---|---|---|---|---|---|
| 北京 | 6919.99 | 0.490307 | 湖北 | 6827.85 | 0.427606 |
| 天津 | 3556.17 | 0.385515 | 湖南 | 8040.19 | 0.501322 |
| 河北 | 11280.60 | 0.553126 | 广东 | 20452.36 | 0.44449 |
| 山西 | 3638.33 | 0.395434 | 广西 | 5682.23 | 0.593764 |
| 内蒙古 | 5086.28 | 0.435768 | 海南 | 1039.62 | 0.50357 |
| 辽宁 | 8982.04 | 0.48664 | 重庆 | 3901.69 | 0.492291 |
| 吉林 | 3370.41 | 0.388852 | 四川 | 8089.35 | 0.470708 |
| 黑龙江 | 3823.13 | 0.368722 | 贵州 | 2444.38 | 0.531138 |
| 上海 | 6742.05 | 0.392756 | 云南 | 3344.07 | 0.4629 |
| 江苏 | 17141.63 | 0.413794 | 西藏 | 325.38 | 0.641193 |
| 浙江 | 6788.87 | 0.389176 | 陕西 | 4028.24 | 0.397911 |
| 安徽 | 6058.54 | 0.4902 | 甘肃 | 2145.94 | 0.520764 |
| 福建 | 7400.03 | 0.502135 | 青海 | 635.34 | 0.470472 |
| 江西 | 4258.71 | 0.450597 | 宁夏 | 921.35 | 0.54529 |
| 山东 | 15457.01 | 0.394614 | 新疆 | 2829.07 | 0.520292 |
| 河南 | 11503.22 | 0.49814 | | | |

资料来源：根据《中国统计年鉴2011》的相关数据计算。

### (三) 新疆各产业间劳动收入份额比较

产业间的劳动收入份额可以更好地判断新疆劳动收入份额的构成。图 2 表明，新疆第一产业劳动收入份额最高，第三产业居中，第二产业最低；第二、第三产业的劳动收入份额的变动趋势方向基本一致。

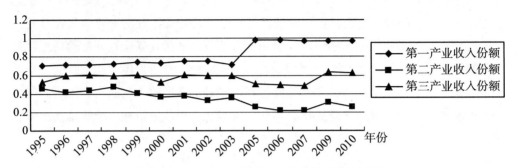

**图 2　1995～2010 年新疆各产业间劳动收入份额**

资料来源：相应年份《新疆统计年鉴》。

产业间的劳动收入份额变化体现了新疆产业结构调整过程中对劳动收入份额的影响。理论上，大多数国家的劳动收入份额都受到了产业结构转型的影响。当经济结构偏重于农业时，劳动收入份额比较高，而当经济结构偏向工业部门时，劳动收入份额比较低。而进入到工业化的高级阶段时，劳动收入份额会上升。

从产业劳动收入份额的构成看，农业劳动收入份额远高于第二、第三产业。研究表明，这其实与我国农业收入的核算处理方法有关，由于国家统计局考虑到农户从事的各种农林牧渔活动很难分清劳动报酬和营业盈余，因而将其收入全部计为劳动者报酬[①]，这一处理方法导致对农业劳动收入份额的高估，使得农业和第二、第三产业间劳动收入份额的差距人为扩大，这也是新疆这样的落后地区劳动收入份额反而偏高的一个原因。

白重恩等（2009）的研究发现[②]，工业部门要素替代弹性为 1，因此改变工业部门要素投入并不会影响其要素分配份额，新疆第二产业劳动收入份额在三次产业中占比最低符合这一结论。此外，国内的研究还表明，由于我国要素市场资源配置的扭曲，近年来国有企业平均劳动收入份额明显高于非国有企业，因此，新疆及其

---

① 国家统计局国民经济核算司：《中国经济普查年度国内生产总值核算方法》，中国统计出版社 2007 年版。

② 白重恩，钱震杰：《国民收入的要素分配：统计数据背后的故事》，载于《经济研究》2009 年第 3 期。

他落后地区较高的国有经济比重也使得劳动收入份额高于市场经济竞争程度更高的发达地区。第三产业对劳动收入份额的影响表现在由于力资本的投资在第三产业更为明显，因此，随着第三产业在经济结构中的比重不断提升，该部门劳动收入份额在未来会不断增加。

对新疆初次分配分析的结果表明，由于地区经济发展的阶段性特征和产业结构的演变，劳动收入份额确实在全国范围内呈下降趋势，这是一定时期经济发展规律决定的。随着经济增长与产业结构的进一步调整，我国各地区的劳动收入份额在未来可能还会有一段时期的下降，但是由于市场开放程度和人力资本积累所带来的收益已经开始在发达地区显现，特别是随着东部地区向中西部地区的产业转移，发达地区劳动收入份额未来下降的幅度较欠发达地区小，即发达地区和落后地区的劳动收入份额的差异会逐步缩小。因此，较高的劳动收入份额反映出新疆初次分配中明显的阶段性特征：一是新疆产业结构还处在较低的水平，农业在国民经济中的比重过高，第三产业发育程度低；二是较高的国有企业比重在一定程度拉升了新疆劳动收入份额，而这并不利于非国有企业的竞争力的提升和市场化率的提升；三是经济转型期，落后的产业结构使得新疆人力资本的积累对经济发展和劳动收入份额的提高的促进作用并不明显。

### 三、新疆居民收入再分配的差异

新疆初次分配中较高的劳动收入份额是和新疆现阶段相对滞后的经济发展水平以及落后的产业结构相适应的。新疆居民收入的结果是否在合理的差异范围呢？本研究主要选取了农村居民纯收入、城镇居民可支配收入、各行业平均工资等指标进行分析。

### （一）新疆城镇与农村居民的规模收入

20世纪80年代中期至80年代末，新疆农民纯收入接近全国平均水平，全国排名在14名、15名左右。进入90年代，新疆农民人均纯收入与全国水平开始逐渐拉大。进入21世纪，新疆农民纯收入与全国的差距开始快速拉大，特别是在2008年以后，2010年差异扩大到了1230元。城镇居民收入对比情况看，2002年以后，新疆城镇居民收入与全国的差异更为显著，也呈现逐步拉大的趋势，2010年达到5464元（见表3）。

**表3**           新疆城镇居民可支配收入、农民纯收入与全国的比较

| 年份 | 全国农民纯收入（元） | 新疆农民纯收入（元） | 差额（元） | 全国城镇居民可支配收入（元） | 新疆城镇居民可支配收入（元） | 差额（元） |
|------|------|------|------|------|------|------|
| 2000 | 2253 | 1473 | −637 | 6280 | 5645 | −635 |
| 2001 | 2366 | 1618 | −635 | 6860 | 6215 | −645 |
| 2002 | 2475 | 1710 | −656 | 7703 | 6554 | −1149 |
| 2003 | 2575 | 1863 | −612 | 8472 | 7006 | −1466 |
| 2004 | 2936 | 2245 | −691 | 9422 | 7503 | −1919 |
| 2005 | 3254 | 2482 | −772 | 10493 | 7990 | −2503 |
| 2006 | 3587 | 2737 | −850 | 11760 | 8871 | −2889 |
| 2007 | 4140 | 3182 | −958 | 13786 | 10313 | −3473 |
| 2008 | 4761 | 3503 | −1258 | 15781 | 11432 | −4349 |
| 2009 | 5153 | 3883 | −1270 | 17175 | 12258 | −4917 |
| 2010 | 5919 | 4643 | −1230 | 19109 | 13644 | −5464 |

资料来源：相应年份《新疆统计年鉴》、《中国统计年鉴》。

### （二）新疆居民收入差异的行业比较

从表4中可以看出，新疆不同的行业间的平均工资水平差距明显。垄断行业和高新技术行业的从业者多为高收入阶层；低收入阶层大都集中在居民服务和商务服务等传统行业中。新疆的石油、天然气等能源采掘业、金融业、交通运输业等行业快速发展的同时，也扩大了新疆城镇内部的收入差距。2010年，新疆各行业中平均工资排在前三名的依次是金融业、采矿业、交通仓储邮政业，最后三名是餐饮住宿业、农林牧渔业、居民服务业。其中，排在第一名的金融行业平均工资是59082元，比新疆的平均工资32361元高出26721元；排在最后一名的居民服务业的行业平均工资是18453元，比新疆的平均工资低13908元。金融业的行业平均工资比居民服务业高出40629元。新疆各行业间的差距无论是绝对量还是相对量都是很大的，显然这一差异已经超过了合理的限度。

**表4**           2010年新疆各行业平均工资

| 行业 | 平均工资（元） | 排名 |
|------|------|------|
| 农林牧渔业 | 20174 | 18 |
| 采矿业 | 48338 | 2 |

| 行业 | 平均工资（元） | 排名 |
|------|------------|------|
| 制造业 | 31666 | 12 |
| 水气电生产供应业 | 44435 | 4 |
| 建筑业 | 29339 | 13 |
| 交通仓储邮政业 | 47070 | 3 |
| 计算机软件服务业 | 43777 | 5 |
| 批发零售业 | 32726 | 11 |
| 餐饮住宿业 | 21599 | 17 |
| 金融业 | 59082 | 1 |
| 房地产业 | 23288 | 15 |
| 租赁和商务服务业 | 22531 | 16 |
| 科技服务和勘查业 | 38696 | 6 |
| 公共设施管理业 | 26220 | 14 |
| 居民服务业 | 18453 | 19 |
| 教育 | 35256 | 8 |
| 社会保障和社会服务业 | 33381 | 9 |
| 文化体育和娱乐业 | 33014 | 10 |
| 公共管理和社会组织 | 36753 | 7 |
| 全区 | 32361 | — |

资料来源：《新疆统计年鉴2011》。

### （三）新疆不同所有制间的收入差异

从全国来看，由于垄断行业的因素，劳动收入份额在不同行业和不同所有制企业之间存在较大差异性。总体上，新疆和发达地区相比，公有制经济的比重较高，表现在收入差距上也十分明显。改革开放以后，新疆非公有制经济有了长足的发展，员工的工资也有了大幅度提高。但是，受到非公有制经济所处的行业性质、经济规模、融资环境、规模以及发育程度的限制，新疆非公有制经济的发展还是不够充分。新疆非公有制单位的工资总额与公有制单位相比差距也在逐步扩大。公有制单位和非公有制单位的工资总额差距从1999年的1871357万元增长到2010年的3263489万元，12年间，两者之间的差距不断增大（见图3）。

工资总额（万元）

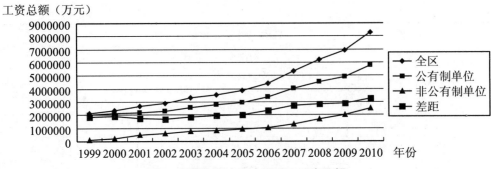

**图3　新疆各所有制在职职工工资总额**

资料来源：相应年份《新疆统计年鉴》。

### （四）新疆居民收入基尼系数与全国的比较

收入差距最重要的衡量指标是基尼系数。从表5的各项指标来看，新疆城镇居民收入的基尼系数虽然是持续上升，但在2003年之后一直小于全国水平。而新疆农村居民基尼系数不仅始终高于新疆城镇居民也远高于全国水平。这一趋势表明，如果不采取相应的措施，新疆城乡之间的收入差距会继续拉大，新疆农村居民收入和全国的差异也会更大。新疆居民混合基尼系数整体上也一直处于一个增长状态，与全国水平接近。

表5　　　　　　　　　　　**新疆与全国基尼系数比较**

| 年份 | 新疆城镇 | 全国城镇 | 新疆农村 | 全国农村 | 新疆混合 | 全国混合 |
|---|---|---|---|---|---|---|
| 1990 | 0.2465 | 0.2300 | 0.3159 | 0.3246 | 0.3336 | 0.3407 |
| 1991 | 0.2370 | 0.2400 | 0.3331 | 0.3205 | 0.3405 | 0.3432 |
| 1992 | 0.2325 | 0.2500 | 0.3256 | 0.3490 | 0.3467 | 0.3551 |
| 1993 | 0.2836 | 0.2700 | 0.3435 | 0.3612 | 0.3653 | 0.3636 |
| 1994 | 0.2802 | 0.3000 | 0.3516 | 0.3558 | 0.3752 | 0.3685 |
| 1995 | 0.2408 | 0.2695 | 0.3882 | 0.3274 | 0.3937 | 0.3591 |
| 1996 | 0.2815 | 0.2697 | 0.3764 | 0.2980 | 0.4060 | 0.3581 |
| 1997 | 0.3032 | 0.2831 | 0.3862 | 0.3024 | 0.4177 | 0.3684 |
| 1998 | 0.3466 | 0.2920 | 0.4012 | 0.3006 | 0.4291 | 0.3765 |
| 1999 | 0.3154 | 0.3012 | 0.4221 | 0.3017 | 0.4515 | 0.3854 |
| 2000 | 0.3458 | 0.3146 | 0.4045 | 0.3123 | 0.4398 | 0.3974 |
| 2001 | 0.3214 | 0.3279 | 0.3607 | 0.3117 | 0.4043 | 0.4071 |

续表

| 年份 | 新疆城镇 | 全国城镇 | 新疆农村 | 全国农村 | 新疆混合 | 全国混合 |
|------|---------|---------|---------|---------|---------|---------|
| 2002 | 0.3859 | 0.3874 | 0.4211 | 0.3083 | 0.4585 | 0.4284 |
| 2003 | 0.3463 | 0.3986 | 0.4348 | 0.3075 | 0.4573 | 0.4391 |
| 2004 | 0.3550 | 0.4069 | 0.4035 | 0.2863 | 0.4388 | 0.4443 |
| 2005 | 0.3622 | 0.4128 | 0.4015 | 0.2739 | 0.4437 | 0.4509 |
| 2006 | 0.3715 | 0.4089 | 0.4121 | 0.2577 | 0.4464 | 0.4521 |
| 2007 | 0.3722 | 0.4046 | 0.4007 | 0.2295 | 0.4501 | 0.4520 |
| 2008 | 0.3615 | 0.4102 | 0.4201 | 0.2387 | 0.4409 | 0.4515 |
| 2009 | 0.3852 | 0.4111 | 0.4211 | 0.2265 | 0.4589 | 0.4592 |
| 2010 | 0.3833 | 0.4202 | 0.4056 | 0.2413 | 0.4564 | 0.4575 |

资料来源：1990～2005年的新疆各类基尼系数来自于跃、吴建新的《新疆基尼系数实证分析》（2007）；1990～2007年中国各类基尼系数来自徐映梅、张学新的《中国基尼系数警戒线的一个估计》（2011）；（3）其余数据计算得出。

## 四、结论及政策建议

上述实证分析表明，新疆在初次分配中劳动收入份额的演变以及收入分配的结果均存在不合理的变化趋势。但是相对于再分配环节，新疆初次分配基本和新疆经济处于落后阶段的现状基本吻合，新疆居民收入差距的扩大主要表现在再分配环节，从分配的结果上看，无论是农村还是城镇的基尼系数都在逐步扩大，和全国相比，新疆农村居民的基尼系数远高于全国平均水平，反映出未来新疆解决居民收入分配中的难点和关键点在于缩小农村居民的收入差异。新疆再分配环节的差异程度较高，这和理论上再分配主要是矫正市场经济中初次分配的不足，调节收入分配使其更加公平的结论相违背。导致这一结果的原因，有其深刻的制度因素以及长期以来新疆经济社会发展的内在缺陷。

一是1994年分税制改革从理论上明确了中央和地方政府的财权和事权，而省以下的财权和事权的分配格局却并没有明确。这导致财权进一步的上收而事权进一步的下放，特别是中央对下及省以下转移支付中税收返还制度加剧了各地区之间财力的不均衡。而现行的以流转税为主并非以所得税为主的税制结构也使得税收负担更多地由工薪阶层承担。总体上，分税制改革后加剧了新疆财政收支的矛盾，中央以及地方的财税制度对再分配环节起到了逆向调节的作用。未来中央政府应进一步理顺中央和地方政府的财权事权的匹配，逐步实施个人所得税分类征收改革以及建立以所得税为主的税收制度，给地方政府一定的税收立法权，使地方政府能够根据本地经济发展的需要合理调整地方税税率；另一方面，中央政府在加大对新疆这样的民族地区的转移支付力度的同时应进一步优化转移支付的结构。

二是长期以来，唯 GDP 的增长模式，导致地方政府更加关注地方经济增长和财力的增加，对于涉及民生的居民收入的提高并没有得到足够的重视。近年来，国家加大了惠民政策的投入，但是由于城乡居民生活成本的提高，一定程度上抵消了国家及新疆地方性惠民政策的实际效果，加上民生公共服务的历史欠账，使得新疆居民收入的公平性程度进一步弱化。未来还应进一步加强对明显改善新疆居民收入的民生项目的投资。特别是重视对新疆农村居民、南疆三地州等落后地区的收入改善，以尽快缩小新疆城乡之间、地区之间的收入差异。

三是新疆垄断行业的快速发展与中小企业发展滞后的矛盾，拉大了行业和所有制之间的收入分配差异。作为吸纳就业主力军的地方中小企业和中央垄断行业的工资水平越来越大的差距，应通过公共政策的制定予以纠正，未来应在财税政策、金融政策、市场准入等方面进一步向中小企业倾斜，逐步减弱行业的垄断效应。

四是新疆初次分配中的不合理性进一步加剧了新疆居民收入在再分配环节的非公平性。劳动收入份额的演变规律表明，只有在实现工业化以及高度的市场化程度后，劳动和资本要素在国民收入分配中的比例才能保持稳定，从而实现劳动者与资本所有者之间的社会和谐。就业增加和工资增加是调整收入分配结构和提高劳动收入比重的关键。因此，政府在确保经济稳定增长的同时，应促进新疆第三产业发展，提高经济增长的就业含量，创造更多的就业机会；同时加大对新疆南疆三地州人力资本投入，提升欠发达地区人口整体受教育水平，以促进社会财富的分配公平。

# 专题研究二

# 新疆劳动收入份额影响
# 因素的实证分析

**内容摘要：**我国收入分配制度在初次分配和再分配两个层次上都存在制约分配公平的缺陷，导致收入分配格局存在严重失衡。对新疆劳动收入份额影响因素的实证分析表明，现阶段，城市化水平、产业结构、投资率对劳动收入份额产生了正向的影响，而生产税、民族人口的比例、平均受教育年限等因素对其产生了负向的影响，反映出新疆劳动收入份额的演变具有其特殊性，也存在一定的不合理性，需要通过优化调整产业结构、提高城镇化水平以及增加教育投资等予以改善。

**关键词：**初次收入分配　劳动收入份额　影响因素分析

## 一、引言

改革开放 30 多年以来，国内对居民收入分配研究的重点一直放在了社会经济发展过程中的规模收入分配问题即再分配环节。对功能收入分配即初次分配的研究近几年才引起学者的注意。功能收入分配理论中最常见的一种研究方法就是通过初次分配中劳动者报酬份额的变化进而观察居民收入的差距和公平程度。近年来，许多经济学家不同视角的研究都得到一个同样的事实，即我国国民收入中劳动所占比例自 1995 年以来一直呈下降趋势（蔡昉，2005；李稻葵，2007；李扬等，2007；白重恩等，2009；龚刚、杨光，2010）。这一研究使得初次分配讲效率，二次分配讲公平的分配理念受到了质疑，党和政府高度关注这一现象，并在党的十七大报告明确提出"要逐步提高居民收入在国民收入分配中的比重，提高劳动报酬在初次分配中的比重"。

国内外对于影响国民收入要素分配因素的研究主要集中在以下几个方面：一是要素对产出的贡献程度。根据道格拉斯的生产函数，表现为资本和劳动的要素投入比（常进雄等，2011）。二是市场不完全竞争的程度，包括要素市场和产品市场的不完全竞争程度，是要素分配无法概括的因素（Kaleck，1938；Blan-chard，1997；Bentolila and Saint－Paul，2003）。三是经济发展的阶段性。主要表现为产业结构的调整和转型是影响要素分配份额变化的重要因素（Serres et al 2001；Morel，2005）。国外一些经验研究还表明，和市场竞争程度相关的一些变量，例如市场开放程度、工会的作用、劳动市场的规制等都对劳动收入份额产生一定的影响。

对于如何提高劳动者的收入，学者们从不同的角度提出了解决的方案。一是主张消除城市劳动力市场歧视来提高劳动者的收入（蔡昉，2007）。二是优化产业结构，利用我国的比较优势，发展劳动密集型产业来提高劳动者收入份额；通过制度保护提高劳动者在收入分配中的讨价还价能力，提高劳动收入所占的份额（林毅夫，2007）。三是财政政策要致力于提高国内消费率和公平收入分配，尤为重要的是完善有关最低工资标准的规定（李扬，2007）。四是针对我国收入分配中资产性收入提高是收入分配差异的重要原因，提出要通过完善市场有效竞争和法制建设保障收入分配中的机会均等（刘伟等，2009）。

上述研究对于分析新疆劳动收入份额的合理性有很好的借鉴意义，但是目前鲜有对新疆初次分配中劳动收入份额的研究。对新疆规模收入分配即再分配的研究表明，新疆的收入差距在不断扩大，而且还有继续扩大的趋势（王跃、吴建新，2007）。比较全国不同省份的劳动收入份额，新疆劳动收入份额的演变和全国其他地区相比有其特殊性，新疆及一些不发达地区的劳动收入份额普遍高于发达地区，但是这并不意味着落后地区初次分配更加合理，主要是经济发展的阶段性特征决定的（白重恩、钱震杰，2010）。那么，影响新疆收入分配差距的因素有哪些？如何使新疆的收入分配更为合理？目前新疆社会各界关注的不仅仅是收入差距本身，而且更加关注这种差距仍然持续扩大的趋势及其形成的原因。理论上，初次分配在居民收入分配的过程中处于基础性的地位，初次分配如果形成的差异过大，会直接影响政府再分配的调节效应，因此，对初次分配中劳动收入份额的研究是一个核心问题，也对新疆实现跨越式发展及长治久安具有重要的现实意义。

## 二、劳动收入份额影响因素的理论基础

在理论上，居民劳动收入份额受到了诸多因素的影响，而这些因素是导致一个地区在一定时期初次分配格局的主要变量。根据现有的研究，影响居民劳动收入份额的因素大致可以分为以下几个主要方面：

一是经济发展水平。劳动收入的增加是建立在经济发展基础上的，但是只有在

劳动收入的增速大于经济增长率的时候，劳动收入份额才会提高。

二是经济结构。经济结构的类型，特别是产业结构会影响到劳动收入份额的变化，使劳动收入份额呈现倒"U"曲线的形态。在第一产业比重较高的初级阶段，经济发展水平较低，劳动收入份额会比较高。随着工业化的推进，第二产业比重会提高，资本和技术的重要性凸显，劳动收入份额会有所下降。随着现代服务业兴起，经济进入一个更高的阶段，第三产业的比重上升，劳动收入份额会再次提高。

三是投资量的变化。投资对劳动收入份额的影响表现在两方面：一方面，投资、消费和出口是拉动经济增长的三驾马车之一，而且在现阶段，中国经济发展对投资的依赖程度还很大，投资在促进经济发展的同时会提升劳动者的收入水平。另一方面，并不是投资越多，劳动者的收入提高越快。资本所得增长快于劳动所得时，劳动收入份额不但不会上升，反而会下降。

四是劳动者人力资本存量。居民收入的多少不仅取决于劳动者的数量更取决于劳动者的质量和素质。高素质的人力资源需要大量的人力资本投资，比如说医疗保健、学校教育、家庭教育、在职教育和工作经验等，其中学校教育是一个非常重要的组成部分。根据人力资本理论，人力资本投资越多，劳动者的劳动生产效率也就越高，相应的劳动收入也就越多。按照发达资本主义国家的经验，一个国家的居民平均受教育程度越高，该国的居民劳动收入也就越公平。

五是城乡二元结构的变化。刘易斯等发展经济学家认为，在一个国家或地区经济发展的初期，一般农业人口较多。随着经济的发展和工业化的推进，会出现一个农村居民转化为城镇居民的过程，城镇化的进程大大加快。城镇化的出现，改变了原有的居民收入分配结构，居民收入份额也相应地发生变化。

六是就业水平。劳动者只有通过就业才能获得劳动收入，一个社会的就业水平高时，劳动者的总量会增加，整个社会的劳动收入总量也会随之增加，劳动收入份额也就有了提升。反之，当一个社会存在大量失业人员时，劳动收入份额肯定会有所下降。

## 三、基于多元回归法对新疆劳动收入份额影响因素的实证分析

### （一）自变量的选择及其数据来源

根据劳动收入份额影响因素的理论分析，结合新疆区域经济发展的实际情况，也考虑到指标可量化的程度，本研究选取以下 7 个指标建立多元回归模型，考察新疆的劳动收入份额是不是符合劳动收入理论，是否存在独特的区域经济发展的因素，以及这些因素对新疆劳动收入份额的影响程度及其深层次的原因。数据来源于

新疆统计年鉴。

（1）产业结构比重。新疆特殊的产业结构会影响到劳动者收入份额。用第一产业和第三产业的 GDP 占全疆 GDP 的比重来表示新疆的产业结构。目前，吸纳劳动力能力最强的是第一产业和第三产业，因此选择了这两个行业的比重作为自变量，分别设为 $x1$、$x2$。

（2）投资率。投资率是指一个国家或地区的国内生产总值中用于投资的比例，经常用固定资产形成总额占 GDP 的比重来衡量。资本所得往往是劳动所得的最主要的竞争对手，而且市场经济条件下，资本往往比劳动更为强势。投资率提高往往能够造成居民劳动收入份额的下降。但是，从长远利益来讲，适度的投资率可以促进当地经济的发展，为当地居民提供更多的就业岗位，也就能够提高劳动者报酬份额。该影响因素设为自变量 $x3$。

（3）平均受教育年限。平均受教育年限越高，意味着该地区人口的受教育水平越高，有助于提高劳动生产率，而劳动生产率的提高会使劳动者报酬份额有所提升。人口平均受教育年限 = 6 岁及以上人口接受学历教育年数的总和/6 岁及以上人口总数 = （6×小学文化人数 + 9×初中文化人数 + 12×高中文化人数 + 16×大学文化人数）/6 岁及以上人口总数。该因素设为自变量 $x4$。

（4）生产税占 GDP 的比重。生产税税收总额占 GDP 的比重，反映政府在国民收入初次分配中的收入份额。从理论上讲，生产税作为政府收入的一部分，税收的增加会挤占居民劳动收入的份额。因此，在其他条件和分配政策不变的情况下，减少税收，会相应的提高劳动者报酬份额。该因素设为自变量 $x5$。

（5）少数民族人口的比例。新疆是一个多民族聚居区，由于历史和自然的因素，少数民族人口普遍受到语言、受教育水平、就业能力等方面的制约，可能会影响到新疆的劳动收入份额。因此引入该自变量 $x6$。

（6）城市化水平。城市化水平通常用城市人口占该地区总人口的比重来表示。城市化的过程往往是伴随着一个地区的产业结构的升级换代和农村剩余人口的转移，这些都会影响到劳动收入份额的变化。新疆的城市化有自身的特色，只有乌鲁木齐一个城市的人口有 300 万左右，其余城市的人口都不足 50 万。因此，引入了城市化水平的自变量 $x7$。

（7）失业率。失业率是衡量劳动力供求缺口大小的重要指标。供大于求时，失业率就会升高，就业压力就会加大，劳动收入份额也会有所下降。新疆的失业率和全国使用一个标准，一般用城镇登记失业率来表示。该因素用自变量 $x8$ 来表示。

所有变量相关数据表 1 所示。

表1                                                          变量数据

| 年份 | 一产比 | 三产比 | 投资率 | 平均受教育年限 | 生产税比重 | 少数民族人口比例 | 城市化 | 失业率 | 劳动收入份额 |
|------|--------|--------|--------|----------------|------------|------------------|--------|--------|--------------|
|      | $x1$ | $x2$ | $x3$ | $x4$ | $x5$ | $x6$ | $x7$ | $x8$ | $y$ |
| 1995 | 0.2998 | 0.3377 | 0.4091 | 7.33 | 0.0982 | 0.6197 | 0.4951 | 3.9 | 0.5528 |
| 1996 | 0.2733 | 0.3573 | 0.4305 | 7.49 | 0.1219 | 0.6192 | 0.5009 | 3.8 | 0.5602 |
| 1997 | 0.2664 | 0.3401 | 0.4297 | 7.72 | 0.1116 | 0.6158 | 0.5010 | 3.8 | 0.5648 |
| 1998 | 0.2606 | 0.3536 | 0.4696 | 7.68 | 0.1090 | 0.6142 | 0.5010 | 3.9 | 0.5838 |
| 1999 | 0.2298 | 0.3760 | 0.4596 | 8.12 | 0.1130 | 0.6129 | 0.5234 | 3.7 | 0.5585 |
| 2000 | 0.2112 | 0.3587 | 0.4476 | 7.91 | 0.1191 | 0.6079 | 0.3375 | 3.8 | 0.5025 |
| 2001 | 0.1940 | 0.3817 | 0.4733 | 7.91 | 0.1185 | 0.6044 | 0.3375 | 3.7 | 0.5345 |
| 2002 | 0.1908 | 0.3887 | 0.5042 | 8.52 | 0.1492 | 0.6013 | 0.3384 | 3.6 | 0.5139 |
| 2003 | 0.2199 | 0.3557 | 0.5313 | 8.51 | 0.1662 | 0.6013 | 0.3439 | 3.8 | 0.5184 |
| 2005 | 0.1958 | 0.3569 | 0.5193 | 8.36 | 0.1159 | 0.6042 | 0.3715 | 3.9 | 0.4860 |
| 2006 | 0.1733 | 0.3475 | 0.5146 | 8.42 | 0.1206 | 0.6038 | 0.3794 | 3.9 | 0.4461 |
| 2007 | 0.1785 | 0.3539 | 0.5253 | 8.60 | 0.1296 | 0.6068 | 0.3944 | 3.9 | 0.4447 |
| 2009 | 0.1776 | 0.3712 | 0.6610 | 8.73 | 0.1529 | 0.6101 | 0.3985 | 3.8 | 0.5446 |
| 2010 | 0.1984 | 0.3249 | 0.6510 | 8.81 | 0.1455 | 0.5990 | 0.4133 | 3.2 | 0.5203 |
| 2011 | 0.1723 | 0.3397 | 0.5974 | 8.86 | 0.1640 | 0.6177 | 0.4354 | 3.2 | 0.5061 |

资料来源:《新疆统计年鉴(1996~2012)》。

## (二) 变量之间的相关系数和多重共线性的诊断

统计数据分析(见表2和表3)表明,变量之间的相关程度很高。在所有样本中,因变量劳动收入份额 $y$ 和备选自变量产业结构 $x2$、投资率 $x3$、平均受教育年限 $x4$、生产税比重 $x5$、少数民族比例 $x6$ 和城市化 $x7$ 的相关系数都很高。自变量失业率与因变量劳动收入份额的相关系数很低。因此,放弃对表示失业率 $x8$ 的使用。对变量之间的多重共线性问题进行诊断发现第一产业比重的方差膨胀因子为20.26,远大于经验值10,失业率的方差膨胀因子为24.038,也远大于经验值10,且第一产业比重和失业率相关性显著,充分说明存在多重共线性问题。因为平均受教育年限影响着就业的数量和就业的结构,进而影响着劳动收入份额的变化,是一个非常重要的自变量,因此,本研究选择去掉第一产业比重和失业率,产业结构仅用第三产业的比重来表示。

表2                                Pearson 相关系数矩阵

| 变量 | $x1$ | $x2$ | $x3$ | $x4$ | $x5$ | $x6$ | $x7$ | $x8$ | $y$ |
|---|---|---|---|---|---|---|---|---|---|
| $x1$ | 1 | | | | | | | | |
| $x2$ | −0.239 | 1 | | | | | | | |
| $x3$ | −0.706** | −0.147 | 1 | | | | | | |
| $x4$ | −0.872** | 0.001 | 0.382 | 1 | | | | | |
| $x5$ | −0.593* | 0.048 | 0.252 | 0.201 | 1 | | | | |
| $x6$ | 0.634* | −0.215 | −0.439 | −0.290 | −0.387 | 1 | | | |
| $x7$ | 0.703** | −0.335 | −0.345 | −0.510 | −0.462 | 0.294 | 1 | | |
| $x8$ | 0.343 | 0.257 | −0.561* | −0.529* | −0.576* | 0.133 | 0.049 | 1 | |
| $y$ | 0.715** | 0.581* | −0.598* | −0.392 | −0.772** | 0.339 | 0.474* | −0.614** | 1 |

注：*** 表示1%的显著性水平，** 表示5%的显著性水平，* 表示10%的显著性水平。

表3                                多重共线性诊断

| Coefficients[a] | | | | | | | |
|---|---|---|---|---|---|---|---|
| Model | | Unstandardized Coefficients | | Standardized Coefficients | t | Sig. | Collinearity Statistics | |
| | | B | Std. Error | Beta | | | Tolerance | VIF |
| 1 | (Constant) | 0.754 | 1.464 | | 0.515 | 0.625 | | |
| | $x1$ | 0.680 | 0.568 | 0.676 | 1.197 | 0.276 | 0.049 | 20.260 |
| | $x2$ | 1.228 | 0.414 | 0.520 | 2.964 | 0.025 | 0.510 | 1.961 |
| | $x3$ | 0.428 | 0.156 | 0.801 | 2.749 | 0.033 | 0.185 | 5.407 |
| | $x4$ | −0.072 | 0.060 | −0.873 | −1.216 | 0.270 | 0.031 | 6.742 |
| | $x5$ | 0.334 | 0.755 | 0.171 | 0.442 | 0.174 | 0.105 | 8.542 |
| | $x6$ | −0.606 | 1.813 | −0.102 | −0.334 | 0.150 | 0.168 | 5.963 |
| | $x7$ | 0.200 | 0.237 | 0.337 | 0.844 | 0.131 | 0.099 | 7.118 |
| | $x8$ | −0.053 | 0.032 | −0.296 | −1.656 | 0.149 | 0.491 | 24.038 |

a. Dependent Variable：y

### （三）建立多元回归模型

本研究利用软件 SPSS17.0 建立多元回归的模型，对 6 个自变量是否显著和是否存在多重共线性进行检验，并分析各因素对居民劳动收入份额影响的大小。检验模型如下所示：

$$y = b2x2 + b3x3 + b4x4 + b5x5 + b6x6 + b7x7 + a$$

其中，劳动收入份额 $y$ 作为被解释变量；$x2$、$x3$、$x4$、$x5$、$x6$、$x7$ 作为解释变量；$a$ 为随机误差项。通过 SPSS17.0 软件得出模型回归结果见表 4。

表 4　　　　　　　　　　　　　　模型回归结果

| Coefficients[a] | | | | | | | | |
|---|---|---|---|---|---|---|---|---|
| Model | | Unstandardized Coefficients | | Standardized Coefficients | t | Sig. | Collinearity Statistics | |
| | | B | Std. Error | Beta | | | Tolerance | VIF |
| 1 | ( Constant) | 2.013 | 0.967 | | 2.082 | 0.071 | | |
| | x2 | 0.842 | 0.358 | 0.357 | 2.352 | 0.047 | 0.793 | 1.261 |
| | x3 | 0.422 | 0.167 | 0.791 | 2.529 | 0.035 | 0.187 | 5.349 |
| | x4 | −0.132 | 0.030 | −1.593 | −4.343 | 0.002 | 0.136 | 7.368 |
| | x5 | −1.259 | 0.485 | −0.646 | 2.598 | 0.032 | 0.295 | 3.386 |
| | x6 | −2.102 | 1.508 | −0.355 | −4.894 | 0.001 | 0.282 | 3.551 |
| | x7 | 0.470 | 0.147 | 0.792 | 3.189 | 0.013 | 0.297 | 3.366 |

a. Dependent Variable：y

回归结果表明，每个自变量回归后 P 值的绝对值都小于 0.1。这说明回归结果在 10% 水平上显著。模型的 F 值是 7.791，对应的 P 值是 0.005，调整后的 $R^2$ 是 0.744，DW 统计量值为 1.735，说明整个模型的拟合程度很好。

根据表 2 中的 Beta 值可知，对新疆劳动收入份额影响因素从大到小可以依次排列为：平均受教育年限、城市化水平、投资率、生产税比例、少数民族比例和产业结构。

平均受教育年限的系数为负值 −1.593。可能的原因一是与教育的投入是一个长期的过程，短期内新疆教育向人力资本转化的能力太弱有关，同时也表明新疆教育投入的外溢性弱化了教育向人力资本的转化过程。二是说明目前要素分配中，新疆资本要素在国民收入分配中的作用大于人力资本因素。三是与新疆劳动力市场中，市场机制尚未充分发挥作用有关。

城市化水平的系数为 0.792，为正数且接近于 1，说明城市化水平的提高在很大程度上促进了新疆劳动收入份额的增长。

投资率的系数是 0.791，说明投资在促进新疆经济的发展的同时也促进了居民收入水平的提高，且投资对新疆劳动收入增加的作用远大于资本对劳动的竞争，投资是提高新疆劳动收入份额的主要驱动力。

民族人口比例的系数是 -0.355。可能的原因是新疆的少数民族人口主要集中在南疆三地州、部分边远的边境地区等，由于历史和自然环境的原因，这些地区多为贫困地区，且城市化水平较低，这都制约了劳动收入份额的提高。特别是由于语言的障碍，造成了少数民族劳动力的市场参与程度相对偏低，也不利于非农收入的提高和劳动力的转移，加上这些地区落后的教育水平和质量都进一步影响到劳动收入的增加。

生产税比例的系数是 -0.646。它表示在其他因素不变的情况下，生产税比例每增加 1 个百分点，新疆居民劳动收入份额就会减少 0.646 个百分点。这说明通过提高价格和相对降低工资可以把部分生产税税负转移给消费者和企业的劳动者，从而降低劳动者的实际收入。

产业结构的系数是 0.357，但是数额较小，说明目前产业结构对劳动收入份额有正向的影响但是影响程度并不大。与全国平均水平比较，新疆第一产业比重偏高，且附加值偏低，对提高农民劳动收入没有起到应有的作用；第二产业偏重于资本密集型的重工业，使得资本对劳动的替代作用显著；第三产业发展滞后，现代服务业比重很低，使得人力资本作用的效应尚未体现。

## 四、主要结论与政策建议

对新疆初次分配影响因素的实证分析表明，在初次分配中，新疆劳动收入份额主要受到了平均受教育年限、城市化水平、投资率、生产税比例、少数民族比例和产业结构等因素的影响。其中，城市化水平、投资率、产业结构对劳动收入份额起到了积极的促进作用，呈现正相关性。而平均受育年限、民族人口的比例、生产税对劳动收入份额的影响呈现负相关性。这说明新疆劳动收入份额的合理与否，一方面主要和区域的经济发展水平有直接的关系；另一方面也受到了新疆自身区域特点的影响。同时也反映出新疆劳动收入份额还存在一些内在的不合理的因素。根据劳动收入份额演变的理论，只有在实现工业化以及高度的市场化程度后，劳动和资本要素在国民收入分配中的比例才能保持稳定，从而实现劳动者与资本所有者之间的社会和谐。综上所述，今后促进新疆劳动收入份额的提高的政策着力点应在以下几方面：

一是理性推进新疆城市化的进程。新疆城市化水平严重滞后于全国，城市化进程的推进，有助于南疆少数民族集聚区的农业富余劳动力有序合理地向其他城市分流和转移，对于减轻乌鲁木齐中心城市的压力，提高吸纳农村劳动力就业能力，优化居民收入的分配结构，促进劳动报酬的提高，确保新疆长治久安都具有重要的现实意义。但是城镇化进程不能依靠行政手段推进，而应当在促进产业发展、创造就业机会、人员自发向城镇流动的基础上政府顺势利导实现。

二是短期内继续适当增加投资率。目前新疆投资率的提升对增加就业岗位、提高劳动报酬的作用是积极有效的，特别是可以进一步加大涉及公共基础设施、抗震安居等民生类的建设和投资，以保持经济的稳定增长和促进就业。

三是进一步优化新疆产业结构。产业结构内部的不合理对新疆城镇居民收入的分配产生了较大的影响，新疆长期以来形成的以资源密集型、技术密集型和资本密集型的重工业吸纳就业能力有限。未来应进一步发展新疆特色农牧产品加工业，提高农产品的加工转化能力，从而增加农产品的附加值；调整第二产业内部结构，降低重工业的比重；特别是提升第三产业的层次，加快向现代服务业的转型。

四是加大教育投入，推动起点和机会的公平。新疆是一个多民族的聚集区，教育和人力资本的投入对居民收入的贡献是体现初次分配公平重要的前提。因此，合理配置教育资源，加强双语教育，教育投入更多地向南疆三地州等民族聚集地、边远贫困地区倾斜，使他们更好地享有接受良好教育的公平机会，尽快融入现代市场体系，增强贫困群体的就业能力，才能实现教育向人力资本的转化。

五是在促进劳动者报酬增长的过程中，新疆地方政府应进一步完善公共财政体系，促进基本公共服务均等化。要围绕推进基本公共服务均等化和民生建设，调整优化财政支出结构，加大对义务教育、公共卫生、环境保护、社会保障、住房保障等方面的投入。

## 专题研究三

# 新疆财政教育投入对劳动
# 收入份额的影响研究

**内容摘要：**近年来，全国劳动收入份额呈下降趋势，这一方面会制约人们的消费能力，导致有效需求不足；另一方面，会拉大与资本所有者的收入差距，引起社会不公平。理论上，教育投入应能提高劳动者素质从而增加劳动收入份额。通过对新疆财政教育投入与劳动收入份额的数据进行实证分析，结果表明新疆劳动收入份额与教育投入水平之间呈 U 型关系，且目前还处于下行区域，即随着财政教育投入增加，劳动收入份额减小，反映出目前新疆教育投入和劳动收入份额之间的变动尚未进入理想区域。

**关键词：**教育投入　劳动报酬　劳动收入份额

## 一、引言

自改革开放以来，我国经济快速发展，但是宏观分配中劳动收入份额呈持续下降趋势。从 1990 年到 2011 年，全国劳动者报酬占 GDP 的比例由 54.59% 下滑到 35%，下降了 19.41 个百分点，而欧洲国家劳动报酬占 GDP 比重已达 63%[①]。由此可见，随着经济的快速发展，依靠工资收入为生的劳动者获得份额越来越少。李稻葵（2007）认为逐步下降的劳动收入份额不仅有悖于社会公平，而且制约了内需水平的提高。大幅度下降的劳动收入份额会拉大收入分配差距，导致大量的自愿性失业。

教育投资促进经济发展主要是通过教育向人力资本的转化来实现。教育是提高人力资本、提高劳动生产效率和技术水平的重要手段，进而影响劳动收入份额。舒尔茨曾对美国教育投资对经济增长的关系研究表明：各级教育投资的平均收益率为

---

① 劳动者报酬、GDP 数据来源于 1992～2012 年《中国统计年鉴》。

17%，教育投资增长的收益占劳动收入增长的比重为70%[①]。人力资本能够借助物质资本实现利益最大化，促进经济可持续循环发展，提高劳动者收入。因此，教育对劳动者收入有着重要的影响。

国内相关学者主要对影响劳动收入份额的因素进行了研究：李稻葵（2007）强调经济结构的改变、企业利润率的提高以及税收尤其是生产税净额在 GDP 中占比的提高，这三大因素是影响劳动收入份额的主要因素；白重恩等（2008）运用 GDP 核算数据的测算结果则显示，结构转型、国有企业改制和市场垄断力是劳动收入份额下降的主要原因。罗长远和张军（2009）认为经济全球化对劳动收入份额的影响不容忽视；王永进、盛丹（2010）认为技能劳动与劳动收入份额之间呈"U"型关系；顾乃华（2011）认为资本的深化、技术水平的提高和对外贸易的扩大导致劳动收入份额的提高，国有企业社会职能的弱化降低劳动收入份额；张琪等（2012）认为第二、第三产业产值之比是影响劳动收入份额重要因素；劳动收入份额会影响就业增长，反之却不成立。工晓芳等（2011）认为我国教育水平与劳动收入份额之间呈现 U 型关系，且目前处于下行区域。总体上，国内学者的研究主要集中在影响劳动收入份额的宏观因素和微观因素，宏观因素包括经济结构以及经济发展水平，制度变迁及政府支出等；微观因素包括资本产出比、技术进步、全球化、失业率、城市化率、人均 GDP 的增长率等。

上述研究基本上未考虑教育投入对于劳动收入份额的影响以及两者之间的相关性。从理论上，教育投入和劳动收入份额之间应具有长期稳定的协调关系，而且有效的教育水平的传导作用能够促进劳动力向人力资本的转化，并形成较高的劳动收入份额。新疆财政教育投入占 GDP 的比重在全国属于较好的水平，2012 年已达 6.52%。随着教育投入的不断增加，这一重要的民生投入会对新疆劳动收入份额产生怎样的影响？这直接关系到教育公平和初次收入分配公平的问题，进而影响新疆的社会稳定。在跨越式发展和新一轮对口援疆的背景下，新疆经济发展处于良好的战略机遇期，与此相适应，新疆的收入分配状况是否与财政投入和经济发展相适应，就不仅是一个经济问题更是一个社会问题。本研究通过新疆数据的分析，验证财政教育投入与劳动收入份额变动的规律性。

## 二、新疆教育投入与劳动收入份额的现状

自20世纪90年代以来，新疆经济迅速发展，人民生活也发生了重大的变化。经济增长、财政教育支出与劳动收入份额之间的变动趋势如何？

---

① 西奥多·威廉·舒尔茨：《论人力资本投资》，经济学院出版社1960年版。

**1. 新疆财政教育投入与劳动收入份额的总体状况**

从规模上看，新疆的 GDP 从 1995 年的 814.85 亿元，增长到 2011 年的 6610.05 亿元，增长了 8.1 倍；财政支出从 96.40 元增长到 2011 年的 399.80 亿元，增长了将近 4 倍；财政教育投入也是呈增长的趋势，从 1995 年的 18.78 亿元增长到 2011 年的 399.8 亿元，增长了近 21.28 倍，尤其是自 2007 年以来，教育投入大幅度增长。新疆劳动者报酬从 1995 年的 461.35 亿元增长到 2011 年的 3345.03 亿元，17 年间增长了 7.25 倍。

从结构上分析，财政支出占 GDP 比重呈上升趋势，从 1995 年 11.83% 上升到 2011 年的 34.56%，可见随着经济的不断发展，新疆财政支出费用逐渐增加，扩大了教育、医疗卫生、社会保障等公共服务的投入，保障人民生活，扩大了政府职能。新疆财政教育投入占 GDP 得比重，虽然在 2003 年以前上下波动，但是从 1995 年到 2011 年总体是呈上升趋势的，自 2007 年开始所占比重迅速增加，且在 2007 年达到了 4.03%，达到了国家所要求的 4%。教育投入占 GDP 比重较高的原因可能是：一是新疆经济发展总量相对较低，致使教育投入比重增加，如 2009 年开始教育投入占 GDP 比重迅速提高；二是由于新疆教育成本较大，新疆教育投入总量与教育发展需求仍不相适应，即便达到了 4% 的要求，也未能实现国家所要达到的教育产出目标。

劳动者收入份额也是上下波动，但整体还是呈下降趋势（见图 1）。由于 2004 年劳动报酬统计口径发生了变化，所以将 17 年的劳动收入份额分为两个阶段：1995～2003 年，前几年是相对稳定的，维持在 55% 以上，2000 年下降到 50.28%，2003 年为 51.6%。总体来说，这一阶段劳动收入份额虽然有所下降但比重都在 50% 以上。2004～2011 年，劳动收入份额是呈先下降后上升然后再下降的趋势，2007 年下降到 44.47%，经过上下波动，到 2011 年回升到 50.61%，表明新疆劳动收入份额处于波动状态，但总体还是下降的，与全国的劳动收入份额呈下降趋势是一致的；财政性教育投资占财政支出的比重与劳动收入份额的变动趋势基本一致。

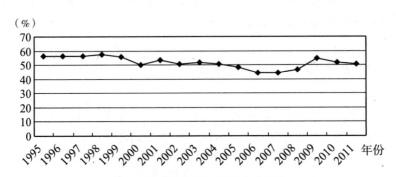

**图 1　新疆劳动收入份额变动趋势**

## 2. 新疆财政教育投入与劳动收入份额的相关性

理论研究表明，教育投入对劳动收入的影响主要是通过人力资本转化来实现。舒尔茨和贝克尔的人力资本理论认为，人力资源是一切资源中最主要的资源，人力资本理论是经济学的核心问题。在经济增长中，人力资本的作用大于物质资本的作用。人力资本投资与国民收入成正比，比物质资源增长速度快。人力资本的核心是提高人口质量，教育投资是人力投资的主要部分。这种投资的经济效益远大于物质投资的经济效益。教育是提高人力资本最基本的主要手段，所以也可以把人力资本投资视为教育投资问题。教育投资应以市场供求关系为依据，以人力价格的浮动为衡量符号。一个国家或是地区的人力资本可以通过劳动者数量、质量以及劳动时间来度量，增加教育投入，有利于促进教育公平，增加人力资本，有利于促进当地经济的发展，进而影响劳动收入份额。表1中新疆的数据表明，总体上随着教育支出占 GDP 比重的增长，新疆劳动收入份额是逐渐下降的。表明新疆教育投入与居民的劳动收入份额之间呈现负向变化，显然这种现象与上述人力资本理论相悖。

表1                    新疆财政教育投入与劳动收入份额比重

| 年份 | GDP（亿元） | 财政支出（亿元） | 财政教育投入（亿元） | 劳动者报酬（亿元） | 财政支出占 GDP 比重（％） | 财政教育投入占 GDP 比重（％） | 劳动收入份额（％） | 财政教育投入占财政支出比重（％） |
|---|---|---|---|---|---|---|---|---|
| 1995 | 814.85 | 96.40 | 18.78 | 461.36 | 11.83 | 2.31 | 56.62 | 19.48 |
| 1996 | 900.93 | 114.88 | 21.73 | 507.08 | 12.75 | 2.41 | 56.28 | 18.92 |
| 1997 | 1039.85 | 123.35 | 20.81 | 585.94 | 11.86 | 2.00 | 56.35 | 16.87 |
| 1998 | 1106.95 | 145.99 | 25.12 | 639.06 | 13.19 | 2.27 | 57.73 | 17.21 |
| 1999 | 1163.17 | 166.28 | 27.65 | 648.70 | 14.30 | 2.38 | 55.77 | 16.63 |
| 2000 | 1363.56 | 190.95 | 31.35 | 685.60 | 14.00 | 2.30 | 50.28 | 16.42 |
| 2001 | 1491.6 | 263.32 | 42.85 | 794.00 | 17.65 | 2.87 | 53.23 | 16.27 |
| 2002 | 1612.65 | 361.17 | 50.13 | 821.40 | 22.40 | 3.11 | 50.93 | 13.88 |
| 2003 | 1886.35 | 368.47 | 53.03 | 973.30 | 19.53 | 2.81 | 51.60 | 14.39 |
| 2004 | 2209.09 | 421.04 | 61.39 | 1119.46 | 19.06 | 2.78 | 50.68 | 14.58 |
| 2005 | 2604.14 | 519.02 | 72.65 | 1265.62 | 19.93 | 2.79 | 48.60 | 14.00 |
| 2006 | 3045.26 | 678.47 | 89.28 | 1358.57 | 22.28 | 2.93 | 44.61 | 13.16 |
| 2007 | 3523.16 | 795.15 | 142.77 | 1566.80 | 22.57 | 4.05 | 44.47 | 17.96 |
| 2008 | 4183.21 | 1059.36 | 199.21 | 1948.09 | 25.32 | 4.76 | 46.57 | 18.80 |

续表

| 年份 | GDP（亿元） | 财政支出（亿元） | 财政教育投入（亿元） | 劳动者报酬（亿元） | 财政支出占GDP比重（%） | 财政教育投入占GDP比重（%） | 劳动收入份额（%） | 财政教育投入占财政支出比重（%） |
|------|------|------|------|------|------|------|------|------|
| 2009 | 4277.05 | 1346.91 | 240.15 | 2329.37 | 31.49 | 5.61 | 54.46 | 17.83 |
| 2010 | 5437.47 | 1698.90 | 313.84 | 2829.07 | 31.24 | 5.77 | 52.03 | 18.47 |
| 2011 | 6610.05 | 2284.49 | 399.80 | 3345.03 | 34.56 | 6.05 | 50.61 | 17.50 |

资料来源：1996~2012年新疆统计年鉴以及经计算所得。

### 3. 新疆财政教育投入与劳动收入份额不匹配的原因分析

随着教育投入水平的逐渐上升，劳动收入份额却逐渐下降的主要原因表现在两个方面：一是劳动收入份额的有其自身的变动规律和特征，二是新疆财政教育投入对劳动收入份额的影响效果还未显现。

（1）劳动收入份额有其自身变动规律和特征。从各国劳动收入份额的变动的规律性上看，总体上符合"U"型规律，即随着经济发展，早期先下降后上升[①]，GDP按收入法分成劳动者报酬、固定资产折旧、生产税净额和营业盈余四部分。其中，劳动者报酬占比最高，随着经济地不断发展，劳动收入份额呈波浪式下降的，而GDP中营业盈余占比却是成波浪式上升的，二者是此消彼长的关系（见图2）。当经济发展到一定阶段，劳动收入份额将进入上升通道。现阶段直接造成劳动收入份额下降的原因是资本收入份额的增加，也就是说资本收入份额对劳动收入份额产生了挤出效应。从经济发展来看：新疆发展的主要障碍不是缺乏物质资本，而是缺乏人力资本。

（2）新疆教育投入对劳动收入份额影响的效果还未实现。首要原因是教育投入与人力资本的实现之间有一个时滞效应，当年的教育投入并不能在当年直接显现出来，完全形成人力资本的存量。其次，由于新疆多民族聚集的特点，民族人口的比例较高，受到语言障碍、文化等因素的影响，教育投入的成本远高于其他非少数民族省区，加上现行的民族学生的加分等优惠政策使得中高等教育的投入所培养的人才在人力资本的质量方面仍然存在较大差异，弱化了教育投入的实际效果，最终影响劳动收入份额。最后是新疆教育投资与经济发展和产业结构之间存在一定的偏差，新疆新型工业化发展所需要的技能人才严重短缺，直接影响高校毕业生的就业和发展，在一定程度上制约了教育投资向生产力的转化，不利于劳动收入份额的提高。

---

[①]　稻葵、刘霖林和王红领：《GDP中劳动份额演变的U型规律》，载于《经济研究》2009年第1期。

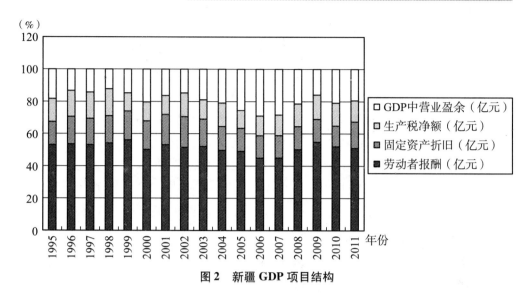

图 2　新疆 GDP 项目结构

### 三、新疆财政教育投入对劳动收入份额影响的实证分析

为了进一步验证新疆财政教育投入对劳动收入份额的影响效应，本研究选取 1995～2011 年新疆财政教育投入与劳动收入份额数据，利用时间序列计量经济模型进行实证分析。

#### 1. 模型设定及变量的选择

为了研究新疆教育支出对劳动收入份额的影响，本研究设置了如下形式的计量模型：

$$LS = c + \beta1 EDU + \beta2 EDU^2 + \gamma X + \varepsilon$$

其中，$LS$ 代表劳动收入份额；$c$ 为常数项，$EDU$ 和 $EDU^2$ 分别代表教育投入水平和教育投入水平的平方项，教育水平指财政教育投入占 GDP 的比重。$X$ 代表其他的控制变量，$\gamma$ 是系数向量，$\varepsilon$ 是服从正态分布 N（0，$\sigma^2$）的随机扰动项。为了控制其他因素的影响引入了如下控制变量：

（1）失业率（UNR）。失业率用来衡量就业形势，失业率的高低，直接影响地方发展的稳定性。为降低失业率，保持社会的稳定性，可以通过增加劳动保护、降低用工成本使企业单位提供更多的就业机会，提高就业率。鉴于失业率数据的可得性，本研究采用城镇登记失业率来度量失业率。

（2）城市化率（CP）。城市化水平通常用城市人口占该地区总人口的比重来表示。城市化的过程往往是伴随着一个地区的产业结构的升级换代和农村剩余人口的转移。这些都会影响到劳动收入份额的变化。新疆的城市化有自己特色：新疆只有乌鲁木齐一个城市的人口有 300 万人左右，其余城市的人口都低于 100 万人。随着受教育程度的提高，许多农村人口向第二、第三产业转移，进而可能对劳动收入份额产生影响。

（3）人均 GDP 增长率（AGDP）。人均 GDP 以控制经济波动的影响。经济繁荣时期，企业单位的利润率会上升，而员工的工资上升幅度可能会小于利润率上升幅度，就会使得劳动收入份额下降；而经济萧条时期，企业利润率下降，员工的工资就会下降且下降幅度要大于利润率的下降幅度，使得劳动收入份额上升。

（4）政府消费占 GDP 的比重（GOVC）。政府消费占 GDP 的比重可以反映政府行为对经济的干预程度，政府消费规模较大，为促进招商引资，可能会以牺牲劳动者的福利来做诱因，从而可能使得劳动者收入占比下降。

### 2. 单位根检验

用 ADF 分别对 LS、EDU、UNR、AGDP 和 GOVC 进行平稳性检验，检验结果如表2。结果表明，一阶差分检验，LS、EDU、UNR、AGDP 序列小于5% 显著水平下的临界值，拒绝原假设，即不存在单位根。GOVC 和 CP 在二阶差分检验时，ADF 值小于5% 显著水平下的临界值，拒绝原假设，即不存在单位根。

表 2　　　　　　　　　　　　　　　　单位根检验

| 变量 | 差分次数 | (C, T, K) | DW 值 | ADF 值 | 5% 临界值 | 1% 临界值 | 结论 |
|---|---|---|---|---|---|---|---|
| LS | 1 | (0, 0, 1) | 1.995 | −3.87 | −1.97 | −2.73 | I（1） |
| EDU | 1 | (0, 0, 1) | 2.037 | −2.13 | −1.97 | −2.73 | I（1） |
| UNR | 1 | (0, 0, 1) | 1.87 | −4.9 | −1.97 | −2.73 | I（1） |
| AGDP | 1 | (0, 0, 1) | 2.12 | −4.87 | −1.97 | −2.73 | I（1） |
| GOVC | 2 | (0, 0, 2) | 1.9 | −4.84 | −1.97 | −2.73 | I（2） |
| CP | 2 | (0, 0, 2) | 1.98 | −4.2 | −1.97 | −2.73 | I（2） |

注：C 为截距项，T 为时间趋势，K 为差分阶数。

### 3. 协整检验——EG 两步法

对劳动收入份额与各变量进行最小二乘回归后，得到残差序列，然后对残差序列进行 ADF 检验（见表3）。检验结果如下：由于 ADF 统计量为 −3.863775，在1%、5%、10% 三个显著水平上通过检验，表明残差序列不存在单位根。因此变量之间存在协整关系，因此，可以对变量进行格兰杰因果检验和回归。

表3                               残差序列的 ADF 检验

| ADF 值 | − 3.863775 | 1% level | − 2.740613 |
|--------|-----------|----------|-----------|
|        |           | 5% level | − 1.96843 |
|        |           | 10% level | − 1.604392 |

### 4. 模型回归

根据基础数据进行回归（见表4），政府消费占 GDP 的影响（GOVC）和城市化水平（CP）是二阶差分单整，所得结果如下：

EDU 的系数为负，在5%水平上显著，表明随着教育的投入的增加，劳动收入份额是逐渐减小的。

EDU^2 系数为正，在5%水平上显著，表明新疆教育水平对劳动收入份额之间呈"U"形关系，由于 EDU 的系数为负，所以目前还处于下行区域。

表4                                     回归模型

| 变量 | Coefficient | Std. Error | t − Statistic | Prob. |
|------|-------------|------------|---------------|-------|
| C | 99.72502 | 15.60408 | 6.390959 | 0.0002 |
| EDU | − 18.3227 | 4.477362 | − 4.09231 | 0.0035 |
| EDU^2 | 2.188304 | 0.572711 | 3.82096 | 0.0051 |
| UNR | − 2.96244 | 4.420744 | − 0.67012 | 0.5216 |
| AGDP | − 0.32864 | 0.110085 | − 2.98533 | 0.0175 |
| D (CP, 2) | 0.147979 | 0.082036 | 1.803826 | 0.0989 |
| D (GOVC, 2) | − 0.71088 | 0.562331 | − 1.26417 | 0.2418 |
| R − squared | 0.849196 | Mean dependent var | | 51.23667 |
| Adjusted R − squared | 0.736094 | S. D. dependent var | | 3.998419 |
| S. E. of regression | 2.054061 | Akaike info criterion | | 4.582239 |
| Sum squared resid | 33.75332 | Schwarz criterion | | 4.912662 |
| Log likelihood | − 27.3668 | Hannan − Quinn criter. | | 4.578719 |
| F − statistic | 7.508184 | Durbin − Watson stat | | 1.806107 |
| Prob （F − statistic） | 0.006004 | | | |

在控制变量中，人均 GDP 增长率系数为负，在5%水平显著，表明经济波动于劳动收入份额之间呈负相关系，即劳动收入份额是"逆周期"的。在经济繁荣时期，劳动收入份额下降，而在经济萧条时期，劳动收入份额上升。

在所有的控制变量中，只有城市化水平的系数为正，且在 10% 水平上显著。表明随着新疆城市化水平的提高，劳动收入份额上升，二者之间呈正向关系。由此可知，城市化水平越低，即农村人口较多时，劳动收入份额就会较小，由此表明城乡收入差距较大。因此，可预测提高城市化水平对提高劳动收入份额有着巨大的推动作用。

而失业率和政府消费所占比重系数均为负，但均不显著。原因可能是：失业率选择的是城镇登记失业率，并不能包括农村失业情况，并且国有企业的下岗工人、提前退休人员都不算失业人员，不会计入城镇登记失业率。然而，新疆的经济结构中存在大量的公有制企业，企业改制的过程中也伴随着工人的下岗待业现象，导致结果不显著；政府消费占比不显著，表明政府消费对劳动收入份额的影响是不稳定的，在不同的时期，政府消费可能促进也可能阻碍劳动收入份额。在回归模型中，$R^2 = 0.849196$ 表明模型的拟合度较好，DW 值 $= 1.806107$，表明不存在自相关。

### 5. 格兰杰因果检验

滞后期为 1 时，对劳动收入份额与新疆财政教育投入水平序列进行格兰杰检验，进一步研究二者之间的关系。结果如表 5 所示，劳动收入份额是财政教育投入的格兰杰原因，而财政教育投入不是改变劳动收入份额的原因，二者之间是单项因果关系，说明新疆的教育投入与劳动收入份额之间并不协调。此结果与回归结果相似，新疆目前的财政教育投入水平较低，对劳动收入份额的影响较小，即目前处于U 型曲线的左侧；只有在未来长期内加大财政教育投入，才能对劳动收入份额产生正向影响，即处于 U 型曲线的右侧。劳动收入份额是投入水平的格兰杰原因，表明人们的劳动报酬增加，会增加教育投入，新疆地区经济相对落后，有些农村家庭可能会由于贫穷而影响其接受教育的机会。

表5　　　　　　　　　　　　　　格兰杰因果关系检验

| 原假设 | 变量数 | F 值 | 概率 P |
|---|---|---|---|
| EDU 不是 LS 的格兰杰原因 | 16 | 0.04661 | 0.83242 |
| LS 不是 EDU 的格兰杰原因 | | 10.4777 | 0.00649 |

## 四、结论及相关政策建议

本研究通过对新疆财政教育投入与劳动收入份额的描述性分析和实证分析，结论如下：

（1）随着新疆经济的不断发展，财政教育投入水平的不断提高。在 2007 年财政教育支出占 GDP 比重就达到了国家所要达到的目标 4%，表明新疆教育投入力度不断加大。但是由于新疆地区的特殊性，教育成本较大，新疆教育投资的效果和质量仍需要进一步的提高。

（2）劳动收入份额呈整体下降的态势。原因可能是：新疆农业人口所占比重较大，劳动收入较少；城镇居民的工资水平较低；教育投入不足，高质量娴熟的技术人员较少，所能留住的高级知识分子较少；经济迅速发展，资本收入份额增加等综合因素都使得劳动收入份额下降。

（3）新疆财政教育投入水平与劳动收入份额的实证分析可知：新疆财政教育投入水平与劳动收入份额呈 U 型关系，且目前还处于下行区域。说明新疆财政教育投入水平对劳动收入份额的负向影响是逐渐减小的。城市化水平与劳动收入份额之间呈正向关系。格兰杰因果检验表明目前财政教育投入不是劳动收入份额变化原因，但劳动收入份额却是教育投入水平的原因，与回归分析结果相似。

为促进教育投入水平与劳动收入份额相协调，提出相关政策建议：

（1）不断促进教育投资的主体多元化，多渠道扩充教育资金。保持新疆经济持续增长的同时，扩大财政收入来源，扩大新疆教育投入资金来源渠道。经济发展是财政收入增长的重要保障，财政收入的增长是教育支出增加的物质保障，因此增加财政收入，是提高受教育水平的前提。新疆教育投入的主体呈现相对单一的政府投资状态，主要承担义务教育的责任。为减轻政府压力，保障非义务教育阶段的投入，号召社会和个人投资，鼓励私立学校建设，促进教育投入的多元化。

（2）依据帕累托最优原则，优化新疆教育投入结构。由于新疆地区的特殊性，教育成本较高，因此教育投入规模扩大依然是必要的，并且同时需要不断改善教育经费在三个不同教育层次上的配置。在不减少任何层次的教育投入的基础上，协调基础教育、高中教育和高等教育的比例。义务教育注重公平性和教育质量，高等教育根据社会的需要为市场培养对口专业人才。

（3）优化新疆教育投入在软件和硬件上的分配比例，保障教育水平的公平性。教育投入分为基础设施投入和人力资本投入。在落后地区，教育的基本设施的投入绩效容易实现公平，而师资队伍建设是提高教育质量的根本，为此应加大对师资队伍建设的投入，加强双语教育，提升教师的知识资本存量和人力资本储备，解决少数民族贫困地区因教育投入的不平等而产生地受教育机会不平等问题。

（4）充分把握教育援疆的有利契机，增强新疆教育方面的造血能力。在对口援助以及中央的扶持下，要充分利用好资金、人才、技术等方面的援助，实现效益最大化，促进新疆经济的发展。但从长期来看，无论是中央的支持还是对口援助省市的帮助都只是外力，也是短期的，而这些外力不一定是永久存在的，根本上还是要靠自我发展能力的增强，由"输血"变为"造血"，实现内生式发展。利用"输血"积累人力资本，通过"造血"创造人力资本。将"外力"转化为"内力"，促进新疆经济可持续发展。

（5）重视高等教育投入向人力资本的传导功能，培养适合新疆经济发展的专业技术型人才。教育是提高人力资本、提高劳动生产效率和技术水平的重要手段，进而影响劳动收入份额。提供丰富的高等教育资本，吸引高水平的行业专家，培养人才、留住人才，提高新疆本地城市化水平。进而提高劳动收入份额，缩小城乡差距。在落后地区，教育是改善穷困条件的重要手段，提高教育水平，有助于提高人们的积极性。

# 专题研究四

## 税收对新疆居民收入分配
## 影响的效应分析

**内容摘要：** 本研究以新疆主要的流转税和所得税为例，运用格兰杰因果检验模型，对1994年分税制改革以来新疆税收与居民收入分配的相关数据进行实证分析。结果表明，新疆流转税和所得税对居民收入分配起到了逆向调节作用，与理论预期出现了偏差。本研究剖析了产生这种结果的原因，并提出了进一步完善税收调节功能，缩小新疆居民收入分配的政策建议。

**关键词：** 税收调节　居民收入分配　基尼系数

## 一、文献综述

1994年分税制改革以来，新疆的经济发展成就显著，GDP总量在1994～2011年的平均增长率达到了14.49%。尤其值得一提的是，从2000年开始，西部大开发战略的逐步推进促使新疆的居民收入分配差距呈下降趋势，但衡量居民收入分配差距的基尼系数却一直维持在0.4以上，超过了国际上公认的0.4的警戒线，这表明新疆的居民收入分配差距仍较大。

作为重要的财政政策工具之一，税收政策应在筹集财政收入之外，起到调节居民收入分配差距的作用。有鉴于此，学者们主要从税收调节居民收入分配差距的理论基础、研究方法、有效性、原因及对策建议等四个方面进行研究，主要研究成果如下：

有关税收调节居民收入分配差距的理论基础研究，主要存在着税收归宿理论、边际理论、收入层次理论。具体来看，税收归宿理论是指征税使部分人发生了福利损失，承担了相应的税收。边际学派的马歇尔（Marshall）通过构建相对完整的局部均衡模型，说明了生产者和消费者所承受税收负担的程度与弹性密切相关，弹性低的一方负担大。国内的学者也基于中国的国情进行了分析。李实、赵人伟

（1999）认为，中国目前的城乡二元经济结构促使收入分配差距不仅存在于城镇内部、农村内部、城乡之间，还存在于地区之间。吕冰洋（2010）认为，收入分配可以分为功能收入分配、规模收入分配、国民收入部门分配三类，并且国民收入分配有初次分配和最终分配两个环节。

从税收调节居民收入分配差距的研究方法来看，主要有收入数据和消费数据两类分析方法。李绍荣、耿莹（2005）和万莹（2008）运用收入数据法进行分析。李林木、汤群群（2010）运用消费支出数据对税收调节收入分配差距进行了研究，可以匹配使用的方法主要有OLS回归模型、生产函数法等。

对税收调节居民收入分配的有效性的研究，主要是集中在税收结构对收入分配是具有累进性还是累退性。学者们分税种研究了这种累进性或者累退性，研究的税种主要包括间接税（如增值税、营业税、消费税）和直接税（如企业所得税和个人所得税）。使用的指标也比较多，比如基尼系数、收入不良指数等。就研究结果来看，一部分学者认为税收具有累进性，如李绍荣、耿莹（2005）、王亚芬等（2007）和李林木、汤群群（2010）等。他们的主要研究对象是以公司所得税和个人所得税为主体的税收结构，采用劳动性收入、GDP总量、城镇居民人均可支配收入、农村居民人均纯收入等数据。他们的研究结果是：所得税表现出一定的累进性，流转税等的累进性无法判断。另外一部分学者认为税收具有一定的累退性，如万莹（2008）和刘小川、汪冲（2008）。他们的主要研究对象是个人所得税和流转税类。研究结果表明：个人所得税具有理论上的累进性和现实上的累退性的特点；从整体来讲，流转税是累退的。

关于税收调节居民收入分配差距功能弱化的原因及对策建议方面的研究。一方面，就原因来讲，主要是税收制度不健全、测评方法不科学以及数据失真。认为税收制度不健全的学者有李绍荣、耿莹（2001）、阮宜胜（2008）等。他们认为我国的流转税比例过大，个人所得税的税制设计不合理，同时税收征管不力。认为测评方法不科学以及数据失真的代表性的学者是王小鲁（2007），他认为由于统计方法的滞后性，所搜集到的数据不能反映真实的情况。另一方面，就对策建议来讲，刘尚希、应亚珍（2004）、中国税务学会课题组等，认为应当进一步完善税收结构，加强税收征管。江心宁（2011）认为，应实行混合所得课税模式，尽快开征遗产税和赠与税、社会保障税。

由于税制结构的共性，上述研究大都着眼于全国层面，鉴于新疆居民收入分配差距较大的事实，以及居民收入分配是民生的重要体现，关系到新疆的和谐稳定这一重要的现实作用，有必要从多个层面对其影响因素进行深入研究。本研究主要通过税收的视角对新疆居民收入分配的影响进行实证分析，从而判断现行税制是促进还是阻碍了居民收入分配的差距的缩小，分析其原因，并提出相关政策建议。

## 二、税收对新疆居民收入分配影响效应的实证分析

自 1994 年分税制改革以来，确立了以流转税为主，增值税和营业税并存的税制结构。伴随着新疆经济的发展，新疆流转税比重（增值税比重与营业税比重之和）虽处于波动中，但一直占税收收入的 50% 以上。其中，增值税比重从 1994 年的 24.41% 上升至 2006 年最高的 31.49% 之后，逐步下降至 2011 年的 16.30%；营业税比重虽一直在 30% ~ 38% 之间波动，但其数值表明营业税是新疆的第一大税种。与此同时，所得税比重（企业所得税比重和个人所得税比重之和）在经历了 1994 ~ 2001 年比重是上升的趋势，在 2001 年达到最高的 26.39%，之后趋于下降，2007 年开始回升，2011 年达到 17.15%。其中，企业所得税比重一直处于波动之中，2011 的数值为 10.69%；个人所得税比重在经历了 1994 ~ 2001 年逐步上升之后，从 2002 年开始下降，并在 2003 ~ 2011 年始终保持在 6% ~ 7% 之间（见表 1）。总体看，新疆的税收结构是典型的增值税和营业税的双主体特征，所得税比重偏低。

表 1　　　　　　1994 ~ 2011 年新疆流转税和所得税占税收收入的比重　　　　单位: %

| 年份 | 流转税比重 | 增值税比重 | 营业税比重 | 所得税比重 | 企业所得税比重 | 个人所得税比重 |
|------|-----------|-----------|-----------|-----------|--------------|--------------|
| 1994 | 58.01 | 24.41 | 33.60 | 17.38 | 13.78 | 3.60 |
| 1995 | 56.74 | 24.91 | 31.84 | 20.26 | 14.67 | 5.59 |
| 1996 | 56.30 | 23.21 | 33.09 | 16.76 | 9.19 | 7.57 |
| 1997 | 56.12 | 23.43 | 32.69 | 17.28 | 8.78 | 8.50 |
| 1998 | 53.84 | 22.71 | 31.12 | 18.47 | 8.92 | 9.55 |
| 1999 | 55.30 | 21.78 | 33.52 | 20.04 | 9.29 | 10.76 |
| 2000 | 58.00 | 23.66 | 34.34 | 21.02 | 9.17 | 11.84 |
| 2001 | 58.67 | 23.93 | 34.74 | 26.39 | 12.85 | 13.54 |
| 2002 | 57.65 | 22.61 | 35.04 | 16.07 | 7.65 | 8.42 |
| 2003 | 61.79 | 23.93 | 37.86 | 11.00 | 4.97 | 6.03 |
| 2004 | 60.52 | 25.27 | 35.25 | 11.19 | 5.11 | 6.07 |
| 2005 | 63.51 | 30.10 | 33.42 | 11.84 | 5.31 | 6.53 |
| 2006 | 63.03 | 31.49 | 31.54 | 11.87 | 5.74 | 6.14 |
| 2007 | 61.11 | 30.19 | 30.92 | 13.31 | 6.37 | 6.95 |
| 2008 | 60.29 | 28.39 | 31.90 | 15.61 | 9.28 | 6.34 |

| 年份 | 流转税比重 | 增值税比重 | 营业税比重 | 所得税比重 | 企业所得税比重 | 个人所得税比重 |
|------|-----------|-----------|-----------|-----------|---------------|---------------|
| 2009 | 56.46 | 19.14 | 37.32 | 16.03 | 9.32 | 6.71 |
| 2010 | 54.44 | 18.09 | 36.34 | 16.19 | 9.61 | 6.58 |
| 2011 | 51.66 | 16.30 | 35.36 | 17.15 | 10.69 | 6.46 |

资料来源:《中国财政年鉴》(1995~2011)中的财经统计资料部分以及《新疆统计年鉴 2012》。

为了验证新疆与流转税和所得税相关的四大税种比重的变化对居民收入分配差距的影响,还要进行进一步的实证分析。

## (一)理论预期

根据税收归宿理论,流转税作为间接税,具有一定的累退性,其税负能够转嫁给最终的消费者,在一定程度上降低居民的收入水平,因而其比重越高,对居民收入分配差距的扩大作用就越明显。所得税中企业所得税的征收,会促使企业因成本的增加而削减工人的工资和其他相关费用,而与此同时,以资本、土地、企业家才能为收入来源的居民的收入却没有同比例减少,因而,企业所得税的比重越高,居民收入分配差距就越大。所得税中个人所得税的税基是个人所得,其税负由居民自己承担,无法转嫁,因而个人所得税的征收对收入分配的调节作用比较显著。尤其是在累进税制下,个人所得税的征收具有"削高"作用:在高收入者依法纳税的前提下,个人收入越高,适用的税率就越高,所纳税款就越多。

## (二)模型选择及变量引入说明

本研究采用格兰杰因果检验模型,使用1994~2011年新疆居民收入分配的基尼系数(G)作为被解释变量,以相关年度新疆增值税比重(ZZ)、营业税比重(YY)、企业所得税比重(QY)、个人所得税比重(GR)作为解释变量。拟通过模型分析,说明流转税和所得税的四个税种是否是引起新疆居民收入分配差距变化的原因。

本研究选择基尼系数作为测度居民收入分配差距的指标。基尼系数是国际上衡量居民收入分配差距最常用的指标,也被国内外学者较多地运用于研究中,产生了诸如直接法、几何法、城乡加权法、修正城乡加权法等测度基尼系数的方法。本研究采用第三种方法,这种方法是由发展经济学家桑德鲁明(Sundrum)于1990年提出的,其测度居民收入分配基尼系数的公式为:

$$G = P_c^2 \frac{u_c}{u} G_c + P_r^2 \frac{u_r}{u} G_r + P_c P_r \left| \frac{u_c - u_r}{u} \right| \qquad (u = P_c \times u_c + P_r \times u_r)$$

其中，$G_c$，$G_r$ 分别表示城镇和农村居民收入分配的基尼系数，$u_c$，$u_r$ 分别表示城镇和农村居民人均收入，$P_c$，$P_r$ 分别表示城镇和农村人口占总人口的比重，$u$ 表示全体居民人均收入。

同时，作为测度居民收入分配基尼系数的重要组成部分，城镇和农村居民收入分配的基尼系数的计算采用如下公式：

$$G = 1 - \frac{1}{PW} \sum_{i=1}^{n} (W_{i-1} + W_i) P_i$$

其中，$G$ 表示基尼系数，$P$、$W$ 分别表示总人口和总收入，$W_i$ 表示累计到第 $i$ 组的收入且 $W_0 = 0$，$P_i$ 表示第 $i$ 组的总收入。

### （三）数据来源及处理

测度居民收入分配的基尼系数所需要的数据来自《新疆统计年鉴》（1995 ~ 2012）。其中，城镇和农村居民人均收入分别是指城镇居民人均可支配收入和农村居民人均纯收入。经过对数据的处理与整合，计算出 1994 ~ 2011 年新疆居民收入分配的基尼系数（见表2），从基尼系数的变化来看，新疆居民收入分配经历了 1994 ~ 2002 年的差距扩大阶段后，逐步进入到下降区间，但依然在 0.4 以上。

表2 1994 ~ 2011 年新疆居民收入分配基尼系数

| 年份 | 居民收入分配基尼系数 | 年份 | 居民收入分配基尼系数 |
|---|---|---|---|
| 1994 | 0.4248 | 2003 | 0.4485 |
| 1995 | 0.4317 | 2004 | 0.4452 |
| 1996 | 0.4355 | 2005 | 0.4403 |
| 1997 | 0.4176 | 2006 | 0.4387 |
| 1998 | 0.4103 | 2007 | 0.4308 |
| 1999 | 0.4182 | 2008 | 0.4371 |
| 2000 | 0.4546 | 2009 | 0.4294 |
| 2001 | 0.4546 | 2010 | 0.4132 |
| 2002 | 0.4588 | 2011 | 0.4076 |

资料来源：根据《新疆统计年鉴》（1995 ~ 2012）的数据计算。

### （四）变量的平稳性检验（ADF 检验）

本研究采用的是时间序列数据，为了保证分析结果的可靠性，首先要对各个变量进行平稳性检验，采用 ADF 检验方法，其结果如表 3 所示。从该表可以看出，在未进行一阶差分处理时，除了增值税比重（ZZ）是平稳序列外，其余全是不平稳序列。经过一阶差分处理后，原来不平稳的序列全部实现平稳，它们均在 10% 的显著性水平下通过了 ADF 检验（其中，除 D（QY）在 1%、D（GR）在 10% 的显著性水平下通过 ADF 检验外，其余均在 5% 的显著性水平下通过了 ADF 检验）。这说明，基尼系数和增值税比重、营业税比重、企业所得税比重、个人所得税比重均为一阶单整序列，四个税种的收入比重可能与基尼系数之间存在着协整关系。

表3                                              变量平稳性检验结果

| 变量序列 | ADF 值 | 临界值 | 结果 |
|---|---|---|---|
| G | − 1.789166 | − 2.673459 | 不平稳 |
| D（G） | − 3.776372 | − 3.130437 ** | 平稳 |
| ZZ | − 3.104028 | − 3.081002 ** | 平稳 |
| D（ZZ） | − 3.533496 | − 3.119910 ** | 平稳 |
| YY | − 2.098290 | − 2.666593 | 不平稳 |
| D（YY） | − 3.858226 | − 3.065585 ** | 平稳 |
| QY | − 2.268007 | − 2.666593 | 不平稳 |
| D（QY） | − 4.048239 | − 3.920350 *** | 平稳 |
| GR | − 2.005052 | − 2.666593 | 不平稳 |
| D（GR） | − 2.940818 | − 2.673459 * | 平稳 |

注：D（）为变量序列的一阶差分。*，**，*** 分别代表在 10%，5%，1% 的显著水平下拒绝原假设。

### （五）线性回归方程的估计与假设检验

将基尼系数作为被解释变量，将增值税比重、营业税比重、企业所得税比重、个人所得税比重作为解释变量，建立多元线性回归方程（1）：

$$G = 0.057774 + 0.439336ZZ + 0.700982YY + 0.131237QY + 0.266890GR \qquad (1)$$
$$t = (0.717712)\ (4.785226)\ (4.221719)\ (1.275191)\ (2.677964)$$
$$p\ 值 = 0.4856 \quad 0.0004 \quad 0.0010 \quad 0.2246 \quad 0.0190$$
$$(R^2 = 0.700538 \quad F = 7.602789)$$

通过以上线性回归方程（1）及相关参数可知，截距项的 p 值为 0.4856，不能通过显著性检验；企业所得税比重（QY）系数的 p 值为 0.2246，也不能通过显著性检验，这说明企业所得税比重（QY）对基尼系数（G）的影响不显著，亦即其对新疆居民收入分配差距的变化无显著影响。

为了进一步研究增值税比重（ZZ）、营业税比重（YY）、个人所得税比重（GR）对新疆居民收入分配差距变化的影响，剔除企业所得税比重（QY），建立线性回归方程（2）：

$$G = 0.119263 + 0.372734ZZ + 0.602147YY + 0.263705GR \qquad (2)$$

t = （1.810247）（4.829573）（4.011903）（2.589566）

p 值 = 0.0918　　　　0.0003　　　　0.0013　　　　0.0214

（$R^2$ = 0.663079　　F = 9.184272）

通过方程（2）可得：该方程的判定系数 $R^2$ 较高，说明解释变量对被解释变量的拟合程度较高；并且方程中的各个变量均通过了显著性检验（ZZ 和 YY 在 1%、GR 在 5% 的显著性水平下通过显著性检验）。同时，该方程的残差序列的 ADF 检验值为 -4.363303，小于 1% 显著性水平下的临界值 -4.057910。由此可以看出：基尼系数与增值税比重、营业税比重、个人所得税比重之间存在着协整关系，并且都是正协整关系。

由于估计线性回归方程时，采用的是 OLS 估计法，而该方法的使用还必须满足其他一些假设条件，因而需要对这些假设条件进行检验。

首先，利用方差膨胀因子（VIF）法进行解释变量的多重共线性检验。分别用 $R_1^2$、$R_2^2$、$R_3^2$ 表示 ZZ 对 YY、ZZ 对 GR、YY 对 GR 辅助回归方程的样本判定系数，利用公式 $VIF = 1/(1 - R_j^2)$，j = 1，2，3，计算出 $VIF_1$、$VIF_2$、$VIF_3$ 的值分别为 1.59、1.02、1.00，均远远小于 10。因而可以认为方程（2）中的解释变量之间不存在多重共线性。

其次，利用 JB 统计量进行残差序列的正态性检验。经检验，JB 统计量的伴随概率为 0.37，大于 10%，即残差序列在 10% 的显著性水平下不能拒绝原假设，这说明方程（2）的残差序列满足正态性假定。

再次，进行 White 异方差检验。对方程（2）进行检验的结果表明，White 统计量的伴随概率为 0.28，大于 10%，即残差序列在 10% 的显著性水平下也不能拒绝原假设，说明方程（2）不存在异方差。

最后，进行残差的 LM 自相关检验。经检验，残差序列的 LM 统计量的伴随概率为 0.74，大于 10%，即残差序列在 10% 的水平下不能拒绝原假设，表明方程（2）的残差不存在自相关性。

## （六）格兰杰因果检验

在方程（2）满足假设检验的基础上，对增值税比重、营业税比重、个人所得税比重与基尼系数进行格兰杰因果检验。因为本研究主旨是税收对居民收入分配差距的影响，所以在进行格兰杰因果检验时，只需检验三个税收比重是否是引起居民收入分配差距变化的格兰杰原因即可，检验结果如表4所示。

表4 　　　　　　　　　　　　　格兰杰因果检验结果

| 原假设 | F 统计量 | 伴随概率 | 结论 |
| --- | --- | --- | --- |
| ZZ 不是 G 的格兰杰原因 | 3.76011 | 0.0736* | 拒绝原假设 |
| YY 不是 G 的格兰杰原因 | 0.70820 | 0.6199 | 接受原假设 |
| GR 不是 G 的格兰杰原因 | 4.48926 | 0.0654* | 拒绝原假设 |

注：*代表在10%的显著水平下拒绝原假设。

从表4可以看出，税收结构对居民收入分配差距的影响效应是不同的。营业税比重不是基尼系数的格兰杰原因，增值税比重和个人所得税比重是基尼系数的格兰杰原因。

## 三、结论及政策建议

### （一）主要结论

上述实证分析表明：作为流转税的营业税，虽是新疆第一大税种，但其比重的变化与新疆居民收入分配差距的变化不存在因果关系，说明营业税对居民收入分配的调节功能并未体现，呈现中性特征；作为流转税的增值税，其比重的变化是导致新疆居民收入分配差距变化的原因，并且其比重越高，居民收入分配差距越大，出现逆向调节，这是因为，从公平原则的角度考量，由于增值税的征税范围较宽，就不可避免地涉及一般生活必需品，使其税负呈现累退性，可能会加大居民收入分配的差距。作为直接税的个人所得税，其比重的变化是引起新疆居民收入分配差距变化的原因，但其比重越高，居民收入分配差距越大，说明增值税和个人所得税对居民收入分配都出现了逆向调节。这是因为个人所得税作为直接税，受到信息不完善和征管水平的影响，在高收入居民收入来源多样化、隐蔽化的状况下，不但难以发挥其累进作用，反而对居民收入分配差距的变化起到了逆向调节作用。总体上，税收结构对新疆居民收入分配的影响效应呈现弱化的现象。

就数据处理来看，可能存在着样本容量小的原因。本研究采用了1994～2011年间共18年的相关数据，样本容量较小，因而可能对实证结果产生不利影响。为此，这种实证结果还需经历时间的再检验。

## （二）政策建议

### 1. 税制结构优化

税制结构作为税收制度的重要内容和政府税收政策的重要工具，政府可以通过税制结构的调整和优化，影响税种的选择和税制要素的安排，从而达到调节收入分配的政策目标。税制结构对收入分配的调节是通过税种的设置和调整体现的。应完善我国的税制结构，建立起具有组织收入和调节收入分配双重职能并重的双主体税制结构，以此增强我国整体税制的累进性，是我国税制改革的当务之急。优化税制结构，一方面，要通过完善个人所得税、开征社会保障税，提高所得税的收入比重；另一方面，通过货物与劳务税的改革，特别是增值税的改革，适度降低货物与劳务税在税制结构中的地位和作用。

### 2. 在结构性减税的背景下推进居民收入分配改革

2011 年首先在上海试点的"营改增"改革是落实结构性减税的重要政策之一，为完善公平收入分配的税收体系提供了契机，也为降低税收增长率，提高居民收入增长提供了条件和可能。"营改增"通过减轻试点企业间接税税负，并通过价格传导机制，使减税部分反映在消费价格上，从而使中低收入者受益，特别是对于试点行业的中小企业减税效果明显。"营改增"在 2013 年 8 月在新疆推行，为此，新疆应积极关注"营改增"过程中存在的各种问题，总结实施的经验，从而更好地解决营业税的重复征税问题，为中小微企业特别是容纳就业能力强的第三产业的企业提供良好的税收发展环境。

### 3. 中央应当赋予民族自治地区适当的税收优惠处置权

新疆作为我国向西开放的门户以及进口能源的国际大通道，在我国整体战略布局中具有重要作用。新疆的经济社会发展一方面需要中央大量"输血"，给予一定的财政转移支付；另一方面，也需要靠适合于本地的税收政策来"造血"，以实现新疆经济的持续、快速、健康发展，推动居民收入分配差距的缩小。中央应考虑在适当时机，根据民族自治法的要求，赋予新疆这样的民族自治地区一定的税收优惠处置权，使新疆可以在执行中央的税收优惠政策时更具灵活性和针对性。

### 4. 加强对个人所得税的征管

鉴于最具调节功能的个人所得税对新疆居民收入分配的逆向调节，应在全国建立严密的个人所得税税源监控体系，可以考虑将居民个人的身份证号作为个人所得税的纳税识别号，并与银行、保险、证券等金融机构以及工商、公安、海关、税务等行政机构建立信息共享机制，定期、重点稽查那些高收入者，充分挖掘其隐蔽性收入，并对其逃税行为进行严厉处罚，以使个人所得税真正地起到正向调节作用。

## 专题研究五

# 财税政策对新疆居民消费影响的动态效应

## ——基于可变参数模型分析

**内容摘要：** 本研究利用可变参数模型分析了 1998～2011 年间新疆财税政策对居民消费影响的动态效应。结果发现，从总体上分析，大多数年份财政支出对新疆居民消费产生挤入效应，而税收政策挤入效应较弱。从结构上分析，在大部分年份中，农业类支出对新疆城镇居民消费产生显著挤入效应，科教类支出和医疗卫生类支出对新疆农村居民消费产生显著挤入效应，社会保障类支出对新疆城镇居民消费和农村居民消费都产生挤入效应；直接税对新疆城镇居民消费产生挤入效应，间接税对新疆城镇居民消费和农村居民消费都产生微弱的挤入效应。

**关键词：** 财税政策　新疆居民消费　挤入效应　挤出效应　可变参数模型

## 一、引言

　　财政政策一直被认为是提高居民消费需求的重要宏观调控手段，我国在 1998～2004 年和 2008 年至今两度实施积极的财政政策，以此来扩大内需，促进居民消费增长。那么，效果如何？学术界并未达成共识。从理论上讲，增加政府支出可能会增加居民消费需求，产生消费的挤入效应，也可能会抑制居民消费需求的增长，产生消费的挤出效应，这取决于政府支出规模以及结构与各时期居民消费的匹配程度。在我国，张治觉、吴定玉（2007）、田青、高铁梅（2009）、王恋、张瑞兵（2009）、李建强（2010）、李春琦、唐哲一（2010）等运用各种计量模型和计量方法从理论和实证两个方面都证实财政政策对居民消费在不同时点上既有可能产生挤入效应也有可能产生挤出效应的结论。但是已有的研究主要是着眼于全国角度，很少由从地方视角来分析财税政策对居民消费的动态影响效应。从全国分析只能了解国家财税政策对整体居民消费的影响，而无法确切知道对某个省份居民消费的影响。要知道，中国经济发展水平地区性差异比较大，政策实施的效果必然存在差异，为此，本研究将在国家宏观调控的大背景下，以省为研究对象，分析新疆财税政策对新疆居民消费的动态效应，以此为新疆优化财政支出规模和结构，税收政策调整提供参考，使新疆财税政策结构不断优化，继而快速提高新疆居民的消费水平。

## 二、研究分析方法及指标数据的处理

### （一）研究分析方法

本研究将选取基于可变参数的状态空间模型来分析财税政策对新疆居民消费影响的动态效应。选择可变参数的状态空间模型理由是：第一，自我国公共财政体制框架建立以来，财政支出逐渐向民生倾斜，新一轮税制改革逐步推进，宏观调控下财政政策和税收政策处于不断变化和调整中，因此，对新疆居民消费的影响也是不断变动的，所以用固定参数模型可能无法体现出这些动态变化。第二，状态空间模型能够将不可观测的状态变量并入到可观测模型中，并能够对其进行估计，而且空间状态模型是利用卡尔曼滤波迭代算法来进行模型估计的，因此对样本容量要求低。可变参数状态空间模型的一般形式：

量测方程：$Y_t = \alpha + X_t\beta_t + \varphi Z_t + \varepsilon_t$，$t = 1, 2, 3, \cdots, T$      （1）

状态方程：$\beta_t = \phi\beta_{t-1} + \mu_t$      （2）

其中，状态方程中的 $\beta_t$ 就是不可观测的变量，我们将通过量测方程中能够观测的变量对其进行估计，$X_t$ 是量测方程中具有可变参数的解释变量的集合，$Z_t$ 是量测方程中固定参数的解释变量集合，$\varphi$ 是固定参数。$\varepsilon_t$、$\mu_t$ 分别是量测方程和状态方程随机扰动项。可变参数状态空间模型采用极大似然估计方法对模型机型估计。

### （二）指标数据的处理

本研究的主要目的是分析财政政策和税收政策影响新疆居民消费的动态效应，因此将选择以下指标：因变量指标分别选取新疆居民消费额以及新疆城镇居民消费和新疆农村居民消费额，分别记为 *HC*、*UC*、*RC*。分类消费指标选取的目的主要是检验财税政策对新疆城乡居民消费的影响效应是否存在差异性。自变量指标包括财政支出政策指标和税收政策指标。财政支出政策指标又包括总量指标和结构指标，前者用新疆地方财政支出代表总量指标，记为 *FE*；后者分别用农业类支出、科教类支出、医疗卫生类支出和社会保障类支出代表财政支出结构指标，记为 *AE*、*SEE*、*MHE*、*SSE*，用以检验民生类支出对新疆居民消费的影响效应。税收政策指标也包括总量指标和结构指标，前者用新疆税收收入总额①代表总量指标，记为 $T$；后者分别用直接税税额和间接税税额②代表税收结构指标，记为 $DT$、$IT0$，用以检验税制结构的变动对新疆居民消费的影响效应。

上述指标分别以 1998 年为基期，运用新疆居民消费价格指数进行了平减，剔除了价格影响，并在不改变数据统计性质的前提下，对所有指标变量取了自然对数，消除了可能存在的异方差性。居民消费指标和财政政策类指标数据来源于《新疆统计年鉴》（1999～2012），税收政策类数据来源于国务院发展研究中心数据库。为了体现数据指标的统一性和可获得性，选定样本区间为 1998～2011 年。

### 三、财税政策对新疆居民消费的动态效应分析

#### （一）数据的稳定性检验

数据不稳定易导致伪回归现象出现，因此为了避免出现伪回归，在进行可变参数模型估计之前，首先要对数据变量进行稳定性检验，本研究主要采用 ADF 单位根检验方法检验数据变量的稳定性，并根据 SIC 信息准则确定变量滞后期，检验结果如表 1 所示。从单位根检验结果可以看出，在 5% 显著水平下，$HC$、$UC$、$RC$、$FE$、$AE$、$SEE$、$MHE$、$SSE$、$DT$ 序列都接受单位根假设，所以原数据序列都是非平稳数据序列，但它们的一阶差分序列都是平稳序列。$T$、$IT$ 序列都拒绝单位根假设，所以原数据序列都是平稳数据序列。在运用可变参数模型进行分析时我们将使用 $T$、$IT$ 的原序列以及 $HC$、$UC$、$RC$、$FE$、$AE$、$SEE$、$MHE$、$SSE$、$DT$ 一阶差分序列作为模型分析数据变量。

表1　　　　　　　　　　　数据变量的 ADF 单位根检验结果

| 变量 | 检验形式（C，T，L） | ADF 检验值 | P 值 | 结论 |
|---|---|---|---|---|
| $HC$ | （C，T，1） | －2.9921 | 0.1736 | 不平稳 |
| $\Delta HC$ | （C，T，2） | －4.4360 ** | 0.0292 | 平稳 |
| $UC$ | （C，T，0） | －0.9862 | 0.9094 | 不平稳 |

---

①　此税额是按全国税务部门组织收入分地区分税种的新疆税收收入额，属于未分成的税收收入。选该指标的原因是因为国家层面和地方层面的税收变动都会对新疆居民消费产生影响。

②　直接税包括企业所得税、个人所得税、固定资产方向调节税、房产税、印花税、城镇土地使用税、土地增值税、车船税、牌照税、屠宰税、农业税、农牧业特产税、耕地占用税和契税；间接税包括增值税、消费税、营业税、城市维护建设税和资源税。

| 变量 | 检验形式 (C, T, L) | ADF 检验值 | P 值 | 结论 |
|------|------------------|-----------|------|------|
| $\Delta UC$ | (C, 0, 0) | $-3.2246^{**}$ | 0.0417 | 平稳 |
| $RC$ | (C, T, 1) | $-0.3608$ | 0.9744 | 不平稳 |
| $\Delta RC$ | (C, 0, 0) | $-3.1047^{**}$ | 0.0428 | 平稳 |
| $FE$ | (C, T, 1) | $-2.9839$ | 0.1754 | 不平稳 |
| $\Delta FE$ | (C, T, 1) | $-4.0174^{**}$ | 0.0133 | 平稳 |
| $AE$ | (C, T, 0) | $-1.8645$ | 0.6153 | 不平稳 |
| $\Delta AE$ | (C, 0, 0) | $-3.3536^{**}$ | 0.0355 | 平稳 |
| $SEE$ | (C, 0, 0) | $-1.5751$ | 0.7458 | 不平稳 |
| $\Delta SEE$ | (C, 0, 0) | $-3.3247^{**}$ | 0.0399 | 平稳 |
| $MHE$ | (C, T, 2) | $-1.5931$ | 0.7284 | 不平稳 |
| $\Delta MHE$ | (C, T, 0) | $-5.2373^{***}$ | 0.0072 | 平稳 |
| $SSE$ | (C, 0, 0) | $-1.8254$ | 0.3531 | 不平稳 |
| $\Delta SSE$ | (C, 0, 0) | $-3.6525^{**}$ | 0.0217 | 平稳 |
| $T$ | (C, T, 0) | $-6.8287^{***}$ | 0.0006 | 平稳 |
| $IT$ | (C, T, 0) | $-11.6117^{***}$ | 0.0000 | 平稳 |
| $DT$ | (C, T, 1) | $-3.3250$ | 0.1097 | 不平稳 |
| $\Delta DT$ | (C, 0, 1) | $-3.8121^{**}$ | 0.0183 | 平稳 |

注：1. $^{**}$、$^{***}$ 代表在 5%、1% 显著水平下显著；2. "$\Delta$"代表对数据序列取一阶差分；3. (C, T, L) 中 C 代表常数项，T 代表趋势项，L 为序列滞后阶数，C，T 为 0 表示无常数项或趋势项。

## (二) 财政支出、税收总量对居民消费影响的动态效应

从表2可以看出，财税政策总量的变动对新疆居民消费都产生了显著影响。首先，财政支出总量变动对新疆居民总体消费和城乡居民消费的动态影响表现为：就新疆居民总体消费而言，除了 2002 年外，其他年份财政支出都显著增加了新疆居民的总体消费。从影响趋势上来说，对新疆居民总体消费的影响从 2003 年起总体呈现出两次先下降后上升的"U"形变动趋势，但第二次变动周期和变动幅度都有所降低，这意味着财政政策带动新疆居民总体消费增加的能力在减弱并且趋于稳定。就城镇和农村居民消费而言，财政支出在样本期间内对新疆城镇居民消费都产生了出显著地挤入效应，而对农村居民消费的影响在 2000 年、2001 年和 2005 年产生了在挤出效应，其余年份都是挤入效应。从变动趋势和影响程度上看，财政支出拉动新疆城乡居民消费的能力整体上都呈现出螺旋形下降趋势，并且波动幅度逐渐减小；

但相比较新疆农村居民消费，财政支出对城镇居民消费的影响程度却远远高于农村居民，这表明，财政政策有利于提高新疆城镇居民的消费，而对新疆农村居民消费的带动作用有限。其次，税收总量变动对新疆总体消费和城乡消费的动态影响表现为：就新疆居民总体消费而言，在2003年之前，税收政策变动拉动总体居民消费的能力较强，2003年当年出现了负效应，之后拉动居民消费的能力虽然有所降低，但基本趋向稳定。对于新疆城乡居民消费而言，税收政策对新疆城镇居民消费产生了负效应，而对新疆农村居民消费却产生了正效应，而且相对比较稳定。这意味着自1998年以来的减税政策更多地刺激了新疆城镇居民消费的增加，但同时也降低了新疆农村居民的消费水平。最后，从财政政策和税收政策对居民消费的作用效果来说，财政政策带动新疆居民消费的能力较高，效果显著，而税收政策效果相对有限。

表2　　　　　　　财税政策总量变动对新疆居民消费影响的动态效应

| 年份 | 财政支出对消费的动态效应 | | | 税收政策对消费的动态效应 | | |
|---|---|---|---|---|---|---|
| | 总体消费 | 城镇消费 | 农村消费 | 总体消费 | 城镇消费 | 农村消费 |
| 2000 | 0.0007 | 0.0010 | − 0.0005 | 0.0204 | 0.0298 | − 0.0153 |
| 2001 | 0.0337 | 5.1659 | − 4.8030 | 0.0194 | − 0.1379 | 0.1406 |
| 2002 | − 0.1662 | 0.0836 | 0.3281 | 0.0251 | 0.0084 | − 0.0070 |
| 2003 | 1.0793 | 2.2952 | 0.8793 | − 0.0428 | − 0.1122 | − 0.0371 |
| 2004 | 0.2049 | 0.5138 | 0.1060 | 0.0104 | − 0.0038 | 0.0100 |
| 2005 | 0.0187 | 0.8684 | − 0.5534 | 0.0109 | − 0.0049 | 0.0119 |
| 2006 | 0.2058 | 0.7645 | 0.1625 | 0.0104 | − 0.0046 | 0.0098 |
| 2007 | 0.4351 | 0.6527 | 0.0296 | 0.0097 | − 0.0042 | 0.0102 |
| 2008 | 0.4651 | 0.7195 | 0.0555 | 0.0096 | − 0.0044 | 0.0101 |
| 2009 | 0.3500 | 0.6468 | 0.0385 | 0.0100 | − 0.0042 | 0.0102 |
| 2010 | 0.1850 | 0.5881 | 0.0864 | 0.0105 | − 0.0040 | 0.0100 |
| 2011 | 0.2526 | 0.6625 | 0.1189 | 0.0103 | − 0.0042 | 0.0100 |

（三）财税政策结构变动对新疆居民消费影响的动态效应

上述模型主要从总量角度分析财税政策对新疆居民消费的动态效应，但总量研究往往也会忽略一些重要信息，因此，接下来我们将从财政支出结构和税收结构两个方面来进一步分析不同类型财政支出和税收对新疆居民消费的动态影响。我们运用可变参数模型估计了财政支出结构和税收结构对新疆居民消费的动态效应，估计结果见表3、表4和表5。

表3　　　　　农业类支出和科教类支出对新疆居民消费影响的动态效应

| 年份 | 农业类支出对消费的动态效应 | | | 科教类支出对消费的动态效应 | | |
|---|---|---|---|---|---|---|
| | 总体消费 | 城镇消费 | 农村消费 | 总体消费 | 城镇消费 | 农村消费 |
| 2000 | 0.1704 | 0.2488 | − 0.1277 | 0.0755 | 0.1103 | − 0.0566 |
| 2001 | 0.0522 | 0.4374 | − 0.3764 | 0.1181 | 0.0424 | 0.0329 |
| 2002 | 0.0436 | 0.4201 | − 0.3573 | − 0.2334 | − 0.6635 | 0.8101 |
| 2003 | 0.8866 | − 1.2540 | − 5.8612 | 10.6827 | − 22.3405 | − 70.4579 |
| 2004 | 0.0594 | 0.3345 | − 0.6588 | − 0.5506 | − 0.7699 | 0.1875 |
| 2005 | 0.4345 | 0.5054 | 0.1597 | − 0.9026 | − 0.9303 | − 0.5804 |
| 2006 | 0.0914 | − 0.2510 | − 0.0293 | 0.1523 | 1.3951 | 0.0006 |
| 2007 | 0.0922 | − 0.2877 | − 0.0442 | 0.1486 | 1.5631 | 0.0686 |
| 2008 | − 0.0579 | 0.3359 | 0.0882 | 0.7061 | − 0.7533 | − 0.4233 |
| 2009 | 1.1014 | 0.4042 | − 0.2059 | − 2.2989 | − 0.9304 | 0.3392 |
| 2010 | 0.4672 | 0.1187 | − 0.1884 | 0.0734 | 0.1376 | 0.2735 |
| 2011 | − 0.4756 | − 0.4865 | − 0.3363 | 0.7988 | 0.6032 | 0.3873 |

表4　　　医疗卫生类支出和社会保障类支出对新疆居民消费影响的动态效应

| 年份 | 医疗卫生类支出对消费的动态效应 | | | 社会保障类对消费的动态效应 | | |
|---|---|---|---|---|---|---|
| | 总体消费 | 城镇消费 | 农村消费 | 总体消费 | 城镇消费 | 农村消费 |
| 2000 | 0.0706 | 0.1031 | − 0.0529 | 0.1809 | 0.2641 | − 0.1355 |
| 2001 | 0.0981 | 0.0592 | 0.0049 | 0.2638 | 0.1318 | 0.0389 |
| 2002 | − 0.1246 | − 0.3880 | 0.4973 | 0.5056 | 0.6175 | − 0.4959 |
| 2003 | − 16.3299 | 31.7921 | 106.2961 | 1.4787 | − 1.3149 | − 6.8490 |
| 2004 | 0.4289 | − 0.3885 | 0.9023 | 0.3898 | 0.7762 | − 0.0007 |
| 2005 | 0.1673 | − 0.5077 | 0.3314 | 0.5614 | 0.8544 | 0.3739 |
| 2006 | 0.0717 | − 0.7183 | 0.2788 | 0.5246 | 0.7731 | 0.3536 |
| 2007 | 0.0642 | − 0.3731 | 0.4186 | 0.5456 | − 0.1885 | − 0.0356 |
| 2008 | − 0.2088 | 0.7610 | 0.6594 | 0.4395 | 0.2526 | 0.0580 |
| 2009 | 1.4431 | 0.8583 | 0.2402 | 0.5469 | 0.2589 | 0.0308 |
| 2010 | − 0.5451 | − 0.0367 | 0.2953 | 0.0875 | 0.0521 | 0.0435 |
| 2011 | 0.2166 | 0.4521 | 0.4148 | − 0.1399 | − 0.0939 | 0.0078 |

表5　　　　　　　直接税和间接税对新疆居民消费影响的动态效应

| 年份 | 直接税对消费的动态效应 | | | 间接税对消费的动态效应 | | |
|---|---|---|---|---|---|---|
| | 总体消费 | 城镇消费 | 农村消费 | 总体消费 | 城镇消费 | 农村消费 |
| 2000 | 0.00006 | 0.00009 | − 0.00005 | 0.0212 | 0.0310 | − 0.0159 |
| 2001 | 0.0026 | − 0.1498 | 0.1415 | 0.0212 | 0.0315 | − 0.0163 |
| 2002 | 0.0506 | − 0.0254 | − 0.1020 | 0.0148 | 0.0149 | 0.0161 |
| 2003 | − 0.0733 | − 0.1614 | − 0.0603 | 0.0203 | 0.0209 | 0.0143 |
| 2004 | − 0.1869 | − 0.4671 | − 0.0968 | 0.0150 | 0.0066 | 0.0126 |
| 2005 | 0.0072 | 0.3004 | − 0.1909 | 0.0113 | − 0.0082 | 0.0144 |
| 2006 | 0.0970 | 0.4048 | 0.0410 | 0.0093 | − 0.0104 | 0.0094 |
| 2007 | 0.0582 | 0.3854 | 0.0471 | 0.0174 | − 0.0064 | 0.0081 |
| 2008 | − 0.0106 | 0.1300 | − 0.0470 | 0.0217 | 0.0096 | 0.0140 |
| 2009 | − 0.0458 | 0.1084 | − 0.0505 | 0.0216 | 0.0095 | 0.0140 |
| 2010 | 0.1638 | 0.0643 | − 0.0848 | 0.0107 | 0.0118 | 0.0158 |
| 2011 | 0.1903 | 0.0962 | − 0.0643 | 0.0113 | 0.0125 | 0.0162 |

**1. 财政支出结构对新疆居民消费影响的动态效应**

从表3可以看出，随着新疆经济环境的变化，农业类支出和科教类支出的变动对新疆居民消费在不同时点上产生了不同的影响。就农业类支出来说，它对新疆居民总体消费在2008年和2011年产生了挤出效应，其余年份都是挤入效应。在第一次积极财政政策期间最大挤入效应出现在政策末期，而到了第二次最大挤入效应则出现在了政策初期，这表明新疆地方政府执行中央"三农"政策的效率显著提高了。但从城乡居民消费的动态影响变化看，农业类支出对新疆城镇居民消费既有挤入效应也有挤出效应，而且挤入效应在第二次积极财政政策期间呈下降趋势；对农村居民消费则一直是负效应，不过这种负效应在第二次积极财政政策期间略有降低，这意味着新疆农业类支出没有显著提高农村居民的收入水平，继而对消费的影响作用有限，而带动新疆城镇居民消费的能力也在降低。其次，就科教类支出而言，它对新疆居民总体消费既有挤出效应也有就效应，挤入效应最大的年份是2003年，挤出效应最大的年份是2009年，2011年科教类支出显著带动了新疆居民的总体消费水平。对城镇和农村居民消费也具有挤入和挤出效应，不过，从效应上来说，对城镇居民消费的挤出效应略高于农村居民。但科教类支出自2009年以来对新疆居民消费的挤入效应是逐步增强的。这充分表明近年来国家实施免费义务教育改革，加大财政教育支出规模，降低家庭教育支出的负担，刺激居民消费的效果是显著且逐步向好的。

从表4可以看出，医疗卫生类支出和社会保障类支出的变动对新疆居民消费在不同时点上也产生了不同的影响。就医疗卫生类支出而言，它在2002~2003年、2008年、2010年对新疆居民总体消费产生了挤出效应，不过挤出效应总体呈下降趋势；其余年份都是挤入效应，而且其强度在2009年最大。不过医疗卫生类支出对城乡居民消费的动态影响却产生了显著差异。它对新疆城镇居民消费的挤出效应远远高于农村居民，但是，在两次积极财政政策期间，对城镇居民消费的挤入效应大于挤出效应，而在稳健财政政策期间，都是挤出了城镇居民消费。对农村居民消费，除了2000年产生微弱的挤出效应之外，其余年份都是挤入效应，而且挤入效应在第二次积极财政政策期间存在趋稳趋势。这表明新疆自2000年以来，对农村医疗卫生改革的投入显著地改善了农村居民的生活条件，提高了农民的身体素质，使农民收入水平提高成为可能。就社会保障类支出而言，该类支出对新疆居民的总体消费产生了显著的挤入效应，并且该挤入效应在首次积极财政政策期间呈逐渐扩大趋势，稳健财政政策期间趋于稳定，第二次积极财政政策以来挤入效应逐渐降低，并且在2011年对新疆总体消费产生了挤出效应。但从分类消费结果可以看出，社会保障类支出对城镇居民消费和农村居民消费都产生了挤入效应和挤出效应，其中对城镇居民的挤入效应大于农村居民，挤出效应小于农村居民。但是，2008年以来，社会保障类支出对新疆城镇居民和农村居民消费的挤入效应都在降低。这意味着，新疆社会保障类支出对提振城镇居民消费的效果显著，而对于农村居民消费的增加作用并不强，而且，这种刺激居民消费的能力也在逐年降低。

### 2. 税收结构对新疆居民消费影响的动态效应

从表5可以看出，直接税和间接税的变动同样也对新疆居民消费在不同时点上产生了不同的影响。就直接税而言，它对新疆居民总体消费在样本期间内挤入效应多于挤出效应，并且挤出效应主要出现在首次积极财政政策末期和二次积极财政政策初期，稳健财政政策期间都是挤入效应，而且挤入效应从2010年起有所增强。从分类消费情况看，间接税对新疆城镇居民消费在首次积极财政政策期间产生了显著的挤出效应，之后在稳健财政政策期间产生了较强的挤入效应，进入第二轮积极财政政策之后，虽然仍然存在挤入效应，但这种挤入效应呈逐年降低之势；而间接税对新疆农村居民消费在两次积极财政政策期间都产生了挤出效应，在农业税取消的当年和第二年产生了挤入效应。这意味着1998年我国进入新一轮税制改革后，直接税的变动在积极财政政策中期都一定程度抑制了新疆城镇居民和农村居民消费的增长，但随着税制改革的推进，直接税的变动显著增加了新疆城镇居民的消费，而对农村居民消费的增长作用主要在农业税取消的头两年。这也同时说明了我国税制改革中涉及直接税改革的与城市的联系更紧密些，农业税改革虽然与农村居民相关，但其带来的消费增长效应时效过短。就间接税而言，它对新疆居民总体消费长期具有挤入效应，而且挤入效应相对来说比较稳定。对城镇居民消费在两次积极财政政策期间都产生了挤入效应，在稳健财政政策期间产生了一定程度的挤出效应。对农村居民消费则在首轮积极财政政策中期产生了挤出效应，其他时期都是挤入效应，而且对农村居民消费的挤入效应在第二轮积极财政政策期间略高于城镇居民。

## 四、结论与政策建议

本研究运用可变参数模型，从总量和结构两个方面分别检验了 1998 年以来财税政策变动对新疆居民总体消费和城乡居民消费影响的动态效应。实证检验结果如下：

第一，从总量角度来说，财政支出总量变动对新疆居民消费特别是城镇居民消费增长的拉动效果显著；而税收总量的变动带动新疆居民消费增长的能力不大，而且减税政策仅对新疆城镇居民消费增长有作用，却不利于农村居民消费的增长。

第二，从结构角度来说，财政支出结构中，农业类支出对新疆居民总体消费增长具有拉动作用，但对农村居民消费的增长不显著甚至是抑制作用；科教类支出对新疆居民消费增长既有拉动效应，也存在抑制作用，但近年来其拉动效应呈现增长趋势；医疗卫生类支出对新疆居民消费增长也产生了一定的积极效应，特别是对新疆农村居民消费的增长作用更加明显；社会保障类支出对新疆居民消费的增长也有显著推动作用，但是这种积极推动作用的能力呈现出减弱势头。税制结构中，直接税对新疆居民消费特别是近些年对城镇居民消费增长的作用效果显著，而间接税虽然能够拉动居民消费增长，但作用效果有限。

第三，相比较财政政策和税收政策的贡献度来说，财政政策对新疆居民消费增长的贡献度更高、更显著，而税收政策的贡献度相对比较低。

根据以上结论，我们提出如下建议：一是以对口援疆为契机，充分利用对口援疆政策，加大财政支出规模的投入，全面启动新疆消费需求，尤其是农村居民消费需求，促进新疆居民消费扩张。二是积极引导援疆省份，优化公共财政支出结构。加大农业类支出规模，有效改善农村居民收入水平；提高科教类支出规模的同时，更加注重支出的效率和效果；巩固对农村医疗卫生规模投入的同时，关注城镇医疗卫生投入的领域以及产生的效果。三是继续扩大对新疆居民特别是农村居民的社会保障范围，提高居民社会保障水平，提高整体居民的社会保障质量。四是更好落实中央的税收调整政策，同时加大具有新疆地方特色的税收制度的改革，充分提升地方性税种在引导和提高新疆居民消费方面的作用。

# 专题研究六

# 破解新疆就业难题的思考与路径

**内容摘要**：本研究认为就业权利、就业机会、就业质量属于广义的收入分配范畴，就业问题作为困扰新疆社会经济发展的一道难题亟待破解。这里就新疆就业问题的几个重要方面展开分析，提出一些思考、路径选择和解决之策。主要阐明了对于破解新疆农村剩余劳动力转移问题、大学毕业生就业问题的一些思考，提出新时期新疆产业结构优化要与就业结构相协调的观点，最后提出破解新疆就业难题需要创新制度保障，并高度关注政策协调问题。

**关键词**：就业难题　路径选择　政策协调　制度保障

本研究认为就业权利、就业机会、就业质量属于广义的收入分配范畴。就业是民生之本、安国之策。近年来，新疆的就业问题是影响社会稳定的关键因素之一，由就业所引发的社会问题阻碍了新疆的社会经济发展。大量非自愿失业现象的存在以及由此导致的贫富分化加剧、社会各阶层利益分层化、社会弱势群体社会地位沉降与边缘化等社会问题极大制约了新疆和国家和谐社会目标的实现。就业问题甚至成为被境内外"三股势力"利用危害国家统一的工具和借口。就业问题不仅是新疆乃至国家一个重大的经济问题，也是一个重大的社会问题和重大的政治问题，在当前国际国内严峻纷杂时局之下的新疆就业问题更加具有特殊性和复杂性。因此，追求、实现充分就业目标是新疆长治久安与和谐社会构建的重要前提和题中应有之意。这里就新疆就业问题的几个重要方面展开分析，提出一些思考、路径选择和解决之策。

## 一、农村剩余劳动力转移问题

土地资源的日益稀缺、新疆农村人口的递增，使得农村剩余劳动力规模十分庞大，与此同时，农村剩余劳动力非农转移渠道受限：农村非农产业发展滞后；农民非农创业能力非常有限；进城务工只能从事低端行业；劳务输出面临传统观念制约，等等。南疆作为新疆少数民族主要聚居地，农村剩余劳动力问题更加突出：自然条件恶劣，生态环境脆弱，农业水平落后，工业基础薄弱，农村大量剩余劳动力滞留、依附于农业领域，加重了生态环境负荷，农业效率只能呈现低效率，加剧了城乡发展差别和居民收入差别，也进一步固化了二元经济结构。因此，农村剩余劳动力的转移问题是困扰新疆社会经济发展的一个重大难题。本研究认为，解决新疆农村剩余劳动力转移问题须重视以下方面：

## （一）依托特色产业的发展

新疆区域特色明显，资源富集，各地应当准确定位自身优势资源，充分发掘和利用优势资源，发展特色产业，如民族风情游、特色农业旅游、特色农业产业化、特色资源开发等，依托特色产业的发展，变资源优势为经济优势，创造就业机会，扩大当地农村剩余劳动力的转移就业。

## （二）加大人力资本投资

劳动力素质低是制约新疆农村剩余劳动力转移的一个重要因素，因此，需要政府和相关部门加大人力资本投资，正确引导农民学习科学文化知识和实用技能，并且引导农民重视子女的教育投资。

政府在职业技能培训方面要发挥重要作用，鼓励中高等职业技术院校的发展，由政府埋单，加大对农民实用技术的培训和推广，鼓励农村劳动力参加由政府举办的为期六个月到一年的各种职业技能培训，使其取得相应的初级或中级职业技术资格证书。同时推广、普及普通话，增强少数民族农民的沟通能力，进而提升农民自身素质和就业技能。

政府在初等和中等教育投资方面必须加大在农村的投入力度，提高教育教学质量，实现城乡居民接受教育的起点公平，针对新疆民族地区的特殊、复杂的区情，尽快实现新疆"9年义务教育＋3年高中（职高、中专）免费教育"。对于非义务教育阶段，通过设立助学金、奖学金，加大资助城乡困难学生力度，帮助家庭困难学生完成学业。

## （三）构建劳务输出平台

由政府主导构建劳务输出平台，解决疆内转移就业机会有限的问题。目前沿海发达地区频频出现"用工荒"，这为新疆农村剩余劳动力的转移提供了机遇。但是长期以来，受到传统习俗、观念的影响，新疆少数民族农民尤其是女性很难长期在外地务工，更别说在外地扎下根来。为此：

**1. 强化服务意识**

政府部门应强化服务意识，引导少数民族农民转变就业观念，积极主动地构建劳务输出平台，加快农村就业信息服务平台建设，降低农民外出就业的经济和非经济成本，提高其外出就业收益，引导农村剩余劳动力有组织、有秩序转移就业。政府主导、有组织的劳务输出可以较好地顾及少数民族的风俗习惯，消除其外出务工的各种顾虑，并可及时化解可能出现的一些矛盾与冲突。

**2. 他山之石**

在扩大劳务输出渠道的同时，可以借鉴国内外的成功经验，其中可以参考新疆的"伽师经验"①，即伽师县 36 万人口中，维吾尔族占 98%，是典型的少数民族县和国家级贫困县。伽师经验主要是订单劳务经济模式。另外，2009 年以来，伽师县针对部分沿海城市务工返乡的农村女青年因种种原因不便再外出就业的情况，积极与她们曾经工作过的沿海企业合作，在伽师设立分厂。在新疆跨越式大发展的大好形势和沿海地区用工成本大幅上升的背景下，与外地企业签订劳务输出订单，对输出人员采用有针对性的订单式技能培训；或者吸引内地企业来新疆投资设厂，部分解决剩余劳动力的就地转移问题。

**3. 发挥市场机制的作用**

政府主导构建劳务输出平台的同时，充分发挥市场机制的作用，引导、鼓励民间资本合法从事劳务中介活动，利用自身灵活、市场嗅觉敏锐的优势，助力并服务于新疆农村剩余劳动力的外出转移就业，共同形成劳务输出多渠道、全方位的网络体系。政府主导并非排斥市场机制，反而应当遵循市场经济规律，按市场化、企业化的要求，从机构组织、教育培训、劳务信息、权益保障等方面规范劳务输出行为，从而为农村剩余劳动力外出务工铺平道路。

**4. 切实保护劳务输出人员的合法权益**

劳务输出部门应当对用工企业加以细致考察，签订合法、正规的用工合同，提供必要的法律援助，在稳定劳动关系的同时，切实维护农民合法的劳动权益，增强其外出务工的信心。

――――――――――――――――

① 新疆喀什地区伽师县近年来农村剩余劳动力转移成果显著，订单式劳务经济收入增长迅猛。参见刘纯彬，李叶妍：《西部民族地区农村劳动力就业状况调查报告——以新疆维吾尔自治区为例》，载于《农村经济》2011 年第 6 期，第 107 页。

### (四) 重视农村剩余劳动力转移与城镇化进程的协调发展

党的十六大报告指出："农村富余劳动力向非农产业和城镇转移，是工业化和现代化的必然趋势。"但是，二元经济结构阻碍了城乡统一的劳动力市场体系的形成，形成了中国就业需求与供给的结构性矛盾，二元经济结构的持续存在必然加大了劳动力结构调整的难度，最终影响城镇化进程和城乡统筹发展目标的实现。目前新疆城镇化水平不高，城镇化进程迟滞反过来制约了农村剩余劳动力的就地转移。城镇化进程中农民进城就业尚面临诸多体制性障碍，如户籍制度、土地制度、社会保障制度、就业制度等，所以目前农民进城就业并非一种稳定就业，而是一种短暂的、不彻底的迁移就业，农民的根还在乡村。

鉴于农村剩余劳动力转移与城镇化进程互相影响、互为制约因素，因此，需要重视和正确处理两者的协调发展问题。当然，这首先需要消除体制性障碍和进行制度创新。工业化和城镇化是创造就业条件的主要途径，企业组织是创造就业条件的微观基础，选择合适的工业化战略、城市化战略和企业组织形式对创造就业条件非常关键。例如，重视小城镇的建设，重视在小城镇落实就业优先战略，扶持劳动密集性产业的发展，大力扶持中小企业和微型企业的发展。

## 二、大学毕业生就业问题

新疆高校毕业生绝大部分集中于乌鲁木齐、石河子、昌吉三地，学生毕业后普遍愿意留在这些大城市，而不愿意到边远贫困的地州或艰苦的基层就业。大学生扎堆就业的非均衡现象，一方面，加剧了就业难问题；另一方面，边远贫困的地州、艰苦的基层很多岗位"虚位以待"却苦于招不到、留不住大学生。大学女毕业生就业限制太多，就业普遍难于男生的就业歧视现象早已成为一个社会顽症。目前新疆大学生就业难问题中最为让人担忧的问题是：少数民族大学毕业生就业率低已成为一个严峻的社会矛盾，并在特定条件下极可能被境内外敌对势力利用形成激烈的社会冲突。对于这个棘手的客观现实我们无法回避，也不应回避。

### (一) 依据市场导向优化高校专业结构设置

目前我国高校的专业结构设置与社会人力资源的需求结构失衡、错位，部分专业毕业生供给过剩或市场需求量很小，部分市场紧缺专业却无法满足需求。高校专业设置缺乏科学性，缺乏有效的市场调研。大学毕业生就业难题的一个根本性症结在于：高等教育的结构性失衡和有效供给不足。今后高校务必依据市场导向，专业设置和人才培养应当符合市场需求和社会需要，调整、优化学科结构、专业结构和招生规模。根据宽口径、厚基础、广交叉、多综合、重能力、倡创新的人才培养思路，培养适应能力强的社会需要的各类人才。教育教学改革与提升大学生就业能力相结合，培养创业精神和创业能力。

### （二）营造全社会鼓励大学生创业的氛围

创新型国家的建设、新疆经济增长模式的转变需要创新的思维，创新型的人才。创新可以创造、提高生产力，创新可以创造新的需求。就业难题的化解需要营造全社会鼓励创业的氛围，包括积极鼓励大学生自主创业。俗语说"三百六十行，行行出状元"，大学生一定不能被所学专业所固，创业从某种意义上说，也许是最大的就业。大学生创业，还可以创造新的就业岗位。

#### 1. 普及创业教育

高校应当普及对大学生进行创业教育，包括创业意识教育、创业精神教育、创业知识教育和创业能力教育。可以开设专门的创业培训课程，也可以开设与创业相关的全校公共选修课程。创业教育还可以为创业教育提供良好的实践教学条件，建立大学生创业孵化基地、组织创业大赛等。

#### 2. 营造创业氛围

政府应当建立与社会主义市场经济体制相适应的创业制度及人才正常流动机制，为大学生创业创造良好的氛围和环境。通过税收优惠、创业贷款担保、创业贷款贴息、社保补贴、放宽工商注册登记等政策措施降低创业门槛。在全社会营造鼓励创业的氛围，引导一种鼓励创新、宽容失败的社会文化。

#### 3. 创业指导

2003 年 11 月，中国青年创业国际计划（Youth Business China，YBC）由共青团中央、中华全国青年联合会、国家劳动社会保障部、中华全国工商业联合会等 7 家机构倡导发起。中国青年国际创业计划通过借鉴和利用英国青年创业国际计划（Youth Business International）的项目模式、先进经验和国际资源，探索符合中国国情和文化特点的创业扶助模式，是一个旨在帮助青年创业的教育性公益项目，通过动员社会各界特别是工商界的资源，为创业青年提供"一对一"的导师辅导以及"无利息、无抵押、免担保"的资金支持，引导青年进入工商网络，帮助青年成功创业，成就具有社会责任感的未来企业家。YBC 的成功运作引起了国际社会的高度关注，2010 年年初，成为中国第一家走进达沃斯的公益组织。目前，YBC 已进入到规模化发展阶段，一个多层次、广覆盖的社会化公益支持系统正在形成并不断扩大发展。① 中国青年创业国际计划为包括新疆大学毕业生在内的青年创业提供了一个绝好的平台，系统性、专业化的创业指导无疑会增加创业成功的概率，并带动更大规模的就业岗位。中国青年创业国际计划应当大力推广。

### （三）政策利导大学生基层就业

为了引导大学生面向基层就业，自治区党委、政府近些年出台了一系列的措施鼓励大学生到基层就业，全面落实了高校毕业生面向基层就业的考研照顾、户籍和人事档案迁转、职业培训、创业扶持、税费减免、权益保障等各项就业扶持政策，促进了大学生的就业②。例如大学生村干部、城市社区就业等。同时，县级以上党政机关、事业单位招考公务员和工作人员时，也主要从具有基层工作经历的大学生中招录。尽管如此，新疆边远贫困的地州或艰苦的基层仍然存在巨大的人才总量缺口和结构性缺口，人才流动性大。如何吸引大学生"去得了，留得住"，并且提供社会地位向上流动的均等机会，是一项系统工程，绝非简单的政策号召。例如，优化现行的鼓励政策，出台有效的配套措施，提高艰苦补贴待遇，提供与大城市均等的基本公共服务，缩小地区经济发展差距，创造灵活的发展空间，等等。

### （四）扶持少数民族大学毕业生就业

少数民族大学毕业生由于受到主客观因素的影响就业渠道狭窄，就业率较低。一方面，许多少数民族大学生出自农村、牧区或边远贫困地区，却抱着落后的就业观念，非大城市不去，非机关事业单位不去，非国有背景或大公司不去。根据科尔曼的理性选择理论③，这些家庭（尤其是贫困家庭）花费巨额学资供养一个大学生4~5年实属不易，为了收回教育成本，实现教育投资收益，期望值固然很高。但是当大学毕业后找不到理想的工作失业在家，必然会成为影响社会和谐安定的不稳定因素，甚至成为境内外"三股势力"加以利用的工具。另一方面，受到生活习惯、民族风俗的影响，少数民族毕业生很少愿意疆外就业，绝大多数愿意在疆内就业，故择业的区域范围狭小。另外，用人单位是相对理性的经济人，在人才选用方面具有很大的话语权，并且受到市场经济规律的支配和影响。与汉族毕业生相比，少数民族毕业生受师资、语言环境等客观因素影响功底薄弱，而且最要紧的是普通

---

① 参见中国青年创业国际计划官方网站，http://www.ybc.org.cn/html/pages/about.shtml.

② 陈君：《当前新疆就业形势分析及今后对策建议》，载于《新疆财经》2008 年第 1 期，第 41 页。

③ 以科尔曼为首的社会学的理性选择理论可以归纳为：以宏观的社会系统行为作为研究的目标，以微观的个人行动作为研究的起点，以合理性说明有目的行动。合理性是理性行动者的行动基础，行动者的行动原则是最大限度地获取效益。通过研究个人的行动的结合如何产生制度结构以及制度结构如何孕育社会系统行为，实现微观——宏观的连接。http://baike.baidu.com/view/3482364.htm

话表达能力、沟通能力、适应能力较差，从而在与汉族毕业生在人才市场的竞争中处于弱势地位。

因此必须高度重视少数民族大学毕业生的就业问题，通过政府引导、适度干预进行帮扶、妥善处理之。

### 1. 转变择业观念

需要通过高校、社会、政府等各方面的合力作用引导少数民族大学生转变择业观念。例如，高校开设科学、有效的就业指导课程，引导学生认识到：择业观要务实，不可好高骛远、眼高手低；毕业后的选择固然重要，但在如今社会中并非一个职业、一个岗位定终生的；人才市场是一个高度竞争的市场，是一个强者生存、适者生存的市场，是一个优胜劣汰的市场；每个人都有自身的优势和劣势，但这并非绝对的，我们可以理性、客观地认清自身的劣势和"短板"，从而尽可能完善之，认识到自身的优势和潜能，充分发挥、挖掘，扬长避短，找到适合自己的职业和岗位；当理想与现实发生矛盾时，可以退而求其次，其实边远贫困地区、基层单位，甚至非公有制企业有着许多机会和不小的锻炼机会和发展空间；可以先就业、后择业，在先解决温饱问题之后在通过自身的不断学习和努力，积累工作经验，再行选择新的职业和岗位，做一名终身学习型的职业人。树立正确的人生观、世界观和价值观，实现人生价值，实现社会地位的向上流动要靠优良的个人品质、真才实学和善于把握机遇等。

### 2. 提升综合素质和沟通能力

这是一项涉及教育体制、师资队伍等方面的综合性课题。包括提高少数民族的师资水平，为少数民族大学生打下坚实的基础；继续推行双语教学，民汉混班，为南疆少数民族聚居区输入优秀的汉语言师资队伍，创造学生学习普通话的一个良好的语言氛围；让学生意识到普通话的水平对于就业的重要意义，任何的语言学习都是一种沟通工具；大学阶段则尽可能实现少数民族教师普通话授课，最终走向民汉一体化教学，新疆某高校的做法虽然给少数民族教师带来很大的压力，但对于少数民族大学毕业生的就业是有很大益处的。综合素质和普通话沟通能力的提升对于少数民族大学毕业生的就业起着至关重要的作用。

### 3. 政策扶持

制定和完善保障少数民族大学毕业生权益的各项政策措施，推进劳动人事制度、户籍制度、社会保险制度等相关制度的改革，通过政策引导鼓励用人单位录用少数民族大学毕业生（如适度的税收优惠），尽可能消除就业歧视。政府提供的一部分公益性岗位在同等条件下，优先考虑少数民族大学毕业生。

**4. 开设公益性质的就业技能培训班**

对于找不到工作而尚未就业或失业的少数民族大学毕业生，可以免费参加由政府埋单的公益性质的各类就业技能培训班或实用技术培训班，结业时参加相应的职业技术资格考试，成绩合格者获取相应的职业技术资格。

### 三、产业结构优化与就业结构的协调

经济结构失衡的代价相当部分最终可能转嫁给失业群体，不少人甚至沦落为弱势群体，社会地位发生沉降或被边缘化。因此，解决新疆的失业问题，扩大就业，实现充分就业，也必须从纠偏失衡的经济结构入手，其中产业结构的调整和优化、升级无疑是重中之重。

#### （一）新疆产业结构优化的战略选择

新疆今后的产业结构调整和优化，应当坚持科学发展观，调优第一产业，调强第二产业，调大第三产业。根据新型工业化①的要求，继续实施优势资源转换战略，围绕提升产业层次，加快运用高新技术和先进技术设备改造传统产业的步伐。做大做强现有优势产业和支柱产业，延伸产业链、提高附加值。加快发展现代农牧产业和特色农牧产品精深加工。培育战略性新兴产业，突出抓好现代服务业和新兴服务业发展。优化产业布局，引导产业集群发展。大力发展循环经济，促进产业结构优化升级。加快推进新型工业化进程，通过培育和引进大企业大集团，带动中小企业、非公有制经济发展，壮大地方工业实力。

#### （二）就业结构与产业结构优化相互协调

就业结构必须顺应产业结构的变迁，同时，资源的优化配置应当使产业结构符合新疆要素禀赋结构所决定的比较优势，扩大就业需求应当成为新疆产业结构调整、优化的一个重要目标，在追求充分就业的同时也推动了新疆经济发展。

新疆产业结构调整和优化，推进新型工业化进程、加快现代农牧产业发展、培育战略性新兴产业、突出发展现代服务性和新兴服务业等无不对劳动供给提出了更

---

① 我国是在党的十六大上提出新型工业化道路的。所谓新型工业化，就是坚持以信息化带动工业化，以工业化促进信息化，就是科技含量高、经济效益好、资源消耗低、环境污染少、人力资源优势得到充分发挥的工业化。

高的要求，使得新疆就业需求和供给的结构性矛盾更为突出。一方面非熟练、低技能人员基数过大、比例过高、供给过多；另一方面熟练、高技能和新兴技术劳动力非常短缺，就业困难群体在扩大。对应于加快推进新型工业化的目标，新疆初、中级技术人才紧缺的问题更为凸显。随着新疆跨越式发展和产业结构调整步伐的加快，对技术人才的需求只会继续上升。

因此，新疆未来的就业结构必须与产业结构调整和优化相协调，二者之间是相辅相成、互相制约，相互影响的。就业结构的调整不再简单的主要是劳动和社会保障部门的事情，而是一项关系政府决策部门、劳动和社会保障部门、宏观经济管理部门、劳动需求部门、各级各类教育部门、培训机构、劳动者等各方面协同的系统工程。

### （三）提升第三产业，扩大就业需求

尤其值得一提的是，第三产业的就业吸纳容量很大，是吸纳就业人口的主要渠道。然而，新疆第三产业发展滞后，进一步加大了就业压力。未来新疆产业结构的升级和就业结构的变化趋势应当伴随着第三产业的突起和产业质量的提升。大力发展现代服务业和新兴服务业，是新疆缓解就业难题的重要出路。突出发展新疆旅游业，加快发展现代物流业、生产性服务业，改造提升传统服务业，积极培育具有新疆特色的优势文化产业。

### （四）中小企业、非公有制经济的主渠道地位

第三产业的突起、扩大就业也离不开广大更具活力的中小企业、非公有制经济的蓬勃发展，而且除正规就业之外的灵活就业应该成为推动就业增长的重要力量。政府各相关部门务必从战略高度协力呵护、扶持中小企业（特别是小微企业①）、非公有制经济的发展，创新支持其发展的金融、财税政策措施，努力营造鼓励其良性、可持续发展的生存环境和投资环境。

### （五）产业间的协调发展

在推进新型工业化进程、加快现代、新兴产业发展，扩大技术人才、新兴人才供给的同时，也要兼顾传统产业改造、传统及新兴劳动密集性产业发展对就业的重要吸纳作用。

---

① 小微企业是小型企业、微型企业、家庭作坊式企业、个体工商户的统称。2011年11月起，财政部和国家发改委等部门发出通知，相继出台了多个税种的多项优惠政策，优惠的税种包括增值税、营业税、印花税、所得税；决定在未来3年免征小型微型企业22项行政事业性收费，以减轻小型微型企业负担；等等。

### 四、制度保障与政策协调

破解就业难题是一项系统工程，需要健全的制度保障后盾，包括完善的制度设计、配套的政策体系和有效的制度实施机制，追求政策之间的协调互补非常必要。

#### （一）完善就业立法的制度安排

就业是劳动者的基本权利，维护劳动者的就业权利，保护其劳动权益需要从制度层面、法律层面入手，完善就业立法，改善就业关系，禁止就业歧视，改进劳动力市场的宏观调控。保护新疆各民族劳动者平等就业权（尤其是高度关注少数民族就业权的保障问题），保护劳动者的合法权益，有赖于进一步完善包括《劳动法》、《劳动合同法》、《劳动争议调解仲裁法》、《就业促进法》[①]、《民族区域自治法》及相关配套政策措施，更为重要的是健全的制度实施机制和制度、政策的落实以及有效的监督机制。

#### （二）健全社会保障制度

在市场经济体制下，必须由政府实施社会保障制度的第一个理由是弥补市场失灵，通过使用财政支出手段这一再分配措施来缩小收入差距，矫正市场分配的不公。在市场经济体制下社会保障制度还具有"内在稳定器"[②]的作用，社会保障支出随经济周期反向变动，可能弱化经济周期的波幅，这是必须由政府实施社会保障制度的第二个理由。私人保险市场存在的种种局限性是必须由政府实施社会保障制度的另一个重要理由。

鉴于就业同社会保障制度之间有着极其密切、相互影响的联系，社会保障制度可以为促进就业服务并发挥其他制度无法替代的功能，健全的社会保障制度有利于缓解就业问题所造成的巨大压力，缓和社会矛盾，维护社会公平进而促进社会稳定发展。另外，健全的社会保障还有利于消除劳动力流动的后顾之忧，有利于劳动力资源的自由流动和合理配置。

一般而言，社会保障制度由社会保险、社会救济、社会福利等组成。其中，社会保险是社会保障制度的核心内容。我国社会保险具体包括：养老保险、失业保险、医疗保险、工伤保险、生育保险；社会救济包括：城镇与农村居民最低生活保

---

① 2008年1月1日起施行的《中华人民共和国就业促进法》对少数民族的平等就业问题给予了关注，保障了中国少数民族劳动者的基本权益。

② 在经济繁荣的年份，失业准备基金有所增长，并且会对过多的社会保障支出施加稳定性的压力；反之，在就业较差的年份，失业准备基金使人们获取收入，以维持消费数量，减缓经济下滑的程度。

障、下岗职工生活补贴、农村"五保户"救济、灾民救济。目前应该进一步完善我国（新疆）的社会保障制度，构建社会保障安全网，承担兜底责任，并与就业制度（政策体系）相互协调、相互配合。

### （三）寻求制度、政策间的协调与配合

就业难题的破解需要制度变革的勇气与决心，需要各相关制度、政策之间协调与配合的艺术。就改革而言，务必加大就业制度、社会保障制度、户籍制度、教育制度、人口制度等方面的改革力度，构建高效公平、竞争有序、开放的劳动力市场体系。协调就业政策与产业政策、财税政策、金融政策、投资政策、消费政策、人口政策等宏观经济政策的关系。制定积极的就业政策，通过促进就业的政策体系、组织体系、资金支持体系、社会保障体系以及统筹城乡就业的公共服务五大体系的建设，追求新疆就业需求与供给总量与结构的均衡，形成劳动者自主就业、市场调节就业、政府促进就业的良性机制，促进经济社会的协调、健康、可持续发展。

## 五、结语

就业难题不破解，新疆经济发展受到极大制约，未来还可能诱发形成严峻的社会冲突，甚至影响新疆社会的稳定。新疆务必集全社会各方之合力，把握好全国19省市对口援疆[①]和跨越式大发展的历史良机，在接受对口援助的同时，一定要增强新疆自身的"造血"功能。协调就业与经济增长的关系，充分发挥新疆的比较优势和"后发优势"，扩大就业机会，促进经济增长与就业均衡，缩小城乡差距、地区差距和收入分配差距，保护、扶持社会弱势群体，增加居民的幸福指数，最终实现新疆经济发展、社会和谐。

---

① 对口援疆即国家以灾区重建的模式来扶持新疆，要求全国19省市对口支援新疆。各省市需建立起人才、技术、管理、资金等方面援助新疆的有效机制，优先保障和改善民生，并且要下大力气帮助新疆各族群众解决就业、教育、住房等基本问题，同时支持新疆相关特色产业的发展。

# 附录一

# 新疆收入分配结构调整与扩大
# 内需问卷调查（城镇居民）

亲爱的朋友：

您好！我们是教育部《边疆少数民族地区收入分配结构调整与扩大内需研究——以新疆为例》科研项目组，为了了解新疆居民消费需求、投资需求和收入分配的真实状况，为日后完善该政策提供更多有价值的对策建议，特进行此次问卷调查。

本问卷的填答是匿名的，请您按照真实想法填答，您的回答对我们很重要，答案没有是非对错，我们对您的回答将严格保密，而且仅仅用于学术研究目的，非常感谢您的配合！

调查对象：16 周岁以上的新疆城镇常住居民，没有收入的学生除外。

请在您认为合适的答案上打"√"、或在"＿＿＿＿＿"处填上适当的内容，无特殊说明的情况下，只选一项，多选题按要求填答。

## A. 基本信息

A1. 您的年龄（周岁）？

　　1. 16～29 岁　　2. 30～39 岁　　3. 40～49 岁　　4. 50～59 岁　　5. 60 岁以上

A2. 您的性别？

　　1. 男性　　　　2. 女性

A3. 您的族别？

　　1. 汉族　　　2. 维吾尔族　　3. 哈萨克族　　4. 回族　　　　5. 蒙古族

　　6. 其他民族

A4. 您现在的主要居住地？

　　1. 城镇　　　2. 农村

A5. 您的户籍属于？

　　1. 城镇户口　　2. 农村户口

A6. 您的最高教育学历为?

　　1. 小学及以下　　2. 初中　　　　3. 高中或中专、职高、技校

　　4. 大专或高职　　5. 大学本科　　6. 硕士研究生　7. 博士研究生

A7. 您的工作状态?

　　1. 工作或就业　　2. 离退休　　　3. 失业下岗　　4. 家务劳动　　5. 其他

A8. 您目前主要从事的职业?

　　□国家机关、党群组织、企业、事业单位负责人

　　□办事人员和有关人员　　□农、林、牧、渔、水利业生产人员

　　□商业、服务业人员　　　□生产、运输设备操作人员及有关人员

　　□军人　　　　　　　　　□专业技术人员

　　□不便分类的其他从业人员

A9. 您目前主要就职于哪一个行业?(如有兼职以所获取收入最高的行业为主要就职行业)

　　□农林牧渔业　　　　　　□信息传输、计算机服务和软件业　□批发和零售业

　　□石油石化天然气工业　　□科学研究、技术服务和地质勘查业　□住宿和餐饮业

　　□电力生产和供应业　　　□水利、环境和公共设施管理业　　□金融保险业

　　□烟草制品业　　　　　　□居民服务和其他服务业　　　　　□房地产业

　　□其他工业　　　　　　　□文化、体育和娱乐业　　　　　　□建筑业

　　□租赁和商务服务业　　　□卫生、社会保障和社会福利业　　□教育

　　□交通运输、仓储和邮政业　□公共管理和社会组织　　　　　□其他行业

A10. 您的家庭规模为?(指居住在一起,经济上合在一起共同生活的家庭成员数量。凡计算为家庭人口的成员其全部收入包括在家庭中,经济上独立的家庭成员除外)

　　1. 1人户　　　2. 2人户　　　3. 3人户　　　4. 4人户　　　5. 5人户

　　6. 6人及以上户:为_____人(请填写)

**B. 消费需求和投资需求**

B1. 您家庭全年消费性支出主要用于哪三方面?(选3项)

　　□食品　　　　　　　　□教育文化娱乐用品及服务　　　□医疗保健

　　□衣着　　　　　　　　□居住　　　　　　　　　　　　□交通和通信

　　□家庭设备用品及服务　□其他商品和服务

B2. 正常情况下,食品支出占您家庭全年消费支出的比例大约为?

　　1. 30%以下　　2. 30%~40%　3. 40%~50%　4. 50%~60%　5. 60%以上

B3. 2011 年您家庭全年的消费性支出占全部收入的比例大约为？

    1. 10%以下    2. 10%～20%  3. 20%～40%  4. 40%～60%  5. 60%～80%

    6. 80%～100%  7. 超过 100%，当年收入不够消费性支出

B4. 以您或家庭目前的经济状况，近期是否愿意增加消费性支出？

    1. 不愿意      2. 愿意        3. 无所谓     4. 不确定     5. 不知道

B5. 以您或家庭目前的经济状况，近期是否愿意增加投资？（包括开厂、设店、增资、入股、兼并收购等实业投资或购买基金、债券、股票、外汇、黄金、保险等金融投资，等等）

    1. 不愿意      2. 愿意        3. 无所谓     4. 不确定     5. 不知道

B6. 如果现在您或家庭有多余的钱，首先会做的一件事情是什么？（选其他因素请注明）

    1. 改善生活条件（用于吃穿等）       8. 购置/更换家电、家具、电子产品

    2. 增加自己或孩子教育和培训投入    9. 买房或建房

    3. 用于家庭成员医疗保健         10. 购买汽车

    4. 休闲、娱乐、旅游           11. 购买保险

    5. 增加现有生产经营活动的投入      12. 购买其他奢侈品

    6. 其他投资（如股票、债券、基金、做生意等）13. 存银行

    7. 尽快还清贷款            14. 其他_____

B7. 您是否进行过以下方式的消费？（可多选）

    1. 消费信贷    2. 分期付款    3. 信用卡消费  4. 网络购物  5. 电视购物

    6. 先体验后购买  7. 租赁消费    8. 团购      9. 以上全有  10. 以上都没有

B8. 您认为当前制约您或您家庭消费需求扩张最主要的三项因素是？（选 3 项，选其他因素请注明）

    □收入水平偏低或收入不稳定         □未来收入预期不好

    □收入分配不合理，收入差距大     □为子女积攒婚嫁费用

    □资金被投资占压或用于经营周转    □物价上涨严重

    □消费观念的原因               □消费环境欠佳

    □供给结构不合理，与居民需求结构不尽匹配  □住房、子女教育等压力大

    □养老、医疗、失业、救助等社会保障体系不健全  □就业压力较大

    □其他因素_____

B9. 您认为当前制约您或您家庭投资需求最主要的三项因素是？（选 3 项，选其他因素请注明）

    □缺乏可用于投资的资金         □缺乏投资所需的知识、技能和经验

    □未来经济前景和收入的预期不好    □当前投资环境欠佳

    □可以投资的领域狭窄，投资机会少    □投资风险大

□投资者权益保护机制薄弱（尤其是中小投资者）

□居民投资风险的承受能力低　　　　　□其他因素＿＿＿＿＿＿＿＿＿＿

## C. 收入分配

C1. 您家庭中的主要收入来源是什么？（选 1~2 项）

　　□工资性收入（包括工资、奖金、津贴等）

　　□经营性收入（指从事开厂、经商、运输、服务等经营性收入）

　　□财产性收入（指房租、利息、股息等财产性收入）

　　□转移性收入（指离退休金、住房补贴、国家补贴、失业救济金、低保、亲戚
　　　赠送和赡养等收入）

　　□其他收入

C2. 您认为您的个人收入在当地属于什么水平？

　　1. 很低　　　　2. 较低　　　　3. 一般　　　　4. 较高　　　　5. 很高

　　6. 不清楚　　　7. 没有收入

C3. 您对自己的个人收入状况感到？

　　1. 很不满意　　2. 不太满意　　3. 一般　　　　4. 比较满意　　5. 满意

C4. 总体而言，您对自己目前所过的生活的感觉是怎么样的呢？

　　1. 非常不幸福　2. 不幸福　　　3. 一般　　　　4. 幸福　　　　5. 非常幸福

C5. 假如幸福感最高分为 100 分，那么，您现在的幸福感为＿＿＿＿分（请用
　　1~100 的数字来表示）

C6. 2011 年您全年的个人总收入大约为？（包括工资性收入、福利、住房补贴、经
　　营性收入、财产性收入、其他转移性收入、其他收入等）

　　1. 1 万元以下　　　2. 1 万~4 万元　　　3. 4 万~8 万元　　　4. 8 万~15 万元

　　5. 15 万~50 万元　6. 50 万~100 万元　7. 100 万元及以上

C7. 2011 年您全年的家庭总收入大约为？（包括工资性收入、福利、住房补贴、经
　　营性收入、财产性收入、其他转移性收入、其他收入等）

　　1. 2 万元以下　　　2. 2 万~5 万元　　　3. 5 万~10 万元　　　4. 10 万~20 万元

　　5. 20 万~50 万元　6. 50 万~100 万元　7. 100 万元及以上

C8. 您认为目前您所生活地区居民收入的差距如何？

　　1. 非常大　　　2. 较大　　　3. 正常　　　4. 较小　　　5. 很小

　　6. 不清楚

C9. 您认为导致目前居民收入差距状况的三项主要的原因是？（选 3 项，选其他因
　　素请注明）

　　□私营经济的发展　　　　　　　　　　□非法经营现象猖獗

274

☐市场竞争加剧　　　　　　　　　　　☐灰色收入现象严重

☐市场化改革不到位，市场化机制不健全　☐社会保障制度不健全

☐下岗、失业人员大量增加　　　　　　☐个人机会不均等

☐受教育与个人能力的差异　　　　　　☐垄断

☐分配制度不合理　　　　　　　　　　☐地区和城乡发展差异

☐腐败现象严重　　　　　　　　　　　☐其他因素＿＿＿＿＿＿＿

C10. 您认为农村居民与城镇居民相比，最大的不平等表现在哪两方面？（选 2 项，选其他因素请注明）

☐社会保障　　　☐教育　　☐公共设施　☐就业制度　☐户籍制度

☐个人发展机会　☐其他＿＿＿＿＿＿＿＿＿＿＿＿＿

C11. 您认为今后政府收入分配制度改革最重要是三项内容应当为？（选 3 项，选其他因素请注明）

☐完善包括养老保险、医疗保险、失业保险、住房、社会福利、社会救济等社会保障制度

☐严厉惩治腐败，打击非法经营和非法收入、灰色收入

☐控制并缩小因垄断原因而造成的收入差距

☐调整不同部门与产业间不合理的劳动者报酬

☐在国民收入的初次分配中，提高劳动报酬所占的比重，使城乡居民收入普遍较快增加

☐加大国民收入再分配力度，重视解决贫困问题，调节高收入者的收入，缩小收入差距

☐建立平等参与市场竞争的收入分配秩序

☐实施积极的就业政策，营造良好的就业、创业环境

☐促进城乡基本公共服务均等化，营造个人发展的均等机会

☐其他＿＿＿＿＿＿＿＿＿＿＿＿＿＿＿＿＿＿＿＿＿＿

# 附录二

# 新疆收入分配结构调整与扩大内需问卷调查（农村居民）

亲爱的朋友：

您好！我们是教育部《边疆少数民族地区收入分配结构调整与扩大内需研究——以新疆为例》科研项目组，为了了解新疆居民消费需求、投资需求和收入分配的真实状况，为日后完善该政策提供更多有价值的对策建议，特进行此次问卷调查。

本问卷的填答是匿名的，请您按照真实想法填答，您的回答对我们很重要，答案没有是非对错，我们对您的回答将严格保密，而且仅仅用于学术研究目的，非常感谢您的配合！

调查对象：16 周岁以上的新疆农村常住居民，没有收入的学生除外。

请在您认为合适的答案上打"√"、或在"＿＿＿＿＿＿"处填上适当的内容，无特殊说明的情况下，只选一项，多选题按要求填答。

## A. 基本信息

A1. 您的年龄（周岁）？

　　1. 16～29 岁　　2. 30～39 岁　　3. 40～49 岁　　4. 50～59 岁　　5. 60 岁以上

A2. 您的性别？

　　1. 男性　　　　2. 女性

A3. 您的族别？

　　1. 汉族　　　　2. 维吾尔族　　3. 哈萨克族　　4. 回族　　　　5. 蒙古族

　　6. 其他民族

A4. 您现在的主要居住地？

　　1. 城镇　　　　2. 农村

A5. 您的户籍属于？

　　1. 城镇户口　　2. 农村户口

A6. 您的最高教育学历为？

　　1. 小学及以下　2. 初中　　　3. 高中或中专、职高、技校

　　4. 大专或高职　5. 大学本科　6. 硕士研究生　7. 博士研究生

A7. 您的工作状态？

　　1. 工作或就业　2. 离退休　　　3. 失业下岗　　4. 家务劳动　　5. 其他

A8. 您目前主要从事的职业？

　　□国家机关、党群组织、企业、事业单位负责人　　□办事人员和有关人员

　　□农、林、牧、渔、水利业生产人员　　□商业、服务业人员

　　□生产、运输设备操作人员及有关人员　　□军人

　　□专业技术人员　　□不便分类的其他从业人员

A9. 您目前主要就职于哪一个行业？（如有兼职以所获取收入最高的行业为主要就职行业）

　　□农林牧渔业　　　　　□信息传输、计算机服务和软件业　　□批发和零售业

　　□石油石化天然气工业　□科学研究、技术服务和地质勘查业　□住宿和餐饮业

　　□电力生产和供应业　　□水利、环境和公共设施管理业　　□金融保险业

　　□烟草制品业　　　　　□居民服务和其他服务业　　　　　□房地产业

　　□其他工业　　　　　　□文化、体育和娱乐业　　　　　　□建筑业

　　□租赁和商务服务业　　□卫生、社会保障和社会福利业　　□教育

　　□交通运输、仓储和邮政业　□公共管理和社会组织　　　　□其他行业

A10. 您的家庭规模为？（指居住在一起，经济上合在一起共同生活的家庭成员数量。凡计算为家庭人口的成员其全部收入包括在家庭中，经济上独立的家庭成员除外）

　　1. 1 人户　　　2. 2 人户　　　3. 3 人户　　　4. 4 人户　　　5. 5 人户

　　6. 6 人及以上户：为_____人（请填写）

## B. 消费需求和投资需求

D1. 您家庭全年消费性支出主要用于哪三方面？（选 3 项）

　　□食品　　　　　　　　□教育文化娱乐用品及服务　　□医疗保健

　　□衣着　　　　　　　　□居住　　　　　　　　　　　□交通和通信

　　□家庭设备用品及服务　□其他商品和服务

B2. 正常情况下，食品支出占您家庭全年消费支出的比例大约为？

　　1. 30% 以下　　2. 30%～40%　3. 40%～50%　4. 50%～60%　5. 60% 以上

B3. 2011 年您家庭全年的消费性支出占全部收入的比例大约为？

　　1. 10% 以下　　2. 10%～20%　3. 20%～40%　4. 40%～60%　5. 60%～80%

6. 80%～100% 7. 超过100%，当年收入不够消费性支出

B4. 以您或家庭目前的经济状况，近期是否愿意增加消费性支出？

    1. 不愿意     2. 愿意     3. 无所谓     4. 不确定     5. 不知道

B5. 以您或家庭目前的经济状况，近期是否愿意增加投资？（包括开厂、设店、增资、入股、兼并收购等实业投资或购买基金、债券、股票、外汇、黄金、保险等金融投资，等等）

    1. 不愿意     2. 愿意     3. 无所谓     4. 不确定     5. 不知道

B6. 如果现在您或家庭有多余的钱，首先会做的一件事情是什么？（选其他因素请注明）

    1. 改善生活条件（用于吃穿等）     8. 购置/更换家电、家具、电子产品

    2. 增加自己或孩子教育和培训投入     9. 买房或建房

    3. 用于家庭成员医疗保健     10. 购买汽车

    4. 休闲、娱乐、旅游     11. 购买保险

    5. 增加现有生产经营活动的投入     12. 购买其他奢侈品

    6. 其他投资（如股票、债券、基金、做生意等）13. 存银行

    7. 尽快还清贷款     14. 其他

B7. 您是否进行过以下方式的消费？（可多选）

    1. 消费信贷   2. 分期付款   3. 信用卡消费   4. 网络购物   5. 电视购物

    6. 先体验后购买   7. 租赁消费   8. 团购   9. 以上全有   10. 以上都没有

B8. 您认为当前制约您家庭消费需求扩张最主要的三项因素是？（选3项，选其他因素请注明）

    □收入水平偏低或收入不稳定     □未来收入预期不好

    □收入分配不合理，收入差距大     □为子女积攒婚嫁费用

    □资金被投资占压或用于经营周转     □物价上涨严重

    □消费观念的原因     □消费环境欠佳

    □供给结构不合理，与居民需求结构不尽匹配     □住房、子女教育等压力大

    □养老、医疗、失业、救助等社会保障体系不健全     □就业压力较大

    □其他因素＿＿＿＿＿＿＿＿＿＿＿＿＿

B9. 您认为当前制约您家庭投资需求最主要的三项因素是？（选3项，选其他因素请注明）

    □缺乏可用于投资的资金

    □缺乏投资所需知识、技能和经验

    □未来经济前景和收入的预期不好

    □当前投资环境欠佳

　　□农村基础设施落后制约了农业投入和规模扩张

　　□投资风险大

　　□农民收入渠道增多，传统农业投入需求可能下降

　　□农村居民风险的承受能力低

　　□其他可以投资的领域狭窄，投资机会少

　　□其他因素＿＿＿＿＿＿＿＿＿＿＿＿

## C. 收入分配

C1. 您家庭总收入中的主要收入来源是什么？（选 1~2 项）

　　□从事农产品种植或畜牧业、林业、渔业等获取的收入

　　□从事家庭副业收入

　　□经营性收入（从事开厂、经商、运输、服务等）

　　□耕地转包、转租收入

　　□财产性收入（房屋场地出租收入、利息、资本投资、股息等）

　　□打工收入

　　□转移性收入（国家补贴、救济、亲戚赠送和赡养等）

　　□其他收入

C2. 您认为您的家庭收入在当地属于什么水平？

　　1. 很低　　　　2. 较低　　　　3. 一般　　　　4. 较高　　　　5. 很高

　　6. 不清楚

C3. 您对家庭目前的收入状况感到？

　　1. 很不满意　　2. 不太满意　　3. 一般　　　　4. 比较满意　　5. 满意

C4. 总体而言，您对自己目前所过的生活的感觉是怎么样的呢？

　　1. 非常不幸福　2. 不幸福　　　3. 一般　　　　4. 幸福　　　　5. 非常幸福

C5. 假如幸福感最高分为 100 分，那么，您现在的幸福感为＿＿＿＿＿＿＿分（请用 1~
　　100 的数字来表示）

C6. 2011 年您家庭全年的纯收入人概为？（家庭总收入中扣除生产和非生产性经营
　　费用支出以及缴纳税款等以后的收入）

　　1. 1 万元以下　　　　2. 1 万~3 万元　　　　3. 3 万~5 万元　　　　4. 5 万~12 万元

　　5. 12 万~20 万元　　6. 20 万~50 万元　　7. 50 万元及以上

C7. 您认为目前您所生活地区居民收入的差距如何？

　　1. 非常大　　　2. 较大　　　3. 正常　　　4. 较小　　　5. 很小

　　6. 不清楚

C8. 您认为农村居民与城镇居民相比，最大的不平等表现在哪两方面？（选 2 项，选其他因素请注明）

☐社会保障　　☐教育　　☐公共设施　　☐就业制度　　☐户籍制度

☐个人发展机会　☐其他_____

C9. 您认为导致目前农村居民之间收入差距的三项主要的原因是？（选 3 项，选其他因素请注明）

☐自然地理资源条件的差异　　　　☐人均耕地面积、草场面积等不同

☐家庭种植、养殖结构等不同　　　☐受教育与个人能力的差异

☐劳动力外出务工收入的差异　　　☐农村贫困人口脱贫难

☐农村生产、生活基础设施的差异　☐各地政府、乡、村发展政策和投入差异

☐农村内部分配制度不合理　　　　☐农村腐败现象的存在

☐不同农户人口数量的差异　　　　☐农村私营经济发展程度的差异

☐医疗、养老、救助等社会保障制度不健全

☐其他因素_____

C10. 如果可能，您目前最希望得到改善的三个方面是？（选 3 项，选其他因素请注明）

☐增加农民收入

☐帮扶农村贫困人口脱贫

☐缩小农村居民之间、城乡居民之间的收入差距

☐在不损害农民根本利益的情况下，让农村土地承包经营权可以有效流转起来

☐改革城乡分割的户籍制度，让人口可以自由流动

☐健全农村养老、医疗等社会保障制度

☐发展农村教育事业，让城乡的孩子受到同等的教育

☐加大农村交通、通信等公共设施的建设力度，极大改善乡村面貌

☐更方便获得金融机构贷款和各项金融服务

☐其他_____

# 主要参考文献

［1］白重恩，钱震杰，武康平．中国工业部门要素分配份额决定因素研究［J］．经济研究，2008（8）．

［2］白重恩，钱震杰．国民收入的要素分配：统计数据背后的故事［J］．经济研究，2009（3）．

［3］安瓦尔·买买提明，曹沪华．新疆城乡收入差距研究［J］．中国地理学会2007年学术年会，2007·68-73．

［4］古丽娜尔·玉素甫，安尼瓦尔·阿木提．对新疆居民收入差异问题的探讨［J］．商业经济评论，2007（11）：100～101．

［5］白重恩，钱震杰．我国资本收入份额影响因素及变化原因分析——基于省际面板数据的研究［J］．清华大学学报（哲学社会科学版），2009（4）：137～147．

［6］常进雄等．要素贡献与我国初次分配中的劳动报酬占比［J］．财经研究2011（4）：134～143．

［7］董万好等．调整财政民生支出和行政管理支出对劳动报酬的影响［J］．财经研究，2011（9）：4～14．

［8］李稻葵，刘霖林，王红领．GDP中劳动份额演变的U型规律［J］．经济研究，2009（1）：70～82．

［9］李稻葵．重视GDP中劳动收入比重的下降［J］．新财富，2007（9）．

［10］西奥多·威廉·舒尔茨．论人力资本投资［M］．北京：经济学院出版社，1960．

［11］罗长远，张军．劳动收入份额下降的经济学解释［J］．管理世界，2009（5）．

［12］王永进，盛丹．要素积累、偏向型技术进步与劳动收入份额［J］．世界经济文汇，2010（4）．

［13］顾乃华．劳动收入份额的影响因素研究——基于区域与产业特征互动的视角［J］．商业经济与管理，2011（6）．

［14］张琪，朱宁洁等．我国就业增长缓慢与劳动收入份额下降之谜［J］．人

口与经济，2012（5）.

[15] 王晓芳，高榴. 教育提升了劳动收入占比吗——基于中国省级面板数据的分析 [J]. 财经科学，2011（9）.

[16] 李稻葵，刘霖林和王红领. GDP 中劳动份额演变的 U 型规律 [J]. 经济研究，2009（1）.

[17] 何亦名. 教育扩张下教育收益率变化的实证分析 [J]. 中国人口，2009（4）.

[18] 罗长远. 卡尔多"特征事实"再思考：对劳动收入份额的分析 [J]. 世界经济，2008（1）.

[19] 李实，赵人伟. 中国居民收入分配再研究 [J]. 经济研究，1999（4）：13～17.

[20] 吕冰洋. 我国税收制度与三类收入分配的关系分析 [J]. 税务研究，2010（5）：28～32.

[21] 李绍荣，耿莹. 中国的税收结构、经济增长与收入分配 [J]. 经济研究，2005（5）：118～125.

[22] 万莹. 个人所得税累进性与地区收入分配差别调节 [J]. 改革，2008（11）：77～81.

[23] 李林木，汤群群. 1994 年税制改革以来我国直接税的收入分配效应 [J]. 税务研究，2010（5）：32～37.

[24] 王亚芬，肖晓飞，高铁梅. 我国收入分配差距及个人所得税调节作用的实证分析 [J]. 财贸经济，2007（4）：18～23.

[25] 刘小川，汪冲. 个人所得税公平功能的实证分析 [J]. 税务研究，2008（1）：43～46.

[26] 阮宜胜. 从税收视角看我国收入分配 [J]. 税务研究，2008（7）：38～40.

[27] 王小鲁. 灰色收入与居民收入差距 [J]. 中国税务，2007（10）：9～12.

[28] 刘尚希，应亚珍. 个人所得税：如何发挥调节功能 [J]. 税务研究，2004（4）：28～31.

[29] 中国税务学会课题组. 税收如何调节个人收入分配 [J]. 税务研究，2003（10）：10～20.

[30] 江心宁. 强化税收调节收入分配职能的构想 [J]. 税务研究，2011（3）：95～96.

[31] 田卫民. 中国基尼系数计算及其变动趋势分析 [J]. 人文杂志，2012（2）：56～61.

[32] 张治觉，吴定玉. 我国政府支出对居民消费产生引致还是挤出效应——

基于可变参数模型的分析 [J]. 数量经济技术经济研究, 2007 (5).

[33] 田青, 高铁梅. 政府支出对居民消费的动态影响研究——基于可变参数模型的实证分析 [J]. 社会科学辑刊, 2008 (6).

[34] 王恋, 张瑞兵. 我国政府支出对居民消费的动态影响研究 (1978 ~ 2008)——基于可变参数模型的实证分析 [J]. 天府新论, 2009 (5).

[35] 李建强. 政府民生支出对居民消费需求的动态影响——基于状态空间模型的实证检验 [J]. 财经研究, 2010 (6).

[36] 李春琦, 唐哲一. 财政支出结构变动对私人消费影响的动态分析——生命周期视角下政府支出结构需要调整的经验证据 [J]. 财经研究, 2010 (6).

[37] 刘纯彬, 李叶妍. 西部民族地区农村劳动力就业状况调查报告——以新疆维吾尔自治区为例 [J]. 农村经济, 2011 (6): 105 ~ 109.

[38] 陈君. 当前新疆就业形势分析及今后对策建议 [J]. 新疆财经, 2008 (1): 41 ~ 44.

[39] 续西发. 关于新疆就业问题的思考与探讨 [J]. 新疆大学学报 (哲学·人文社会科学版), 2007 (5): 31 ~ 34.

[40] 张元庆, 邱爱莲, 科斯产权理论与我国征地补偿制度设计重构, 农村经济 [J]. 2013 (6).

[41] 史东凯, 张羽等, 论我国征地补偿制度的缺陷及其完善 [J]. 吉林农业, 2013 (1).

[42] 马新文, 我国现行征地补偿制度剖析 [J]. 同济大学学报 (社会科学版), 2009 (6).

[43] 罗红云, 中国农地产权制度改革的有效路径选择研究 [J]. 开发研究, 2010 (4).

[44] 刘迪生. 加快产业结构优化升级, 实现新疆跨越式发展 [N]. 新疆日报、天山网. 2010 - 08 - 24.